新视野教师教育系列教材

中国语文教育思想发展史

林　晖　周小蓬　编著

图书在版编目(CIP)数据

中国语文教育思想发展史／林晖，周小蓬编著. —北京：北京大学出版社，2016.9
（新视野教师教育系列教材）
ISBN 978-7-301-27503-0

Ⅰ. ①中… Ⅱ. ①林…②周… Ⅲ. ①语文教学—教育思想—思想史—中国—师资培训—教材 Ⅳ. ①H19

中国版本图书馆 CIP 数据核字(2016)第 216347 号

书　　名	中国语文教育思想发展史 ZHONGGUO YUWEN JIAOYU SIXIANG FAZHAN SHI
著作责任者	林　晖　周小蓬　编著
责任编辑	王　莹
标准书号	ISBN 978-7-301-27503-0
出版发行	北京大学出版社
地　　址	北京市海淀区成府路 205 号　100871
网　　址	http://www.pup.cn　新浪微博：@北京大学出版社
电子信箱	zyjy@pup.cn
电　　话	邮购部 62752015　发行部 62750672　编辑部 62765126
印 刷 者	北京溢漾印刷有限公司
经 销 者	新华书店
	787 毫米×1092 毫米　16 开本　18.25 印张　445 千字 2016 年 9 月第 1 版　2021 年 1 月第 3 次印刷
定　　价	42.00 元

未经许可，不得以任何方式复制或抄袭本书之部分或全部内容。
版权所有，侵权必究
举报电话：010-62752024　电子信箱：fd@pup.pku.edu.cn
图书如有印装质量问题，请与出版部联系，电话：010-62756370

前　　言

　　自上古的言语教育出现开始，语文教育便已存在，人们对语文教育的思考与探索也未停止过。当今的语文教育改革是站在前人的肩膀上的，自1902年清末现代学科"语文"独立设科至今，语文学科教育的现代化道路发展已百余年，但语文教育的科学化发展仍未尽如人意；由此，我们更应回顾发展道路，梳理历史经验，理性审视现状，以更好地探索未来之路。

　　在漫长的中国历史的发展过程中，语文学科尽管谈不上单独的发展，但"汉语文"作为母语，是核心表达载体，因此可以说中国教育的发展其实也是语文教育的发展。相比"学科"的发展，教育思想的发展历史则更久远。在漫长的发展过程中，各阶段的教育制度与现象，众多的学者、教育家的关注，逐步形成了一定的教育思想和理念，反过来又影响着教育行为与研究的发展，因此，研究语文教育思想是极为重要的。梳理各阶段的语文教育思想，探究其继承、发展与创新，既是研究语文教育史的重要内容，也为审视中国语文教育发展提供了新的视野。

　　要研究中国语文教育思想的发展，应该明确以下几点。

　　首先，语文教育发展与中国教育发展是密不可分的。

　　这里讲的"语文"，准确而言是"汉语文"。中国是一个多民族国家，经过了不同朝代、不同民族文化的交融与发展，但"汉语文"作为中华民族的共同语，仍是语言文化发展的主体。也正因为如此，中国的教育发展与语文教育的发展是密不可分的。在现代语文学科出现之前，传统语文教育虽然并不独立，一直是文、史、哲紧密结合，传统语文教育也因此一直围绕着"道"来发展，但作为语文教育核心内容的识字写字、阅读写作，始终是中国传统教育中的重要内容，语文呈现出综合性与丰富性的特点。因此，研究中国语文教育发展，在很大程度上必然与中国教育发展是交错重合的。

　　研究中国教育史的发展，大体是根据中国历史的发展来划分时期的，但是语文教育的发展又有所不同，可以语文学科独立为界，分为古代语文教育和现代语文教育两个大的阶段。古代语文教育发展与中国教育发展在很多方面都是重合的，而现代语文教育则相对独立发展了。语文教育思想的发展必定是依托教育制度的沿革变化的，因此，在研究中国语文教育思想发展史的时候，必然要以历史为基础，研究教育思想产生与变化的原因。

　　其次，语文教育思想发展与语文学科发展是不一致的。

　　正如"教育思想史与教育学科史，不是两个'等价'的概念"[①]，语文学科与语文教育思想是有区别的。现代意义的"语文"学科的独立不过一百多年，但与中国教育同步发展的语文教育思想的发展历程却可以上溯到两千多年前。

　　现代语文学科的发展通常是指1902年《钦定学堂章程》以来的"语文"学科独立后的变化历程。对于语文学科发展的研究，更多的是以西方对于学科设定的角度来考察的。

[①] 舒新城. 近代中国教育思想史[M]. 福州：福建教育出版社，2007：4.

学科逐步建立了"课程、教材、教法"三大板块内容，学科发展也围绕着对这些内容的改革与研究进行。对于中国语文教育发展的历史而言，现代语文学科的发展最为迅猛的当属20世纪20—40年代，特别是在语文教材编写、教学方法变革以及语文教学理论的探索等方面取得了辉煌的成就，其影响一直延续到今天。

中国语文教育思想的发展更源远流长。按照《现代汉语规范词典》（2014年第3版）的解释，"思想"，是"客观存在反映在人的意识中经过思维活动产生的结果，属于理性认识"。语文教育思想是人们对语文教育现状及问题的分析思考的结果，其具体内容必定会受到社会发展与人们对教育的认识的影响。可以说，有语文教育的存在，就有各种教育现象的存在，而当出现了问题需要解决，语文教育思想便开始产生；语文教育思想的产生与发展，又必然影响着语文教育的发展。因此，了解和考察各阶段的语文教育思想，分析这些思想产生的背景与原因，能更好地认识和理解当时的语文教育；探究各种语文教育思想之间的关联与差异，对语文教育的传承与发展也必定有更清楚的认识。

最后，影响语文教育思想发展的因素是多元的，研究要有所侧重。

研究语文教育思想史，既要了解其中的变化，更要探求变化的原因。教育思想的变革与发展的因素是复杂的，其中社会发展、政治背景以及由此变化的教育制度是重要因素，这与语文教育的发展是一致的；而传统中国语文教育承载了"道"的培养任务，又兼具了更多语言文字教育以外的功能，这使语文教育思想与道德教育思想紧密结合，综合呈现在各阶段的教育家、思想家的教育言论中。我们梳理中国语文教育思想发展的同时，不能离开当时的社会背景、教育制度与文化，也不可能把语文与历史、哲学简单割裂。中国教育发展历史时间长，内容丰富，因素多样，为了避免过于庞杂，也为了更好地帮助大家审视语文教育思想发展的前后联系与变化，我们着重选取对语文教育思想的发展与变化相关性较大的社会因素、教育制度等历史内容。这也符合近代著名的教育学家舒新城所指出的"思想史最简单的定义是对于某种思想的进程为连贯的记述"[①]。

基于以上认识，本书在编写时，侧重于在梳理中国语文教育思想发展脉络的基础上，呈现语文教育思想的史料，以探求中国语文教育思想的继承、发展与创新。

已有的语文教育发展研究，多侧重于时期的划分、发展过程的梳理，当然，这是研究历史的重要方法。但在漫长的语文教育历史发展过程中，古代教育家们对于教育、语文范畴的评说，是最原始、最直接的思考与总结；对于这些言论，后人会因时代、社会的不同，对语文学科与科学发展认识的不同，而有不同的理解；要真正地研究这些教育思想，莫过于把这些言论呈现出来，由学习者、研究者自己探究，从而理解、建构对语文教育思想发展的认识，这是一种新的方式，也是本书所作的探索。

历史是用于借鉴的，学习语文教育思想发展史，为的是更好地吸收前人的经验，用朱绍禹先生的话来说，是"通过对变化历程的了解，认清现状和把握未来趋势"。中国语文教育思想的历史是一座宝库，我们走进去，才能真正地理解和珍惜。本书对各思想家言论的陈述有助于学习者暂时离开背景，独立地思考，个性化地理解历史的发展。

林　晖　周小蓬
2016年9月

[①] 舒新城. 近代中国教育思想史 [M]. 福州：福建教育出版社，2007：2.

目　　录

第一编

第一章　先秦语文教育 (3)
第一节　先秦语文教育概况 (3)
第二节　先秦语文教育思想 (8)
第三节　小结 (43)

第二章　秦汉语文教育 (45)
第一节　秦汉语文教育概况 (45)
第二节　秦汉语文教育思想 (57)
第三节　小结 (75)

第三章　魏晋南北朝语文教育 (77)
第一节　魏晋南北朝语文教育概况 (77)
第二节　魏晋南北朝语文教育思想 (88)
第三节　小结 (94)

第四章　隋唐语文教育 (96)
第一节　隋唐语文教育概况 (96)
第二节　隋唐语文教育思想 (102)
第三节　小结 (112)

第五章　宋代语文教育 (113)
第一节　宋代语文教育概况 (113)
第二节　宋代语文教育思想 (120)
第三节　小结 (135)

第六章　元明清语文教育 (137)
第一节　元明清语文教育概况 (137)
第二节　元明清语文教育思想 (149)
第三节　小结 (171)

第二编

第七章　民国前语文教育 (177)
第一节　民国前语文教育概况 (177)
第二节　民国前语文教育思想 (190)

第三节　小结 …………………………………………………………（197）
第八章　民国时期语文教育 ………………………………………………（199）
　　第一节　民国时期语文教育概况 ……………………………………（199）
　　第二节　民国时期语文教育思想 ……………………………………（211）
　　第三节　小结 …………………………………………………………（249）

第三编

第九章　当代语文教育 ……………………………………………………（253）
　　第一节　当代语文教育概况 …………………………………………（253）
　　第二节　当代语文教育思想 …………………………………………（267）
　　第三节　小结 …………………………………………………………（282）
后　　记 ……………………………………………………………………（286）

第一编

第一章 先秦语文教育

导 读

言语是语文最基本的内容，言语活动的传授可说是语文教育的萌芽。

古希腊有句谚语：巧妙的言辞胜珠宝。但中国传统的教育却并不强调口语教育，其根源要从先秦说起。从4000多年前的夏朝开始，学校萌芽，教育制度产生，人们便开始了对教育的研究；到了春秋战国，私学兴盛，百家争鸣，形成了丰富的教学理念和教育思想，奠定了中国语文传统教育的基础，影响深远。

第一节 先秦语文教育概况

人类初始的教育活动是十分原始的，那时还没有文字，没有学校，只是靠着人们的口耳相传，年长的一代人将人类积累的生活和劳动经验传授给新一代。原始的教育活动多是在人们的劳动和生活中进行的，原始的民俗活动、原始的宗教活动都是教育的重要形式。

文字的出现以及语言的发展使教育需要成为必要，产生了最初的语文教育。由于汉字的繁难与文言的艰深，古代教育中的智育部分很大程度上就是语文教学。而此时期的社会组织以家族为主要单位，强调明伦，尊亲敬老，一切以道德教育为主导，因此，语文教育充分地体现了传统文化的个性。

一、学校制度与语文教育

我国古代"治道"，特别注重"教化"，所谓"建国君民，教学为先"，也由此出现了学校，学校的出现有效地促进了语文教育的发展。最早的学校出现于夏朝，后经商、西周，逐步发展。不同时期的学校有不同称谓，相传五帝时代称"成均"（大学），虞夏时代称"庠""序"（学校），西周称"国学""乡学"。到春秋战国时期，官学衰落，私学兴起。

最早的学校侧重于明伦与养老。《孟子·滕文公上》中说："设为庠序学校以教之。庠者，养也；校者，教也；序者，射也。夏曰校，殷曰序，周曰庠，学则三代共之，皆所以明人伦也。"《礼记·王制》中也说："有虞氏养国老于上庠，养庶老于下庠；夏后氏养国老于东序，养庶老于西序；殷人养国老于右学，养庶老于左学。"这都是对当时的教育场所及其作用的记载。

（一）学校产生的社会背景

最早的学校在夏朝前后产生，是与当时的社会背景有着密切联系的。

第一，当时的经济发展迅速，为学校的产生提供了基础。生产力有了较大发展后，就能为社会提供相当数量的剩余产品，这才有可能使一部分人脱离生产劳动而专门从事教育和学习活动。夏朝前后社会已进入了金石并用的时代，应用青铜器和实施水利灌溉，使农业生产有了发展，同时也促进了畜牧业和手工业的繁荣，社会财富大大增加，在一定程度上解放了劳动力，可以使一部分人不用参与生产。这是学校产生的前提条件。

第二，阶级分化和阶级对立，成为促进学校产生的重要条件。社会的发展和变化，使得统治阶级更迫切地需要培养自己的继承人，以维护奴隶主阶级的统治。继承人需要掌握如天文、数学、武艺等管理国家的重要知识。为了使这些知识不为奴隶所掌握，奴隶主阶级就需要将贵族子弟集中起来，设立专门的机构，派遣专门的人员来传授这些知识。

第三，文字的产生与文化知识的日益丰富，为教育提供了更便利的学习工具和更丰富的学习内容，这使学校有了存在的必要条件。学校可以有组织有计划地传授这些文化知识，如当时天文知识发展迅速，由最初的观天定方向、定时间、定季节发展为观象授时、制定历法等；数学知识也由简单的数形概念发展到做出了规矩准绳；其他如医学、道德、乐舞等许多知识也都有了长足的发展。丰富知识的传授仅靠人们的口耳相传已远远不够了，学校也就自然出现了。另一方面，汉字的基本成熟也为文化教育的发展创造了有利的条件。

在各种有利因素的共同促进下，学校产生了，但初创时期的学校仍是很原始的，且与行政机构并未明显划分，春秋战国时私学的产生，才真正促进了教育的迅猛发展。

（二）私学的兴起及意义

春秋战国时期（前770—前221），我国社会由奴隶制向封建制过渡，教育也发生了重大变革，奴隶制时代"学在官府"的局面被打破，其主要标志就是私学的兴起。私学兴起有几方面的原因。

第一，政治、经济的下移，打破了"学在官府"的垄断性。

西周时土地国有，权力集中。春秋以来，随着生产力的提高，土地私有的现象增多，"私门富于公室"。随着这种"经济下移"，周王室的统治力量逐渐衰弱，各诸侯国的力量日渐强大，形成了诸侯争霸、天下大乱的局面。这使"学在官府"的垄断形式失去了经济支柱和政治依据。奴隶主贵族由于政治上的没落而失去了学习的兴趣，认为"可以无学，无学不害"（《左传·昭公十八年》），知识的传承出现了危机。

第二，学术文化的下移，为私学兴起创造了条件。

政治经济的下移，也打破了"学术官守"的局面，学术文化开始走向民间。天下大乱中，宫廷中掌管文化的官吏相继流散到民间，成为历史上第一批靠出卖知识为生的士，他们使古代文化在民间广泛传播。文化学术的扩散，为民间私学的兴起创造了条件。各阶级、各阶层的士子聚徒讲学，宣传一定的政治主张，竞相扩大自己的势力，成为春秋时期比较普遍的一种社会现象。

第三，士阶层的崛起成为私学兴起的一个推动力。

所谓"士"，本来是奴隶主政权中的低级官吏，其身份属民，居"士农工商"之首。春秋之后，人们多把社会上一批不狩不猎、不农不工、不贾不商、脱离生产劳动的人，称为"士"。这些人多掌握着一定的文化知识或一技之长，平时四处游说，寻求进身之阶，成为当时社会上异常活跃的一股势力。而当时有眼光的诸侯、大夫，为了发展自己的势力，也急需网罗一批人才，让他们外游诸侯、内议朝政、出谋献策，因而贵族争相养士。

养士之风使"士"成为职业,而且身价提高,不少人以成为士作为进身的捷径,迫切要求读书,这样,私学兴起的需要就产生了。如郑国的邓析,他的讲学专门教人怎样打官司,即"学讼"。在这些私人讲学的基础上就产生了私学。

在众多私学中,孔子的私学具有明确的政治目标,组织较固定,教学较正规,有较完整的教材,因而孔子的私学超越了前人和同时代人的私学。特别是他教育有方,成绩显著,其弟子学成后,"大者为师、傅、卿、相,小者为教士大夫,或隐而不见";且遍布各地创办私学,进一步扩大了私学的影响。从这个意义上讲,孔子堪称首创私学的大师。当时与之齐名的有墨家私学。

春秋战国私学的创立,是中国古代教育史上划时代的革命,对于我国古代教育的发展具有十分重要的意义。

1. 私学的创立,完成了学校独立化的过程

私学的出现,直接冲击了"天子命之教,然后为学""政教合一"的限制,使学校从官府中解放出来,从政治活动中分离出来。私学作为专门的教育场所,有独立的教育目标,以育士授徒为自己的专门职能,教学内容可根据社会需要制定。教师成为较为独立的社会职业,可以随处讲学。学生也可以不受地域、出身、地位的限制,自由择师。

2. 私学扩大了教育对象范围,促进了我国古代文化的传播和发展

各私学为了生存,接收不同阶层的学生,这直接打破了"学在官府""礼不下庶人"的局面,有力地推动了"文化下移"的运动。尤其是孔子提出"有教无类"等主张,进一步强化了教育塑造人、改造人的重要意义。

3. 私学的出现,促进了教育理论的产生和发展

学校教育真正独立之后,人们开始关注人才培养,探讨教育的定义,探讨人才成长的规律,并开始探索教学方法,这才使教育理论的产生成为必要和可能。春秋战国时期产生的许多著作,都包含了丰富而深刻的教育思想和教学经验。《大学》《中庸》《学记》《乐记》《弟子职》等教育专著,是先秦私学的经验总结,奠定了中国传统教育理论的基础。

4. 私学的出现和兴起,促进了诸子蜂起、百家争鸣局面的形成

私学的产生和兴起,不仅促进了当时教育事业的发展,更直接推动了各种学派的发展,使得历史上出现了思想、文化发展过程中最可贵的"百家争鸣"的局面。而且这种私人办学的形式在我国一直流传了两千多年之久,尤其是在教育和教学方面积累的宝贵经验,成为优秀的教育遗产。

二、先秦语文教育内容

古代教育主要是为了识字,其中的识字教学可算语言教学,但与现代意义的语言教学相比还有很大距离。而且,在古代社会里,语言主要是指书面语,仅仅是表达思想或用以"教化"的工具,而整个教育体制是为思想文化教育服务的,所以语言教学没有独立的地位,只能为思想文化教育服务。因此,先秦语文教育具有鲜明的综合性与丰富性特点。

由于当时教育的多功能性,语文教育必然具有综合性。此时期的语文教育包含着经学、史学、哲学、文学、文字学、伦理学、社会学、自然科学等多方面内容,是一种综合性的教育。当时训练内容包括听、说、读、写、书(法)等,也体现了综合性特点。

丰富性指当时的语文教育内容广泛而丰富。

先秦的教学内容既与生活、宗教相关，更与思想教育紧密关联。语文内容与原始社会的宗教祭祀、原始艺术、原始记事和伦理道德观念的教育扭结在一起，如原始人群在生产劳动、生活之中口头创作出来的古代神话故事，一直是我国语文教学的内容；到了春秋战国时期，教育内容基本以"六艺"（礼、乐、射、御、书、数）为主，其中礼、乐、书中包含着相当多的语文内容，当然也有专门的识字教学，最早的一部识字教材《史籀篇》15篇，据说就是"周时史官教学童书"；春秋战国时期教授内容就包括了历史散文，如《国语》《左传》《战国策》等，以及哲理散文，如诸子散文等。

先秦的教育内容可以说直接影响了封建社会语文教育内容的确定。如后来的蒙养教育就特别强调常识教学与思想教育同步进行，强调从小培养符合封建伦常的道德品质、习惯，传授读书识字等文化知识，然后才是初通《论语》等儒家经典，具备作文的基本技巧，为将来进入官学或参加科举考试打下基础。产生于这个时期的"四书""五经"更成为日后语文教育最重要的内容。其中"四书"比较集中地反映了宗法制度的政治纲领、伦理思想、哲学观点，故历来为统治者所推崇，并规定为一切官学、私塾的基本教材；"五经"作为我国古代丰富的历史资料，被作为蒙学阶段之后的重要教科书，也是历代各朝宣传宗法思想的重要根据。

三、先秦语文教育方法

（一）教学原则

先秦是中国古代教学原则的萌芽期。教学原则指开展活动所应遵循的基本法则或标准，是指导教学工作的一般原理。教学原则与教学规律、教学经验既有联系也有区别。它既不像教学规律那样抽象、思辨和根本，也不像教学经验那样直观、具体和零碎。教学原则是教学活动客观规律的反映和教学实践经验的总结与概括[1]。儒、墨、法、道各家在其私学中都遵循了一定的教学原则，并在教育教学实践的基础上，从各家教育的性质、目的出发，根据各自的哲学观、文化观、伦理观，对教学原则从理论上作了大量探索，形成了各具特色的教学原则。

儒家的教学原则影响较大。孔子对因材施教、启发诱导、循序渐进、学思结合、知行一致等教学原则从实践和理论上进行了深入研究。孟子、荀子结合自己的主张，对这些原则作了进一步的阐发。

墨家除了与儒家一样坚持因材施教、循序渐进、学思结合、知行一致等教学原则外，还提出了"强说强为"的主动原则，"述而且作"的继承与创造相结合原则，"量力所至"的量力性原则等。墨家的探索对教学原则的发展做出了积极的贡献。

法家重视学用一致、知行统一原则，强调动机与目的统一、赏罚并重的原则。法家主张教育要以"功用为的彀""听其言必责其用，观其行必求其功"；法制教育必须"功当其事，事当其言，则赏；功不当其事，事不当其言，则罚"。对于儿童教育，认为"父母之爱，不足以教子"。提出以"威势"来"禁暴"，主张推行惩罚式教育。

道家的教学原则也与其培养目标相适应，如绝学弃智、闭目塞听、涤除玄览、顺应自

---

[1] 张传燧. 中国教学论史纲[M]. 长沙：湖南教育出版社，1999：193.

然、自知独化等原则,强调内心的直觉与静观,不强调"生而知之"的先验认识,也不强调"耳目之实"的感性认识,对于思辨的理性认识也不重视,形成了不同于儒、墨两家教学原则的突出特点。

先秦教学原则奠定了中国古代教学原则理论发展的基础。各家的原则有不少是相同的,如因材施教、启发诱导、循序渐进、温故知新、知行结合、德智统一、教学相长;它们不同程度地反映和揭示了教学的本质特点和普遍规律,具有科学性,而且被纳入到现代中国教育理论体系中,成为现代教学原则的有机组成部分。

(二) 教学模式

中国教育教学实践源远流长,教学模式丰富多样,其中不少模式是由先秦开始形成的。教学模式是指在长期教学实践的基础上,经过尝试、验证、完善后,形成的相对规范、稳定的教学程序,通常用于规范和指导教学实践,具有稳定性和整体性特点。但又并非一成不变,而是随着教学实践活动的深入展开和历史发展而不断发展和完善,因而也具有多元性。先秦教育家们在这方面积极探索,积累了丰富的经验,对后世教学模式的探索和建构具有很好的指导意义。其中影响较大的有以下几种。

1. 启发式教学模式

孔子是世界上最早倡导并实践启发式教学模式的人。启发式教学模式的关键是教师的启发,要点是要针对学生的学习状态和把握启发的时机。该模式强调,当学生对某个问题积极地进行思考但未完全想通时及时给予启发,或是当学生对某个问题经过思考已有所得但还不很明确,想说又无法表达时及时给予开导,帮助学生打开思路,将形成的思想观点用准确的语言表达出来。孔子提出的"不愤不启,不悱不发",正是对此模式最好的描述。

2. 实践发现式教学模式

墨家主要采用实践发现式教学模式,主张"身观亲知",这也影响到清代颜元和历代科技教育。实践发现式教学强调学习者在生活实践中对自然、社会和人自身进行认识、探索,从而学习、掌握知识,其特点有:(1) 学习者是活动和发现的主体,只有学习者自己的认识和观察才是学习最可靠的基本源泉。(2) 教学活动与实践活动紧密结合,学习范围广泛,与社会生产生活联系密切;墨家重客观、贵实践,认为学习者通过参加实际的社会生产活动学到的知识才是真实有用的。(3) 学习方法是"做"中学,教学做合一;强调学习者亲身实践,手脑并用,身心和谐发展。实践发现式教学模式在先秦乃至中国古代教育体系中都是比较独特的,对古代的科技教育起到积极的作用。当然,这种模式过于强调直接经验,忽视了间接经验对于学习的重要性。

3. 自然无为式教学模式

道家老子是自然无为式教学模式的创始人。他认为教育要顺应个体身心发展的内在顺序和规律,反对教育者凭主观意愿强作妄为,主张教育者"希言自然",即不要过多地训诲教导,而强调要按照受教育者身心发展的规律和特点去从事教育教学活动,努力达到"无为无不为"的教学境界。其模式主要采用自由的方式,让学习者完全处于教育的主体和中心地位,独立、主动地学习与发展,自我完善,最后达到"不行而知、不见而名、不为而成"的境界(《老子·四十七章》)。

这种教学思想与模式在后世得到继承和发扬,魏晋玄学教育思潮以及宋明心学教育思想都坚持这种主张,近代陶行知也对此有所发展。而且此模式与西方近现代自然主义、人本主义教育思想非常一致，即自然无为式教学模式与人本主义教育家罗杰斯倡导的"非指导性教学"模式很契合。

第二节　先秦语文教育思想

一、孔子

孔子（约前551—前479），名丘，字仲尼，春秋末期鲁国陬邑人（今山东曲阜东南）。孔子自述其成长过程时说：吾十有五而志于学，三十而立，四十而不惑，五十而知天命，六十而耳顺，七十而从心所欲，不逾矩（《论语·为政》）。

孔子是我国最重要的教育家和思想家之一，其教育思想主要体现在孔门弟子辑录孔子言行的《论语》中，《论语》是儒家的经典，也是历代语文教材的重要内容，同时还是我们了解、研究孔子教育思想的主要资料。

（一）孔子的教育思想概说

孔子创立了儒家学派，一生致力于教育，以私学为载体，培养出大量卓越的人才，并在教育实践中探索、丰富其教育思想，晚年主要从事古籍整理工作，删《诗》《书》，订《礼》《乐》，序《周易》，作《春秋》，以教后世（《史记·孔子》）。孔子自己说：述而不作，信而好古。可见，孔子是在融会贯通前人的学说的基础上，集大成，并有所发扬，形成了儒家的核心思想。可以说，综合了前人的思想文化成果是儒家思想能产生深远影响的根本原因之一。

孔子教育思想的核心是"仁"，认为"仁"与"圣"是教育的最高理想，强调教育的目的在于明道"求仁"，而具体目标则为将人教育为"君子"。围绕这样的核心理念，他在教育实践中具体地呈现其教育思想，又因为特别重视教育的作用，孔子极重道德教育、人格感化，既包含了强烈的哲学内涵，也与其政治理念密切相连。

（二）孔子的教育思想言论

孔子特别重视教育的作用，史籍中有大量关于教育作用的言论可作为佐证。

1. 教育可以提升百姓的素养，更是治国的必要手段

> 道之以政，齐之以刑，民免而无耻；道之以德，齐之以礼，有耻且格。（《论语·为政》）
>
> **参考译文**：用法制禁令来引导百姓，用刑法来约束他们，老百姓只是求得免于犯罪受惩，却失去了廉耻之心；用道德教化引导百姓，用礼制统一百姓的言行，百姓不仅会有羞耻之心，而且也就守规矩了。

2. 先富民后教民的思想

孔子认为，治理一个国家，应当具备三个起码条件：食、兵、信。在这三者当中，信是最重要的，而信要通过教育来实现，因此"富民"之后须"教民"才能使国家长治久安。

子贡问政。子曰："足食、足兵、民信之矣。"子贡曰："必不得已而去，于斯三者，何先？"曰："去兵。"子贡曰："必不得已而去，于斯二者，何先？"曰："去食。自古皆有死，民无信不立。"（《论语·颜渊》）

参考译文：子贡问怎样治理国家。孔子说："粮食充足，军备充足，老百姓信任统治者。"子贡说："如果不得不去掉一项，那么在三项中先去掉哪一项呢？"孔子说："去掉军备。"子贡说："如果不得不再去掉一项，那么这两项中先去掉哪一项呢？"孔子说："去掉粮食。自古以来人总是要死的，如果老百姓对统治者不信任，那么国家就不能存在了。"

子适卫，冉有仆。子曰："庶矣哉！"冉有曰："既庶矣，又何加焉？"曰："富之。"曰："既富矣，又何加焉？"曰："教之。"（《论语·子路》）

参考译文：孔子到卫国去，冉有为他驾车。孔子说："人口真多呀！"冉有说："人口已经够多了，还要再做什么呢？"孔子说："使他们富起来。"冉有说："富了以后又还要做些什么？"孔子说："对他们进行教化。"

3. 教育对个体发展有重要作用

孔子还从教育与人的发展关系上强调了教育的作用。孔子虽说有"生而知之者"，但他不承认自己是这种人，也没有见过这种人。他之所以成为学识渊博的人，在于他爱好古代的典章制度和文献图书，而且勤奋刻苦，思维敏捷。这是他总结自己学习与修养的主要特点。他希望人们勤奋好学，不要等遇到困难再去学习。俗话说：书到用时方恨少，就是讲的这个道理。他这么说，旨在鼓励他的学生发愤努力，成为对国家有用的人才。

生而知之者，上也；学而知之者，次也；困而学之，又其次也；困而不学，民斯为下矣。（《论语·季氏》）

参考译文：生来就知道的人，是上等人；经过学习以后才知道的，是次一等的人；遇到困难再去学习的，是又次一等的人；遇到困难还不学习的人，这种人就是下等的人了。

性相近也，习相远也。（《论语·阳货》）

参考译文：人的本性是相近的，由于习染不同相互才有了差别。

我非生而知之者，好古，敏以求之者也。（《论语·述而》）

参考译文：我不是生来就有知识的人，而是爱好古代的文化，勤奋敏捷地去求得知识的人。

4. 扩大教育的对象

孔子明确提出"有教无类"的思想，并付诸实践，打破了贵族垄断学术的格局，使教育活动扩展到民间，适应了士阶层的兴起，顺应了文化下移的历史潮流，扩大了教育的社会基础和人才来源。

子曰："有教无类。"（《论语·卫灵公》）

参考译文：孔子说："所有人都可以受到教育，不分族类。"

"有教无类"的意思是不分贵族与平民，不分国界，只要有心向学，都可以入学受教；

不因为贫富、贵贱、智愚、善恶等原因把一些人排除在教育对象之外。孔子开创了中国古代私学的先河，奠定了中国传统教育的基本思想。子曰："性相近也，习相远也。""性相近"说明了人皆有成才成德的可能性，而"习相远"又说明了实施教育的重要性。正是基于"人皆可以通过教育成才成德"的认识，孔子才做出了"有教无类"的论断。

5. 关于教育目的

孔子主张的教育目的是培养"士"，而"士"的标准就是"君子"。"君子"原是奴隶主贵族统治者的专称，即奴隶主贵族的意思。孔子把它发展成为具有一定道德标准的精神贵族的理想人格，即把培养"君子"当作教育的目标，希望学生能够学习礼乐等治国安邦的知识，做官从政报效国家。

> 子曰："君子道者三，我无能焉：仁者不忧，知者不惑，勇者不惧。"（《论语·宪问》）
>
> **参考译文**：孔子说："引导君子进行修身的三个方面，我都未能做到：仁德的人不忧愁，聪明的人不疑惑，勇敢的人不畏惧。"

> 仕而优则学，学而优则仕。（《论语·子张》）
>
> **参考译文**：做官还有余力的人，就可以去学习，学习有余力的人，就可以去做官。

6. 关于教育内容

孔子注重对历代古籍、文献资料的学习，认为仅有书本知识还不够，还要重视社会实践活动，所以，从《论语》中，我们可以看到孔子经常带领他的学生周游列国，一方面向各国统治者进行游说，另一方面让学生在实践中增长知识和才干。但有了书本知识和实践活动仍不够，还要养成忠、信的德行，即对待别人忠心和与人交际讲信实。概括起来讲，教育内容包括书本知识、社会实践和道德修养三个方面。孔子的具体教育内容就是"六经"，即《诗》《书》《礼》《乐》《易》《春秋》，偏重文事，不崇拜神灵，是中国古代非宗教教育传统的开端。但受历史条件的局限，孔子忽视自然知识的传授，也鄙视生产劳动知识和技能的教育。

> 子以四教，文、行、忠、信。（《论语·述而》）
>
> **参考译文**：孔子教授学生的四项内容是：文献典籍、行为规范、待人忠诚、讲求信实。

> 樊迟请学稼。子曰："吾不如老农。"请学为圃。曰："吾不如老圃。"樊迟出，子曰："小人哉！樊须也！上好礼，则民莫敢不敬；上好义，则民莫敢不服；上好信，则民莫敢不用情。夫如是，则四方之民襁负其子而至矣，焉用稼？"（《论语·子路》）
>
> **参考译文**：樊迟向孔子请教如何种庄稼。孔子说："我不如老农。"樊迟又请教如何种菜。孔子说："我不如老菜农。"樊迟退出以后，孔子说："（樊迟）真是小人。位高的人只要重视礼，老百姓就不敢不敬畏；位高的人只要重视义，老百姓就不敢不服从；位高的人只要重视信，老百姓就不敢不用真心实情来对待你。要是做到这样，四面八方的老百姓就会背着自己的小孩来投奔，哪里用得着自己去种庄稼呢？"

孔子毫不客气地指责想学种庄稼和种菜的樊迟是小人，他认为，统治阶层的人哪里需要学习种庄稼、种菜之类的知识，只要重视礼、义、信就足够了。他培养学生，不是为了以后去种庄稼种菜,而是为了从政为官。在孔子时代,接受教育的人毕竟是少数,劳动者只要有充沛的体力就可以从事农业生产,而教育的目的,则是为了培养实行统治的知识分子。

7. 关于教育的原则和方法

在孔子的教育思想中,关于教育的原则和方法对现代语文教育最具启发作用。

(1) 因材施教。

首先,孔子十分注意观察和了解学生的特点,针对学生的不同特点,从学生实际出发进行教育。

> 子路问:"闻斯行诸?"子曰:"有父兄在,如之何其闻斯行之?"冉有问:"闻斯行诸?"子曰:"闻斯行之。"公西华曰:"由也问'闻斯行诸',子曰:'有父兄在';求也问'闻斯行诸',子曰:'闻斯行之。'赤也惑,敢问。"子曰:"求也退,故进之;由也兼人,故退之。"(《论语·先进》)
>
> **参考译文**:子路问:"听到了就行动起来吗?"孔子说:"有父兄在,怎么能听到就行动起来呢?"冉有问:"听到了就行动起来吗?"孔子说:"听到了就行动起来。"公西华说:"仲由问'听到了就行动起来吗',你回答说:'有父兄健在';冉求问'听到了就行动起来吗',你回答说:'听到了就行动起来。'我被弄糊涂了,斗胆再问个明白。"孔子说:"冉求总是退缩,所以我鼓励他;仲由好勇过人,所以我约束他。"

这是孔子把中庸思想贯穿于教育实践中的一个具体事例。在这里,他要自己的学生不要退缩,也不要过于冒进,要进退适中。所以,对于同一个问题,孔子针对子路与冉求的不同情况作了不同回答。同时也生动地反映了孔子教育方法的一个特点,即因材施教。

另外,孔子对不同年龄阶段的人也有不同的要求。

> 君子有三戒:少之时,血气未定,戒之在色;及其壮也,血气方刚,戒之在斗;及其老也,血气既衰,戒之在得。(《论语·季氏》)
>
> **参考译文**:君子有三种事情应引以为戒:年少的时候,血气还不成熟,要戒除对女色的迷恋;等到身体成熟了,血气方刚,要戒除与人争斗;等到老年,血气已经衰弱了,要戒除贪得无厌。

孔子还鼓励学生拥有不同的专长。在他的学生中,各方面的人才都有。

> 德行:颜渊、闵子骞、冉伯牛、仲弓。言语:宰我、子贡。政事:冉有、季路。文学:子游、子夏。(《论语·先进》)
>
> **参考译文**:德行好的有:颜渊、闵子骞、冉伯牛、仲弓。善于辞令的:宰我、子贡。擅长政事的有:冉有、季路。通晓文献知识的有:子游、子夏。

(2) 启发诱导。

孔子提出了"启发式"教学的思想。要求学生能够"举一反三",在学生充分进行独立思考的基础上,再对他们进行启发、开导,这是符合教学基本规律的,而且具有深远的影响,在今天的教学实践中仍可以借鉴。

> 不愤不启，不悱不发，举一隅不以三隅反，则不复也。(《论语·述而》)
>
> **参考译文**：教导学生，不到他想弄明白而不得法的时候，不去开导他；不到他想出来却说不出来的时候，不去启发他。教给他一个方面的东西，他却不能由此而推知其他三个方面的东西，那就不再教他了。

（3）学思结合。

孔子认为，在学习的过程中，学和思不能偏废。他指出了学而不思的局限，也道出了思而不学的弊端。主张学与思相结合，只有将学与思相结合，才可以使自己成为有道德、有学识的人。这种思想在今天的教育活动中仍有其值得肯定的价值。

> 学而不思则罔，思而不学则殆。(《论语·为政》)
>
> **参考译文**：只读书学习，而不思考问题，就会感到迷惑而没有收获；只思想而不读书学习，就有危险（有害）了。

他还以自己的亲身体会告诫学生学习的重要性及思考的重要性。

> 吾尝终日不食，终夜不寝，以思，无益，不如学也。(《论语·卫灵公》)
>
> **参考译文**：孔子说："我曾经整天不吃饭，彻夜不睡觉，去左思右想，结果没有什么好收获，还不如去学习为好。"

> 君子有九思：视思明，听思聪，色思温，貌思恭，言思忠，事思敬，疑思问，忿思难，见得思义。(《论语·季氏》)
>
> **参考译文**：君子有九种要思考的事：看的时候，要思考是否看清楚；听的时候，要思考是否听清楚；自己的脸色，要思考是否温和；容貌要思考是否谦恭；言谈的时候，要思考是否忠诚；办事要思考是否谨慎严肃；遇到疑问，要思考是否应该向别人询问；要发脾气时，要思考是否有后患；获取财利时，要思考是否合乎义的准则。

这是孔子对"学"与"思"关系的进一步发挥和深入阐述。思是理性活动，有两方面作用，一是发觉言行有不符合或者违背道德之处，就要改正过来；二是检查自己的言行，如果符合道德标准，就要坚持下去。但学和思不可以偏废，只学不思不妥，只思不学也是十分危险的。思与学相结合才能使自己成为德行高尚、有学问的人。

（4）温故知新。

"温故而知新"也是孔子对我国教育学的重大贡献之一，他认为，通过不断温习所学过的知识，可以获得新知识。这一学习方法不仅在封建时代有其价值，在今天也有不可否认的积极作用。人们的新知识、新学问往往都是在过去所学知识的基础上发展而来的。由此可见，温故而知新是一种十分可行的学习方法。

> 温故而知新，可以为师矣。(《论语·为政》)
>
> **参考译文**：温习旧的知识，能得到新的理解和体会，就可以当老师了。（也指回忆过去，能更好地认识现在。）

子夏曰："博学而笃志，切问而近思，仁在其中矣。"（《论语·子张》）

参考译文：子夏说："广泛地学习而且能坚守自己的志向，恳切地提问并且能多考虑当前的事情，仁德就在其中了。"

（5）学以致用。

诗，也是孔子教授学生的主要内容之一。他教学生诵诗，不单纯是为了诵诗，而为了把诗的思想运用到指导政治活动之中。他不主张死背硬记，当书呆子，而是要学以致用，将知识应用到社会实践中去。同时孔子主张"学而优则仕"，培养学生是为了推行其政治抱负，训练学生能够出仕为宦，治理一方，所以他更加强调学用结合，学以致用。

诵《诗》三百，授之以政，不达；使于四方，不能专对。虽多，亦奚以为？（《论语·子路》）

参考译文：把《诗》三百篇背得很熟，让他处理政务，却不会办事；让他当外交使节，不能独立地办交涉；虽然背得很多，又有什么用呢？

8. 关于学习态度

（1）不耻下问。

子贡问曰："孔文子①何以谓之文也？"子曰："敏而好学，不耻下问，是以谓之文也。"（《论语·公冶长》）

注释：①孔文子：卫国大夫孔圉，"文"是谥号，"子"是尊称。

参考译文：子贡问道："为什么给孔文子一个'文'的谥号呢？"孔子说："他聪敏勤勉而好学，不以向比他地位卑下的人请教为耻，所以给他谥号叫'文'。"

孔子在回答学生提问时提出"不耻下问"的观点。"敏而好学"，就是勤敏而兴趣浓厚地发愤学习。"不耻下问"，就是不仅听老师、长辈的教导，向老师、长辈求教，而且还求教于看来不如自己知识多的一切人，并且不以这样做为耻。孔子自己就敢于"不耻下问"：他愿意向自己的学生们学习，即边教边学，这在《论语》中有多处记载。同时他也愿意向百姓学习，在他看来，群众中可以学的东西很多，这同样可从《论语》中找到许多根据。他提倡的"不耻下问"的学习态度对后世文人学士产生了深远影响。

（2）主动学习。

子曰："加我数年，五十以学易，可以无大过矣。"（《论语·述而》）

参考译文：孔子说："再给我几年时间，到五十岁学习《易》，我便可以没有大的过错了。"

孔子自己说，"五十而知天命"，可见他把学《易》和"知天命"联系在一起。他主张认真研究《易》，是为了使自己的言行符合于"天命"。《史记·孔子世家》中说，孔子读《易》，韦编三绝。他非常喜欢读《易》，曾把穿竹简的皮条翻断了很多次。这表明孔子活到老、学到老的刻苦钻研精神，值得后人学习。

> 子曰："三人行，必有我师焉。择其善者而从之，其不善者而改之。"（《论语·述而》）
>
> **参考译文：** 孔子说："几个人一起走路，其中必定有人可以做我的老师。我选择他们的长处来学习，看到他们不足的地方就作为借鉴，看看自己有没有，并加以改正。"

孔子的"三人行，必有我师焉"的思想，受到后代知识分子的极力赞赏。他虚心学习的精神非常可贵，更可贵的是，他不仅愿意以善者为师，而且愿以不善者为师，这其中包含有深刻的哲理思想。他的这段话，对于指导我们处事待人、修身养性、增长知识，都是有所裨益的。

二、老子

老子（约前571—前471），字聃，又称李耳，楚国苦县厉乡曲仁里（今河南省鹿邑县）人。中国古代伟大的哲学家、思想家、教育家，被道教尊为教祖，世界文化名人。

老子哲学的核心内容是"道"，他认为，世界万物的总根源是"道"，其本质特征是自然，他的理想是"道法自然"，就是要回到自然中去，达到人与自然的和谐。建立在这种哲学基础之上，老子的语文教育思想也是以"道"为核心的。

（一）老子的教育思想概说

老子的教育思想主要围绕教育原则、教育方法以及对教师的要求这三个方面展开。他认为一切教学活动都要遵循自然发展的规律，强调循序渐进，潜移默化，并由此出发要求教师除了掌握学科的基础知识之外，还要能够以道修身，以道示人，用人格品质在无声无息中通过言行去塑造学生的人格，引起学生情感上的共鸣。此外，老子还指出每个学生都有其个性，应该根据学生不同的性格特征而调整教育方案。

（二）老子的教育思想言论

1. 教育原则

（1）行不言之教。

老子认为，在教育的过程中我们应该"行不言之教"。所谓"不言之教"，就是说通过自身的行为做榜样，去感染受教育者。身为老师，应该规范自己的行为举止，潜移默化地影响学生。

> 是以圣人处无为之事，行不言之教；万物作焉而不辞，生而不有，为而不恃，功成而弗居。（《道德经·第二章》）
>
> **参考译文：** 有道的圣人以无为的态度来处理政事，不随意发布政令；万物兴起而不造作事端；生养万物而不据为己有；化育万物而不自恃己能；功成业就而不自我夸耀。

> 我无为而民自化，我好静而民自正，我无事而民自富，我无欲而民自朴。（《道德经·五十七章》）
>
> **参考译文：** 我无为，人民就会自我化育；我好静，人民就会自然匡正；我无事，人民就会自然富强；我无欲，人民就会自然淳朴。

（2）图难于易。

老子认为，凡事都有一个循序渐进的过程，我们应该遵循这一规律。在教育的过程中，应该由浅入深，由简到繁。语文教育更要注重基础知识的把握，要多读书，多积累。

> 图难于其易，为大于其细。天下难事，必作于易；天下大事，必作于细。是以圣人终不为大，故能成其大。(《道德经·六十三章》)
>
> **参考译文**：要解决问题，须从简易处入手；成就大事，须从小处着眼。天下困难的事情，无一不是从容易的地方开始做起；天下的大事，又无一例外地从细微的事开端。所以有道的人始终不自以为大，因此能成就大的事情。

> 合抱之木，生于毫末；九层之台，起于垒土；千里之行，始于足下。(《道德经·六十四章》)
>
> **参考译文**：合抱的大树，生长于细小的萌芽；九层的高台，筑起于每一堆泥土；千里的远行，是从脚下的每一步开始走出来的。

2. 教育方法

(1) 因人而异。

任何事物的存在都有其差异性，作为个体的人也不例外。教育者应该根据受教育者不同的个性，去制定符合其个体发展的教育方法和计划。

> 夫物或行或随、或嘘或吹、或强或羸、或挫或隳。(《道德经·二十九章》)
>
> **参考译文**：任何事物都是有差异的，都各有不同：有的行前，有的随后；有的性缓，有的性急；有强健的，有羸弱的；有安定的，有危险的（人的个性也如此）。

> 天之道，其犹张弓与？高者抑之，下者举之；有余者损之，不足者补之。(《道德经·七十七章》)
>
> **参考译文**：自然的规律，不是很像张弓射箭吗？弦拉高了就把它压低一些，低了就把它举高一些，拉得过满了就把它放松一些，拉得不足了就把它补充一些。

(2) 益损互用。

老子根据自然界对立统一的辩证关系，指出万事万物总是相对立而存在的。施教者要善于利用事物对立统一、互相转化的规律来启发，引导受教育者，这样可以取得意料不到的良好效果。[1]

> 少则得，多则惑。(《道德经·二十二章》)
>
> **参考译文**：少了反而可以得到，多了反而变得疑惑。

很多时候，老师所教的内容不一定越多越好。教得少可能会有更好的效果，教得多反而会把人弄得更加糊涂。

> 物或损之而益，或益之而损。(《道德经·四十二章》)
>
> **参考译文**：一切事物，减损它有时反而得到增加，增加它有时反而受到减损。

---

[1] 李少成. 老子教育思想阐释与分析批判 [J]. 广州大学学报：社会科学版，2002：1 (8).

3. 对教师的要求

（1）对待学生要一视同仁。

善者，吾善之；不善者，吾亦善之；德善。信者，吾信之；不信者，吾亦信之；德信。（《道德经·四十九章》）

参考译文：善良的人，我以善意对待他；不善良的人，我也用善意对待他；结果就会使人人向善。诚实的人，我相信他；不诚实的人，我也相信他；结果就会使人人守信。

老子认为，教育者在教育过程中不应该放弃任何受教育者，要一视同仁地对待不同对象，要有恒心，要耐心地去教化不善者和不信者。

圣人常善救人，故无弃人；常善救物，故无弃物。（《道德经·二十七章》）

参考译文：圣德的人经常善于做到人尽其才，所以没有被遗弃的人；经常善于做到物尽其用，所以没有被废弃的物。

（2）惟道是从。

所谓"惟道是从"，就是要教师一定要以自然之道为依归。自然之道，按老子的话说，就是"生而不有，为而不恃，长而不宰"。

善行无辙迹；善言无瑕谪；善数不用筹策；善闭无关楗而不可开；善结无绳约而不可解。（《道德经·二十七章》）

参考译文：善于行走的，不留痕迹；善于言谈的，没有过失；善于计数的，不用筹码；善于关闭的，不用栓销而使人不能打开；善于捆缚的，不用绳索而使人不能解开。

（3）修身明道。

既然老师的道德言行对学生能够产生巨大的作用，身为教育者，就应该自觉地修身明道，规范自己的行为。

夫唯不可识，故强为之容：豫兮若冬涉川；犹兮若畏四邻；俨兮其若客；涣兮其若凌释；敦兮其若朴；旷兮其若谷；混兮其若浊；孰能浊以静之徐清？孰能安以动之徐生？保此道者，不欲盈。夫唯不盈，故能蔽而新成。（《道德经·十五章》）

参考译文：正因为不能认识他，所以只能勉强地形容他说：他小心谨慎啊，好像冬天踩着水过河；他警觉戒备啊，好像防备着四周的进攻；他恭敬郑重啊，好像要去赴宴做客；他行动洒脱啊，好像冰块缓缓消融；他纯朴厚道啊，好像没有经过雕琢的素材；他旷远豁达啊，好像深幽的山谷；他浑厚宽容，好像不清的浊水。谁能在动荡中安静下来，慢慢澄清？谁能使安静变动起来，慢慢显出生机？保持这个"道"的人不会自满。正因为他从不自满，所以能够去故更新。

这是老子对体道之人的描写，教师应该以此作为标准，努力保持纯真的品格，在学生的心中树立一个好榜样，自己也应该在教学过程中尽心尽力。

三、孟子

孟子（约前372—前289），名轲，为战国中期邹国人（今山东邹县南）。孟子是我国古代伟大的思想家、政治家、教育家，他继承并发扬了孔子的思想，成为仅次于孔子的一代儒家宗师,被称为"亚圣"。

孟子一生聚徒讲学,其弟子有数百人之众。他周游列国,以儒道游于各诸侯国,多年里率弟子游历至齐、梁、滕、宋等国,虽得到各国君主的礼遇,终未能受重用。孟子主要著作为《孟子》七篇,主要记录了他的政治主张、哲学思想、教育思想等,是我们了解、研究孟子教育思想的主要资料。

(一)孟子的教育思想概说

孟子自称为孔子的"私淑"弟子,以"得天下英才而教育之"为人生至乐,极其热爱、重视教育事业。孟子的弟子中,著名的有万章、公孙丑、乐正子、公都子、孟仲子等。《孟子》一书记述了他与弟子万章、公孙丑等游说各诸侯及世人的问答,属语录体散文集。该著作共有七篇传世:《梁惠王》《公孙丑》《滕文公》《离娄》《万章》《告子》和《尽心》,各有上下篇。它们既是儒家学派的经典作品,也是我国历代具有代表性的古文教材。

孟子主张"性善论",认为人性本善,他在政治上提出"仁政""王道",主张德治,因而特别强调教育对于政治的重要性,认为教育是政治之根本。他的一生不但培养了许多学生,还提出了不少极具价值的教育主张。孟子学说的出发点是"性善论",他认为教育就是存养和扩充"善性"的过程。在此基础上,他提出了"明人伦"的教育目的、以"孝悌"为中心的教育内容、循序渐进和"深造自得"等教育原则与方法。关于教育对象的培养目标,孟子提出了具有高尚道德和理想人格的"大丈夫"的定义,而在为师之道方面,他身体力行,认为教育者应该甘为人师,乐育英才。

(二)孟子的教育思想言论

教育为国家百年之大计,其成败可决定国家民族的兴亡。孟子深知教育之重要,他有如下关于教育的言论。

1. 教育对社会发展的重要作用

孟子认为,从国家和社会的角度看,教育是"行仁政""得民心"的重要手段。教育对于社会发展的重要作用是能够为统治者"得民心",好的政治不如好的教育。

> 善政不如善教之得民也。善政民畏之,善教民爱之;善政得民财,善教得民心。(《孟子·尽心上》)
>
> **参考译文**:好的政治比不上好的教育能够获得人民的拥护。好的政治为民众所畏惧,好的教育为民众所喜爱;好的政治能聚敛民财,好的教育能赢得民心。

教育对于施行仁政、巩固政权,实现社会的和谐,有十分重要的作用。忽视教育,国家将走向灭亡。

> 上无礼,下无学,贼民兴,丧无日矣。(《孟子·尽心上》)
>
> **参考译文**:如果位高的人没有礼仪,被管治的人没有教育,违法乱纪的人都起来了,国家的灭亡也就快了。

孟子认为,只有建立了稳定的"社会伦常秩序",才能"治国",才能"平天下"。而"社会伦常秩序"的建立依赖于教育,包括家庭教育、学校教育、宗教教育等,教育是社会伦常秩序得以建立的基础和基石。

> 后稷教民稼穑，树艺五谷；五谷熟而民人育。人之有道也。饱食、暖衣、逸居而无教，则近于禽兽。圣人有忧之，使契为司徒，教以人伦，父子有亲，君臣有义，夫妇有别，长幼有序，朋友有信。(《孟子·滕文公上》)
>
> **参考译文**：后稷教导百姓种庄稼，栽培谷物。谷物成熟了，便可以养育人民。人之所以为人，吃饱了、穿暖了、住得安逸了，如果没有教育，也和禽兽差不多。圣人又为此忧虑，便派契做司徒的官，主管教育，用关于人与人的关系的大道理以及行为准则来教养人民——父子之间有骨肉之亲，君臣之间有礼义之道，夫妻之间有内外之别，老少之间有尊卑之序，朋友之间有诚信之德。

2. 教育对个体发展的重要作用

从人的发展角度看，教育是保存和扩充人的善端，形成高尚人格的决定力量。孟子认为人性本善，教育的内向作用在于将心性中固有的善端存而养之，扩而充之，使人成为贤人、圣人，由此，他深刻阐述了教育对人的发展的重要性。

(1) 性善论。

孟子认为，人性本善，人皆有恻隐之心、羞恶之心、是非之心、恭敬之心，这四者便是仁、义、礼、智的四端，因此，人具有不学而能的"良能"和不虑而知的"良知"。

> 人性之善也，犹水之就下也。人无有不善，水无有不下。(《孟子·告子上》)
>
> **参考译文**：人性的善良，就好像水趋向低处流一样。人没有不善良的，水没有不向下的。

> 仁义礼智，非由外铄我也，我固有之也，弗思耳矣。(《孟子·告子上》)
>
> **参考译文**：仁、义、礼、智，并不是外界强加给我的，是我本来就有的，不过未曾思考它罢了。

> 人之所不学而能者，其良能也；所不虑而知者，其良知也。(《孟子·尽心上》)
>
> **参考译文**：人不经学习所具有的能力，是他的良能（本能）；不经思虑所具有的知识，是他的良知。

(2) 教育在人的发展中的作用。

人性之善是天之所赋，但是人之贤愚则决定于其对先天的善性能否存而养之，扩而充之。由此，孟子提出，教育的作用在于找回散失的本性，保存和发扬天赋的善端。

> 学问之道无他，求其放心而已矣。(《孟子·告子上》)
>
> **参考译文**：学问的道理没有别的什么，只是把丢失的心找回来罢了。

> 苟得其养，无物不长；苟失其养，无物不消。(《孟子·告子上》)
>
> **参考译文**：如果得到应有的养育，没有事物不生长；如果失去应有的养育，没有事物不消亡。

故曰:"求则得之,舍则失之。"(《孟子·告子上》)

参考译文:所以说:"追求,就会得到,放弃,就会失去。"

总的来说,孟子认为只要接受教育,肯于学习,就可以成为圣人,"人皆可以为尧舜"。可见,他是非常重视教育在人的发展中的作用的。

(3) 环境对教育的影响。

孟子主张教育应注重心性修养,也不可忽视外在环境之感染作用。孟子举了许多例子来说明环境对人的影响之大。

吾闻出于幽谷,迁于乔木者;①未闻下乔木而入于幽谷者。(《孟子·滕文公上》)

注释:①幽谷、乔木:典出《诗·小雅·伐木》,幽谷喻低,乔木喻高。

参考译文:我只听说过小鸟从幽暗的山谷飞往高大的树木,没有听说过离开高大的树木而飞进幽暗的山谷中去的。

一齐人傅之,众楚人咻之,虽日挞而求其齐也不可得矣;引而置之庄岳之间数年,虽日挞而求其楚亦不可得矣。(《孟子·滕文公下》)

参考译文:一个齐国人教他,许多楚国人吵扰他,即使每天鞭打他,要他说齐语,也是做不到的;带他到临淄的闹市里住上几年,即使每天鞭打他,要他说楚语,也是做不到的。

虽有天下易生之物也,一日暴之,十日寒之,未能有生者也。(《孟子·告子上》)

参考译文:即使有普天之下最容易生长的东西,一天曝晒、十天寒冻,没有能够成活的。

3. 关于教育目的

(1) 明人伦。

孟子明确提出教育的目的就是"明人伦",并且通过"明人伦"来服务于一定的政治。所谓"人伦"就是父子、君臣、夫妇、兄弟、朋友五对关系,办学目的在于使学生懂得并遵守维护社会尊卑、贵贱、男女、长幼、朋友关系的道德规范,培养自觉服从统治秩序的君子、圣贤。

设为庠序学校以教之。①庠者,养也;校者,教也;序者,射也。②夏曰校,殷曰序,周曰庠,学则三代共之,皆所以明人伦也。(《孟子·滕文公上》)

注释:①庠、序、校:都用作乡里学校的名称。②养、教、射:赵岐、朱熹均认为是教育内容,王念孙《广雅疏证》则认为是"教导之名"。

参考译文:设置庠、序、学、校来教育他们。"庠"是教养的意思,"校"是教导的意思,"序"是陈列(陈列实物以便实施教育)的意思。地方学校,夏代叫"校",商代叫"序",周代叫"庠";"学"则三代都有,目的都是阐明并使人们懂得人与人的伦常关系和行为准则。

父子有亲，君臣有义，夫妇有别，长幼有序，朋友有信。(《孟子·滕文公上》)

参考译文：父子之间有骨肉之亲，君臣之间有礼义之道，夫妻之间有内外之别，老少之间有尊卑之序，朋友之间有诚信之德。

（2）育君子。

孟子认为教育的目的在于培养德才兼备的君子、圣贤或大丈夫。君子、圣贤或大丈夫应有理想人格和道德标准，表现为：

居天下之广居，立天下之正位，行天下之大道，得志与民由之，不得志独行其道。富贵不能淫，贫贱不能移，威武不能屈，此之谓大丈夫。(《孟子·滕文公下》)

参考译文：居住在天下最广大的居所里，站立在天下最正大的位置上，行走在天下最广阔的大道上，得志的时候，协同百姓循着大道前进，不得志的时候，独立坚持自己的原则。富贵不能扰乱我的心，贫贱不能改变我的志气，威武不能使我屈服，这样才叫作大丈夫。

生亦我所欲也，义亦我所欲也，二者不可得兼，舍生而取义者也。(《孟子·告子上》)

参考译文：生存是我想要的，道义也是我想要的，如果两者不能兼有，就舍弃生存而选取道义。

君子所以异于人者，以其存心也。君子以仁存心，以礼存心。(《孟子·离娄下》)

参考译文：君子之所以不同于常人，在于他们所存的心。君子把仁存于心，把礼存于心。

无为其所不为，无欲其所不欲，如此而已矣。(《孟子·尽心上》)

参考译文：不做不该做的，不想望不该想望的，如此而已。

得志泽加于民，不得志修身见于世；穷则独善其身，达则兼善天下。(《孟子·尽心上》)

参考译文：得志就把恩惠施加给民众，不得志就修饬自身显现于世间；穷困就独自保持自己的善性，得志时还要使天下的人保持善性。

4. 关于教育内容

在"五伦"之中，孟子特别重视父子、兄弟（长幼）——孝、悌这两种关系，并以"孝悌"为中心，建立了一个伦理道德教育的内容体系——仁、义、礼、智、信。

谨庠序之教，申之以孝悌之义。(《孟子·梁惠王上》)

参考译文：注重学校的教育，反复地用孝顺父母、敬爱兄长的道理训导他们。

壮者以暇日修其孝悌忠信，入以事其父兄，出以事其长上。(《孟子·梁惠王上》)

参考译文：青壮年在闲暇时间修习孝悌忠信的道理，在家便用这些来侍奉父兄，出外则用这些来侍奉尊长。

仁之实，事亲是也；义之实，从兄是也；智之实，知斯二者弗去是也；礼之实，节文斯二者是也；乐之实，乐斯二者，乐则生矣；生则恶可已也，恶可已则不知足之蹈之，手之舞之。(《孟子·离娄上》)

参考译文：仁的实质就是侍奉父母；义的实质就是顺从兄长；智的实质就是明白这两者的道理而坚持下去；礼的实质就是对这两者能够调节、修饰；乐的实质就是从这两者中得到快乐，快乐也就产生了；快乐产生了就无法休止，无法休止就会不知不觉手舞足蹈起来。

5. 关于教育原则和方法

（1）深造自得。

孟子在教学过程中注意培养学生学习的主动性，注意培养学生的思维能力，要求学生具有求知的主动性、自觉性。在教学过程中鼓励学生刻苦钻研，深刻体会，靠自己的努力获得知识。

君子深造之以道，欲其自得之也。自得之，则居之安；居之安，则资之深；资之深，则取之左右逢其源，故君子欲其自得之也。(《孟子·离娄下》)

参考译文：君子依循正确的方法来得到高深的造诣，就是要求他自觉地有所得。自觉地有所得，就能牢固地掌握它不动摇；牢固地掌握它不动摇，就能积蓄很深；积蓄很深，便能取之不尽，左右逢源，所以君子要自觉地有所得。

故说《诗》者，不以文害辞，不以辞害志。以意逆志，是为得之。(《孟子·万章上》)

参考译文：所以解说《诗》的人，不因为拘于文字而误解词句，也不因为拘于词句而误解原意。用自己切身的体会去揣测作者的本意，这就对了。

（2）盈科而进。

孟子认为教学过程是一个由浅及深、逐渐积累的过程，应该像流水一样"盈科而进"，即循序渐进。

流水之为物也，不盈科不行；君子之志于道也，不成章不达。(《孟子·尽心上》)

参考译文：流水这种东西，不把洼地填满不向前流；君子立志于大道，不到一定的程度就不能通达。

源泉混混，不舍昼夜，盈科而后进，放乎四海。有本者如是，是之取尔。(《孟子·离娄下》)

参考译文：有本源的泉水滚滚地往下流，昼夜不停，把洼下之处注满，又继续向前奔流，一直流到海洋去。有本源的便像这样，孔子取他这一点罢了。

孟子还反对在学习中急于求成的观点。他举出"揠苗助长"的例子，说"其进锐者，其退速"。(《孟子·公孙丑上》)急于求成，人为地赶速度，违背学习规律，只能是欲速则不达，学习应当"盈科而进"。

(3) 持之以恒。

孟子在阐发了"盈科而进"教学原则的同时，提出了学必有恒的治学原则。他用学如掘井和茅塞之径的例子来阐明这个道理。

> 有为者辟若掘井，掘井九轫而不及泉，犹为弃井也。(《孟子·尽心上》)
>
> **参考译文**：有作为的人（学习）好比掘井，井掘得很深却不曾挖到泉水，就如同是一口废井一样。

> 山径之蹊间，介然用之而成路；为间不用，则茅塞之矣。(《孟子·尽心下》)
>
> **参考译文**：山上的小道很窄，一直去使用它就成为路；隔些时候不用，就会被茅草堵塞。

(4) 专心致志。

孟子认为，学习必须专心致志，不能一心二用。他以下棋为例生动地说明了"专心致志"对学习的重要意义。

> 今夫弈之为数，小数也，不专心致志，则不得也。弈秋，通国之善弈者也。使弈秋诲二人弈：其一人专心致志，惟弈秋之为听。一人虽听之，一心以为有鸿鹄将至，思援弓缴而射之，虽与之俱学，弗若之矣。为是其智弗若与？曰：非然也。(《孟子·告子上》)
>
> **参考译文**：例如弈棋作为技能，是小技，不专心致志就学不好。弈秋，是全国最擅长弈棋的人。让弈秋教两个人弈棋，一个人专心致志，只听弈秋的讲授。另一个人虽然听着，却一心觉得有天鹅就要飞来，想拿起弓箭去射它，虽然和前一个人一起学习，却比不上他。是因为这人的智力及不上吗？并非如此。

(5) 博约结合。

孟子强调既要广博地学习，又要有专精。为学之道，必须广博而深入，才能融会贯通，达到致广大而尽精微的地步。

> 博学而详说之，将以反说约也。(《孟子·离娄下》)
>
> **参考译文**：广博地学习而详尽地加以阐述，是要回归到简约地阐述的地步。

> 守约而施博者，善道也。(《孟子·尽心下》)
>
> **参考译文**：所坚守的是简约（的学问），所施惠的是广博（的学问），就是善道。

(6) 教亦多术。

孟子认为学生的素质、才能、学习态度、条件等是有差异的，教师应善于针对不同类型的学生，采取不同的教学方式、方法。教学不能一味地向学生灌输知识，而应引导学生进行自我觉醒、自我检讨。

教亦多术矣,予不屑之教诲也者,是亦教诲之而已矣。(《孟子·告子下》)

参考译文:教学也有多种方法,我不屑于去教诲,这也是在教诲啊。

君子之所以教者五:有如时雨化之者,有成德者,有达财者,有答问者,有私淑艾者。此五者,君子之所以教也。(《孟子·尽心上》)

参考译文:君子用来教育的方式有五种:有的像及时雨一样感化的,有成就其德行的,有通达其才能的,有的可答其所问,有的以自身的善行来间接教育的。这五种方式,就是君子用来教育人的方式。

6. 关于教师的论述

(1) 以育人为乐。

孟子认为,教育是人生的三大乐事之一,教育者应以育人为乐。

君子有三乐,而王天下不与存焉。父母俱存,兄弟无故,一乐也;仰不愧于天,俯不怍于人,二乐也;得天下英才而育之,三乐也。(《孟子·尽心上》)。

参考译文:君子有三种乐趣,而称王天下不在其内。父母都在世,兄弟无变故,是第一种乐趣;上无愧于天,下不惭于人,是第二种乐趣;得到天下优秀的人才而教育他们,是第三种乐趣。

(2) 注重自我修炼,示范教育。

在孟子看来,教育的主旨是由施教者躬行倡导,始收实效。教师既为人师表,则必须以身作则,必正己方能正人,未有己不正而能正人者也。

有大人者,正己而物正者也。(《孟子·尽心上》)

参考译文:有伟大的人,端正自己,天下万物便随之端正。

贤者以其昭昭使人昭昭。(《孟子·尽心下》)

参考译文:贤者用自己的清楚明白,来使他人清楚明白。

(3) 教学要有方法依据。

孟子提出,人的通病在于喜欢充当别人的老师,如果没有准备好,就不要随意当别人的老师。不要未管好自己的田地,就去替别人耕田;对别人要求严格,自己承担的责任却很轻;希望别人变成好人,却忘记自身修养的重要。

人之患在好为人师。(《孟子·离娄上》)

参考译文:人的毛病在于喜欢做别人的老师。

大匠诲人必以规矩,学者亦必以规矩。(《孟子·告子上》)

参考译文:大匠教人必定依据规矩,学习的人也必定要依据规矩。

大匠不为拙工改废绳墨，羿不为拙射变其彀率。(《孟子·尽心上》)。

参考译文：大匠不因为拙劣的徒工更改或废弃规矩，羿不因为拙劣的射手改变拉弓的标准。

四、庄子

庄子（约前369—前286），名周，字子休（亦说子沐），宋国人；东周战国中期著名的思想家、哲学家和文学家，为道家学派的主要代表人物之一。

庄子因崇尚自由而不应同宗的楚威王之聘，生平只做过宋国地方漆园吏。他继承和发展了老子"道法自然"的观点，认为"道"是"自本子根""无所不在"的，强调事物的自生自化，否认有神的主宰，后世将庄子和老子并称为"老庄"，著有《庄子》一书，也称《南华经》，是道家经典著作之一。《庄子》一书分为内篇、外篇和杂篇。文章汪洋恣肆，以寓言形式讲述，想象力丰富，在中国文学史和哲学史上具有较高研究价值。鲁迅先生曾评论其作品"汪洋辟阖，仪态万方，晚周诸子之作，莫能先也"。

庄子的教育思想，比较集中完整地保存在《庄子》一书中。此书，旨在弘扬老子"自然""无为"之道，追求保身、全生的"真人"。但庄子的思想自身也存在悖论，"绝圣弃智"与著书立说本身就是矛盾的。

（一）庄子的教育思想概说

庄子继承并发展了老子"虚静恬淡""因其自然""无为而治"的主要思想，主张通过顺应自然、道法自然、无为而治，来追求"无己、无功、无名"的真人境界。庄子也提出具体的道德修养和养生的方法，包括心斋坐忘、安时处顺、缘督为经等，通过方法的修炼可以"保身、全生、养亲、尽年"，从而真正达到天人合一及物我皆忘的人生境界。关于"道"，庄子认为"可传而不可受"，也就是否定了个体学习知识的可能性。他认为，从"道"的特征来看，天地万物是有"道"的，但道本身，是"无为无形"的，而且"道"不必称说。既然如此，教育也就失去了存在的意义。《庄子》一书也对儒墨两家孜孜以求的教育和参政思想给予了一定程度的否定和讽刺。

（二）庄子的教育思想言论

1. 教育的作用

庄子认为"道"是"自本自根""无所不在"的，"道"是"先天地生"的，"道未始封"（即"道"是无界限差别的）。同时，庄子也继承并发展了老子"绝圣弃智"的思想。"同乎无知，其德不离"，蒙昧无知让人们同心同德，因此不主张对人施行教育。

夫大道不称，大辩不言……（《庄子·齐物论》）

参考译文：至高无上的真理是不必称扬的，最了不起的辩说是不必言说的。

从知识的特征来看，知识是无穷尽的，因此拿有限的生命去追逐无限的知识，是徒劳的，是危险的。

夫虚静恬淡寂漠无为者，万物之本也。(《庄子·天道》)

参考译文：虚静、恬淡、寂寞、无为，是万物的根本。

吾生也有涯，而知也无涯，以有涯随无涯，殆已。已而求知者，殆而已矣。(《庄子·养生主》)

参考译文：我的生命是有限的，而知识是无限的。以有限的生命去追求无限的知识，真是危险啊！已经有了危险，还要执着地去追求知识，那么除了危险以外就什么都已经没有了。

2. 关于教育目的与教育内容

从"齐一万物"出发，庄子认为"天地与我并生，万物与我为一"，也就是天、地、人、物共生共存，合而为一。既然如此，则事物就没有了差别，"齐物我、齐是非、齐大小、齐生死、齐贵贱"。庄子提倡勤劳求知，他在《养生主》中讲了"庖丁解牛"的寓言故事，长达十九年的解牛经验，于庖丁而言不可不谓是勤勉有加。《达生》中也讲到"佝偻承蜩"的故事，旨在阐明驼背老人勤勉苦练，专心致志，终有所成。同时，庄子也倡导"因其自然""游刃有余"的思想，他认为学习的目的在于达到人生自由，通过对客观规律的掌握便于在大千世界里游刃有余，从而获取人生更大的自由，真正地实现"御六气之辩"的逍遥游。如此，人生就不会有执着和困惑，"游乎四海之外"，得到精神的自由。

从"无为"出发，庄子顺应自然，安处天道，可以保身，可以全生，进而从"有待"进入"无待"，摒弃一切成见、功利和人为，成为一个"无己、无功、无名"的真人，进入绝对自由、逍遥的境界。

若夫乘天地之正，而御六气之辩，以游无穷者，彼且恶乎待哉？故曰：至人①无己，神人②无功③，圣人④无名。(《庄子·逍遥游》)

注释：①至人：庄子认为修养最高的人。下文"神人""圣人"义相近。②神人：这里指精神世界完全能超脱于物外的人。③无功：无作为，故无功利。④圣人：这里指思想修养臻于完美的人。

参考译文：如果能够顺应自然的本性，而驾驭六气的变化，在无边境界遨游的人，他还凭借什么呢？所以说：修养最高的人物我不分，修养最高的人不功利，修养最高的人不求声名。

今臣之刀十九年矣，所解数千牛矣，而刀刃若新发于硎。彼节者有间，而刀刃者无厚；以无厚入有间，恢恢乎其于游刃必有余地矣，是以十九年而刀刃若新发于硎。(《庄子·养生主》)

参考译文：现在臣下的这把刀已用了十九年了，宰牛数千头，而刀口却像刚从磨刀石上磨出来的一样。牛身上的骨节是有空隙的，可是刀刃却没有厚度，用这样薄的刀刃刺入有空隙的骨节，那么在运转刀刃时一定宽绰而有余地了，因此用了十九年而刀刃仍像刚从磨刀石上磨出来一样。

> 曰:"我有道也。五六月累丸二而不坠,则失者锱铢;累三而不坠,则失者十一;累五而不坠,犹掇之也。吾处身也,若厥株拘;吾执臂也,若槁木之枝;虽天地之大,万物之多,而唯蜩翼之知。吾不反不侧,不以万物易蜩之翼,何为而不得!"(《庄子·达生》)
>
> **参考译文**:(驼背人)答道:"我有诀窍啊。练习了五六个月,在竿头上叠放着两个泥丸,这两个泥丸不掉下来了,然后再去粘蝉,那么失手的概率就很小了;后来在竿头上叠放三个泥丸,不掉下来了,然后再去粘蝉,失手的机会只有十分之一;再后来在竿头上叠放五个泥丸,这五个泥丸仍不掉下来,然后再去粘蝉,就好像在地上拾取一样容易了。(粘蝉时)我的身子站定在那,就像没有知觉的断木桩子;我举的手臂,就像枯树枝;即使天地很大,万物很多,而(此时)(我)就只知道有蝉翼。我不回头不侧身,不因万物而改变对蝉翼的注意,为什么得不到(蝉)呢!"

3. 关于教育原则和方法

庄子的教育原则,主要倾向于道德修养和保养生命的方法,包括心斋坐忘、安时处顺、缘督为经等方法。

(1) 心斋坐忘。

庄子为去除凡俗间心念,力求心境空明,提出了"心斋坐忘"的方法。"心",指人的精神作用;"斋",指斋戒,是排除思虑和欲望的精神状态。"唯道集虚",保持"心"之虚静方得妙道。为求"虚心",庄子继而提出了"坐忘",要求忘却形体,抛开聪灵。如此,便能通晓自然无为之道,摒除个人私心杂念,使心境虚静纯一。更能忘却种种人为和成见,融入自然的运行之中,与大道融为一体。真正达到无己、无功、无名、无情的人生境界。

> 唯道集虚。虚者,心斋也。(《庄子·人间世》)
>
> **参考译文**:只有大道才能汇集于凝寂虚无的心境。虚无空明的心境就叫作"心斋。"

> 堕肢体,黜聪明,离形去知,同于大通,此谓坐忘。(《庄子·大宗师》)
>
> **参考译文**:毁废了强健的肢体,退除了灵敏的听觉和清晰的视力,脱离了身躯并抛弃了智慧,从而与大道相通为一体,这就叫静坐心空物我两忘的"坐忘"。

(2) 安时处顺。

庄子在《养生篇》中借秦失之口提出"安时处顺"的观点,安时处顺指的是人应从容地对待命运,喜怒哀乐等过激情绪就不会扰乱人的心志、损害人的健康。在为人处事方面如何做到随心所欲不越矩,前提便在于安分守己,顺从自然规律和人事规律,不悖逆天时地利人和,真正达到道与人的和谐统一。

> 安时而处顺,哀乐不能入也。(《庄子·养生主》)
>
> **参考译文**:安心时运,顺变不惊,哀乐的情绪就不会侵入胸中。

是遁天倍情，忘其所受，古者谓之遁天之刑。(《庄子·养生主》)

参考译文：如此喜生恶死是违反常理、背弃真情的，人们都忘掉了人是秉承于自然、受命于天的道理，古时候称这种做法就叫作背离自然的过失。

（3）缘督为经。

"缘督以为经"语出庄子《养生主》，为求"保身、全生、养亲、尽年"，庄子以劝诫的口吻劝告世人放弃对私欲的追逐。凡事以虚静相待，在心中确立一个衡量的标准加以权衡，这样，众多不同的方面就不会相互蒙蔽，以致扰乱事物本身的条理。此可为养生之道，亦是行事之路径，需顺其自然而为之。

为善无近名，为恶无近刑。缘督以为经，可以保身，可以全生，可以养亲，可以尽年。(《庄子·养生主》)

参考译文：养生的人不做好事去追求名声，也不做坏事而触犯刑律。把顺着自然规律去做，作为处事的法则，就可以保护生命，保全天性，可以养护精神，享尽天命。

五、荀子

荀子（约前313—前238），名况，字卿，又称荀卿，战国末期赵国人。古代杰出的思想家、教育家。作为先秦思想的集大成者，他也是先秦儒家最末一位重要人物。

荀子的一生主要从事教育活动与学术研究，据司马迁《史记》记载，他曾经游于齐、楚、秦、赵等国。其中，荀子在齐国曾当过"最为老师"，并"三为祭酒"，后因遭谗而到楚国担任"兰陵令"。荀子晚年失官居家，著书立说，死后葬于兰陵。

荀子的著作《荀子》今本有三十二篇，有赋五篇、诗两篇在内。该书旨在总结当时学术界的百家争鸣和荀子自己的学术思想，其中有不少关于教育的言论，至今仍有非凡的借鉴价值。

（一）荀子的教育思想概说

战国末期，思想文化领域呈现不同学派相互吸收、相互融合的特点，荀子对诸子百家进行了批判与继承，成为先秦思想的集大成者。在教育思想领域，荀子综合了各家教育学说，尤其是批判地继承了孔孟的教育思想，形成了自身的教育思想。

与先秦诸子一样，荀子的教育思想寓于其哲学、政治思想之中，以"人之性恶"为理论基础，强调教育的"化性起伪"的外铄功能。他提出了以经学为主的教育内容，总结了一系列的学习原则和方法，阐述了师道尊严的教师观。

（二）荀子的教育思想言论

1. 教育在国家政治中的地位与作用

荀子认为国家的强弱与教育的兴衰是紧密联系的，肯定了教育在国家政治中的重要地位和作用。

> 不富无以养民情，不教无以理民性。故家五亩宅，百亩田，务其业，而勿夺其时，所以富之也。立大学，设庠序，修六礼①，明七教②，所以道之也。《诗》曰："饮之食之，教之诲之。"王事具矣。(《荀子·大略》)

注释：①六礼：指冠礼（男子成年时举行的加冠礼仪）、婚礼、丧礼、祭礼、乡饮酒礼（乡中送荐贤者于君主时设宴送行的礼仪）、相见礼。②七教：指有关父子、兄弟、夫妇、君臣、长幼、朋友、宾客等七个方面的伦理教育。

参考译文：不使民众富裕就无法调养民众的思想感情，不进行教育就无法整饬民众的本性。所以每家配置五亩宅地，百亩耕地，（使其）努力从事农业生产，而不耽误他们的农时，这是使他们富裕起来的办法。设立各类学校，进修六种礼仪，明晰七类教育，这是教导他们的办法。《诗经》说："给人民食物、饮水啊，教育、指导他们啊。"称王天下的政事就完备了。

> 不教诲，不调一，则入不可以守，出不可以战。教诲之，调一之，则兵劲城固，故国不敢婴也。(《荀子·强国》)

参考译文：如果不进行教育，不使人民协调一致，那么在国内就不能依靠他们来守卫，到国外就不能用他们去作战。如果教育他们，使他们协调一致，那就会兵力强劲、城防牢固，敌国不敢来冒犯。

> 政教习俗，相顺而后行。(《荀子·大略》)

参考译文：政治、教育与风俗习惯相适应，然后才能实行（法律）。

2. 教育对人的发展的重要作用

（1）性恶论。

荀子主张的人性本恶，是说人性本能当中具有趋向恶的可能，如果不对先天的本能进行正确引导而任其发展，人就会走向恶端。

> 人之性恶，其善者伪也。今人之性，生而有好利焉，顺是，故争夺生而辞让亡焉；生而有疾恶焉，顺是，故残贼生而忠信亡焉；生而有耳目之欲，有好声色焉，顺是，故淫乱生而礼义文理亡焉。然则从人之性，顺人之情，必出于争夺，合于犯分乱理而归于暴。(《荀子·性恶》)

参考译文：人的本性是恶的，他们那些善良的行为是人为的。人的本性，一生下来就有喜欢财利之心，依顺这种人性，所以争抢掠夺就产生而推辞谦让就消失了；一生下来就有妒忌憎恨的心理，依顺这种人性，所以残杀陷害就产生而忠诚守信就消失了；一生下来就有耳朵、眼睛的贪欲，有喜欢音乐、美色的本能，依顺这种人性，所以淫荡混乱就产生而礼义法度就消失了。这样看来，放纵人的本性，依顺人的情欲，就一定会出现争抢掠夺，一定会与违犯等级名分、扰乱礼义法度的行为合流，而最终趋向于暴乱。

（2）"化性起伪"的作用。

因为"顺是"而"恶"，所以为了止"恶"，荀子认为可以通过教育，使人们"化性起伪"，即改变先天的本性，兴起后天的人为。

性也者，吾所不能为也，然而可化也。积也者，非吾所有也，然而可为也。(《荀子·儒效》)

参考译文：本性这种东西，不是我们能够人为造就的，但是可以通过教育来变化。学问的积累，不是我们本来就有的，但可以人为造就。

今人之性恶，必将待师法然后正，得礼义然后治。(《荀子·性恶》)

参考译文：人的本性邪恶，一定要依靠师长的教化和法度的限制才能端正，要得到礼义的引导才能治理好。

干越①、夷貉②之子，生而同声，长而异俗，教之使然也。(《荀子·劝学》)

注释：①干越：春秋时的两个小国，在今江浙一带。②夷貉：我国古代对居于东方和北方的民族的泛称。

参考译文：吴国、越国或夷族、貉族的孩子，出生时哭声相同，长大后习俗相异，是后天教育使他们这样的。

(3)"移质"的作用。

所谓"移质"是指，人们通过接受教育，在增长学识、培养德行的同时，可以获得政治、经济地位的改变、提升；反之理亦成。

虽王公士大夫之子孙也，不能属于礼义，则归之庶人。(《荀子·王制》)

参考译文：即使是帝王公侯、士大夫的子孙，如果不能遵从礼义，就把他们归入平民百姓之列。

虽庶人之子孙也，积文学，正身行，能属于礼义，则归之卿相士大夫。(《荀子·王制》)

参考译文：即使是平民百姓的子孙，如果积累了古代文献经典方面的知识，端正了身心行为，能遵从礼义，就把他们归入卿相士大夫之列。

3. 关于教育目的

荀子认为教育的目的是培养具有儒家学识品格的、能够治国理政的士、君子、圣人。这里所说的"士""君子""圣人"是有层级梯度的，"圣人"是教育所要培养的最高标准的人才，"君子"次之，"士"则为最基本的人才培养目标。他的教育目的是从礼法兼治的政治思想出发的。

其义则始乎为士，终乎为圣人。(《荀子·劝学》)

参考译文：从学习的意义说，是从士开始，到成为圣人终结。

故学者以圣王为师，案以圣王之制为法；法其法，以求其统类，以务象效其人。向是而务，士也；类是而几，君子也；知之，圣人也。(《荀子·解蔽》)

参考译文：因此，学习要以圣王为师表，以圣王的制度为法则；效法圣王的制度而探求他们的纲领，并努力效法他们的为人。朝着这个目标而努力追求的，是士人；效法这种圣王之道而接近它的，是君子；通晓这种圣王之道的，就是圣人。

4. 关于教育内容

与荀子的教育目的相对应,他确立的教育内容继承了孔子的"六经",然后加以改造和发展。荀子认为,《诗》《书》《礼》《乐》《春秋》涵盖了天下所有的学问,他在儒家经典的传承和发扬上起着继往开来的作用。

> 学恶乎始?恶乎终?曰:其数则始乎诵经,终乎读礼。(《荀子·劝学》)
>
> **参考译文**:学习从何处开始?到哪里终结?答曰:"从学习具体科目说,是由诵读经典开始,而终结于读《礼》。"

> 《礼》之敬文也,《乐》之中和也,《诗》《书》之博也,《春秋》之微也,在天地之间者毕矣。(《荀子·劝学》)
>
> **参考译文**:《礼》的严肃而有文采,《乐》的中正而和谐,《诗》《书》的内容广博,《春秋》的微言大义,存在于天地之间的道理都收集在这些典籍里了。

5. 关于教育原则和方法

(1) 积渐有恒。

在学习方法上,荀子提出"积"的概念,认为学识、道德等都是通过后天的学习、积累形成的。在善于积累的前提下,他还提出锲而不舍的观点。

> 涂之人百姓,积善而全尽谓之圣人。故圣人也者,人之所积也。(《荀子·儒效》)
>
> **参考译文**:路途中的人积累善行而做到完美就叫作圣人。所以圣人这种人,是普通人积累善行而形成的。

> 人积耨耕而为农夫,积斫削而为工匠,积反货而为商贾,积礼义而为君子。(《荀子·儒效》)
>
> **参考译文**:人积累了耕耘的本领而成为农夫,积累了斫削的技术而成为工匠,积累了买卖的经验而成为商贾,积累了合乎礼义的品行而成为君子。

> 骐骥一跃,不能十步;驽马十驾,功在不舍。锲而舍之,朽木不折;锲而不舍,金石可镂。(《荀子·劝学》)
>
> **参考译文**:骏马一腾跃,不超过十步;劣马跑十天,可达到千里,它的成功在于不放弃。用刀子雕刻了一会儿就放弃,即使是朽木也刻不断;用刀子不停地雕刻,即使是金属之石也可以雕空。

(2) 善假于物。

荀子提出了"善假于物"的教育方法,主张学习应善于利用前人的知识经验来提升自我。

假舆马者，非利足也，而致千里；假舟楫者，非能水也，而绝江河。君子生非异也，善假于物也。(《荀子·劝学》)

参考译文：凭借车马出行的人，不是他的两脚善于行走，却能到达千里之外；凭借舟船出游的人，不是他善于游泳，却能够横渡大江长河。君子的先天资质跟一般人没什么不同，不过是善于凭借外物罢了。

(3) 虚壹而静。

"虚"，指虚心以待物，不让主观因素和已有知识妨碍自己对于新事物的看法。"壹"，即一心一意，专心致志无杂念。"静"，即学习要静心，时刻保持头脑清醒。荀子提出"虚壹而静"的教学方法，旨在教育学生辩证地看问题，避免主观性、片面性。

行衢道者不至，事两君者不容。目不能两视而明，耳不能两听而聪。(《荀子·劝学》)

参考译文：徘徊于歧路的人，到不了目的地，侍奉两个君主的人，道义上不能宽容。眼睛不能同时看清楚两件事情，耳朵不能同时听明白两种声音。

君子壹教，弟子壹学，亟成。(《荀子·大略》)

参考译文：君子专心一意教授，学生专心一意学习，就能迅速取得成就。

有所谓虚，不以所已藏害所将受谓之虚。(《荀子·解蔽》)

参考译文：有所谓虚心，不让已经储藏在心中的见识去妨害将要接受的知识，就叫作虚心。

有所谓一，不以夫一害此一谓之壹。(《荀子·解蔽》)

参考译文：有所谓专，不让那一种事物来妨害对这一种事物的认识就叫作专心。

有所谓静，不以梦剧乱知谓之静。(《荀子·解蔽》)

参考译文：有所谓静，不让繁杂的胡思乱想扰乱了智慧就叫作静心。

虚壹而静，谓之大清明。(《荀子·解蔽》)

参考译文：达到了虚心、专心与静心的境界，这叫作最大的透彻澄明。

(4) 解蔽救偏、兼陈中衡。

在荀子的教育思想中，有所谓"蔽"的概念，这是指对复杂的事物和现象缺乏全面了解，只知其一，不知其二。那么，如何解"蔽"呢？荀子提出了"兼陈中衡"的办法。

兼陈万物而中悬衡焉。是故众异不得相蔽以乱其伦也。(《荀子·解蔽》)

参考译文：把各种事物都排列起来，在心中确立一个衡量的标准加以权衡。这样，众多不同的方面就不会相互蒙蔽，以致扰乱事物本身的条理。

（5）知行统一。

在教育学习中，荀子还强调言行一致，知行统一。

> 不闻不若闻之，闻之不若见之，见之不若知之，知之不若行之。学至于行之而止矣。行之，明也，明之为圣人。（《荀子·儒效》）
>
> **参考译文**：没有听到不如听到，听到不如见到，见到不如知道，知道不如实行。学习到了实行就是尽头了。实行，才能明白事理，明白事理就成为圣人了。

> 口能言之，身能行之，国宝也；口不能言，身能行之，国器也；口能言之，身不能行，国用也；口言善，身行恶，国妖也。治国者敬其宝，爱其器，任其用，除其妖。（《荀子·大略》）
>
> **参考译文**：嘴里能够谈论礼义，自身能够奉行礼义，这种人是国家的珍宝。嘴里不能谈论礼义，自身能够奉行礼义，这种人是国家的器具。嘴里能够谈论礼义，自身不能奉行礼义，这种人是国家的工具。嘴里说得好，自身干坏事，这种人是国家的妖孽。治理国家的人敬重国家的珍宝，爱护国家的器具，使用国家的工具，铲除国家的妖孽。

6. 关于教师的论述

荀子特别提倡尊师重道，在他的教育言论中，关于教师的论述占了很大的比重。

（1）教师的地位。

荀子对教师的地位给予非常高的评价，他首次把教师与天、地、君、亲相提并论，并且认为是否尊师重傅与国家的兴衰有莫大的关系。

> 礼有三本：天地者，生之本也；先祖者，类之本也；君师者，治之本也。无天地，恶生？无先祖，恶出？无君师，恶治？三者偏亡，焉无安人。故礼，上事天，下事地，尊先祖而隆君师。是礼之三本也。（《荀子·礼论》）
>
> **参考译文**：礼有三个根本：天地，是生存的根本；祖先，是种族的根本；君师，是治国的根本。没有天地，怎么生存？没有祖先，种族从哪里产生？没有君长，怎么能使天下太平？这三样即使部分地缺失了，人们就没法安宁。所以礼，上事奉天，下事奉地，尊重祖先而推崇君长。这是礼的三个根本。

> 国将兴，必贵师而重傅；贵师而重傅，则法度存。国将衰，必贱师而轻傅；贱师而轻傅则人有快，人有快则法度坏。（《荀子·大略》）
>
> **参考译文**：国家将要兴盛的时候，一定是尊敬老师而看重有技能的人才的；尊敬老师而看重有技能的人才，那么法度就能保持并得以推行。国家将要衰微的时候，一定是鄙视老师而看轻有技能的人才的；鄙视老师而看轻有技能的人才，那么人们就会有放肆之心；人有了放肆之心，那么法度就会破坏。

（2）教师的作用。

荀子认为教师的作用表现在两个方面，一是帮助学生"化性起伪"，二是"正礼"。

今人之性恶，必将待师法然后正，得礼义然后治。今人无师法，则偏险而不正；无礼义，则悖乱而不治。(《荀子·性恶》)

参考译文：人的本性邪恶，一定要依靠师长和法度的教化才能端正，要得到礼义的引导才能治理好。人们没有师长和法度，就会偏邪险恶而不端正；没有礼义，就会叛逆作乱而不守秩序。

礼者，所以正身也；师者，所以正礼也。无礼，何以正身？无师，吾安知礼之为是也？(《荀子·性恶》)

参考译文：礼，是用来端正身心的；老师，是用来端正礼法的。没有礼，用什么来修正自己的行为？没有老师，我怎么知道礼是这样的？

（3）为师的标准。

荀子对教师从业的标准和条件做出了很严格的规定，具体主张为：

师术有四，而博习不与焉。尊严而惮，可以为师；耆艾而信，可以为师；诵说而不陵不犯，可以为师；知微而论，可以为师。(《荀子·致士》)

参考译文：教师必须具备的条件有四个，而博学不包括在内。有尊严而能使人敬畏，可以当老师；年高而有威信，可以当老师；诵读疏解经典不超越、不违背礼法，可以当老师；了解精微的道理而又能讲述明白，可以当老师。

（4）师生的关系。

荀子对孔子以来教学相长的教育思想加以继承发展，进一步提出"青出于蓝而胜于蓝"的师生关系，鼓励学生后来居上。

青，取之于蓝而青于蓝；冰，水为之而寒于水。(《荀子·劝学》)

参考译文：青，从蓼蓝中提取，却比蓼蓝还要青；冰，由水冷冻结成，却比水还要寒冷。

六、墨子

墨子（约前468—前381），名翟，春秋末战国初期宋国人，是战国时期著名的思想家、教育家、科学家、军事家、社会活动家，墨家学派的创始人。墨子创立墨家学说，并有《墨子》一书传世。墨家与儒家相互诘难，揭开了先秦时代"百家争鸣"的序幕。在相当长一段时间内，儒墨两家是社会上的"显学"。

墨子的思想主要体现在《墨子》一书之中，这部论著蕴含了墨子及墨家学派丰富的教育实践和教育思想，教育言论较为集中于《修身》《所染》《尚贤》《尚同》《兼爱》《经》等篇。

（一）墨子的教育思想概说

墨子的思想以兼爱为核心，主要主张有"尚贤，尚同，兼爱，非攻，节用，节葬，天志，明鬼，非乐，非命"等。其中，"兼爱"指不分等级、不分远近、不分亲疏地爱天下所有的人。"非攻"即反对侵略战争，维护和平。"尚贤"是不分贵贱地推荐、选拔、使用德才兼备的人。"尚同"是政令、思想、言语、行动等要与圣王的意志相同一。

关于教育，墨子有很深刻的见解和显著的成果。他看到教育对于社会和个人的巨大作用，主张人人都要接受教育，以兼爱为本，提出培养"兼士"，教化天下，达到"交相爱则治"。墨子还提出了至今仍有借鉴意义的教育原则和方法。

（二）墨子的教育思想言论

1. 教育对社会发展的重要作用

墨子认为教育的好坏关系到社会的治乱；社会精英阶层垄断学问、民众得不到良好的教育是天下大乱的重要原因。换言之，只有让民众受到良好的教育才能让社会由乱返治，重新安定。墨子所倡导的教育，就是要让天下人相亲相爱，这样天下才可以太平。墨子看到了教育，特别是思想品德教育对于社会安定的重要意义。

> 是以使百姓皆攸心解体，沮以为善，垂其股肱之力，而不相劳来也；腐臭余财，而不相分资也；隐匿良道，而不相教诲也。若此则饥者不得食，寒者不得衣，乱者不得治。（《墨子·尚贤下》）
>
> **参考译文**：所以使百姓人心涣散，阻止他们向善，息惰他们的肢体，而不相互勉励帮助；使多余的财物腐臭变质，而不相互资助；隐藏自己好的学问，而不相互教导。如果这样，饥饿的人就不会得食，寒冷的人就不会得衣，混乱的状况就不会得到治理。

墨子认为，拥有知识和德行的人去教育民众，可以把作乱的人引上正途，社会也由此得到安定。

> 有力者疾以助人，有财者勉以分人，有道者劝以教人。若此，则饥者得食，寒者得衣，乱者得治。若饥则得食，寒则得衣，乱则得治，此安生生。（《墨子·尚贤下》）
>
> **参考译文**：有余力的赶快帮助别人，有钱财的努力分发给众人，有道德的勉力教诲人。如果做到这样，饥饿就可以得到食物，受冻的人可以得到衣服，混乱的（社会）就可以得到治理。如果饥饿的人就可以得到食物，受冻的人就可以得到衣服，混乱的（社会）就可以得到治理，这就可以使人各安其生。

通过对民众施行教育，民众就会明白相亲相爱的道理，取代已有的相互仇视的观念，社会也就由混乱转向大治。

> 故天下兼相爱则治，交相恶则乱。（《墨子·兼爱上》）
>
> **参考译文**：因此，天下相亲相爱就能治理好，相互仇恨就会混乱。

墨子认为，当民众的生活条件艰苦的时候，他们就会悭吝作恶。这无疑是看到了环境，尤其是经济状况对于人性的影响。

> 故时年岁善，则民仁且良；时年岁凶，则民吝且恶。（《墨子·七患》）
>
> **参考译文**：遇到年成好的时候，老百姓就仁义而善良；遇到年岁凶灾，老百姓就吝啬而凶恶。

2. 教育对个体发展的重要作用

墨子认为人的发展会受到环境和教育极大的影响。教育之于个体，就好比是染料之于丝线。必须指出的是，墨子在看到教育对个人发展有重要影响的同时，片面夸大了这种影响，而一定程度上忽略了人的主观能动性。正如宋代周敦颐所说，莲"出淤泥而不染"，环境与教育对人发生作用离不开人的主观能动性。

用染丝作比喻，墨子引出了这样一个命题：环境和教育的熏染对一个国家，尤其是士人具有重要作用。

> 染于苍则苍，染于黄则黄。所入者变，其色亦变；五入必而已则为五色矣。故染不可不慎也。(《墨子·所染》)
>
> **参考译文**：(丝)染了青颜料就变成青色，染了黄颜料就变成黄色。染料不同，丝的颜色也跟着变化。经过五次之后，就变为五种颜色了。所以染丝这件事是不可不谨慎的。

> 非独染丝然也，国亦有染。……非独国有染也，士亦有染。(《墨子·所染》)
>
> **参考译文**：不仅染丝如此，国家也有熏染的问题。……不仅治国有受到什么样的熏染的问题，士人也有这种熏陶的问题。

因此，国君和士人都要主动选择一个良好的环境和教育来成就自己的德行。

> 《诗》曰："必择所堪"。必谨所堪者，此之谓也。(《墨子·所染》)
>
> **参考译文**：《诗经》上说："选好染料。"所谓选好染料，正是这个意思。

3. 关于教育对象

（1）人人都要接受教育。

墨子认为，不论身份高低，人人都要接受教育。这比起孔子的有教无类，可以说更进一步。

> 上说王公大人，次匹夫徒步之士。(《墨子·鲁问》)
>
> **参考译文**：向上游说王公大人，其次教育平民百姓。

（2）强力教育。

孔子说，凡是主动来求学，且赠予一定"束脩"之礼的，我未尝不教育他们。墨子面对不主动求学的人，则主动出击，对他们实施强力教育。墨家这种积极进取的教育精神值得借鉴。《庄子》一书中说墨家"周行天下，上说下教，虽天下不取，强聒而不舍也"。

> 今求善者寡，不强说人，人莫之知也。(《墨子·公孟》)
>
> **参考译文**：现在追求善的人太少了，不努力劝说人，人就不知道了。

4. 关于教育目的

（1）对于天下人。

就天下人而言，墨子认为天下大乱源于人们不相亲相爱，因此他主张人与人之间要相亲相爱。这种爱没有差别和等级，"天下兼相爱"，如此才能"兼相爱则治"，达到天下太平。

> 当察乱何自起，起不相爱。……故天下兼相爱则治，交相恶则乱。(《墨子·兼爱上》)
>
> **参考译文**：我曾经考察混乱的起源，混乱源起于人们不相亲相爱。……所以天下人互相关爱则天下太平，互相仇视则天下大乱。

（2）对于统治者。

就统治者而言，墨子主张统治者要为人民谋取利益，为百姓除去灾害。

> 仁人之所以为事者，必兴天下之利，除天下之害。以兼相爱交相利之法易之。(《墨子·兼爱中》)
>
> **参考译文**：仁人处理事务的原则，一定是为天下兴利除害。用人们全都相爱、交互得利的方法去改变它。

（3）对于士阶层。

就士阶层而言，墨子主张培养"兼士"，即懂得并践行"兼相爱的士人"。

> 吾闻为高士于天下者，必为其友之身，若为其身；为其友之亲，若为其亲。然后可以为高士于天下。(《墨子·兼爱下》)
>
> **参考译文**：我听说作为天下的高士，必须对待朋友之身如自己之身；看待朋友的双亲如自己的双亲。这以后就可以成为天下的高士。

5. 关于教育内容

（1）博古通今。

与儒家的"信而好古""宪章文武"有所不同，墨子不只借鉴"古之善者"，而且吸取"今之善者"，既重视继承古代遗产，又不轻视当代成果，可谓博古通今；而且既立足本学派，又借鉴其他学派的成果，儒家的《诗》《书》亦是墨家的教学内容。

> 吾以为古之善者则述之，今之善者则作之，欲善之益多也。(《墨子·耕柱》)
>
> **参考译文**：我认为对古代善的学问则阐述，对现在善的学问则创作，希望善的东西更多。

（2）科学技能。

墨家学派最突出的教育内容是科学技能教育。科技教育是培养兼士不可缺少的重要内容。墨家科技教育的成果主要保留在《墨经》当中，包括几何学、光学、力学以及机械制造等。

（3）逻辑思维。

后期墨家逻辑以辩为核心，围绕着辩或辩论（论证）而展开，其中包括名、辞、说三种基本的思维形式和由故、理、类三物构成的逻辑推理。墨辩逻辑是中国古代第一个比较完整的逻辑体系。

夫辩者，将以明是非之分，审治乱之纪，明同异之处，察名实之理，处利害，决嫌疑焉；摹略万物之然，论求群言之比。(《墨子·小取》)

参考译文：辩论的目的，是要分清是非的区别，审察治乱的规律，搞清同异的地方，考察名实的道理，断决利害，解决疑惑。于是要探求万事万物本来的样子，分析、比较各种不同的言论。

（4）道德政治。

墨子认为进行道德教育可以辅助治理国家；培养"兼士"，可以"兴天下之利，除天下之害"；教人做到"兼相爱"，兼爱是治国之道。

欲天下之治，而恶其乱，当兼相爱、交相利。此圣王之法，天下之治道也，不可不务为也。(《墨子·兼爱中》)

参考译文：希望天下治理好，而厌恶其混乱，那就应当全都相爱、交互得利。这是圣王的常法，天下的治道，不可不努力去做。

夫尚贤者，政之本也。(《墨子·尚贤上》)

参考译文：尊重贤才，是为政的根本。

6. 关于教育原则和方法

（1）量力而行。

墨子认为无论教学还是做事都要量力而行，要根据自己的能力的特点和高低，去选择自己要学或要做的事情。

为义犹是也，能谈辩者谈辩，能说书者说书，能从事者从事，然后义事成也。(《墨子·耕柱》)

参考译文：行义就是这样，能演说的人演说，能解说典籍的人解说典籍，能做事的人做事，这样就可以做成义事。

夫知者必量其力所能至而从事焉。国士战且扶人，犹不可及也。今子非国士也，岂能成学又成射哉？(《墨子·公孟》)

参考译文：智慧的人一定会衡量自己的力所能达到的地方，然后再进行实践。国士一边作战一边去扶人，尚且顾不到。现在你们并非国士，怎么能够既学好学业又学好射技呢？

教师要根据学生的接受能力进行教学。

子深其深，浅其浅。(《墨子·大取》)

参考译文：夫子教学当深则深，当浅则浅。

（2）行为学本。

教学要以实践为本，不可离开"行"而空谈学。

> 士虽有学，而行为本焉。是故置本不安者，无务丰末……（《墨子·修身》）
>
> **参考译文**：高尚的人即使具有才识，也必以德行为本。所以立本不牢的，就不必讲究枝节的繁盛……

（3）不扣必鸣。

墨子认为不论是教育还是参政，都要积极主动。

> 若大人为政，将因于国家之难，譬若弩机之将发也然，君子之必以谏，然而大人之利。若此者，虽不扣必鸣者也。（《墨子·公孟》）
>
> **参考译文**：如果王公大人执政，国家将有灾难发生，好像弩机将要发射一样急迫，君子一定要劝谏，这是对王公大人有利。如果能这样，就如钟一样，即使不敲打也会发出声音来。

（4）以志促智。

墨子认为，意志力不强的人，他的智慧就难以发挥。一个人有很好的天赋，而不去苦学，则未必成才；学问通达，聪明过人，而不立志坚忍，也难以学有所成，干出一番事业。

> 志不强者智不达……（《墨子·修身》）
>
> **参考译文**：意志不坚强的人，他的智慧就不能充分发挥……

七、《学记》

《学记》是《礼记》中的一篇。历史上没有明确地记载《学记》的作者是哪位，史学界也没有定论。根据郭沫若考证，它是孟子的弟子乐正克所作。据此，《学记》的写作年代应是战国后期，距今已有两千多年了，可以说是世界教育史上最早有关教育理论和方法的光辉著作。

（一）《学记》的教育思想概说

《学记》总结了我国先秦时期的教育经验，比较集中而又全面地论述了教育问题，如教育制度、教育内容、教育作用、教育目的、教育教学的原则和方法，以及教师和学生的关系等各个方面。它主张课内与课外相结合，课本学习和实际训练相结合，既要扩大知识领域，又要培养高尚的道德情操和良好的生活习惯。书中用较多的篇幅，阐述"教"与"学"的辩证关系，认为只有通过"学"的实践，才会看到自己学业方面的差距（"学然后知不足"），只有通过"教"的实践，才会看到自己知识和经验方面的贫乏（"教然后知困"）。看到差距，才能力求上进，看到贫乏，才能鞭策自己，从而得出"教学相长"的正确结论。

《学记》重视启发式教学（"开而弗达则思"），重视教学的循序渐进（"不陵节而施之谓孙"），强调激发学生内在的学习动机，培养学生学习的自觉性。重视因材施教；主张以学生才质的美恶，作为启发诱导的依据。它提出了由浅入深，从易到难，从简单到复杂的教学顺序，并且提出一条积极的教育原则，即要在学生不良的行为没有发生前，引导他们向善的方面发展，同时指出在学习过程中同学之间要取长补短。

《学记》赋予教师以崇高的地位，提出严师和尊师的思想，是我国古代教育学的雏形。

(二)《学记》的教育思想言论

1. 教育目的

教育一方面是为了培养具有"建国君民"能力的统治者;另一方面则是要"化民成俗",将百姓教化成"安分守己"的顺民。达成这一目标的途径,就是通过教育使人"知道"。

> 君子如欲化民成俗,其必由学乎。(《学记》)
>
> **参考译文**:统治者如果想要教化人民百姓,培养起良风美俗,必须从兴教育办学校开始。

> 玉不琢,不成器;人不学,不知道。是故古之王者,建国君民,教学为先。(《学记》)
>
> **参考译文**:玉石不经过雕琢,就不能成为完美的玉器;人不通过学习,就不懂得道。所以,自古以来的帝王,要君临天下,统治人民,就必须首先抓紧教育。

2. 学校管理的措施和要求

《学记》通篇论述的是大学之道、大学之教、大学之法和大学之礼。

(1) 学校设置。

> 古之教者,家有塾,①党有庠,②术有序,国有学。③(《学记》)
>
> **注释**:①家有塾:指二十五家的闾而言,闾内共同一巷,巷首有门,门边有塾,民众受教于此。②党有庠:每五百家为一党,党内所设立的学校称为"庠"。③术有序:术同"遂",每一万二千五百家为一遂,其所设学校称为"序"。国:指国都。
>
> **参考译文**:(为了教育闾巷各家子弟)每二十五家为一"闾",设立"塾"。(为了教育塾中所升入的子弟)每五百家为一党,设立"庠"。(为了教育天子诸侯等贵族子弟和乡遂学校所升入的学生)在天子和诸侯的首都,设立大学。

(2) 教学计划。

> 一年视离经辨志,①三年视敬业②乐群,五年视博习亲师,七年视论学取友,谓之小成。(《学记》)
>
> **注释**:①离:分析。辨志:辨别与决定自己的志向。②敬:恭敬。业:学业。
>
> **参考译文**:第一年考查他们对经书析句分段的能力,以及辨别与决定自己的学习志趣;第三年考查他们能否专注于学业,与同学是否团结友爱;第五年考查他们是否能做到广泛地学习,对师长友爱;第七年考查他们评论所学知识,选择益友的能力。符合标准的就叫作"小成"。

> 九年知类通达,强立而不反,谓之大成。(《学记》)
>
> **参考译文**:到了第九年,要求做到能举一反三,触类旁通;思想品德意志方面,能够独立思考,成熟、坚定,符合标准的就叫作"大成"。

3. 教育教学规律

《学记》要求大学从开学起就要循序渐进地做七件事,作为大学教育的常规和纲领,并称之为"教之大伦"。

（1）"示敬道"。

> 大学始教，皮弁祭菜，示敬道也。(《学记》)

参考译文：大学开学的时候，要穿着礼服，供奉祭菜，举行祭祀，为的是表示尊师重道。

（2）"官其始"。

> 宵雅肄三，官其始也。(《学记》)

参考译文：要学生诵习《诗·小雅》中的《鹿鸣》《四牡》《皇皇者华》三篇，一开始就用做官的道理来劝勉学生。

（3）"孙其业"。

> 入学鼓箧，孙其业也。(《学记》)

参考译文：学生入学后，要听从鼓声打开书箱，为的是使他们虚心受教，重视学业。

（4）"收其威"。

> 夏楚二物，收其威也。(《学记》)

参考译文：要备好体罚学生的教鞭和戒尺，使其望而生畏，整肃威仪。

（5）"游其志"。

> 未卜禘，不视学，游其志也。(《学记》)

参考译文：在夏祭以前不考查学习成绩，为学生留有充分的时间，使其得以按照自己的志趣从容学习。

（6）"存其心"。

> 时观而弗语，存其心也。(《学记》)

参考译文：教师要经常观察学生的学习活动，但不要随便干预说这道那，使学生用心思考，自己领悟。以便培养学生独立思考、用心领悟的能力。

（7）"学不躐"。

> 幼者听而弗问，学不躐等也。(《学记》)

参考译文：年幼的学生要静心听讲，不要过早发问，这样能够使学生循序渐进，不超越学习等级。

4. 教学的基本原则

《学记》总结了先秦时期学校教育的实践经验，揭示了教与学的辩证关系，从教的角度提出了一系列教学原则和教学方法，这种突出的贡献是先秦诸子所不及的。

（1）正业与居学相结合。

《学记》认为能否课内课外相结合，充分发挥学生自学的积极性，使他们认真、循序、及时地努力学习是教学成败的关键。

大学之教也，时教必有正业，退息必有居学。(《学记》)

参考译文：大学的教育是，按照规定的时间进行正课的学习，课外休息的时间还有课外作业。

故君子之于学也，藏①焉、修②焉、息③焉、游④焉。夫然，故安其学而亲其师，乐其友而信其道。是以虽离师辅而不反也。(《学记》)

注释：①藏：入学。②修：学习。③息：休息。④游：游玩杂艺。

参考译文：所以善于教学的人，一定要使学生在学习的时候努力学习，休息的时候尽情开展课外活动。这样才能使学生爱好学习，亲近师长，友爱同学而信念坚定。这要即使日后离开师友，也不会违背师长的教诲。

(2) 教学相长的原则。

学然后知不足，教然后知困。知不足，然后能自反也；知困，然后能自强也。故曰：教学相长也。(《学记》)

参考译文：人们只有经过学习实践，才会感到自己有不足的方面；只有经过教学实践，才会发现自己有困惑的地方。求学者发现自己有欠缺，才能回头反省，要求自己努力学习；施教者感到疑难困惑才能自强不息，鞭策自己去努力进修。所以说，教与学是相辅相成的，互相促进的。

(3) 预、时、孙、摩的原则。

禁于未发之谓豫，当其可之谓时，不陵①节②而施之谓孙③，相观而善之谓摩④。此四者，教之所由兴也。(《学记》)

注释：①陵：超越。②节：限度。③孙：(顺) 顺从。④摩：切磋，相互研究。

参考译文：在问题发生前加以防范，及早禁止，叫作预防；在适当的时候进行教育，叫作适时；不超出学生的接受范围而施教，叫作恰如其分；彼此切磋，相互学习，吸收对方长处，叫作观摩。这四点，是教育取得成功的原因。

(4) 启发性（喻）的原则。

君子之教，喻①也。(《学记》)

注释：①喻：晓喻，即启发诱导的意思。

参考译文：君子教育学生，就是要诱导启发。

道而弗牵，强而弗抑，开而弗达。(《学记》)

参考译文：要引导学生，却不是强牵着他们向前走；要严格要求学生，激发鼓励而不施加压力；要开启学习门径，但是不代替学生求得通达。

(5) 因材施教的原则。

知其心，然后能救其失也。(《学记》)

参考译文：了解学生的心理，才能矫正学生的缺点。

教也者，长善而救其失者也。(《学记》)

参考译文：所谓教育，就是要发展学生的优点，同时补救他们的不足。

5. 论教师

《学记》提出"能为师然后能为长，能为长然后能为君"，把"为师"作为"为长"和"为君"的条件。

（1）教师的作用与地位。

君子欲化民成俗，其必由学乎。(《学记》)

参考译文：统治者如果想要感化民众，养成良好的风俗习惯，就一定要从办好学校教育入手。

可见这"学"与"教"都离不开教师。

师无当于五服，五服弗得不亲。(《学记》)

参考译文：虽然师不在五服之列，但若没有教师，五服不通过师教，就难以维系家族之间的亲密关系。

（2）教师应具备的条件。

关于教师应具备的条件，《学记》先后提出了三个方面的要求。

第一，老师应懂得教学原则和教学方法。

君子既知教之所由兴，又知教之所由废，然后可以为师也。(《学记》)

参考译文：君子既知道教育成功的原因，又了解教育失败的原因，然后才可以做老师。

这是《学记》在阐明了能否贯彻预、时、孙、摩的原则是决定教学成败的分界线以后提出的，即必须懂得最基本的教学原则和教学方法，知道使教学获得成功的因素是什么，怎样会使教学趋于失败，然后才可以做教师。

第二，老师应懂得因材施教，善于晓喻。

君子知至学之难易，而知其美恶，然后能博喻，能博喻然后能为师。(《学记》)

参考译文：教师了解学生求学有难易的不同，故而知道学生天资的好坏。教师根据所了解的情况，采取各种方法，因材施教，广为晓喻。能这样善于多方诱导的人，才可以为人师。

第三，教师要懂得教学技巧。

善问者如攻坚木，先其易者，后其节目；及其久也，相说以解。不善问者反此。善待问者如撞钟，叩之以小则小鸣，叩之以大则大鸣，待其从容，然后尽其声。不善问者反此。(《学记》)

参考译文：善于提问的教师，犹如砍伐坚硬的木材一般，先从容易砍伐的部位入手，然后再砍伐其坚硬的关节；对学生提问，同样由易到难。这样久而久之，学生才能轻松接受，从而明白所问的各个问题。不善于提问的教师则与此相反。善于对待学生提问的教师，就像撞钟一般：轻轻敲击，就发出小的声响；重重敲击，则发出大的声响。打钟的人一定要从容不迫而有间歇，然后钟声才会余韵悠长。所以教师是随着学生提问的不同而给予相应的回答，使学生可以轻松领会，解决困惑。不善于回答问题的教师则与此相反。

《学记》提出教师必须熟练地掌握和运用问答法教学的艺术。

其言也，约而达，①微而臧②，罕譬而喻，可谓继志矣。（《学记》）

注释：① 约而达：约，简练；达，通达、透彻。② 臧：好、善。

参考译文：（优秀教师的）讲述，简练而又透彻，精微而又妥善，举例不多却能说明问题，这就能使学生自觉自愿地跟着他学了。

第三节 小　　结

　　从口耳相传的原始教育活动到夏朝的学校的出现，教育活动在逐步发展。春秋战国私学的创立更是深刻地影响着我国古代教育的发展，在此期间产生了许多教育著作，它们是先秦私学经验的总结，奠定了中国传统教育理论的基础。先秦的教学内容直接影响着封建社会语文教育内容的确定，先秦的语文教育具有综合性和丰富性两个特点，即教育内容极其广泛多样，是包含多学科的一种综合性学科教育，而产生于这个时期的"四书""五经"则成为此后语文教育的重要内容。

　　私学的兴起促成了诸子百家争鸣的繁荣局面，各家的教育思想对后世有着重要意义。孔子的教育思想的核心是"仁"，认为"仁"与"圣"是教育的最高理想，强调教育的目的在于明道"求仁"，而具体目标则为将人教育成"君子"。老子认为一切教学活动都要遵循自然发展规律，强调循序渐进，潜移默化，他强调教师要"以道修身，以道示人"，对学生的教育应因人而异。孟子主张"性善论"，在政治上提出"仁政"，主张德治，从人性与政治两方面出发，他特别强调教育对政治的重要作用，认为教育是为政治之根本。庄子继承并发展了老子"无为而治""虚静""自然"的主要思想，追求"无己、无功、无名"的真人境界，并提出道德修养和养生的方法。荀子以"人之性恶"为理论基础，强调教育的"化性起伪"的外铄功能。由此，他提出了以经学为主的教育内容，总结了一系列学习原则和方法，揭示了师道尊严的教师观。墨子提出的教育原则和方法至今仍有借鉴意义，他主张人人都要接受教育，以兼爱为本，提出培养"兼士"，教化天下，达到"交相爱则治"。《学记》是中国最早的一部教育学专著，总结了我国先秦时期的教育经验，比较集中而又全面地，论述了教育问题，是我国古代教育学的基础。

　　综观先秦的教育发展状况，虽然整体上以对教育的作用及基本原则的探索为主，但已较好地奠定了中国教育思想发展的基础。

思 考

1. 先秦的社会背景对语文教育思想萌芽有什么作用?
2. 你认为先秦各种教育思想有什么共同的内容?对现在的语文教育有什么启发?
3. 你对哪一位教育家的教育思想最感兴趣?为什么?

本章参考文献

[1] 孙德玉. 中国教育思想简史 [M]. 合肥:安徽教育出版社,2011.
[2] 杨伯峻. 孟子译注 [M]. 北京:中华书局,1981.
[3] 余家菊. 孟子教育学说 [M]. 北京:首都师范大学出版社,2011.
[4] 余家菊. 荀子教育学说 [M]. 北京:首都师范大学出版社,2011.
[5] 王先谦. 荀子集解 [M]. 北京:中华书局,1988.
[6] 陈朝晖. 荀子教育思想探析 [J]. 管子学刊,1992(3).
[7] 孙通海. 庄子 [M]. 北京:中华书局,2010.
[8] 毛礼锐,沈灌群. 中国教育通史 [M]. 济南:山东教育出版社,2005.
[9] 谭家健,孙中原. 墨子今译今注 [M]. 北京:商务印书馆,2009.
[10] 李延仓.《庄子》哲学思想论纲 [M]. 济南:齐鲁书社,2012.
[11] 张惠芬,金忠明. 中国教育简史 [M]. 上海:华东师范大学出版社,2001.
[12] 杨义. 墨子还原 [M]. 北京:中华书局,2001.
[13] 高时良. 学记研究 [M]. 北京:人民教育出版社,2006.

第二章　秦汉语文教育

> **导　读**
>
> 　　秦汉时期的语文教育，尽管只是中国悠久语文教育史上的一个阶段，但由于它处于中国封建社会成型时期，所以几乎包含了封建社会教育的所有特征，在中国语文教育史上占有极其重要的地位。
> 　　秦汉的文教政策、学校制度及选士制度都对后世语文教育产生了深远的影响；董仲舒提出的"独尊儒术"，更一直影响着中国传统的语文教育。

第一节　秦汉语文教育概况

　　秦汉时期是中国古代封建社会形成和发展的关键阶段，中国语文教育的一些主要特点，在这一阶段都初露端倪。

　　秦代只有短短的十几年，但其专制主义的文教政策被后世君王不同程度地加以沿袭。其语文教育讲求"以法为教""以吏为师"，实行文化专制，充分体现了教育为封建统治服务的特点。汉代的语文教育政策分为两个阶段，一是在汉初倚重"黄老之学"；二是至汉武帝期间"罢黜百家，独尊儒术"，教学内容以儒家经典为主，教育思想儒家化。在语文教育的内容上，汉代已经基本形成了语文教学的模块和方法。

一、社会政治与语文教育

（一）秦代

　　秦朝（前221—前207）是中国历史上一个极为重要的朝代。从公元前230年到公元前221年，秦先后灭掉韩、赵、魏、楚、燕、齐六国，结束了自春秋起五百年来分裂割据的局面，秦朝成为中国历史上第一个统一的、多民族的中央集权国家。尽管秦王朝的统治仅有十多年，但其所开创的封建的中央集权制及许多重大的社会体制、经济、文化教育等各种政策和措施，为长达400多年的两汉的繁荣奠定了基础，同时促使了中国封建社会第一次发展高峰的形成。由于当时人们所处的环境、身份和立场不同，价值观念、思维方式和认识水平也不同，歧见和纷争在所难免。为促成思想、文化、政治的统一，秦统治者在文教政策方面采取了极端的手段。

1. 焚书坑儒及禁学的文教政策

　　焚书坑儒，发生在公元前213年和公元前212年。《史记·秦始皇本纪》记载，秦始皇三十四年时，博士仆射周青臣对秦始皇歌功颂德，却遭到了博士淳于越的讥讽：事不师古而能长久者，非所闻也。以此来警示秦始皇其废除封国制是错误的。这场争论过后，李斯认为在天下大一统的格局下，不应该再允许私学兴起、百家争鸣这种群雄纷争时期的产物继续存在。他剖析了私学乱政的弊端，认为每当令下，各派学者便依据自家学说妄加议论，这样会削弱君主的权威。他指出：古者天下散乱……诸侯并作，语皆道古害今，饰虚言以乱实。人善其所私学，以非上之所建立。今皇帝并有天下，别黑白而定一尊。私学而相与非法教，人闻令下，则各以其学议之，入则心非，出则巷议，夸主以为名，异取以为高，率群下以造谤。如此弗禁，则主势降乎上，党与成乎下，禁之便。据此，他向秦始皇提出了焚书与禁私学的主张。《史记·秦始皇本纪》中记载了李斯所提出的关于禁学的具体措施：史官非秦记皆烧之。非博士官所职，天下敢有藏《诗》《书》、百家语者，悉诣守、尉杂烧之。有敢偶语《诗》《书》者弃市。以古非今者族。吏见知不举者与同罪。令下三十日不烧，黥为城旦。这便是秦焚书事件。

上面这些举措是秦始皇面对百家争鸣的状况，为加强和巩固自己的统治，借助"焚书"来打击政治异端者而产生的。在焚书开始的第二年，即公元前212年，秦始皇在秦首都咸阳将四百余名术士坑杀，即所谓的"坑儒"。"坑儒"是由两个术士畏罪逃亡引起的，秦始皇追求长生不老，一些术士，其中包括侯生、卢生，便投其所好，极力诳称自己与神相通，可得奇药妙方，但时间一长，他们的许诺和种种奇谈总是毫无效验，骗局即被戳穿。而秦法规定：不得兼方。不验，辄死。因此，侯生、卢生密谋逃亡。在逃亡之前，他们非议秦始皇。据《史记·秦始皇本纪》记载，二人的非议，诸如始皇为人……专任狱吏，狱吏得亲幸。博士虽七十人，特备员弗用……上乐以刑杀为威等，明显是用儒家口吻批评偏重法家的秦始皇。秦始皇在听到术士侯生、卢生对自己进行暗中攻击后，怒道：卢生等吾尊赐之甚厚，今乃诽谤我……诸生在咸阳者……或为妖言以乱黔首……遂下令去咸阳探查，欲寻侯生、卢生。事后，将相关460名术士全部坑杀。此一事件，史书中记载为"焚诗书，坑术士"，后被传为"焚书坑儒"。

秦始皇焚书坑儒、禁办私学，加强了对民众的思想控制，在短时间内得到了成功，但不利于教育的发展，更不利于社会的发展。

2. 废百家而独重法的文教政策

李斯主张焚书禁学的目的在于钳制思想，确保封建帝王的绝对专制。《史记·秦始皇本纪》中有"若欲有学法令，以吏为师"这样的记载。"以吏为师"要求官员尽到教化民众的职责。从出土文书看，秦以文书御天下，秦是倡导法治最力的国家，整个教育都以律令为中心来进行[1]。在禁私学的政策之下，基层民众获取知识的来源是三老的教化。"三老"是地方基层组织的学官，充当教师的角色，直接对民众进行法制、耕战等思想教化。秦始皇将天下分为三十六郡，郡设置守、尉、监；郡下有县，县下有里、亭、乡；乡设三老、啬夫、游徼，三老就包括了乡三老和里三老，在地方上对号召和发动群众影响极大。在刻石上关于秦代重视法治教化的内容非常多，如琅邪台刻石所记：诸产繁殖，黔首安宁，不用兵革，六亲相保，终无寇贼，欢欣奉教，尽知法式。以及芝罘刻石上：建定法度，显著纲纪，外教诸侯，光施文惠，明以义理。从这些记载可以了解到秦代注重用"建定法度，显著纲纪"的法家思想来对民众进行教化，确定人际关系及社会的等级制度。当吏民都能够"欢欣奉教，尽知法式"之时，社会秩序也就建立起来，人人慎行守法。

总的看来，秦代推崇法治，对社会民众的思想行为做出了严格的规定，维护了中央集权的统治，为后代的道德行为规范的制定提供了借鉴。但其对私家学术和教育的发展进行

---

[1] 张金光. 论秦汉的学吏制度 [J]. 文史哲，1984 (1).

严厉打击，严酷的镇压造成了学术思想的凋零。这也导致了我们无法从史料中挖掘出关于这一时期秦代的教育内容、论教、论学等方面更多的资料。

（二）汉代

汉朝（前202—前220），分为西汉和东汉，是继秦朝之后强盛的大一统帝国。西汉时，中华地区在典章制度、语言文字、文化教育和风俗习惯等多方面都趋于统一，构成了共同的汉文化。诸子百家之学重新崛起，私家教学活动相当兴盛。汉朝文化统一，科技发达，为华夏民族两千年的社会发展奠定了基础，为中华文明的延续做出了巨大的贡献。汉初采取与民休息、清静无为、休养生息的黄老政治，法家的治国方针随着秦代的灭亡而宣告破产；道家反对繁苛的政令举措，主张"无为而治"的思想适合汉初的客观形势。汉惠帝废除了秦代的"挟书律"，宣布正式开放学禁，但除此之外，汉初并没有其他成文下达的文教政策，这也是黄老之学"无为而治"观点的体现。"文景之治"以躬修节俭、轻徭薄赋、简刑慎罚为特色，很大程度上亦得益于黄老之学。

汉武帝刘彻在位期间采取了一系列改革措施。他废除了汉朝"黄老学说、无为而治"的治国方略，而是采取了董仲舒的建议，实行"罢黜百家，独尊儒术"。这一举措使得儒家思想得到重视，并逐渐成为中国的主流思想。汉儒十分重视读书学习的作用。董仲舒在《春秋繁露·楚庄王》中曾言：虽有知心，不览先王（指儒经），不能平天下。"罢黜百家，独尊儒术"影响了汉代的学风。儒家认为各经均是圣人制作以垂教后世的法典，所以学习儒经必须态度恭顺虔诚，不能够以一己之见妄加评论，需深入领会其精神实质从而做到修身治国平天下。

汉朝时，形成了"重师法、重依据"的学风。在教育上极其推崇师传。所谓师法，即不同经师的不同讲解内容和技术。当时求书和传授都非常困难，由于之前秦始皇焚书加上秦汉之际战火频繁，官府的藏书也遭到损坏。到汉惠帝时开始收集经书，但有时几个人合起来才能传一种经书，比如《诗》，有的传《雅》这部分，有的传《颂》这部分，综合起来方能成书。有时候需要派人前往年龄大的老师宿儒处受经，由于老师年事已高看不清自己原藏书简上的字，仅仅依靠记忆背诵，口齿不伶俐的还需让儿女进行传言教授，加之方言阻隔，求学者往往只能听懂七八成，在这种情况下，必须防止杜撰经文和主观臆断的解说。"重师法、重依据"，即今日所谓的"实事求是"。汉武帝期间，董仲舒对策，也自称：述所闻，诵所学，道师之言，廑能勿失耳。在当时，这种重依据、有疑问的地方不乱说的做法是受到高度尊重的。严格遵从师教的原则也有利于儒学的继承和发展。然而到了东汉，部分人陷入了谶纬迷信的泥坑，加之有些学者兼通数经，便不再专守一师之说了。

汉朝的学风对后来的语文教育产生了一定的影响。其一，据《汉书·楚元王传》记载：《尚书》初出于屋壁，朽折散绝，今其书见在，时师传读而已。《左氏传》多古字古言，学者传训诂而已。当时将语文教学看成是经学的附庸品，学语文只是治经的手段。其二，将教师的讲解放在重要地位。所谓"重师法"，即重视教师的讲解。《汉书·儒林传》有这样的记载：无故善修章句，为广陵太傅，守小夏侯说文。恭增师法至百万言。这里记录的是张山拊从小夏侯受《尚书》，传授给张无故、秦恭等人。说明了教师讲解的重要性及教师当时所受到的重视。

二、学校制度与语文教学

（一）双轨并行的官学与私学教育

春秋战国时期，官学衰落，私学兴起。但到了秦代，既禁私学，又不设官学，所以学校教育未能取得非常大的成就。关于禁私学，李斯道：若有欲学法令，以吏为师。在战国后期出现了博士制度，秦代加以继承和发展；作为皇帝的政事和学术顾问，博士的地位非常高，并且还要教授弟子"诸生"。王国维的《汉魏博士考》中有考证：秦之博士则有定员。除了博士，秦代培养人才主要采取法令教育的方式。"以吏为师"的教育方式被普遍地实施。云梦睡虎地秦简中，有"为吏之道"，这是思想教育的教材，又包含各种"律"和"爰书"，是很复杂而具体的法律教材（包括刑法和财经法规）。

汉代有官学和私学之分。无论官学还是私学，都面向平民招生。属中央一级的汉代官学有"太学"，教官称为"博士"；地方的、郡国的称为"学"，县道邑侯国称为"校"，教师被称为"经师"；乡叫"庠"，聚叫"序"，教师则被称为"孝经师"。根据《汉书》记载，太学有两条招生途径，一条是：太常择民年十八以上，仪状端正者，补博士弟子；另一条是：郡国县官有好文学、敬长上、肃政教、顺乡里、出入不悖，所闻，令相长丞上属所二千石。二千石谨察可者，常与计偕，诣太常，得受业如弟子。可见，无论是太常直录或是地方推举，招生对象都在平民百姓中。

官学毕竟数量少，名额有限，无法满足人们的入学需求，所以当时的私学也空前繁盛。在私学里，教学写字的教师称为"书师"，传经的教师统称为"经师"。私学可以分为不同的层次，有的私学与官学中的太学旗鼓相当，那些是经师大儒自立的"精舍"。也有一些是属于小学阶段的，可分为两个阶段，第一阶段是蒙学，主要学习识字写字，称为"书馆"；第二阶段则是学习《论语》《孝经》。但这种划分方式并不是固定的，有些在第一阶段学习识字写字时兼学了《论语》《孝经》。

东汉灵帝时创办了鸿都门学。作为一所学习文学艺术的学校，它主要招收的是一些艺术特长生，能为尺牍、辞赋及工书鸟篆者。

（二）秦汉语文教育内容

延续先秦语文教育内容广泛而多样的特点，秦汉时期的语文教育初步形成了课程体系。从识字、写字，到阅读，再到写作教学，循序渐进，为日后的语文教育奠定了基础。

1. 识字写字教学

秦朝的统一，封建中央集权制的建立，为文字的统一、改革和创新提供了有利条件。文字自产生以后，经过民众的应用及当时士人的推动与改进，在秦朝建立以前已经是独立的符号形态。但由于诸侯割据，文字并未有规范的体系标准，战国时期"言语异声，文字异形"。秦代建立之初，秦始皇便下令丞相李斯等人进行"书同文"的统一、改革工作；李斯等人"取史籀大篆，或颇省改，所谓小篆者也"。秦小篆将汉字的基本字体形态固定下来，各种偏旁的形体也基本上是统一的，偏旁的位置及每个字所用的偏旁也被固定下来。许慎《说文解字·叙》记载："秦书有八体。"这八体分别是大篆、小篆、刻符、虫书、摹印、署书、殳书、隶书。为了应付官狱多事，通行隶书。秦时狱史程邈将小篆加以改造并吸收民间俗字的写法，创造了隶书，隶书是从大篆简化而来，比小篆简化得更多、更彻底；小篆的笔画以线条为主，笔画轨道以圆转为主，而隶书则点画的姿态增多，轨道以方折为主，所以书写隶书比小篆要省时。

秦汉时期使用的识字写字教材大都取名为"篇"或"章"。为了规范识字写字教学，秦始皇下令编写识字写字课本和字书。丞相李斯作《仓颉篇》，中车府令赵高作《爰历篇》，太史令胡毋敬作《博学篇》，这些字书皆是用小篆编写，以示文字正字的规范。尽管由三人分工编写，但三者间有关联性。《汉书·艺文志》记载：《仓颉》一篇，上七章，秦丞相李斯作。爰历六章，车府令赵高作。博学七章，太史令胡毋敬作。因此，"爰历"六章是相对于"上七章"而言，"博学"七章亦指在"博学"二字以下的七章，三者合成一篇，统称《仓颉》。秦时，学童学书应该是按照以上顺序进行，三者都要学习。令人惋惜的是这三本书均亡佚，仅有一些语句保留在汉代的《仓颉篇》中。秦朝的大一统加强了汉语共同语的统一，加之其推行的统一文字、语文规范的政策，令汉语书面语更趋于统一。

汉代在蒙学阶段，主要学习识字写字的地方叫"书馆"或"学馆"，老师被称为"书师"。汉代的识字写字教材主要有《仓颉篇》《凡将篇》《急就篇》《元尚篇》等。现存最早的习字课本是《急就篇》，大约编写于公元前40年左右，到了东汉尤为盛行，取代了《仓颉篇》。我们以《急就篇》为例，可推知当时识字写字教材的特点。

（1）选字实用，集中识字。

章太炎曾在《论篇章》中评论道：《急就》之文，泛施日用。这表明了《急救篇》注重实用性这一特点，其收录的都是常用字。汉代的识字教材非常注重字的实用性，认为识字的关键就在于运用。现存的《急就篇》有34章，前32章每章63字，后两章每章64字，合计2144字。史游写了31章，每章均为63字，其他三章则是东汉人续写。全篇2000多字，重复字只有335个，生字密度高。在汉代，学童要在尽量短的时间里完成识字写字的学习，掌握约2000汉字才开始读经学史，这也符合阅读对识字量的基本要求。

（2）以类相从，整齐押韵。

《急就篇》的体例采用"类而韵之"的方式，即将一些事物性质相似的字，划为一类，按照押韵的方式编在一起，方便记忆背诵。汉字作为表意文字，意义相近的字其形体相仿，而形体相仿的字其意义也有联系。例如在敦煌汉简中出土的"游敖周章黚黡黯黮黕黝黔黲黤赫赧儵赤白黄"一简，罗列了16种颜色，其中与黑色有关的就有11种。《急就篇》以七言句式为主，杂以三言、四言。七言句式每句押韵，三、四言句式隔句押韵。如：万方来朝，臣妾使令。边境无事，中国安宁。百姓承德，阴阳和平。其押韵而又整齐多变的句式读起来朗朗上口，容易记忆。

（3）内容广泛，知识丰富。

《急就篇》所涉及的知识面非常宽，全书都是实词，并且将各种知识的有用词汇都收集进来，堪称日常应用小百科全书。据统计，其中有100多个姓，100多种动植物，400多种器物名称，60多种人体部位器官，还有疾病药物、法律地理知识等。如此多的内容却层次分明，先从简易的姓名入手，再到稍复杂的名物，最后到抽象的法律文理。从易到难，循序渐进地掌握汉字。

史游是最早将通用字书和童蒙课本区别开的人。字书要求搜集尽可能多的文字，但童蒙课本的字又不宜太多太难。于是，史游明确地规定该书的性质：作为应急用的识字课本，而不是网罗赅备的字书。他将识字写字课本和通用字书区别开来，是一个巨大的进步，特别是对识字教学意义重大。《急就篇》在国外也产生了一定的影响，日本的"善邻书院"在1904年就编印了一本汉语教科书,书名为《官话急就篇》,这是受到了汉代《急就篇》的影响。

2. 阅读教学

汉代教师的主要任务是传经,也是通过传经来巩固封建统治。在传经的过程中,学生必须进行阅读。所以传经的过程即是阅读教学的过程。汉代的阅读教材大致分为三类,第一类是《孝经》《论语》,这一类教材强调"孝",崇尚儒学。第二类是"五经",即《诗》《书》《礼》《易》《春秋》。第三类则是比较杂的诸"子"及其他教材。

汉儒指导学生读经,主要从以下几个方面进行。

(1) 正音释义。

汉字的数量大,且不是拼音文字,需要一个个教。还有一些字是多音字,也有一字一音但多义的情况。在进行阅读之前,需确定正确的读音,理解该字正确的含义。汉人标音常常用"读如""读若",或"某,读某"的形式。如《周礼注疏》:贾师,各掌其次之货贿之治,辨其物而均平之,展其成而奠其贾,然后令市。郑玄注:贾,音古,下注"贾师"同。奠,音定。辨,别也。经师讲解用得最多的是义训,解释词语的意义时,通常用"×,×""×,×也""×为×"等判断、解释的形式。如在《邶风·终风》中"莫往莫来",《毛传》:人无子道以来事己,己亦不得以丹道往加之。用"莫"字训"无",又训"不"。经师指导学生阅读经典,首先要解决识字和语言差异的问题,逐字逐句用汉代的语言来解释先秦的语言,这便是"训诂"。

(2) 断句。

在古时,竹帛上的文字并没有标点符号,要清楚在哪里停顿,才能读懂它。一篇文章有几句,一句又有几处停顿,这便称为句读。《礼记·学记》中说道"一年视离经辨志","离经"指的是划分句读。章句指的是辨别章和句,句读指的是辨别句和读的关系;理清了二者间的关系,才能够理解语意。断句包含了对文本的结构思路、言辞意蕴的解析,所以断句是阅读教学的基础。

(3) 对全句、全章的理解。

由正音释义到断句,阅读的基本工作已完成,之后便可进入对文章内容、意义的探索。无论是对全句或全章进行解释,大多采用的是"谓……也""言……也"句式。如《礼记·乐记》:是故先王之制礼乐,人为之节。郑玄注:言为作法度以遏其欲。这里郑玄为《乐记》的这句话做出了解释,认为先王是为了遏制人欲望的发展而制作了礼乐这种法度。

(4) 点明文章的语法和修辞特点。

汉代学经已强调对语法系统的把握。首先必须明确实词和虚词。《周南·苤苢》:"采采苤苢,薄言采之。"《毛传》:"薄,辞也。"针对实词、虚词的词性区分也有非常严格的要求,作详细的语法说明。如《春秋·僖公元年》:"夏六月,邢迁于夷仪。"《公羊传》:"迁者何?其意也。迁之者何?非其意也。"这里就详细地说明了及物动词和不及物动词的区别。不仅如此,动词的主动与被动形式、词类活用现象等都在教学过程中一一教授。

除了语法系统,文章所运用的修辞也被注意到了。经书中的反问、叠词、互文等修辞手法都要求学生掌握。如《诗经·周颂·有客》:"有客有客,亦白其马。"郑笺:"有客有客,重言之者,异之也。"在此,郑玄解释了重复"有客"的原因,是表示对客人的尊敬。

汉代经师进行阅读教学的指导是较为全面的，从正音释义到断句，到解释全句、全章的主旨，再到语法和修辞以及一些相关的背景知识，这都要求经师才学渊博，并也必须在课前做好大量的准备工作。这种阅读教学体系为语文教学积累了许多有效的指导阅读的经验。

3. 写作教学

通观《史记》和前后《汉书》的人物传记，"善属文"几乎是传主们的基本特质；历代的考察也证明，汉代创作繁荣，成果丰厚。汉代写作教学与识字写字教学、阅读教学相互配合。在识字写字教学过程中，写作教学的主要内容为日常应用文的写作。《汉书·张汤传》："张汤，杜陵人也。父为长安丞，出。汤为儿，守舍。还，鼠盗肉。父怒，笞汤。汤掘熏得鼠及余肉，劾鼠掠治，传爰书，讯鞫论报，并取鼠与肉，具狱磔堂下。父见之，视文辞如老狱吏，大惊，遂使书狱。"从这件事情中，我们可以看出还是小孩子的张汤竟然可以审理老鼠偷肉的案子并录口供，其文字如老狱吏一般。由此可见，汉代在写作教学上首先要求学会识字写字，其次要求运用到生活中去，能够完成日常应用文的写作。[1]

西汉中期以后，各种文体的沿袭模拟成为显著现象。这一时期写作教学的内容非常广泛，第一阶段主要是各种文体的训练。主要有诗赋类、书表笺奏类、颂诔箴铭类、论说类、碑志类。同时根据老师、学生的不同而各有所侧重。第二阶段的写作教学是与阅读教学、读经相配合的。汉代的阅读教学中分章断句的教学不仅仅是阅读教学的基本方式，也包含了对文章写作的指导和启示。在对章、句进行划分和解析的过程中，除了可以规范内容和体例，还可锻炼学生的写作构造、展开思路的能力。对具体词句的训释更提高了对语感的体悟。这一阶段写作教学训练方法的主要特点表现为：拟经典、重修改。

（1）拟经典。

当时写作以拟古著称的当首推扬雄。扬雄的摹拟创作在《汉书》本传中有明言："实好古而乐道，其意欲求文章成名于后世，以为经莫大于《易》，故作《太玄》；传莫大于《论语》，作《法言》；史篇莫善于《仓颉》，作《训纂》；箴莫善于《虞箴》，作《州箴》；赋莫深于《离骚》，反而广之。"他也在很大程度上开启了后代重模拟的风气。

汉人模拟楚辞的范围很广。刘勰《文心雕龙·时序》有言：爰自汉室，迄至成哀，虽世渐百龄，辞人九变，而大抵所归，祖述《楚辞》，灵均余影，于是乎在。从汉代的各种作品中可以发现，汉代文人对屈原《离骚》的模拟，涉及了体制、辞藻、表达方式等层面。当然，这种模仿写作对于初学者是有好处的，模拟经典会让学生更快地入门。但是如果一味地模仿而不进行创新，文章必然失去时代感，缺乏生命力。

（2）重修改。

汉代学生在进行写作前先要写草稿，经过不断的修改后方能成文。老师在阅读草稿后，会进行修改，有时则由学生自行琢磨修改。《尔雅》："灭字为点。""点"是修改文章的专用术语，即用笔将文章中要删掉的语句涂去。祢衡的《鹦鹉赋》云："衡因为赋，笔不停缀，文不加点。"这里的"加"也是修改文章的专用术语，即将应该增加的语句在文中添上。由此可见，汉代的写作教学非常重视作文的增删，不断地修改以求达到最好。

---

[1] 张隆华，曾仲珊. 中国古代语文教育史 [M]. 2版. 成都：四川教育出版社，2000：116.

(三)秦汉语文教育方法

1. 秦朝"以吏为师"的官员教育

从出土文书看,秦以文书御天下,秦是倡导法治最力的国家,整个教育都以律令为中心来进行。[1] 从中央到地方逐级传达法律文书,这要求层层官吏都具有识字和写字能力,才能保证政令的准确传达。同时,百姓也必须有一定的识字能力,才能遵守法律。

在倡导"以吏为师"的秦代,官员必须在教育他人前首先进行学习,接受教育。根据睡虎地秦简上的内容,可以发现除了《编年记》外,其余九种全部都是关于吏事,是官吏学习的教材。睡虎地秦简中《语书》《为吏之道》是在职业道德方面训练官吏子弟的教材,为我们提供了官吏任用、培训、处罚等方面的史料。[2]

同时,在睡虎地秦简中还发现大量的法律条文和律法文书。研究者从中发现,在秦代,公文已经有了明确的分类:如皇帝下发的文书"命书"(后改为"制书"),介绍案件及判决情况的"恒书",对审理案件进行记载的"爰书",官吏对死伤者进行调查、检验的"诊书"等。明确清晰的公文分类对官吏的识字、书写水平提出了较高的要求。

2. 汉代的教学方法

汉代官学的教学方法取法于私学,所以汉代官学和私学在教学方法上没有根本的不同,都是以学生自学为主,教师的自主性也很大。

(1) 教师自主的"教"。

关于要如何教学,教师有很大的自主性。通常采取"大都授"的形式,即上大课的教学模式。当时学生居住较为分散,平时多为自学。《汉书·翟方进传》的记载:"方进知之,候伺常大都授时,遣门下诸生至常所问大义疑难,因记其说。如是者久之。"主要有两种方法:一是口传音义,即经师根据自己的见解对经书音义加以解说。二是师生间问答,这种教学方式是建立在学生自学的基础上,学生在自己学习的过程中发现问题后向老师提出并寻求解答。在汉以前,孔子与其学生经常采取问答的形式进行教学。贾谊的《新书·先醒》、董仲舒的《春秋繁露·郊事对》等都是问答教学的实录。通过问答,教师不仅能够解答学生的疑惑,更能进一步启发诱导学生进行深入的思考。此外,由于当时老师少学生多,还有第三种教学方法,即高年级学生教低年级学生。《汉书·董仲舒传》提到:"董仲舒,广川人也。少治《春秋》,孝景时为博士。下帷讲诵,弟子传以久次相授业,或莫见其面。"这样一来,学生不必见到董仲舒才可以学习,而是可以通过其旧弟子进行学习。

(2) 学生多形式的自学。

汉代太学学生听课较少,大部分时间是自学。第一种方式是"诵读",这是汉代学生最基本的学习方法。汉代强调学生"诵读",要求学生对古典书面语言进行背诵。如汉初太史试学童要能够背诵默写9000字以上才能担任"史"的职务。第二种方式是学生间的讨论交流,简称为"进论辩难"。《礼记·学记》记载:"七年视论学取友,谓之小成。"能够讲论学问,已经是学有小成了。《西京杂记》卷二载,匡衡善于说《诗》,邑人有言《诗》者,衡从之与语,质疑。邑人挫服,倒屣而去。衡追之,曰:"先生留听,更理前论。"邑人曰:"穷矣。"遂去不返。可见,辩难是进学修业的方法。两汉时期,老师们更加喜欢那些善于讲论辩难的学生,认为这是他们高才敏捷的表现。通过讨论交流,学生可

---

[1] 张金光. 论秦汉的学吏制度 [J]. 文史哲, 1984 (1).
[2] 齐丹丹. 睡虎地秦简所见秦代教育制度论析 [J]. 学术探索, 2012 (5).

以受多种观点学说的启发，产生思想上的碰撞，发现自身的不足，加深理解。

（3）反馈及时的考察。

在教学上，为确保学习的质量，汉代还有明确的考察制度。太学作为国家最高学府，同样也是考试机关。太学生员并没有固定的毕业年限，经过考试并合格后便可授予官职。这种考试被称为"射策"。考试题目出自经传，考生书写答案于试卷上，如此一来可检测学生的阅读能力及写作能力。通过考试，能够弥补教师少、学生多而监管不严的缺陷，以此监督学生的自学效率。

三、选士制度与语文教学

（一）秦汉选士制度

中国古代学校教育与选士制度关系密切，所谓"学而优则仕"。学校培养人才最现实的目标便是"仕"。在春秋战国时期"士"阶层走上历史舞台，他们多在学校这一类场所活动，治学的目标就是参政议政，但当时还未有规范的选士制度。在秦汉时期，中央集权的君主专制制度确立，由于秦统治时间较短，并未形成规范的选士制度。秦官吏的选拔主要通过推举和考试。推举即荐举，在秦统一前已在进行，有保举和征士两种形式，是一种招贤纳才的制度，统一后更为流行。"保举"是通过各种途径向朝廷或官府推荐人才，秦又称为任。"征士"则是朝廷或官府面向社会自上而下征召人才，又称"聘"。除推选外，秦还通过公开的考试录用文吏。选吏要经过严格的考试，虽然秦始皇所尊用的法家内容不为后世所承袭，但其形式在后代则得到了继承和发展。秦为吏不论是推举还是考试，都必须经过试用，试用一年不称职者，即被免除职务。秦制因资料太少虽详情难以描述，但从上述秦官保举、征召，吏员的推选、考试以及考课、试用之制等选官办法来看，还是富有特色而卓有成效的。这是中国最早的统一封建王朝的官吏选任制度，有其开创性意义。封建时代官吏选拔的许多办法包括唐朝的科举制，都可以在秦制中找到其雏形，整个封建时代的官僚体系及其选任制度基本上还是一脉相承的。

为了选拔和培养人才，汉代的选士制度在春秋战国时期的养士制度的基础上得到了发展。"察举制"是汉代选拔人才的重要制度，它萌生于汉初，于汉中叶确立。

在西汉建立初，刘邦以秦亡为鉴，认识到人才的重要性。《汉书·高帝纪》中记载，高祖在公元前196年下诏书，命令各级臣下举荐贤才："贤士大夫有肯从我游者，吾能尊显之。"《汉书·文帝纪》中说，文帝即位次年（前178年）下诏："举贤良方正能直言极谏者，以匡朕之不逮。"由皇帝亲自出题策问的选士方式是汉代察举制的开端。文帝十五年，诏"诸侯王、公卿、郡守，举贤良、能直言极谏者"，察举制进一步发展，察举权扩大到郡守一级。此时察举科目不仅有贤良、方正，而且两汉察举的主要科目"孝廉"也已雏形初具，出现孝者与廉吏并列现象。但文帝诏举贤良只是偶尔为之，并未规定荐举的时间、人数等具体细节问题，所以并没有形成制度。

据《汉书·武帝纪》记载，武帝在元光元年（前134年）"令郡国举孝廉"，后来又命令州郡察茂才，甚至还规定了地方官吏"不举孝，不奉诏，当以不敬论；不察廉，不胜任也，当免"。从武帝到西汉末，是汉代察举制的蓬勃发展期。察举科目多样化，主要出现了以下几种科目：孝廉、茂才、贤良文学、明经、明法、贤良方正直言极谏等，其中以孝廉和贤良最为重要。孝者出身于平民，而廉吏应举资格是现任吏。《汉书·平当传》："功次补大鸿胪文学，察廉为顺阳长。"西汉晚期，孝和廉就已合并成为察举的主要科目。

"孝廉"这个原先以道德为内容的概念成了察举科目的代称。明经一科则是在董仲舒"独尊儒术",置儒学"五经博士",招收博士弟子这一提议下产生的。博士弟子修业期满,通过考试就可以授官,逐渐形成明经一科。《汉官仪》记载:武帝元狩六年(前117年),令丞相设四科之辟,以博选异德名士。这一时期,察举制得到了大力推广,各种人才通过这一制度进入各级政府。但察举过程中也发生了舞弊行为,一些人通过行贿的方式利用察举进入仕途。

东汉的选士制度沿袭前朝,并无过多的变化,只是将西汉"四科取士"之标准更加明确具体化。《汉官仪》中说:方今选举……四科取士:一曰德行高妙,志节清白;二曰学通行修,经中博士;三曰明达法令,足以决疑,能按章覆问,文中御史;四曰刚毅多略,遭事不惑,明足以决,才任三辅令。皆有孝弟廉公之行。简言之,取士的标准乃德行、经学、文法、才能四个方面。凡符合其中一条者,就可察举为官。士要想被察举,首先要通过乡间对自己德行的评论,然后三公、九卿、列侯、刺史、郡守、国相等根据乡间的评价向上推荐,经过朝廷考核,授以官职。[1]

(二)汉代察举制度与语文教育发展

汉代的察举选士制度与语文教育的发展有着密切的关系。

1. 察举制度促进学校教育的发展

根据察举的操作过程,可以分为从下到上的推荐以及由上而下的考核、选拔两种类型。皇帝下诏后,三公九卿以及地方郡守各级官吏推荐各地符合标准的人才给朝廷,再由朝廷任命或考核择优录取。从选举的条件来看,孝廉的候选人是博通经书的儒生或者是较低职位的州郡官吏;茂才的候选人大都是接受过太学教育的朝廷官吏、县令长、孝廉郎官和名儒等。贤良方正与文学的候选人主要指经学之士。[2] 在这种选举制度下,社会上形成了尊重人才、重视教育的社会风气。作为研究和传授"五经"的最高学府太学,最初规模很小,仅有博士弟子50人。但不久规模就不断扩大。历史资料显示在汉成帝时太学已有弟子3000人。在官学迅速发展的同时,私学也空前繁盛。《汉书·儒林传》记载,《诗》学大师申公归鲁,弟子自远方而至者即有千余人。

2. 察举制度促进经学的发展

自汉武帝"独尊儒术",汉代的教育就受到经学的巨大影响。经学成为统治阶级的正统思想,也成为衡量知识分子的唯一标准。察举制要求被举者通晓《易》《礼记》《春秋》等儒家经典,令儒学与仕途紧密结合起来,经学高居一切学问之上。《汉书·儒林传》赞曰:"自武帝立五经博士,开弟子员,设科射策,劝以官禄,讫于元始,百有余年,传业者浸盛,支叶蕃滋,一经说至百余万言,大师众至千余人,盖禄利之路然也。"在明经一科的选官中,无论是官学或私学弟子,只要能够通经,就有入仕的机会。学生们为了入仕潜心攻读经书,读经人数大增。《后汉书·任延传》中说:"造立校官,自掾吏子孙,皆令诣学受业,复其徭役。章句既通,悉显拔荣进之。"可以看出,汉代保证经学与察举制相结合。据《汉书·韦贤传》记载:(汉丞相韦贤)"地节三年,以老病乞骸骨,赐黄金百斤……少子玄成,复以明经历位至丞相。"

两汉四百多年,董仲舒、刘向、刘歆、扬雄、班固、许慎、郑玄、公孙弘等经学大师

---

[1] 陈业新. 试论两汉察举制对历史文献发展的影响[J]. 台州师专学报, 1999 (2).
[2] 李宏. 察举制度对汉代教育的影响略论[J]. 辽宁师专学报:社会科学版, 2009 (2).

辈出。他们对经书加以疏证、训诂，盛极一时。董仲舒著有《春秋繁露》；刘向著有《洪范五行传》；郑玄注《周易》《尚书》《毛诗》《礼记》等。察举制的推行使经书大量再现并保存了下来。司马迁的《史记》采经摭传，其中有大量的依据和文献来自于经书，例如夏商周《本纪》引自《尚书》，《仲尼弟子列传》引用《论语》等，这让后世的经学研究有了极其丰富的参考史料。

3. 察举制度促进政论文写作的发展

两汉时期，多次诏举"贤良文学"和"贤良方正直言极谏"之士。二科察举之士须在朝廷上接受由皇帝主持的"策问"考试，合格后授官。策问内容多关乎国计民生大事，应试者对策时，可直言极谏，"纠请人主过失"。在这种"以文取人""以能取人"的察举制度下，产生了应试的文学体裁——政论文。[1] 政论文主要用于被察举时进行对策叙说；为了踏入仕途为官，两汉文坛上涌现了许多优秀的政论文。公元前165年，汉文帝下求贤令，晁错以自己的对策在众多人才中脱颖而出。他的《言太子宜知术数》《言兵事疏》《论贵粟疏》都是非常优秀的政论作品。他在《言兵事书》中针对匈奴侵扰，极言兵事，汉文帝采纳了这些建议，赢得了边疆的安定和军事的强大。路温舒作《上尚德缓刑书》，先说"尚德"，为劝宣帝"缓刑"预陈大理，再说"秦有十失"，并将"十失"一一列出，以切玉如泥之笔，叙说今日狱吏之毒，以显出"缓刑"的必要，文章思虑周详，论证严密，令人信服。再如西汉桓宽的《盐铁论》，根据贤良文人们提出的盐铁官府垄断专营和"平准均输"等经济政策是造成百姓疾苦的主要原因这一观点，用精练的语言生动地记录了政府一方与以贤良文学为代表的民间一方激烈的辩论，也对汉武帝时期各项政策进行总的评价。

汉代的政论文继承了先秦散文的实录、实用的宗旨，语言简练质朴，也继承了先秦散文排比、铺陈、比喻等多种修辞手法，使议论更加生动深刻。总之，在察举制对策中应运而生的政论文对语文写作教学提出了较高的要求，令教师与学生在探讨议论文章写作的道路上更进一步。

四、汉代语文教育的贡献

（一）语文教材内容丰富，教学方法行之有效

在识字写字教学方面，充分利用韵语帮助学生"熟读成诵"，借助"六书"，提高识字效率。

史游按照"类而韵之"的体例编写了《急就篇》这一教材，成书后得到大量传播。它集中识字、合辙押韵、易记易诵、切合实用，后世蒙学语文教育中重要的识字教材《三字经》《百家姓》《千字文》，就是继承了《急就篇》的韵语识字经验发展而来的。在教学方法上，强调"熟读成诵"，由教师带领学生熟读韵文，直到可以背诵下来。在教学过程中，以认读字为主，认写分开。不要求学生对每个汉字同时做到"会读、会写、会讲、会用"；而是以会认会读为主，促使学生短期多认字，尽快达到一定识字量，尽早进入阅读阶段，又借阅读巩固识字，增长知识。韵语识字为后世的识字教育提供了极宝贵的经验，一直沿用至今。

《说文解字》是我国第一部字典，广泛搜集先秦以来典籍中9353个字，加以解说。许

---

[1] 陈业新. 试论两汉察举制对历史文献发展的影响[J]. 台州师专学报，1999（2）.

慎在《说文解字》中提出了"六书",他对汉字字形的这种分析仍适用于今天的汉字教学。如象形字,许慎说:象形者,画成其物,随体诘诎,日月是也。象形字是人们将客观的图像典型化后用规则化的线条勾勒而成的一种符号。当今的小学语文教材也提出了可利用象形文字的特点帮助学生识字、记忆。如将"口、耳、目、日、月、火"等象形文字展示出来,在学生的脑海中形成图画、象形字、文字三者的结合,加深印象。而在教形声字时,抓住形义之间的联系就能有效地帮助学生理解字义、记忆字形。如《急就篇》"芸蒜荠芥茱萸香"一句中有六个字是"艹"字头,标志着这些字都与植物有关。

在阅读教学方面,汉代的语文教学注重循序渐进,在识字写字的基础上再从正音释义到断句,再到对文章主旨的理解,最后对文章的语法及修辞进行分析。这一时期涌现出大量对经书进行疏证、训诂的著作,为后代留下了丰富的学习资料。写作教学又与阅读教学息息相关,司马迁的《史记》在语文教育史上具有非常重要的地位,其语文实践活动对后世的语文教育产生了很大的影响。司马迁的《太史公自序》中说:二十而南游江淮,上会稽,探禹穴,窥九疑,浮于沅、湘;北涉汶、泗,讲业齐、鲁之都,观孔子之遗风,乡射邹、峄。他主张"行万里路"是积累写作素材的方法,亲身实践是写好作文的关键。刘向和扬雄都称《史记》:辩而不华,质而不俚,其文直,其事核,不虚美,不隐善,故谓之实录。可以看出,司马迁在写作上注重内容的真实和丰富,但同时也强调文采。

(二)语文教育思想的形成与实践

在注重通经的学风下,汉代教育家在儒家经学经典中不断学习、提炼、创新,形成了许多历久弥新的语文教育思想;汉代教育家们一般认为人是具有可塑性的,强调教育对人的发展作用。董仲舒在《深察名号》中提出:天生民性,有善质而未能善,于是为之立王以善之,此天意也……今万民之性待外教然后能善,善当与教,不当与性。其次,汉代提出,教育者必须担任好榜样的角色。《淮南子·诠言训》认为:身者,事之规矩也,未闻枉己而能正人者也。对于受教育者,《淮南子·泰族训》中提出:因其性则天下听从,拂其性则法县而不用。意思是要根据每个人的天性特征来进行教育,才能够取得优良的教育效果,如果违背人们的天性特征,即使用刑法威逼也没有用。

东汉王充是伟大的唯物主义思想家和教育家,他对"语文"下了定义。《问孔篇》中说:言出于口,文立于策,俱发于心,其实一也。《定贤篇》中说:夫笔之与口一实也。口出以为言,笔书以为文。可见他认识到语言与文字是统一的,一个是口头表达,另外一个是书面表达,这是对语文定义的早期说明。

司马迁不仅在语文写作教学上形成了一定的思路和方法,他还非常重视口语表达能力。在《滑稽列传》中,司马迁描写了淳于髡、优孟、优旃三个小人物,他们的口头表达能力都非常优秀,在政治上发挥了作用。司马迁能为其作传,亦可见他对口头表达能力的重视。

郑玄,师事马融,学成回家后一直讲学和注经。他长期从事语文教学,在注释经籍和训诂方面有极高的成就;他注了《周易》《尚书》《毛诗》等,绝大部分都是为儒生读经服务,即为阅读教学服务。他的学生在其死后编成的《郑志》,是郑玄的语文教学实录;他的语文教育思想就反映在他的各经注解中。《礼记·学记》郑注中有言:使之悱悱愤愤,然后启发也。作为教师,他认为要时刻观察学生,但不能不停地说教,而要在适当的时候引导学生。同时,他不赞同"记问之学",认为学生要将内容理解了才能够成为自己的知识,记得牢固。所以《礼记·学记》郑注中又言:预诵杂难杂说,至讲时为学者论之,此或时师不心解，或学者所未能问。

（三）加强政治统治，促进汉代教育平民化

"独尊儒术"的思想方针被贯彻到汉代的语文教育中去，无论是平民教育还是选士入仕，"学经"都被作为语文教学的重要内容。每个时代的统治阶级都需要有与其相应的统治思想。汉代的语文教育将董仲舒的"大一统""君权神授""三纲五常"与"天""神"相联系的思想渗透到日常教学中去，加强了汉朝的政治统治。

汉代政府采取各种促进教育的普及措施，将教育与选士制度相结合，令教育平民化。官学与私学共同招生，也令语文教育的普及度越来越高。在此基础上，两汉在天文、数学、医学、史学等方面都取得了很高的成就。如《尚书·尧典》中有制定历法以正农时的记载，《周易》的"阴阳说"，还有《尚书·洪范》的"五行"说，对古代医学、哲学的传播产生了重要的影响。

汉代的教育家们对语文教育的认识非常广泛，在实际教学过程中形成了识字写字、阅读、写作三个方面的教学。教学过程中注重学生的自主性，发挥老师的指导性作用，"学生为主体，教师为主导"的课堂雏形出现。汉代的语文教育为后朝的语文教育提供了学习的对象，其语文教育思想和方法更是流传至今，对现代语文教育产生了深刻的影响。

第二节　秦汉语文教育思想

一、董仲舒

董仲舒（前179—前104），广川人。西汉时期的哲学家、思想家、政治家和教育家，也是汉武帝时期儒家学派的代表人物，享有"汉代孔子"之美誉。董仲舒自幼好学，凭着"三年不窥园"的学习精神，在学问方面，特别是在对《春秋》的研究上，大有造诣。汉武帝时期，他凭借着著名的"天人三策"，阐述了他对天人关系的看法，提出了"罢黜百家，独尊儒术""开创太学""改革选士"等重大建议，得到了汉武帝的赏识，使得儒家思想成为汉代的文教思想基础，也使得他垂名后世。

作为汉代的大思想家、教育家之一，其教育思想主要体现在《举贤良对策》和《春秋繁露》中，书中凝聚着他半生的思想结晶，为后人研究其教育思想提供了宝贵线索。

（一）董仲舒的教育思想概说

董仲舒的生平大致可分为三个阶段：少壮之年治学传教，中年为政亦授教，晚年修学著书立说。可见，在人生三个阶段中，他都执着于学问和教育，为后人留下了一笔巨大的教育思想财富。

董仲舒继承发展了先秦儒学思想，肯定"有为"，否定"无为"，提出了"君权神授""天人感应""天不变，道亦不变"等封建统治永恒论，为儒学披上了神秘主义的外衣，称为"儒家神学"，其思想对封建语文教育具有深远影响。

董仲舒的教育思想和他的"天人感应"的哲学思想以及大一统的政治思想是密不可分的，其教育思想集中体现在其神学化了的新儒学和文教政策里，具体体现在：教育是治国的根本、教育能使社会稳定、教育能使人性向善、教育能培养统治人才等。围绕这些教育

思想，形成了本质是儒家神学的、以德育为主的教育内容，以及"圣化""强勉""专一"等教学原则与方法等。董仲舒的教育思想对中国教育思想影响甚大，一方面，在学理上发展了儒家学说，结合神学，将它变为占统治地位的权力象征；另一方面，他在教育上注重道德培养、重视积极的指导，对后世有良好影响。

（二）董仲舒的教育思想言论

1. 关于教育的作用

董仲舒不仅是教育家，也是政治家，所以他特别重视教育的社会政治功用，有大量关于教育的社会政治作用的言论。

（1）教育是治国的根本。

> 教，政之本也；狱，政之末也。（《春秋繁露·精华》）
>
> **参考译文**：教化，是政治的根本；判案，是政治的末节。

（2）教育能使人性向善，对人性的发展具有重要意义。

董仲舒的人性观综合了孟子的性善论和荀子的性恶论，他认为人性不能简单地归为善或恶，人性只是具有"善"的可能性，但还不具有"善"的现实性，而促使这个可能性向现实性发展的关键是教育。

> 性者，天质之朴也，善者，王教之化也；无其质，则王教不能化，无其王教，则质朴不能善。（《春秋繁露·实性》）
>
> **参考译文**：人的本性，是天生的浑朴素质，善是帝王教育的感化；没有天生的本质，帝王的教育就无从感化，没有帝王的教育，质朴的性就不能变为善。

> 今万民之性，有其质而未能觉，譬如瞑者待觉，教之然后善。（《春秋繁露·深察名号》）
>
> **参考译文**：如今普通百姓的本性，有他们的善质，但不能觉醒，如同睡眠的等待醒来，教化他们然后才能做到善。

可见，董仲舒认为人性的本质无所谓善与恶，但人的本性具有向善的潜质，而这个潜质需要靠教育来激发。可以说，人性向善需要两个必要条件，天生质朴的性和后天的教育，两者缺一不可，由此可见教育对于人性发展的重要作用。

（3）教育对培养统治人才有重要作用。

董仲舒认为人才对国家的统治很重要，有了能"修己安人"的统治人才作为人民的表率，才能使政治清明，实现仁政德治。而人才需要靠教育来培养，所以他主张兴教育，设太学，来养士育才。

> 夫不素养士而欲求贤，譬犹不琢玉而求文采也。故养士之大者，莫大乎太学；太学者，贤士之所关也，教化之本原也。（《春秋繁露·天人三策》）
>
> **参考译文**：平时不注重培养人才，急需时却想求得贤人，就好比不琢磨玉石，却要求它呈现华丽的光彩一样。所以要培养人才，没有比设太学更重要的了；太学，是培养贤士的地方，是教化的本源。

（4）教育有社会教化的作用，对维护社会稳定具有重要意义。

董仲舒作为地主阶级的政治家、思想家，他敏锐地认识到封建帝国的统一需要思想的统一，但他不主张用法家刑罚的方式，而主张采取社会教化的方式，使民心统一，加强国家的向心力。

> 夫万民之从利也，如水之走下，不以教化堤防之，不能止也。是故教化立而奸邪皆止也，其堤防完也；教化废而奸邪并出，刑罚不能胜者，其堤防坏也。(《对贤良策》)
>
> **参考译文**：百姓追逐财利，就像水流向低处一样，不用教化筑成堤坝来防治，就不能阻止他们。所以，建立教化体制能够有效地制止奸佞邪恶，正如完善的堤坝能够有效防治洪水；教化体制被废除，种种奸佞邪恶的现象就会四处出现，严刑峻法也不能制止，这是因为防治洪水的堤坝坏了啊。

2. 关于教育内容

董仲舒特别看重教育的社会政治功用，所以他从培养经国治世人才、维护帝国统治的教育目的出发，主张以"六经"为教材，其教学内容实质上是从"独尊儒术"的思想出发的，他的整个学术思想体系是以"天人感应"为基础的神学化新儒学，其中特别重视以"仁"为核心的德育。

> 君子知在位者不能以恶服人也，是故简六艺以赡养之。《诗》《书》序其志，《礼》《乐》纯其美，《易》《春秋》明其知，六学皆大，而各有所长。《诗》道志，故长于质；《礼》制节，故长于文；《乐》咏德，故长于风；《书》著功，故长于事；《易》本天地，故长于数；《春秋》正是非，故长于治人；能兼得其所长，而不能遍举其详也。(《春秋繁露·玉杯》)
>
> **参考译文**：君子知道居高位的人不能用凶恶的手段使人服从，所以选择六艺来涵养自己的品行。《诗》《书》可以抒发他的情志，《礼》《乐》可以使他美好的本质精纯，《易》《春秋》使他的智慧清明，这六种学问都很伟大，而且各有它的特长。《诗》可以抒发人的情志，所以它的特长在于具有朴实的本质；《礼》是制定人的节度，所以它的特长在于具有文采；《乐》是歌咏圣人的德行，所以它的特长在于教化人们；《书》是著述先王的功业，所以它的特长在于通达政事；《易》是据天地的法象而作，所以它的特长在于洞悉天地间的道理；《春秋》辨别是非，所以它的特长在于治理人们；人能够同时把握它们的特长，但是不能够一一举出它们的细节。

由此可见，董仲舒重视六艺之教，而且还主张学者要各取其所长，不可偏废任何一门。

> 能说鸟兽之类者，非圣人所欲说也。圣人所欲说，在于说仁义而理之。(《春秋繁露·重政》)
>
> **参考译文**：能说明鸟兽之间的道理，不是圣人所要说明的道理。圣人所要说明的，是在于说明仁义并分析它。

董仲舒虽然提倡六艺的学习，教学内容囊括了智育、德育、美育等，已属全面，但他不提倡学习关于鸟兽、虫鱼、花草、树木的自然科学知识，这种主张就有失偏颇，限制了学生的发展。

在六艺的教育中，董仲舒尤其重视儒家伦理道德教育，特别是三纲（君为臣纲、父为子纲、夫为妻纲）、五常（仁、义、礼、智、信）的道德规范。

> 天之生人也，使人生义与利，利以养其体，义以养其心，心不得义，不能乐，体不得利，不能安，义者，心之养也，利者，体之养也，体莫贵于心，故养莫重于义，义之养生人大于利。（《春秋繁露·身之养重于义》）
>
> **参考译文：** 让人生存的天道是让人拥有仁义和利益，私利用来供养他的身体，仁义用来养育他的内心，人内心得不到仁义（道德）的修养，就不会快乐，身体没有私利供养，就不会安适，仁义是养育心灵的，私利是供养身体的，身体没有心那么贵重，所以修养的东西没有比仁义更重要的了，（由此可见，）仁义对于人的成长比利益重要多了。

> 仁而不智，则爱而不别也；智而不仁，则知而不为也。故仁者所以爱人类也，智者所以除其害也。（《春秋繁露·必仁且智》）
>
> **参考译文：** 有仁德而没有智慧，就会去爱人而不会区别应不应该去爱；有智慧而没有仁德，就会知道什么是善事而不会去做。所以说仁是用来爱人类，而智是用来为人类除害的。

> 仁之法在爱人，不在爱我；义之法在正我，不在正人；我不自正，虽能正人，弗予为义；人不被其爱，虽厚自爱，不予为仁。（《春秋繁露·仁义法》）
>
> **参考译文：** 仁的法度是在于爱别人，不在于爱自我；义的法度是在于纠正自我，不在于纠正别人；不去纠正自己，虽能纠正别人，春秋不称许他的行为合乎义；别人不能得到他的爱，虽然他非常爱自己，春秋不称许他的行为合乎仁。

3. 关于教师

董仲舒对于教育的主体即教师也有自己的一套见解，他主张用上行下效的方式来推行教化，所以不只知识渊博的学者可以成为教育的主体，德才兼备的官吏也可以成为教育的力量。

> 今之郡守、县令，民之师帅①，所使承流而宣化也；故师帅不贤，则主德不宣，恩泽不流。（《汉书·董仲舒传》）
>
> **注释：** ①师帅：帅，通"率"。师帅即师表。
>
> **参考译文：** 如今的郡守和县令，都是人民的表率，是可以使风教得到承袭使仁德得到宣扬的人。所以如果为人表率的官吏不贤良，那么皇帝的仁德就得不到宣扬，恩泽得不到传播。

董仲舒的这个观点从表面上看起来和秦朝的"以吏为师"观点相似，但实质是不同的，秦的"以吏为师"是局限于严刑峻法的法令，而董仲舒所指的让官吏来推行教化则是以道德感化为主。

此外，董仲舒对作为教育主体的教师也有很高的要求，他主张教师教学要遵循一定的教学艺术，要重视自身修养，谨言慎行，为人师表。

为人师者，可无慎耶！（《春秋繁露·重政》）

参考译文：做别人老师的，可以不慎重吗？

董仲舒在此强调了教师为人师表的重要性，俗话说"父母是孩子的一面镜子"。其实教师又何尝不是学生的一面镜子呢？所以教师的一言一行不能不谨慎，教师的言行关系到学生的言行。这也是"上行下效"的道理所在。

4. 关于教学原则和方法

有着丰富教学经验的董仲舒在教学原则和方法上有自己的一番主张，其中包括教师教学的方法和学生学习的方法。董仲舒认为，教师教学的方法有"圣化""以久次相传授"等，而学生学习的方法有强勉好学、虚静谦卑、重志轻文、博节相宜、多连博贯、精心达思、积小致巨、专一不二、勤学好问等。

（1）教法。

① 圣化。

是故善为师者，既美其道，又慎其行。齐时早晚，任多少，适疾徐，造而勿趋，稽而勿苦；省其所为，而成其所湛，故力不劳，而身大成，此之谓圣化，吾取之。（《春秋繁露·玉杯》）

参考译文：因此善于施教的老师，既要使他所传授的理论完美，又要慎重于自己的行为；要依据学生的情形确定教育时机的早晚、教育内容的多少和教育进度的快慢；要激励学生，但不要让他们感到急迫；要考核学生，但不要使他们感到苦恼，要考察学生的日常行为，在他最擅长的方面成就他，所以，费力少而成功多，这就是圣人的教化，我赞成这种做法。

董仲舒的"圣化"之道体现了以身作则（"美其道，又慎其行"）、及时施教（"齐时早晚"）、循序渐进（"任多少，适疾徐，造而勿趋"）、因材施教（"省其所为，而成其所湛"）等教学原则，这些见解都是合乎教学规律的，对当代的教育也很有启发。

② 以久次相授业。

弟子传以久次相授业，或莫见其面。（《汉书·董仲舒传》）

参考译文：弟子之间便依学辈先后辗转相传，有的人甚至没见过他的面。

董仲舒在自己的教学实践中采用的是这种"以久次相授业"的方式，"久次"就是学生年级的高低。"以久次相授业"，就是让高年级中成绩优秀的学生去教授低年级的学生。

这样的教学方式既能发挥学生学习的积极性和主动性，又能扩大教学规模，提高教学效率。

（2）学法。

① 强勉好学。

强勉学问，则闻见博而知益明；强勉行道，则德日起而大有功。（《汉书·董仲舒传》）

参考译文：只要强勉学问，见闻就会广博，智力就会越发高明。强勉自己按道行事，道德就会日益高尚，功绩也会增多。

不论治学或是修德，都需要发扬"强勉"精神，方能成功。

② 虚静谦卑。

> 夫欲致精者，必虚静其形；欲致贤者，必卑谦其身，形静志虚者，精气之所趣也。（《春秋繁露·通国身》）
>
> **参考译文**：要想获得精气，一定要让心中空虚，形体宁静；要想得到贤人，自身一定要谦卑；形体宁静、心中空虚的人，精气就会归附。

"虚静"就是要求学习时要集中精神，排除杂念，保持头脑澄明清净；"谦卑"就是要求学习要虚心以求。

③ 重质轻文。

> 志为质，物为文。文著于质，质不居文，文安施质？质文两备，然后其礼成。文质偏行，不得有我尔之名。俱不能备而偏行之，宁有质而无文。（《春秋繁露·玉杯》）
>
> **参考译文**：思想是根本，事物是表现。外在的形式附着在内在的本质上，本质不附在外在形式上，外在形式怎么能影响本质？只有具备本质和形式两方面，然后才可以完成礼节。形式和本质缺少其一，就失去了人和人正常的关系。如果不能形式和本质同时具备而非得缺少其一，宁可有本质而没有形式。

思想是人的灵魂所在。董仲舒认为，学习要特别重视思想意志的修养。

④ 博节相宜。

> 故人主大节则知暗，大博则业厌，二者异失同贬，其伤必至，不可不察也。（《春秋繁露·玉杯》）
>
> **参考译文**：所以人主的学问太狭窄，那么知识就浅陋；学问太广博，那么功业就减损；两方面的过失不同，但是同样招致败坏，伤害最后一定会到来，这是不可不明察的。

董仲舒在此提到了学习中"博览"和"专攻"的关系，他认为学习不能"太博"也不能"太节"，"太博"容易使学问流于肤浅，"太节"则容易使学问狭窄。所以最好要做到博节相宜，在"博"与"节"中找到平衡点。

⑤ 多连博贯。

> 是故为春秋者，得一端而多连之，见一空而博贯之，则天下尽矣。（《春秋繁露·精华》）
>
> **参考译文**：所以研究《春秋》的人，把握到一方面并且将其他各方面联结起来，看到一点并且能广泛地将其他各点贯通起来，那么天下的事都能了解了。

学习要善于深入思考，融会贯通，善于将所学的知识巧妙地联系起来、贯通其中。可见，董仲舒的"得一端而多连之，见一空而博贯之"和孔子的"举一隅而反三隅"是有异曲同工之妙的。

⑥ 精心达思。

> 辞不能及，皆在于指，非精心达思者，其孰能知之！（《春秋繁露·竹林》）
>
> **参考译文**：文辞不能表达的，都寄托在意思上，不是心意周密思想通达的人，怎么能够了解呢！

所谓"词不达意",有些深刻的道理是言辞所不能达意的,这时就需要学习者深入思考,才能把握要旨。

⑦ 积小致巨。

臣闻众少成多,积小致巨,故圣人莫不以暗致明,以微致显。是以尧发于诸侯,舜兴乎深山,非一日而显也。盖有渐以致之矣。(《举贤良对策》)

参考译文： 我听说积少成多,积小成大,所以古代的圣人,没有一个不是由默默无闻而变成美名远扬,由卑微而达到显赫；因此,尧起步于诸侯之位,舜兴起于深山之中,并不是一日之内突然显赫起来,应该说是逐渐达到的。

董仲舒认为,做学问要采取"众少成多,积小致巨"的方法,日积月累,持之以恒,才能提高知识水平。

⑧ 专一不二。

目不能二视,耳不能二听,手不能二事。一手画方,一手画圆,莫能成。(《春秋繁露·天道无二》)

参考译文： 眼睛不能同时看两种东西,耳朵不能同时听两种声音,手不能同时做两件事情。同一时间,一只手画方形,一只手画圆形,没有能成功的。

学习要专心致志,注意力高度集中,一心二用是不可取的。

⑨ 勤学好问。

子曰:"人而不曰如之何,如之何者,吾未如之何也已矣。"故匿病者不得良医,羞问者圣人去之。……故君子不隐其短,不知则问,不能则学。(《春秋繁露·执贽》)

参考译文： 孔子说:"从来不想想'怎么办,怎么办'的人,我对他也不知道怎么办了。"因此隐瞒自己疾病的人,得不到好的医生来治疗他,耻于向人请教的人,圣人也会远离他……所以君子不隐藏他的短处,不知道的就问人家,不能做的就去学习。

正如孔子所说:"知之为知之,不知为不知,是知也。"学习就要持这样的态度,不懂的就要去问,不会的就要去学。

二、淮南王

刘安(前179—前122),沛郡丰人,汉高祖刘邦之孙,淮南王刘长之子,袭父之位被封为淮南王。淮南王自幼不喜狗马弋猎驰骋而好读书,博学善文辞,好鼓琴,通天文、地理、诸子之说,是西汉著名的文学家和思想家。

作为著名的文学家兼思想家,淮南王一生的文学成就及思想成就集中于他"招宾客方士数千人"编纂而成的著作《鸿烈》,亦称《淮南子》之中。原著共有"内书"21篇、"外书"33篇,和"中书"8卷,流传至今仅剩下"内书"21篇。这部著作包罗万象,《原道》训道,《天文》述天道,《地形》绘地理,《时则》论四时,《精神》论生命,《兵略》谈军事,《修务》说学业……内容涉及政治、哲学、经济、文史、天文、地理、军事等诸多领域。他的教育思想就潜藏于《淮南子》这部著作中,特别是其中的《修务》篇。

(一)淮南王的教育思想概说

《淮南子》是一部集诸家之大成的著作,融合了道、儒、法各家观点,而道家略占优势。其教育思想也是如此,吸收了各家学派观点,其中关于教育的理想和目的的思想偏重于道家思想,而关于具体的教学方法的论述则偏重于儒家思想。淮南王的教育思想总体来说是赋予道家的"无为"思想以积极的内涵,他不认同老子"绝圣弃智"的观点,他认为:欲弃学而循性,是谓犹释船而欲蹍水也。所以他在《淮南子》中反复强调教育和学习的重要性。他所提倡的教育是要循民之本性,循自然之理的教化,通过这样的教育才能变无为为有为,这就赋予了"无为"以积极的内涵。

(二)淮南王的教育思想言论

1. 教学理想和目的

淮南王在《俶真训》中明确地阐释了他的教学理想观,他认为学习是为了让性情达到纯朴的境界,提升自身的道德修养,而不是为了追求虚名和迷惑大众。

> 是故圣人之学也,欲以返性于初而游心于虚也;达人之学也,欲以通性于辽廓而觉于寂漠也。若夫俗世之学也则不然,擢德塞性,内愁五藏,外劳耳目,乃始招蛲振缱物之豪芒,摇消掉梢仁义礼乐,暴行越智于天下,以招号名声于世。此我所羞不为也。(《淮南子·俶真训》)
>
> **参考译文**:因此圣人学习,是要将心性返归到最初的质朴状态而让心神遨游于虚无之境;达人学习,是要将心性与旷漠无边相通而在寂静淡漠中觉醒。若是世俗之人的学习就不是这样了,他们拔去德性,扰乱心胸,损伤耳目,老是纠缠、追求着事物的微小利益,为推行仁义礼乐奔走忙碌,在世上自我表现以求获得世俗的名声。这种事情我是感到羞耻而不屑做的。

2. 教育的作用

淮南王反复强调教育的重要性、必要性及作用,有大量关于教育对个人以及对社会的作用的言论。

(1) 批判"弃学而循性"的极端自然主义。

淮南王否认人不可教化的非学观念,强调学习的可能性和必要性。认为接受教育,是人成才的必经之路,也是人性向善的关键。

> 夫马之为草驹之时,跳跃扬蹄,翘尾而走,人不能制,龁咋足以噆肌碎骨,蹴蹄足以破颅陷胸;及至圉人扰之,良御教之,掩以衡扼,连以辔衔,则虽历险超堑弗敢辞。故其形之为马,马不可化;其可驾御,教之所为也。马,聋虫也,而可以通气志,犹待教而成,又况人乎!(《淮南子·修务训》)
>
> **参考译文**:当马还是马驹未加调教之时,它是扬蹄蹦跳,翘起尾巴奔跑,人不能控制它,它用牙咬人足以咬烂人的肌肉、骨头,用蹄踢人足以踢破人的头颅、胸膛。但等到养马人驯服它后,优秀驭手调教驾驭它后,给它套上轭头、系上缰绳后,那么就是让它经历险境、跨越壕沟,它都无法躲避。所以它作为马的形状是无法变成其他牲畜;但经过驾驭、调教,那就可以改变它的野性。这无意识的马尚且能通过人意志的贯彻,经过调教而改变它的野性,使之驯服有用,更何况有意识的人呢?

今无五圣之天奉，四俊之才难，欲弃学而循性，是谓犹释船欲蹍水也。(《淮南子·修务训》)

参考译文：现在有不少人既无"五圣"那样的天赋，又无"四俊"那样的才能，却想放弃学习而只靠本性天赋，这就好像丢弃船只靠踩水渡江渡河一样。

夫纯钩、鱼肠始下型，击则不能断，刺则不能入，及加之以砥砺，摩其锋锷，则水断龙舟，陆剸犀甲。明镜之始下型，矇然未见形容，及其粉以玄锡，摩以白旃，鬓眉微豪，可得而察。夫学，亦人之砥锡也，而谓学无益者，所以论之过。(《淮南子·修务训》)

参考译文：那纯钩、鱼肠宝剑刚出模子的时候，砍东西都砍不断，刺东西也刺不进；但等到在磨刀石上磨过之后，宝剑的锋刃就锐利了，可以下水砍断龙舟，上岸刺死犀牛。明镜刚从模子里出来的时候，也朦朦胧胧照不出容貌身影来；但等到用玄锡拭擦，白毡磨亮后，人的鬓发、眉毛、毫发都能照得清清楚楚了。那学习，也正是人的细磨石和玄锡，然而有人却说学习无用，这种说法的根据是错误的。

茧之性为丝，然非得工女煮以热汤而抽其统纪，则不能成丝；卵之化为雏，非慈雌呕暖覆伏，累日积久，则不能为雏；人之性有仁义之资，非圣人为之法度而教导之，则不可使向方。(《淮南子·泰族训》)

参考译文：这就好像蚕茧有抽丝的特性，但不经过女工的煮熬、牵丝，就不能成为丝线；这也好像禽卵孵化成雏，如不经过雌禽长时间的孵抱温暖，就不能变成雏。这就说明人具有仁义的天性，没有经过圣人立出法度来加以教导，就不能使他们归入正道。

人的先天之性是接受教育的前提条件，教育是使人性完善的必要条件，所以教育对人性的完善起着重要作用。

（2）教育与否对个人的影响很大，学与不学的差距很大。

故不学之与学也，犹喑、聋之比于人也。凡学者能明于天下之分，通于治乱之本，澄心清意以存之，见其终始，可谓知略矣。(《淮南子·泰族训》)

参考译文：所以说，学习与不学习相比，就像正常人和聋哑人相比一样，差距甚大。凡是学习的人都能够明白天人关系，通晓治乱之根本，用平和的心态、清静的头脑来思考，观察事物的来龙去脉，这样也可谓掌握了事物的要略了。

（3）教育能提升人的心智，使人免于被迷惑。

通于物者，不可惊以怪；喻于道者，不可动以奇；察于辞者，不可耀以名；审于形者，不可遁以状。世俗之人，多尊古而贱今，故为道者必托之于神农、黄帝而后能入说。乱世暗主，高远其所从来，因而贵之。为学者蔽于论而尊其所闻，相与危坐而称之，正领而诵之。此见是非之分不明。(《淮南子·修务训》)

参考译文: 精通事物的人,是不能用诡怪来惊吓他的;明白道理的人,是不能用奇异来惊动他的;明察言辩的人是不能用虚名来迷惑他的;审察物形的人,是不能用假象蒙骗他的。世俗之人,大多是崇古而贱今的,所以为了宣传自己的学说主张的人,一定要假托神农、黄帝的名义,然后才能让人们乐意接受他们的学说主张。乱世的昏庸君主,总要将自己所有一切的由来粉饰得高深莫测,以此来抬高自己。而求学者被他们的观点所迷惑蒙蔽,尊崇他们听到的传闻,便聚在一起正襟危坐地称道着,挺直颈脖诵读着。这就说明这些人分辨是非的界限不明确。

通过教育和学习掌握知识,从而使自己具有主见和判断是非善恶的能力,只有这样,才不容易产生从众心理,被邪僻者迷惑、蒙骗和利用。

(4) 教育在人类文明的进程中起着不可或缺的作用。

周室以后,无六子之贤,而皆修其业;当世之人,无一人之才,而知其六贤之道者何?教顺施续,而知能流通。由此观之,学不可已,明矣!(《淮南子·修务训》)

参考译文: 周王朝以后,就没有再出现过像六位古人那样的贤才,但是很多人都在学习研究他们开创的行业;当代的人,没有一人具备像六位古人那样的贤才,但人们都懂得六位贤才的技艺和方法,这又是什么道理呢?这是由于通过教导学习训练代代相传,使得六位贤才的知识技能能流传下去、传播开来。由此看来,学习是不能停止的,这是不言而喻的道理。

华夏五千年的文明中出现过很多贤人志士,正是通过一代代的教育和学习才使他们的知识和才能得以代代相传。由此看来,学习是不能停止的。

(5) 教育的感化作用能使社会"无为而治"。

教育能在无形之中感化人,教育人,提升人的素质。社会由人组成,因此推行教育具有社会感化的作用,这种作用是刑法、政令无法达到的。教育的这种作用能使社会达到"无为而治"的境界。

民无廉耻,不可治也;非修礼义,廉耻不立。民不知礼义,弗能正也;非崇善废丑,不向礼义。无法不可以为治也;不知礼义,不可以行法。法能杀不孝者,而不能使人为孔、曾之行;法能刑窃盗者,而不能使人为伯夷之廉。孔子弟子七十,养徒三千人,皆入孝出悌,言为文章,行为仪表,教之所成也。墨子服役者百八十人,皆可使赴火蹈刃,死不还踵,化之所致也。(《淮南子·泰族训》)

参考译文: 民众如果没有廉耻之心,就无法治理他们;如果不修治礼义,廉耻之心就无法树立起来。民众不知礼义,法令也无法使他们走正道。不推崇好的风尚,废除丑恶现象,民众就不会遵循礼义。没有法当然难以治理国家,但民众不懂礼义,这法也无法推行实施。刑法能杀掉不孝之人,但却不能使人像孔子、曾子那样讲孝道;刑法能惩治偷盗者,但却不能使人做得像伯夷那样廉洁。孔子的弟子中有贤人七十人,学生有三千人,这些人都是在家讲孝道、出门讲敬爱的,言辞都符合礼义法度,行为都是规规矩矩可作表率的,这些都是教育形成的。墨子有门徒一百八十人,都能够为义赴火蹈刃、义无反顾,这些都是教化造成的。

3. 教育的对象

淮南王认为世上有像尧、舜、文王一样的圣贤人,也有像商均一样的邪僻者,但这样的人只是少数，绝大多数人是上不及尧、舜、文，下不至丹朱、商均的"常人""众人"，这部分人才是教育的主要对象。所以要以大众为教育对象，以一般人的素质水平为标尺来开展教育。

> 夫上不及尧、舜，下不及商均，美不及西施，恶不若嫫母，此教训之所谕也，而芳泽之所施。(《淮南子·修务训》)
>
> **参考译文**：大部分的人是上不及尧舜那样圣明崇高，下也不至于像商均那样卑鄙不屑，漂亮也比不上西施，说丑也不至于像嫫母，这些芸芸众生都是能教化开导的，训导美化的。

在这里，淮南王认为众人、常人虽不及尧舜等圣贤，但也不像商均那样不可教化，这样的大众正是淮南王眼中的教育对象，也是他认为要通过积极努力学习来完善自我的对象。他这种思想对当代的全民教育有一定的启发，但他那种认为部分人是严父、贤师也不能教化的观点是错误的。

4. 教学原则及方法

（1）因性而教。

作为黄老学派的代表人物，淮南王认为施行教育要遵循自然，遵循人伦之性，因势利导，这样才能水到渠成，变无为为有为。

> 故先王之教也，因其所喜以劝善，因其所恶以禁奸。故刑罚不用，而威行如流；政令约省，而化耀如神。故因其性则天下听从，拂其性则法县而不用。(《淮南子·泰族训》)
>
> **参考译文**：所以先王进行教化，是依循人们喜善的特点来引导勉励人们向善行善；是依循人们厌恶的特点来禁绝奸邪；因此无须动用刑罚，威势就能畅行如流水；政令简约，感化照耀如神灵。所以，依循人的天性则天下人就听从；违逆人的本性则法令公布都无济于事。

> 是故禹之决渎也，因水以为师；神农之播谷也，因苗以为教。(《淮南子·原道训》)
>
> **参考译文**：所以禹疏通江河正是以顺随水流低处这一自然特性来进行的；神农播种五谷正是以循守秧苗在田野可以自然生长这一特性来耕作的。

（2）教者授以有用，学者学以致用。

> 人莫欲学御龙，而皆欲学御马；莫欲学治鬼，而欲学治人。急所用也。(《淮南子·说林训》)
>
> **参考译文**：人都不想学御龙技术，而想学御马技术；都不想学习治理鬼的本领，而想学治理社会的本事，因为御马驾车、治人管理社会是急需的事。

教与学的东西都应该是有用的、有针对性的、现实的，不能学非所用。因此，教师所传授的应该是现实可用的而非虚幻无用的，应该是科学的而非臆想的，而学生学习之后也应该能够学以致用。

（3）强学不如好学，苦学不如乐学。

夫内不开于中而强学问者，不入于耳而不著于心，此何以异于聋者之歌也！效人为之而无以自乐也，声出于口，则越而散矣。(《淮南子·原道训》)

参考译文：那种不是从本性产生学习愿望的人而勉强去学习，所学的东西是不会进入耳中留于心里的，这跟聋子唱歌有什么区别呢？聋子唱歌只是仿效人而无法自得其乐，歌声一出口便很快就散逸了。

夫欲其母之死者，虽死亦不能悲哭矣。谓学不暇者，虽暇亦不能学矣。(《淮南子·说山训》)

参考译文：想要母亲早些死的人，母亲就是死了，也不会伤心痛哭的。说没有时间读书学习的人，即使给他时间他也不会好好学习的。

教而有效，学有所成的关键在于好学、乐学。淮南王认为必须提倡好学和乐学，学生若不愿学习，不爱学习，即使勉强去学习或拼命学习也是事倍功半的。

（4）勤而博学，戏而误学；自强而成学，懈惰而废学。

人莫不知学之有益于己也，然而不能者，嬉戏害人也。人皆多以无用害有用，故智不博而日不足，以凿观池之力耕，则田野必辟矣；以积土山之高修堤防，则水用必足矣；以食狗马鸿雁之费养士，则名誉必荣矣；以弋猎博弈之日诵《诗》读《书》，闻识必博矣。(《淮南子·泰族训》)

参考译文：人没有谁不知道学习是有好处的，但就是不去做，这是因为平时的嬉戏娱乐害成这样子。人又大都以无用的事来妨害有用的事，所以才智无法广博且一天天贫乏起来。如果用开凿养鱼池的力气去耕辟田地，则田野一定会开辟得很好；如果用堆土积山，修筑高台的功夫去修建堤防，则水一定会治理得很好；如果以饲养狗马鸿雁的巨资来供养士人，则名声一定相当荣耀；如果以平时射猎博弈的时间来诵读《诗》《书》，则学问知识一定相当广博。

由此观之，知人无务，不若愚而好学。自人君公卿至于庶人，不自强而功成者，天下未之有也。(《淮南子·修务训》)

参考译文：由此可见，聪明人无所作为，倒不如笨人勤奋好学。从君王、公卿到普通百姓，不自强不息而能事业有成的事情，这在天底下还没发生过。

是故田者不强，困仓不盈；官御不厉，心意不精；将相不强，功烈不成；侯王懈惰，后世无名。(《淮南子·修务训》)

参考译文：因此，耕田者不勉力，谷仓就不会盈满；官吏不勤奋，思想就不会专一；将相不图强，功业就不会成功；侯王如果懈怠，死后就不会有好名声。

从古至今，人人都知道勤奋是学习的法宝，但日常生活中娱乐、嬉戏的诱惑太多，常常导致人们疏于学习，这时学习者就需要摒弃这些外界的诱惑，将尽可能多的时间投入到学习上，才能博学多闻。人的天资再好，如果不自强而学，也比不上愚而好学的人。

(5) 实践之然后知之能之。

夫物常见则识之，常为则能之。故因其患则造其备，犯其难则得其便。(《淮南子·泰族训》)

参考译文：事物经常见到就能认识它，事情经常做就可以学会它。所以经常被祸患所困扰就懂得如何防范它，经常遭受困难就知道如何处理它。

多实践，必知之，必能之。对于学习和掌握知识来说，实践是最好的途径，"实践出真知"是千古不变的道理。

(6) 贵是求实而不贵古慕名。

通人则不然。服剑者期于铦利，而不期于墨阳、莫邪；乘马者期于千里，而不期于骅骝、绿耳；鼓琴者期于鸣廉修营，而不期于滥胁、号钟；诵《诗》《书》者期于通道略物，而不期于《洪范》《商颂》。(《淮南子·修务训》)

参考译文：通达事理的圣人就不是这样。他们佩带宝剑只期望它锋利，而不期望它是墨阳、莫邪那样的名剑；他们骑马只期望它日行千里，而不期望它是骅骝、绿耳那样的名马；他们弹琴只期望琴声雅正和谐，而不期望它是滥胁、号钟那样的古琴；他们诵读《诗》《书》只在于能通晓事理、明白道理，而不一定非选《洪范》《商颂》这样的古籍。

求学要追求实事求是，反对迷信盲从权贵、圣贤和古人，要有自己独立的见解。这种思想契合当代解放思想、积极思考的教育理念。

(7) 服习积贯。

"服习"就是长期反复练习，"积贯"就是说积累久了就能熟能生巧。这是强调练习和积累对于学习的重要性。我们都知道，欲速则不达，对于学习来说也是如此，不能急于求成，而要坚持反复练习，注重长期的积累，如此，有朝一日定能有所收获。

今夫盲者目不能别昼夜，分白黑，然而搏琴抚弦，参弹复徽，攫援摽拂，手若蔑蒙，不失一弦。使未尝鼓瑟者，虽有离朱之明，攫掇之捷，犹不能屈伸其指。何则？服习积贯之所致。(《淮南子·修务训》)

参考译文：那些盲人，眼睛不能区别白天黑夜，不能辨别白色黑色，但是（盲乐师）弹琴拨弦，（有时）并弦双弹，（有时）上下移手，（有时）一张一弛，（有时）抹拂挥拨，动作飞快，指法纯熟，不会弹错一弦。如果换上从未弹奏过琴瑟的人，即使有离朱那样的好眼力，有攫掇那样的灵敏双手，面对琴瑟也不知怎样摆弄手指。这是为什么呢？这是因为长期的练习使音乐师熟能生巧的结果。

是故生木之长，莫见其益，有时而修；砥砺靡坚，莫见其损，有时而薄。(《淮南子·修务训》)

参考译文：这就像树木的生长，（每天）是没有看见它增高长大的，但时间一长就会发现它长高变粗了。磨石能磨砺坚硬的金属物，没有看见它自身的磨损，但时间一长则发现磨石变薄了。

> 君子修美,虽未有利,福将在后至。故《诗》云:"日就月将,学有缉熙于光明。"此之谓也。(《淮南子·修务训》)
>
> **参考译文**:君子修养美德和才干,虽然眼前不能一时收益见效,但时间一长,幸福必将会到来。所以《诗》就这么说:"天天奋进,月月奉行,日积月累地勤奋学习,一直通向光明之境。"说的就是这种情况。

5. 教和习与环境和条件息息相关

> 今使人生于辟陋之国,长于穷檐漏室之下,长无兄弟,少无父母,目未尝见礼节,耳未尝闻先古,独守专室而不出门,使其性虽不愚,然其知者必寡矣。(《淮南子·修务训》)
>
> **参考译文**:现在如果让一个人生在偏僻落后的边远地区,又长在穷困破烂的人家,成长的过程没有与父母、兄弟相处,从没见过礼节,更没听过什么先贤古事,独自困守在破烂的小屋里足不出户,这样即使他天性并不愚笨,但他所知道的事情必然少得可怜。

两千多年前的淮南王就已经敏锐地意识到环境对教育的影响,以及环境对于一个人成长受教的重要影响。

三、扬雄

扬雄(前53—18),字子云,蜀郡成都人。西汉著名的文学家和思想家,是"汉赋四大家"之一。少时勤奋好学,因口吃而不善言谈,但精于思考,博览群书,擅于辞赋。40多岁的时候,游历京师,以文见召,奏《甘泉》《河东》等赋。后经人引荐,被喜爱辞赋的成帝召入宫廷,任给事黄门郎。王莽称帝后,他在天禄阁校书。扬雄一生虽历官汉成帝、汉哀帝、汉平帝及新朝王莽四帝,但官职一直很低微。

扬雄文采斐然,知识渊博,是一代"大儒",受到王充、韩愈、司马光等人的赞誉。刘禹锡的《陋室铭》中"西蜀子云亭"的"西蜀子云"即扬雄。扬雄一生悉心著述,除了不少辞赋之外,又作《法言》和《太玄》,论述社会、政治、哲学等方面的思想,在思想史上有一定价值,还著有语言学著作《训纂》《方言》等。

(一)扬雄的教育思想概说

扬雄的教育思想,主要集于其著作《法言》中。

受到儒家教育的影响,扬雄的一些教育思想与孔孟有相似之处,但也有不少独到的见解。例如:扬雄在阐述教育的作用时,是以人性论为基础的,但是与其他儒家学者的"性善""性恶"说不同的是,他继承战国时期"有性善,有性不善"的学说,认为人生来有善有恶,但是人性的形成更多的是后天教育的结果。

扬雄特别强调学习知识的重要性,认为在学习的过程中,人们应该博学多识、熟读精思,通过"思"来达到"智"。"智"是扬雄所追求的终极目标。扬雄认为教师对于人们获取知识起着至关重要的作用,教师是"人之模范"(见《法言·学行》),因此教师更应该全面地掌握知识,做到"知大知也"(见《法言·问明》)。他总结的一些教育理论和经验,至今仍然具有现实价值,值得后世研究和参考。

（二）扬雄的教育思想言论

1. 论学习

（1）学习的必要性。

夫人而不学，虽无忧，如禽何？（《法言·学行》）

参考译文：作为人而不学习，虽然没有什么忧患，（但）与禽兽何异呢？

学行之，上也；言之，次也；教人，又其次也。（《法言·学行》）

参考译文：学习了知识并且去实践它，这是首要的；著书立说来宣传自己的学说，这是次要的；将知识传授给他人，这是再次要的。

（2）学习的目的。

扬雄认为，对国家而言，学习能使国家强盛；对个人而言，学习的目的是修身养性。

学者，所以修性也。视、听、言、貌、思，性所有也。学则正，否则邪。（《法言·学行》）

参考译文：学习圣人之道就是为了端正人性。看、听、说话、容貌、思想都是受人的本性所支配的。学习了圣人之道，行为就会端正，否则就会产生邪恶。

学者，所以求为君子也。（《法言·学行》）

参考译文：学习之人的目的就是要成为君子。

或问：人何尚？曰：尚智。（《法言·学行》）

参考译文：有人问："人们应尊崇什么呢？"回答："应该崇尚智慧。"

（3）学习过程中思考的重要性。

学以治之，思以精之，朋友以磨之，名誉以崇之，不倦以终之，可谓好学也已矣。(《法言·学行》)

参考译文：依靠学习来提高修养，通过思考而精益求精，和朋友们商讨以互相砥砺，用美好的名声来赞扬鼓励，靠孜孜不倦的努力坚持到底，这样就可以说是好学了。

2. 论教师

（1）教师在知识传递方面的重要作用。

师哉，师哉，桐子①之命也！务学不如务求师。师者，人之模范。（《法言·学行》）

注释：①桐：通"童"，桐子，即童子，指未成年无知识的人。

参考译文：老师是决定青少年命运的人，与其努力学习不如努力寻求一个好老师。老师是人们的模范。

（2）对教师的要求。

扬雄认为：为师者，思想需兼有高度和深度，眼界要开阔，知识要全面。

师之贵也，知①大知②也。(《法言·问明》)

注释：①"知"作动词，知道的意思。②"知"作名词，道理和学问的意思。
参考译文：好的老师就在于他能够了解圣人之道、掌握全面的知识。

3. 论教育内容

通天、地、人曰儒，通天、地而不通人，曰伎。(《法言·君子》)

参考译文：只有既懂得自然界、又懂得人类社会的人才能称为儒者；只懂得自然界而不懂得人类社会的人，只能叫作有技艺的人。

或曰："庄周有取乎？"曰："少欲。""邹衍有取乎？"曰："自持。"(《法言·问道》)

参考译文：有人问："庄周学说有什么可取之处吗？"回答："少贪欲。""邹衍有什么可取之处吗？"回答说："小心谨慎，不乱来。"

四、王充

王充（约27—97），字仲任，会稽上虞人。东汉时期杰出的思想家和教育家。他的祖先从魏郡元城迁徙到会稽，王充是元城王氏之后。元城王氏在西汉时期极为风光，后因王莽政权的没落，地位一落千丈，逐渐走向衰落。王充出生时，家境愈见拮据。他8岁入书馆，学业优良，10岁左右父亲去世，成了孤儿。后来到京城，在太学（中央最高学府）里学习，拜扶风人班彪为师，广泛结交朋友，好博览群书。

王充的一生尊崇儒道，但仕路不亨，只做过几任郡、县小吏，且因他不趋炎附势而屡遭排挤，后索性辞官回家，著书教学。王充的一生，主要是学习、传道授业和著述。生平著有《讥俗》《政务》《养性》《论衡》，其中前三本著作现已失传，故其思想集中体现在《论衡》一书中。《论衡》共84篇，外加1篇自纪。此书是一部杰出的无神论著作，对当时社会的许多学术问题，特别是对社会的弊病进行了针砭，充分体现了王充独立思考和敢于批判的精神。

（一）王充的教育思想概说

王充主要的教育思想见诸《论衡》。他认为人性生来便有善有恶。无善无恶或善恶混杂的人是"中人"，生来就善的人是"上智"，生来就恶的人是"下愚"，而绝大多数人属于"中人"。"中人"和"下愚"都可以通过教育转向"善"，因此王充特别强调后天教育对人的发展的重要作用。他认为对于国家而言，通过教育培养政治人才和学术人才是治理国家的关键之一。

同时，王充将当时的各类人才进行了划分，提出教育的目的是培养人才中的鸿儒和文人，并首次明确提出了教育应培养创造性人才的教育目标。王充十分重视知识的价值，明确提出"人有知学，则有力矣"（见《论衡·效力篇》）。这一知识观，认为知识对于改造社会有重要意义。人应该广泛学习书本上的历史文化知识来提升自己的能力，包括诸子百家学说，同时也要广泛汲取他人的经验，而且人们在学习上应该做到三点：闻见、求是和距师。

东汉时期儒家思想占主流，社会上盛行"谶纬"迷信学说，对儒家经典盲目地崇拜，将孔子推崇到了至高无上的地位，王充对此进行了驳斥，认为不应过分迷信古代的不良风气，人只有通过自己的学习才能明辨事理。

王充的教育思想蕴含着严谨的学术精神和强烈的批判精神，在一定程度上冲击了当时社会上的"谶纬之风"，起到了思想解放的作用。

（二）王充的教育思想言论

1. 关于教育的作用

（1）教育对治理国家、改造社会的作用。

治国之道，所养有二：一曰养德，二曰养力。养德者，养名高之人，以示能敬贤；养力者，养气力之士，以明能用兵。此所谓文武张设，德力具足者也。（《论衡·非韩篇》）

参考译文：治理国家的办法，所积蓄的东西有两个：一是培养德操，二是培植武力。培养德操，（即）供养名望极高的人，以表示能敬重贤人；培植武力，即供养力大的人，以表明能用兵打仗。这就是说文武都采用，德操武力都具备。

（2）教育对人性向善的重大作用。

论人之性，定有善有恶。其善者，固自善矣；其恶者，故可教告率勉，使之为善。凡人君父，审观臣子之性，善则养育劝率，无令近恶；恶则辅保禁防，令渐于善。（《论衡·率性篇》）

参考译文：人的先天品性，一定有善恶之分。品德好的人，固然会使自己向善；品德不好之人，本来也能通过教育、劝告、引导和勉励使之为善的。凡是做君主和父亲的人，要仔细观察臣与子的品性，善的就好好养育勉励和引导，使他不靠近恶的；恶的则要辅导和约束他，令他逐渐转化向善。

凡含气血者，①教之所以异化也。三苗②之民，或贤或不肖，尧舜齐之，恩教加也。（《论衡·率性篇》）

注释：①含气血者：有血气、有生命的动物，这里指人。②三苗：传说是我国古代南方一个部族。

参考译文：对人进行教育，目的是为了使他们发生变化。三苗的百姓，有贤能的人，也有不肖之人，尧舜使他们在德行上趋于统一，是施恩加以教化的结果。

2. 论教育目的

王充将当时的知识分子分为五类，等级从低到高分别是文吏、儒生、通人、文人和鸿儒，并认为教育的目标就是培养文人和鸿儒。

通书千篇以上，万卷以下，弘畅雅闲，审定文读，而以教授为人师者，通人也。杼其义旨，损益其文句，而以上书奏记，或兴论立说，结连篇章者，文人、鸿儒也。（《论衡·超奇篇》）

参考译文：通读书千篇以上，万卷以下，读得熟练流畅，能分析确定章节和断句，并以教授做老师的是通人。能够发挥古书意思，灵活引用古书词句，能上书奏记，或提出见解和主张，串连成篇写成文章的，是文人、鸿儒。

文儒者，力多于儒生，如少都之言。文儒才能千万①人矣。(《论衡·效力篇》)

注释： ①千万：前文有"才能百万人"之句，此处疑为"百万"字之误。

参考译文： 鸿儒，能力比儒生强，正像少都说的，鸿儒的才能能够超过百万人。

3. 论教育的内容

王充认为，学生应广泛地汲取知识，多读书，诸子百家之言皆可是学习的内容。

通人积文十箧以上，圣人之言，贤者之语，上自黄帝，下至秦、汉治国肥家①之术，刺世讥俗之言，备矣。使人通明博见，其为可荣，非徒缣布丝帛也。(《论衡·别通篇》)

注释： ①肥家：《礼记·礼运》上说："父子笃，兄弟睦，夫妇和，家之肥也。"故可知，肥家即讲究礼义之家。

参考译文： 通人积累的书有十箱以上，书上圣贤者的话语，上自黄帝，下至秦、汉，治国治家的方法，刺讥世上庸俗的言论，全都具备。假使一个人通达事理，见识广博，那么他能够引以为荣耀的，就不仅仅是缣、布、丝、帛这一类的财物了。

不能博五经，又不能博众事，守信一学，不好广观，无温故知新之明，而有守愚不览之暗，其谓一经是者，其宜也。开户内日之光，日光不能照幽，凿窗启牖，以助户明也。夫一经之说，犹日明也；助以传书，犹窗牖也。百家之言，令人晓明，非徒窗牖之开，日光之照也。(《论衡·别通篇》)

参考译文： 不通晓五经且又不懂得民众的事，只墨守和相信一家学派，不喜欢广泛阅读，没有复习旧知识以获得新体会的聪明，而具有保守愚蠢不博览的愚昧，这样的人认为只解说一种经书就够了，那是理所当然的。开门让阳光进屋，阳光不能照到阴暗的地方，就开个窗户，以便帮助使屋子更明亮。对一种经书的解说，就像太阳从门照亮屋子一样；用传书来帮助学习，就像有了窗户一样。各家的学说，能使人通晓道义明白事理，不只是开个窗，让阳光照进屋可比。

4. 论知识的价值

人有知学，则有力矣。(《论衡·效力篇》)

参考译文： 人有了知识学问就有力量。

骨曰切，象曰瑳，玉曰琢，石曰磨，切瑳琢磨，乃成宝器。人之学问知能成就，犹骨象玉石切瑳琢磨也。(《论衡·量知篇》)

参考译文： 制骨器要切，做象牙器要瑳，造玉器要琢，做石器要磨，经过切瑳琢磨加工，才能成为珍贵的器物。人的学问知识才能的形成，就像骨器、象牙器、玉器、石器要经过切、瑳、琢、磨加工才能成就一样。

5. 论学习

（1）学习的重要性。

人才有高下，知物由学。学之乃知，不问不识。(《论衡·实知篇》)

参考译文：人的才智有高低之分，认识事物要通过学习。通过学习才能知道，不请教别人就不能认识事物。

天地之性，人为贵①，贵其识知也。今闭暗脂塞，无所好欲，与三百保虫何以异，而②谓之为长而贵之乎？(《论衡·别通篇》)

注释：①天地之性，人为贵：见《孝经·圣治章》。②而：通"能"。

参考译文：天地间有生命的东西，人最为宝贵，宝贵在人懂得求知。如今愚昧无知，对学习没有一点爱好和要求的人，跟三百六十种没有羽毛鳞甲的动物有什么区别呢？能说他们是无羽毛鳞甲动物的首领而尊贵他们吗？

（2）学习过程中应多思索、多积累经验。

圣贤不能知性，须任耳目以定情实。其任耳目也，可知之事，思之辄决；不可知之事，待问乃解。天下之事，世间之物，可思而知，愚夫能开精；不可思而知，上圣不能省。(《论衡·实知篇》)

参考译文：实际上，圣贤不能天生洞悉一切，必须依靠耳听、眼看来确定事情的真相。他们使用耳目，可以知道的事，经过思考就可以理解；不能知道的事，要等到请教了别人才能理解。天下的事情，世间的万物，可以通过思考而知道，再愚蠢的人也能明白；通过思考不能知道，即使是上圣也不能明白。

（3）学习应当敢于追问、敢于质疑。

圣人之言，不能尽解；说道陈义，不能辄形。不能辄形，宜问以发之；不能尽解，宜难以极之。(《论衡·问孔篇》)

参考译文：圣人的话，不能完全理解；陈述的道理，不能立即领会透彻。不能立即领会透彻，就应该追问下去搞清楚；不能完全理解，就应该提出疑问来彻底弄通它。

凡学问之法，不为无才，难于距①师，核道实义，证定是非也。(《论衡·问孔篇》)

注释：①"距"：通"拒"，反驳。

参考译文：凡做学问的方法，不在于有无才能，而难在敢于反问老师以核实道理，确定是非。

第三节 小　　结

秦汉处于中国封建社会的转型时期，这一时期的教育思想几乎具备了封建社会教育的所有特征，其文教政策、学校制度和选士制度皆在语文教育史上占有重要位置。秦朝打击私学，实行文化专制，造成学术思想的凋零。而汉朝在积极推行官学与私学并行的制度下，形成了"重师法、重依据"的学风，并初步建立了语文教育的课程体系，从识字写字到阅读教学，进而到写作教学，为日后的语文教育奠定了基础。

在注重通经诵文的学风下，汉代教育家形成了很多有价值的语文教育思想。董仲舒的教育思想与其"天人合一"的哲学思想密切相关，体现为教育是治国的根本，教育能使社会稳定，教育能使人性向善，教育能培养统治人才以及"圣化""强勉""专一"等教学原则与方法上。淮南王在《淮南子》中反复强调教育和学习的重要性并提倡教育要循民之本性，循自然之理，赋予了教育"无为"的积极意义。王充特别强调后天教育对人的发展的重要意义，对当时的人才进行了划分，首次明确提出了教育应该培养创造性人才的教育目标。而扬雄则强调学习知识的重要性，他提倡在学习的过程中，人们应该博学多识、熟读精思，通过"思"来达到"智"。扬雄认为教师是"人之模范"，因此教师更应该全面地掌握知识，做到"知大知也"。

思 考

1. 你怎么看待汉代语文教育对后世的贡献？
2. 你对秦汉哪一位教育思想家的教育言论最感兴趣？为什么？

本章参考文献

[1] 赖炎元. 春秋繁露今注今译 [M]. 台湾：台湾商务印书馆，1984.

[2] 董仲舒. 春秋繁露·天人三策 [M]. 长沙：岳麓书社，1997.

[3] 魏文华. 董仲舒传 [M]. 北京：新华出版社，2003.

[4] 张传燧. 中国教育史 [M]. 北京：高等教育出版社，2010.

[5] 毛礼锐，沈灌群. 中国教育通史（第二卷）[M]. 济南：山东教育出版社，1986.

[6] 陈广忠. 刘安评传：集道家之大成 [M]. 南宁：广西教育出版社，1996.

[7] 冯克诚. 西汉刘安儒道教育思想与《淮南子》选读（第一辑）（第十六卷）[M]. 北京：中国环境科学出版社，北京：学苑音像出版社，2006.

[8] 刘康德. 淮南子直解 [M]. 上海：复旦大学出版社，2001.

[9] 刘文典. 淮南鸿烈集解 [M]. 上海：商务印书馆，1931.

[10] 北京大学历史系《论衡》注释小组. 论衡注释 [M]. 北京：中华书局，1979.

[11] 谭佛佑. 论扬雄的教育思想 [J]. 贵州教育学院学报，1987（4）.

[12] 邵毅平. 论衡研究 [M]. 上海：复旦大学出版社，2009.

[13] 陈婷. 王充教育思想研究 [D]. 华中师范大学硕士学位论文，2009.

[14] 高时良. 王充的教育思想 [J]. 福建师范学院院报，1957（2）.

[15] 竺扬雄. 王充的教育思想 [J]. 宁波师范学院学报，1991，13（1）.

[16] 魏平. 王充教育思想浅析 [J]. 中华文化，1997（5）.

[17] 扬雄. 法言注 [M]. 韩敬，注. 北京：中华书局，1992.

[18] 汪荣宝. 法言义疏 [M]. 北京：中华书局，1987.

[19] 郭君铭. 扬雄《法言》思想研究 [M]. 成都：巴蜀书社，2006.

[20] 张培高，张爱萍. 扬雄教育思想发微 [J]. 西安石油大学学报，2012（4）.

第三章 魏晋南北朝语文教育

导读

魏晋南北朝时期，诸多动荡使得语文教育发展之路颇为曲折，虽有统治者重视，却因战争屡发而兴废无常，但此时的教育格局也因这特殊的形势产生新的特点，从官学到私学，从教育内容到教育方法，从选仕制度到学风变化，魏晋南北朝的语文教育都在原来的基础上表现出新的发展特点。整体而言，它不同于大一统的汉唐宋明，但也绝非完全式微。

第一节 魏晋南北朝语文教育概况

魏晋南北朝的语文教育，是被评为"若有若无，时兴时废"的教育，但此时也是教育制度走向多样化的时期，多种类型的官方学校萌芽、形成雏形，勃兴的私学成为学术文化繁衍之地，多元的教育内容体现着新兴学科的发展趋向，儒玄道杂糅的教育思潮适应着时代的变迁。总体而言，魏晋南北朝的教育在基本承袭秦汉教育衣钵的基础上，形成了自己的新特色，对随后的隋唐语文教育产生了重要影响，魏晋南北朝也因此成为中国教育史上一个承前启后的重要时期。

一、政治与教育制度

魏晋南北朝是我国历史上动乱分裂的时期，这一时期，包括三国、两晋、南北朝，前后持续约400年。220年，曹丕建立魏国政权，孙权、刘备亦相继建国，三国鼎立局面形成。265年，司马炎开创西晋政权，先后灭蜀吴。但中原统一局势仅维持了不到40年。290年晋惠帝继位，尔后"八王之乱"爆发，统治阶级内部同室操戈持续16年之久。316年，晋愍帝被掳，西晋灭亡。翌年，司马睿于建康建立政权，偏安江东一隅，史称东晋王朝。而此时，北方也正在经历五胡十六国动乱。北方曾于北魏时期统一了百余年，历经北魏、东西魏、北齐、北周，南方也屡换朝代，先后有宋、齐、梁、陈四朝，政权频繁更迭。最终，隋先灭北周（581年），后灭陈（589年），结束了三国至南北朝历时369年的混乱格局。

（一）政治格局与教育发展

1. 政治动荡与教育兴废

教育的兴盛离不开和平稳定的发展环境。可以说，魏晋南北朝大部分时期处于政治混乱、战火连天之中，社会生产事业荒废不兴，教育事业由此遭到一定程度的破坏。总体而言，魏晋南北朝的教育发展状况与政局情况紧密联系，和平统一时期则官学教育兴，混战动乱时期则官学教育衰。三国魏文帝黄初时曾在洛阳设太学，学生虽多，但教育有名无实。据史料记载，当时朝堂公卿以下400余人，能操笔者不足10人，学生多为避役而来；西晋初年出现短暂统一局面，设有太学还有国子学，教育形势较好；南朝政权更替频繁，官学风雨飘摇；北朝中北魏因国家统一，官学建设较好。但与魏晋南北朝官学总体的艰难处境相反，这一阶段的私学发展劲头颇大。

2. 等级分化与教育等级性质

魏晋南北朝时期门阀政治特点突出，门阀制度成为当时政治统治的根基，这种政治、经济上的等级特权观念也影响到了教育领域。

一方面，魏晋南北朝的一批优秀政治家、军事家、文学家、书法家等都出自于上流社会家族，这是因为门阀士族的子弟有更优越的生活环境、受教育条件，无论是接受官学还是私学教育，相较于庶族子弟都有较大的资源优势。

另一方面，出现国子学、宗学和四门小学、九品中正制等等级性明显的产物。西晋在太学之外另立国子学作为专门培养士族子弟的高等学府，这将在下文详细论述。北魏孝文帝时期出现面向皇室子弟的宗学和面向庶族的四门小学。魏延康元年开始设立的九品中正制加强了教育的等级化色彩。

3. 社会不安与教育风气

魏晋南北朝时期社会面貌大变，教育风气也随之变化。人民饱受战争荼毒，民族精神呈低迷状态，消极的人生观盛行，老庄、佛教思想大行，与传统儒学相互抗衡、相互融合。因而教育也受之影响，教育内容不再单单局限于经学教育，佛道教育也融入其中。

（二）九品中正制与人才选拔

魏晋南北朝士子求仕，除了继承两汉的辟召察举制外，另有创新，即"九品中正制"。魏延康元年，尚书陈群认为人才选拔制度有所不足，未能有效挖掘人才，始创"九品中正制"。每州每郡设置一名"中正"执掌选举之事，郡邑设小中正一人，州邑设大中正一人。中正最基本的职责是"定品"，依照"九品"评定品第，以此作为朝廷选官的依据。中正先按"身德才行"四个方面将自己所管区域的人才分为三等九品：上上、上中、上下、中上、中中、中下、下上、下中、下下，之后根据品第升降。其有言行修著，则升进之，或以五升四，以六升五；倘或道义亏阙，则降下之，或自五退六，自六退七矣。[1] 小中正所品评的人才上贡到大中正，大中正核实后送达中央司徒，司徒考核后交付尚书处选用。这样州郡主持品评，中央负责授官，二者权力分开行使，相互联系，相互制约。

九品中正制是官员选拔制度的革新之举，沿用于魏晋南北朝数百年，其积极意义不可抹杀。

其一，该制度比以前的选拔制度有所改进，除人才的分类标准更加规范化外，选拔程序也比察举制有所进步。东晋、南北朝时期通过举行考试来选拔人才，主要考孝廉科、儒家经书秀才科、策问等，这是对辟召察举制的革新，也无疑对科举制有所启发。

其二，九品中正制创立初期，品评人物的标准是家世、道德、才能，三者兼顾考虑，中正一般也比较认真负责，品评人物时注意人物的才能优劣及外界舆论的褒贬，选拔出了一批有才之士。

其三，九品中正制客观上也促进了私学的兴盛。九品中正制虽剥夺了寒门庶族入仕的机会，但也警戒世家大族必须加强子弟的教育，维护门第，提高家族地位，方能于权势垄断上拥有优势。

---

[1] 杜佑. 通典（卷十四）[M]. 北京：中华书局，1984：377.

九品中正制在初期实施时卓有成效，但日久则流弊日益显现。晋武帝时期尚书仆射刘毅如此评价九品中正制：夫九品有八损，而官才有三难，皆兴替之所由也。人物难知，一也。爱憎难防，二也。情伪难明，三也。今之中正定九品，高下任意，荣辱在手，操人主威福，夺天朝权势。爱恶随心，情伪由己，上品无寒门，下品无士族。公无考校之负，私无告诉之忌。损政之道一也……职名中正，实为奸府；事名九品，而有八损[1]。刘毅以八损三难概括九品中正制选拔过程中存在的弊端不无道理。

九品中正制在实施过程中也有其不足之处，主要体现在以下两方面：

一方面，中正权力膨胀，滥用私权，徇私舞弊，导致定品不公。中正势力日渐扩大，且缺乏有力的制约制度，以致有的中正在定品时徇私枉法，贪污受贿，弄虚作假，公报私仇。因而导致官员选拔制度日趋腐败，人才流失，对当时政治及社会风气造成不良影响。另一方面，品评人物授予官职重视家世轻视德才，成为门阀士族操控的工具。九品中正制实施初期，评定品第时家世仅作为参考标准之一，但后期品评标准发生变化，愈发注重出身门第，而罔顾道德才能，出现"上品无寒门，下品无士族"的现象也就不足为奇了，这也极大打击了普通百姓、庶族地主子弟的求学积极性。

二、学校与语文教育

（一）官学的变革

曹魏时期，学校教育仍主要承袭汉代。魏文帝明令建立太学，生有上千，但教育内容腐朽落后。西晋除设太学外，于晋武帝咸宁二年另设了国子学，盛极时学生多达7000人，这是我国古代教育史上设立国子学的始端，也是西晋教育的一大特点。太学与国子学在学历层次上并无大区别，但学生等级身份有别，正如《南齐书》中所提及，晋惠帝时期明确规定国子学者必须"官品第五以上"，"斯是晋世殊其士庶，异其贵贱耳。然贵贱士庶，皆须教成，故国学太学两存之也"[2]。国子学的设立保障了门阀士族的教育特权，可以说是教育等级化的外显，同时也丰富了官学教育制度，为当时培养了一批杰出人才。晋武帝当政时恰好处于社会安定、经济繁荣之时，西晋学校教育发展欣欣向荣。但好景不长，后来五胡入侵，晋怀帝、晋愍帝先后被掳，西晋灭亡，南北割据，学校教学秩序被打乱，学校随之废止。东晋时重建太学，兴博士制，但由于政治动荡，学校也同样兴废无常。

就在东晋偏安江左时期，北方及四川少数民族纷纷建立"十六国"政权。这些国家的官学多承袭旧制，也有不乏重视教育的统治者，但大多是重视中央官学，地方官学建设有所不足。"十六国"官学教育的恢复发展在提高各少数民族文化水平的同时也为后来北魏的教育发展奠定了基础。

接下来的南北朝时期是中国历史的大分裂时期。南朝除了南宋文帝和梁武帝时期官学教育较有成效外，其他时期办学并无多大成效。南宋文帝在京师设立四大学，包括研究佛老学说的"玄学"、研究历史的"史学"、研究辞章的"文学"、研究经术的"儒学"，四大学就各自专业招生教学，后史誉之"江左风俗，于斯为美"。四科教育并施既顺应社会发展的需要，也提高了教育的专业性。梁武帝于天监年间开设五馆，各馆置五经博士一

---

[1] 房玄龄，等. 晋书(卷四十五)[M]. 北京：中华书局，1974：1274.
[2] 萧子显. 南齐书(卷九)[M]. 北京：中华书局，1972：145.

人。馆内课程依旧是"五经""六艺","旧国子学生限以贵贱,帝欲招来后进,五馆生皆引寒门俊才,不限人数"[1]。馆内定期考核,通过者委以官职。由于五馆不限资格、不限人数,所以四方来求学者人数多时达至数百。统治者的提倡带动了学校教育发展,讲诵经学形成风气。但后期因梁武帝沉迷于佛教,无暇顾及学校教育,学校渐而衰落。

北朝自北魏统一北方(439年)到东西魏分裂(534年),有百年安定期,这为北朝的教育事业起步提供了良好的条件,教育出现繁荣景象。北魏开国者道武帝以经术为先,在都城建立太学,设置五经博士。西汉虽有郡国学校,但未建立制度,到了北魏献文帝则设立乡学,每郡设一所乡学,同时设置博士助教,由此确立了郡国学校制度。后孝文帝推崇汉族文化,迁都洛阳,通过推行汉语、改汉姓、易汉服、与汉族通婚等措施加速汉化,其尊儒崇经,兴办学校,对教育产生了一定的促进作用。孝文帝在首创专门面向皇族的皇宗学后,又于太和二十年(496年)仿古礼设置四门小学,立博士,授儒学。四门小学属于小学教育,旨在加强少数民族的基础教育,主要面向庶族。但自北魏东西分裂后,学校毁坏严重,教育发展之路再次受阻。此后北齐、北周的教育发展都极为艰难曲折,收效甚微。总体而言,北朝的教育比南朝发达,学校制度也更为完备。

魏晋南北朝的官学发展总体概括而言呈现两大新特点。[2]

第一,从两汉时期单一的太学发展为太学、国子学并存局面到皇宗学、四门小学的设立都显示出等级教育的特点,可见教育领域士庶阶级区别愈加明显。这也表明了中央官学逐步走向多元化,此为教育发展史上的新现象。

第二,开设专科学校培养专门人才,突破了两汉以来儒学独占天下的格局,改变了我国传统以经学为唯一课程的学校教育制度,同时也是后代分科教学的开端。专科教育始于魏晋,此后玄学、史学、文学、儒学、医学、佛学、道学等专科教育相继兴起,尤以南朝学校专科学校的建立最富有特色,无论是宋文帝设的四大学还是梁武帝立的五馆,都是专科教授制度的体现。

(二)私学的兴盛

魏晋南北朝时期中央及地方的官学衰微,而私学则日益兴盛。魏晋时期的私学一般有家族教育和私人授徒讲学两大类型。此时期的家族教育无论规模、形式还是内容发展都远超前代。一是家风即士族精神文化传统的培养,此时期有数量众多的家训、家诫流传至今,如嵇康的《家诫》、陶渊明的《命子》《责子》《与子俨等疏》、颜之推的《颜氏家训》等;二是家学内容丰富,门类众多,儒道佛、文学、书法、科技等,以家传如父子相传,以及设家馆即家塾的形式为主进行传承。私人授徒讲学,主要有大家开办学馆、山林讲学、寺院讲学等,其中以开办学馆最为普遍。

魏晋南北朝私学发达主要由以下几个原因造成。

其一,政局不安、官学衰微给予私学发展的空间。官学安定则兴,战乱则废,受重视则兴,不受重视则废。面对严峻的政治问题,统治者无暇顾及教育发展,加上朝代屡屡更替,教育政策难以延续,官学教育式微,已无法承担起文化传承的重任,这样一来便给了私学发展的机会。一些有志于传播文化的人如魏的管宁,蜀的向朗,吴的唐固,西晋的李密、范平等,南朝的沈麟之、吴苞,积极投身于私学教育,聚徒讲课。

---

[1] 魏征,等. 隋书[M]. 北京:中华书局,1973:724.
[2] 娄立志,广少奎. 中国教育史[M]. 济南:山东人民出版社,2008:93.

其二，思想界佛道儒融合的变化推动私学发展。自北魏正始年间开始，玄学之风刮起，佛道二教发展势头愈猛，与儒学相调和，思想界形成多元趋势，相较而言南朝受此影响比北朝的大。这为私学发展创造了宽松的氛围，同时丰富了教育内容，除经学外还有佛道玄文史等内容。一些人开始创办私学，传授各自的学说，如曹魏名儒曹洪创私学讲儒学，南朝的杜京产、何胤也曾聚徒分别教授老庄之学、佛家经典。[1]

其三，门阀士族门第观念的加强促进私学发展。门阀士族为维护家族利益，强调门第尊卑观念，他们不仅讲究等级制度，对于门风亦颇为重视，因此他们企图通过家学，代代相传，以此来树立门风，维持门第之尊。语文教育中的家学相传，有名的如曹操、曹丕、曹植三父子的文学，东晋王羲之与儿子献之、徽之、玄之、操之的书法，东晋陈郡谢氏家族谢安、谢道韫、谢灵运、谢朓、谢弘微、谢庄等的文学，北魏江式一家的文字学，南朝梁萧统一家的文学。家学是组成该时期私学的重要部分，也是该时期教育的一大特点。陈寅恪《隋唐制度渊源略论稿》中如此论述：公立学校之沦废，学术之中心移于家族，太学博士之传授变为家人父子之世业，所谓南北朝之家学者是也。[2] 其实不仅南北朝如此，魏晋时期亦如此。

魏晋南北朝的私学教育在中国古代私学教育发展进程中起着不可低估的作用，积极促进了教育文化的发展。

1. 弥补官学的不足，培养人才

官学的命运与政治息息相关，在官学兴短废久的时代里，其教育功能不可避免地会遭到破坏，如南朝169年间三次易代，官学每逢战乱即停废，难以形成连续、系统的教育体系。此时私学便与之相互补，相对而言私学办学形式灵活，教育连续性较强，尤其是家学，世代相传，私学的发达有利于教育的持续发展与文化传承。[3]

2. 促进魏晋南北朝学术文化的多向发展

这时期的私学有了多方向发展的趋势，涉及面甚广，虽然传统经学仍占有重要地位，但经学学习不再拘泥于章句而追求见解，同时还有道学、佛学、玄学、文学、史学、书学（即书法）、医学、卜筮学、天文、历算等学习内容，私学教授项目之多样，为两汉所不及。究其原因，是两汉时期，私学以儒经为讲授之本，而到了魏晋南北朝时期，"九品中正制"截断了庶族求官进阶的道路，儒学也因佛道等学说的冲击地位下降，因而读书人不再唯儒经是求，而是广泛涉猎各领域，这促进了该时期学术文化的多向发展。

3. 改进教育方法、理念和教育内容

私学在发展中积累了不少优秀的教育方法，如注重读诵和钻研；先博后专，要求学生先广博学习而后专精一二门学问等。其优秀的教育方法和理念为今天教育的发展提供了宝贵经验。[4] 此外，私学教育内容也愈发多样化，广泛涉足新学科，把秦汉以来不为人所重视的"艺"融入私学教育内容中，包括数学、天文、医术、机械、律学等。

4. 改善社会风气

私学家们以传道授业为己任，不慕名利，私学学生千里寻良师，求学若渴。如十六国

---

[1] 史仲文,胡晓林. 中国全史(第三十八卷)[M]. 北京：人民出版社，1994：116 – 136.
[2] 陈寅恪. 隋唐制度渊源略论稿[M]. 北京：中华书局，1963：19.
[3] 陈英. 魏晋南北朝私学的历史地位[J]. 甘肃教育学院学报：社会科学版，1999，15（1）.
[4] 同上。

时期郭瑀隐于临松薤谷,凿石窟而居,服柏实以轻身,作《春秋墨说》《孝经错纬》,弟子著录千余人。[1] 此外也有不少学者四处求学于名师,刻苦钻研。如北朝刁冲出身豪门,在外随师,学习不舍昼夜,殆忘寒暑,学通诸经,后讲学时每年有数百人前来向他求学。

(三)语文教育内容及方法

1. 识字写字教学

识字写字是当时语文教育的重要内容。魏晋南北朝时期出现多种蒙学识字教材,据《隋书·经籍志》记载,除沿用史游的《急就篇》、东汉蔡邕的《劝学》外,还有自编的教材,如晋郎束晢撰《发蒙记》一卷,顾恺之撰《启蒙记》三卷,梁周兴嗣撰《千字文》一卷,后齐颜之推撰《训诂文字略》等,这些都是当时重要的蒙学读物。其中,三国时期多沿用汉代教材,尤其注重《论语》和《孝经》,晋代蒙学以《急就篇》为主。北朝的多半用《急就篇》《孝经》《论语》等传统儒家经典或私学学派的教材。至于南朝,最有影响的莫过于《千字文》,这本识字教材编成于梁武帝大同年间。

据《尚书故实》记载:梁武教诸王书。令殷铁石于大王书中拓一千字不重者,每字片纸,杂碎无序。武帝召兴嗣谓曰:"卿有才思,为我韵之。"兴嗣一夕编缀进上,鬓发皆白,而赏赐甚厚。右军孙智永禅师,自临八百本散与人间,江南诸寺各留一本。[2]

周兴嗣的《千字文》虽千字共250句,但基本无重复字,包含极为丰富的内容,句子整齐押韵,朗朗上口,便于儿童记诵。同时鲜有生僻之字,用典等也不至于艰深的程度,如开篇内容:

"天地玄黄,宇宙洪荒。日月盈昃,辰宿列张。寒来暑往,秋收冬藏。闰馀成岁,律吕调阳。云腾致雨,露结为霜。金生丽水,玉出昆冈。剑号巨阙,珠称夜光。果珍李柰,菜重芥姜……"

所以该文编成后,便广为流传,作为通俗识字教材长达1500年,不仅于国内汉族之间传播,还有满汉、蒙汉对照本,日本刻本,供国内少数民族及日本学习汉语。后世虽有好几十种续编或改编版本,如《续千字文》《重续千字文》《广易千字文》,但都无法如周编本那般,长久流传使用。

除了《千字文》等基本教材,还涌现了为数不少的识字教学工具书,如张揖的《古今字诂》《广雅》、吕忱的《字林》、李彤的《字指》、葛洪的《要用字苑》、殷仲堪的《常用字训》、江式的《古今文字》、顾野王的《玉篇》等。其中,《广雅》和《玉篇》影响最为深远。

在识字教学方法上,汉字的识字一般是先跟着老师认读识字课本,熟读成诵,培养学生认读能力。魏晋南北朝的识字教学,一方面沿用东汉以前的"六书法"或字形法,分析字形,帮助认字;另一方面将集中识字和分散识字结合,并用反切和四声规范字音。

与此同时,魏晋南北朝写字教学也有新的发展,这与该时期的书法艺术发展历程息息相关。此时期的书法上承秦篆汉隶,下开隋唐正楷,书体丰富,钟繇、王羲之、王献之等人的书体成为典型,楷书、行书、草书作为新型字体基本成型,至此书法成为一门独立的

---

[1] 房玄龄,等. 晋书(卷九十四) [M]. 北京:中华书局,1974:2454-2455.
[2] 张志公. 传统语文教育教材论——暨蒙学书目和书影 [M]. 北京:中华书局,2013:14.

艺术从自然走向自觉,也因此人们更加注重写字练习。练习写字是儿童初步学习书法的起点,一般请书法好的人先写范本,后由儿童临摹。于是,写字教学中也融入了书法教育。书写工具也不断改进,纸张得到普遍使用,逐渐取代了竹木简。

2. 阅读与写作教学

在内容上,此时期的阅读教学无论官学还是私学始终以儒家经典为主,但也有《老子》《庄子》等玄学书籍,还有一些诗赋小说等文学类书籍。而谈到语文阅读教材,不得不提及的是南朝梁萧统编选的《昭明文选》,可以说该书是我国现存最早的语文阅读课本。昭明太子萧统(501—531),字德施,梁武帝的长子,梁代文学家。他于天监元年十一月被立为太子,未及继位即去世,死后谥号"昭明",故后人称"昭明太子",其所编《文选》被命名为《昭明文选》。萧统所编所著有《文集》十二卷,《正序》十卷,五言诗集《英华集》二十卷,《文选》三十卷,今唯《文选》流传。

《文选》收集了自先秦到梁,除无名氏外共129位作家的诗、文、辞、赋,细分为38类文体,共七百余篇。《昭明文选》是现存最早的诗文总集,自萧统以"选"命名总集起,此后便有文选、诗选、词选等。这部文选在编选标准、选材范围、编排次序、注释等方面作了有益探索,为后代语文教材编选提供了一个良好的范本。

《文选》的编选标准之一是要求"事出于沉思,义归乎翰藻",写作经过深思熟虑,立意通过优美的辞藻表现,也就是选文注重思想内容与表达形式的统一,文质兼美。但事实上萧统更偏重于文辞华丽、声韵和谐的文学作品,因而更多收录了骈文。标准之二是详近略远,周代作家选4人,西汉选18人,晋代有45人,不收在世作家作品。

选材范围上,主要收录诗文辞赋,除少数赞、论、序、叙被纳入文学作品范围内,凡"姬公之籍,孔父之书""老庄之作,管孟之流""谋夫之话,辩士之端""记事之史,系年之书",即后来习称为经、史、子的著作一律不收录(《文选序》)。萧统区分了文学和非文学,以"能文为本",对文学的发展有一定促进作用。

《文选》自编成后便成为重要的文学教材,甚至出现专门研究文选的"文选学"。萧统的文选只选编到梁初,于是后人接力编了《续文选》《广文选》《文选补遗》等,除此类书外,几乎各朝代都有文章选本,体例编排等颇受《文选》影响。但同时该书也存在分类过于繁杂等弊端,且对选文未作评析,对应用于教学存有不便之处[1]。

魏晋南北朝的语文阅读教学不仅在教材上有所突破,在教法学法上也形成了一些有效的方法。

教法上,由于当时盛行文人集会,互为诘难、辩论与讲学结合形成一种开放式教学模式。师生之间相互诘难、相互辩论,在此过程中充分调动学生学习的主动性,在问答与启发中引导学生。此外,私学大师徐遵明的讲经方法也颇有建树。徐遵明"每临讲坐,必持经执疏,然后敷陈,其学徒至今浸以成俗"[2]。他先让学生学习全文大意,继而以注疏为引导,使学生逐词逐句逐段理解,再引申文义,详加论述。这种教学方法后来广泛传播,成为一种教学模式。

学法上,学生形成了自己的学习方法。第一,手抄口诵。魏晋南北朝时期继承了西汉

---

[1] 张隆华,曾仲珊. 中国古代语文教育史[M]. 2版. 成都:四川教育出版社,2000:166-170.
[2] 魏收. 魏书[M]. 北京:中华书局,1995:1139.

以来重视背诵的传统，流行"手抄口诵"的读书方法，边读边诵，边读便抄。其中学者王筠的学习方法颇值得后人借鉴。他的方法要点一是读书写疏记，利于过后重读省览，加深理解；二是注重背诵，"幼年读'五经'，皆七八十遍。爱《左氏春秋》，吟讽常为口实"；三是亲自抄书，以备遗忘。[1] 这种写读书笔记，重视背诵和抄书备忘的学习方法至今仍有所流传，具有一定的借鉴价值。第二，学无常师。魏晋南北朝的读书人常外出求学，择师以才学为准。如徐遵明曾师从王聪、张吾贵、孙买德、唐迁等，后不出院门六年，读《孝经》《论语》《毛诗》《尚书》《三礼》等，终成名儒。[2] 又如李谧初求学于孔璠，数年后学业精通，孔璠反过来向李谧请教。同门生赞赏道："青成蓝，蓝谢青，师何常，在明经。"[3] 这表明魏晋南北朝时期已逐渐冲破汉代重师法家法的旧框架。

魏晋南北朝时期文学创作风气盛行，人才辈出。上文提及的宋文帝专门开设四个学馆，其中文学馆即专门从事文章研究与教学之地，可见当时写作教学所得到的重视程度。当然，写作教学蓬勃发展也离不开当时文学创作理论研究的突飞猛进。学者们多方研究写作规律，总结诗歌文章写作的经验，品评诗歌文章的水平高低。钟嵘的《诗品》对汉魏以来五言古体诗进行了总结，曹丕的《典论·论文》、陆机的《文赋》和刘勰的《文心雕龙》对文学创作及作品批评等进行了深刻探讨，这些著述都为后世写诗作文提供了重要的指导作用。至于写作教材，《昭明文选》不仅是优秀的语文阅读教材，也是经典的写作指导教材，成为后世诗文写作的范本。此外还有西晋挚虞的《文章流别集》和《文章流别志论》，前者是各种作品的选集，后者是对各种文体和作家进行评论的专著，可惜二书现都亡佚，唯留《志论》残文十余篇，清严可均编的《全晋文》卷七七中有辑其佚本。

写作能力培养方面，在儿童接触写作初期，多作韵文。一般先写诗，此外还有赋赞等一类的韵文。同时应用文使用范围广，亦不可忽略其写作，主要包括公文和一般通俗应用文。

这时期的写作训练有以下几种形式：一是拟作。模仿别人的文章训练写作，在魏晋时期尤为盛行。二是自拟题目或师长命题作文。三是自作或代长辈写应用文。四是跟随长辈参加写作活动。[4]

三、学风与贡献

（一）玄风来袭与语文教育

儒学自西汉董仲舒提出"罢黜百家，独尊儒术"后，便占据着正统思想的地位，使得封建社会在社会制度、思想道德、民俗习惯方面都有一套规范准则可依。但自东汉末年起，战乱不断，大一统的国家政治格局被打破，儒学亦随之遭受质疑。到了魏晋，战火下生灵涂炭，此时老庄学说便兴起为一大思想潮流。玄学正是由当时研究《老子》《庄子》和《周易》这"三玄"而得名。

随之，玄学的清谈学风于魏正始年间兴起，后世称为"正始之音"。清谈承袭自汉代清议，双方反复辩论学术问题，主要是针对玄学问题，后又增加佛家内容，主要有一人主

---

[1] 姚思廉. 梁书 [M]. 北京：中华书局，1973：484.
[2] 魏收. 魏书 [M]. 北京：中华书局，1995：1139.
[3] 同上书，第1185页.
[4] 张隆华，曾仲珊. 中国古代语文教育史 [M]. 2版. 成都：四川教育出版社，2000：173-175.

讲式、二人辩论式、多人讨论式。何晏、王弼为当时的创始代表，何晏著有《道德论》，王弼著有《周易注》及《老子注》，二人倡导"贵无论""天地万物皆以无为本"。后又有西晋"竹林七贤"嵇康、阮籍、刘伶等，东晋周弘正、张讥等，他们取佛家、道家的思想，追求个性解放，反对圣贤，大胆抨击礼教，形成一种放纵的士风。刘宋时期玄学馆设立，与儒学、史学、文学并立，可见其已得到统治者和社会广泛认可。

这种玄学思想缘何诞生于此时呢？主要原因有以下三点。

一是当时的社会历经转变，政局不稳，外有夷敌入侵，内有政权纷争，人民于水深火热中饱受煎熬，战争不仅使百姓颠沛流离，生活秩序遭到破坏，也使其内心遭到极大伤害，容易产生消极的人生态度。因此，玄学崇尚"越名教而任自然"的思想契合了当时人们的精神态度。

二是魏晋时期，政权为门阀士族所垄断，无论是东汉末年选士所用的辟召察举制度还是魏晋开创的九品中正制，都逐渐为世家大族贵胄子弟直接进入仕途所利用，寒门儒生难以再通过学儒学后考试以获得入仕资格。经学衰落，为玄学文化生长提供了契机。

三是魏晋时期的士人或对现实失望，或不愿意卷入政治斗争中，开始对政治等避而不谈，转而研究玄虚的老庄思想。顾亭林在《日知录》中描述道："魏明帝殂，少帝即位，改元正始，凡九年。其十年则太傅司马懿杀大将军曹爽，而魏之大权移矣。三国鼎立，至此垂三十年，一时名士风流盛于洛下，乃其弃经典而尚老、庄，蔑礼法而崇放达，视其主之颠危若路人然，即此诸贤为之倡也。自此以后，竞相祖述。"[1]可见士人所谈话题由具体事实转向抽象原理，由切近人事变为玄远理则。

刮起的玄学之风对语文教育的影响有以下方面。

1. 由重视习章句转向通意旨

讲读儒家经典时渗入老庄思想，儒道逐渐调和，讲经时由重视习章句转向通意旨。这种变化主要出现在南方。一方面，从事儒家教育的不少学者兼通儒玄，他们授课或有所侧重，或儒玄并举；另一方面，原本儒者讲经，受汉代考据之风的影响，往往重视每字每句的解释，注重说理，难免烦琐死板，有所拘泥。而到了魏晋南北朝时"言意之辩"成为清谈的一个重要辩论话题，以荀粲为代表的"言不尽意"论强调"言有尽而意无穷"，以王弼为代表的"得意忘言"论也认为象是为了存意，只要能得到意就不用拘守于用以存意的象，言是为了明象，只要得到象就不用拘守于用以明象的言。二者的理论都得到了不少人支持，直接推动经学支离烦琐学风的变迁，讲经更多聚焦于意旨理解，言简意赅，不再局限于字眼。[2]

2. 提高了社会对语言教育的重视度

玄学清谈是双方以讲究修辞和技巧的谈说辩论来辩论学术问题，要求参与者思维活跃、知识广博、语言技巧高超。语言是清谈的重要利器，可"辞约旨达"，可"辞条丰蔚，花灿映发"，这也相应地带动了社会对语言教育的重视。提供语言训练材料的书相机而生，例如有东晋裴荣记录汉魏迄两晋的知名人物精彩应对的故事，命名《语林》，以及南朝宋刘义庆根据《语林》等前人著述组织编纂的《世说新语》，主要记录了汉末到刘宋时名士贵族的趣闻轶事及清谈玄言。一些士族子弟也因其家庭教育更加重视语言技巧的训

---

[1] 陈垣. 日知录校注 [M]. 合肥：安徽大学出版社，2007：720-721.
[2] 张隆华，曾仲珊. 中国古代语文教育史 [M]. 2版. 成都：四川教育出版社，2000：188-194.

练,长期在清谈环境里受到耳濡目染的熏陶,具有较强的语言应对能力。[1]

3. 深刻影响官学教育制度

上文提及南朝宋文帝开设专门的玄学学馆传授玄学和道家学说,这在教育制度上有开创意义。泰始六年(470年)宋明帝始创集藏书、研究、教学功能于一体的综合性大学总明观,设五科(后其中的阴阳学一科取消),其中就包括玄学,继承了宋文帝的分科教授制度,但同时又有所改革,从文帝的四科单科性质的大学(学馆)发展成在综合性大学(总明观)里实施分科教授制。这种种变革,与玄学教育思潮脱不开联系,深刻影响了唐代增设专科的学校教育制度。

(二)佛学传播与语文教育

西汉末年,佛教开始传入我国,但发展较为缓慢,直至魏晋南北朝时期佛教发展逐渐加速,隋唐时期更是达到鼎盛。其在该时期总体发展趋向繁荣的原因与玄学的兴起原因颇有相似、相关之处,如社会动荡,政治黑暗,普通百姓与士族因对现实、对儒学不满而信仰佛教;统治者支持佛法,北朝除魏世祖太武帝和北周武帝时发生过禁佛事件,其余历代帝王倾向扶植佛教,南朝向佛氛围更为浓厚,宋齐梁陈各代君主都崇信佛教,一些君主大肆建寺造塔,如文成帝造山西云冈石窟,孝文帝建洛阳龙门石窟,更有甚者如梁武帝数次舍身佛门,陈文帝也常因幸佛寺而不理政事;而玄学的清谈注重析理的风气也促进了具有哲学内涵的佛理传播。因而,佛教广泛传播。统治者热衷佛教,西僧来华及僧侣西行取经人数渐增,并出现了不少高僧,如魏晋南北朝早期的著名僧侣鸠摩罗什及其得意弟子僧肇和竺道生、南方佛教首领及净土宗鼻祖慧远等,许多佛教宗派都于此时期建立,佛教译经规模也不断扩大,出现了专门的译场以供翻译佛教经典之用,佛教信仰者倍增。

这时期的佛学与儒道呈现逐渐融合的趋向。有佛学者用儒学、玄学来改造佛学,弘扬佛教,统治者也借用佛学来弥补儒学、玄学的不足,巩固政权,这一定程度上促进了三教合一,为佛学中国化奠定了基础。南朝魏晋时期许多人兼通儒玄佛之说,如三国东吴的牟子和康僧会在出家之前已精通儒道之学,一些僧侣在讲学过程中也兼采儒道学说来阐释佛家经典,如支道林援引周易、老庄来解佛理,借助玄学的表达方式宣讲《般若经》等佛经,深入浅出。

佛教传播不仅对当时的政治、思想产生作用,对语文教育的影响亦不可小觑。

1. 佛教寺院教育影响了后代的书院教育

佛教思想的传播也需要媒介,因而佛学者们建立了寺院教育体制,培养大量知识僧侣,不仅培养了一批佛学继承者,也为后代书院的建设提供了一个良好的参照。南朝流行禅林讲经,如释慧远在庐山聚徒讲经,后这种讲经形式为书院所继承。寺院教育中门户开放、自由讲经的风气促进了书院开放式教学之风的形成,同时寺院教育重视教学方法,讲究自学自悟、质疑问难法等,也在后来书院教育中得以应用。佛寺的清规戒律对于书院的教学制度也颇有影响,朱熹制定《白鹿洞书院揭示》这一南宋书院的学规模范,就是汲取了佛教寺院教育中制定规章制度的经验。

2. 佛教用语影响了汉语的词汇和四声系统

在古代汉语的外来词中,最多的来自佛教用语,刹那、般若、三昧、真谛、涅槃、伽

---

[1] 张隆华,曾仲珊. 中国古代语文教育史[M]. 2版. 成都:四川教育出版社,2000:188-194.

蓝、世界、不可思议、恍然大悟等,均是翻译佛经时所诞生的新词语。佛教传播和佛经翻译不仅扩充了汉语词汇量,丰富了汉语基本词和根词,也加速了汉语词汇的双音化。也有学者认为,沈约发明的平上去入的四声体系也是受到佛教影响,并为后世格律诗的创作打下了基础。

3. 佛教文化影响了当时的文学创作

魏晋的玄言诗、南北朝的山水诗,都不同程度受佛教影响,玄言诗由原本纯粹道家之理转而融汇佛家之言,一些玄言题材也改为山水题材。赋和小说也在佛教影响下扩大了内容题材的范围。谢灵运的《山居赋》在描写山水中融入佛理,李颙的《大乘赋》直接以佛教入题,铺叙大乘佛教。此外,《维摩经》《百喻经》等佛教故事推动了南北朝志怪小说的创作,干宝的《搜神记》就是其杰出代表。正如鲁迅在《中国小说史略·六朝之鬼神志怪书》中所说:中国本信巫,秦汉以来,神仙之说盛行,汉末又大畅巫风,而鬼道愈炽;会小乘佛教亦入中土,渐见流传。凡此,皆张皇鬼神,称道灵异,故自晋讫隋,特多鬼神志怪之书[1]。由此,佛教思想进入小说,甚至出现专门宣扬佛理的志怪小说,佛经中的许多故事也成为小说创作的素材,同时佛经故事叙事性强的特点被志怪小说借鉴应用。

(三)语文教育在继承与革新中发展

魏晋南北朝的语文教育具有承上启下作用,它一方面继承了秦汉教育的基本模式,另一方面又革故鼎新,在探索中迂回前行,对后世的语文教育具有一定的指引作用。可以说,没有魏晋南北朝的语文教育的奠基,则无隋唐语文教育的兴盛。

第一,从学校教育制度的演变来看,中央官学由单一的太学发展为国子学、太学双轨发展,地方官学由于少数民族统治者为了巩固自身统治、加速本民族汉化而得以受重视,正式确立了地方官学制度。

第二,从私学发展来看,魏晋南北朝的私学突破以往的旧传统,弥补了官学教育的不足,为社会提供了大量人才。私学为中华传统文化的传承做出巨大贡献,私学教育中所总结出来的许多教学方法及教学经验为后世教育所沿用,私学家们以传播文化为己任、私学学生不畏艰难寻良师的精神,亦为后世所敬仰。

第三,从教学内容来看,魏晋南北朝的教育冲破独尊儒术的囚笼,相继开创史学、文学、佛学、儒学、书学、律学等专科教育,这是我国专科教育之始端,多学科教育更加适应社会发展需求。

第四,在人才选拔制度上,此时期辟召察举制的继承、九品中正制的首创、科举制的萌芽,均在无形中成为该时期的语文教育风向标,也影响着我国后世人才选拔思想及教育思想的发展趋向。

第五,从民族融合角度来看,魏晋南北朝语文教育的发展有力促进了民族融合。少数民族入主中原后为了赢得民心、巩固政权,积极鼓励汉化,继而带动整个社会的汉化之风,也促进了民族文化的交融,教育的文化传播功能在此刻显现出极大的功用。

---

[1] 鲁迅. 中国小说史略[M]. 北京:人民文学出版社,1973:29.

第二节 魏晋南北朝语文教育思想

一、傅玄

傅玄（217—278），字休奕，北地郡泥阳县人，魏晋之际的文学家、思想家。傅玄堪称多产作家，除《傅子》外，傅玄今存诗赋文章共228篇（首），在文学方面有很高的造诣，并以平实拙朴为基本风貌，自成一家。《傅子》一书，体现了其教育思想。

（一）傅玄的教育思想概说

傅玄对许多教育问题有自己独到的见解，他认为教育具有塑造人性、培养贤才、化民成俗的功能，强调了教育的重要性。他认为教育是提高人内在修养的重要方式，内在修养比外在修饰更为重要。因为"心"是万理之统，"天下不正，修之国家；国家不正，修之朝廷；朝廷不正，修之左右；左右不正，修之身；身不正，修之心"。只有通过教育即"修心"，逐渐扩充人的内在道德修养，才能使主体具备内在的伦理自觉。而其语文教育理念是源于上述基本的教育理念，认为语文教育对塑造人性发挥着十分关键的作用。

其教学内容则以儒家经典为主，"三本""五常"是其核心学说。当然，人性的塑造是一种知识内化的过程，而不是简单地触及皮毛的诵经就能完成的，"论经礼者，谓之俗生，说法理者，名为俗吏"，不能打动人心的诵经活动不是真正的教育活动，因而无益于塑造人性。

同时，他认为教师应修炼个人素质，渊博的儒学知识和高尚的道德情操是一个教师必备的品质。学校和社会是教育的两种重要途径，均须发展。在当时的时代背景下，这些教育理念无疑极具创新及突破性，在西晋初年引起了相当大的反响。此外，傅玄的教育思想继承和发展了汉代以前的儒学教育理论，对隋唐时期的国家教育产生了一定影响，在中国教育思想史上具有承上启下的地位和作用。[1]

（二）傅玄的教育思想言论

1. 教育塑造人性

> 人之性如水焉，置之圆则圆，置之方则方。（《丛书集成·傅子》卷三）
>
> **参考译文**：人的本性就像水一样，将它放入圆形容器中它便是圆形，放在方形容器中，则是方形。

> 人皆知涤其器，而莫知涤其心。（《丛书集成·傅子》卷三）
>
> **参考译文**：世人皆知要洗干净器具，却不知道要洗涤自己的心灵。

傅玄认为人性如水一样是可以塑造的，教育是塑造一个人的最好方式。同时，环境对于人性的培养有至关重要的作用，"近朱者赤，近墨者黑"的名言便出自傅玄，因此傅玄提出"涤心"比"涤器"更重要。

---

[1] 辛志凤. 傅玄及其《傅子》[J]. 古籍整理研究学刊，2003（3）：50.

2. 教育培养才能

贤者,圣人所有共治天下也。(《傅子·举贤》)

参考译文:贤能的人,圣人可任用其共同治理天下。

人之学,如渴而饮河海也,大饮则大盈,小饮则小盈,大观则大见,小观则小见。(《丛书集成·傅子》卷三)

参考译文:人的学习,就像口渴了前往河海饮水,大口喝则有大收获,小口喝便有小收获,从大处观察有大发现,从细微处着眼则有小发现。

傅玄认为,为国家培养贤才是教育的根本目的,也是语文教育的目的。教育的倒退是秦朝灭亡的重要原因之一,以史为鉴,傅玄极力主张教育是培养治国贤才的重要方式。同时,以人渴了前往河海喝水作比喻,表明了教育资源及教育环境的重要性,它们是影响教育质量不可忽视的因素。

3. 语文教育的内容

傅玄十分重视儒家经典,提出"崇儒尚学",认为"夫儒学者,三教之首也",儒家学说高于诸子学说,"圣人之道如天地,诸子之术如四时。四时相反,大地合而通之"。因此,对儒学要"尊其道,贵其业,重其选"[1]。他认为:《论语》,圣人之至教也,王者之大化,而《墨子》兼爱是废亲也,短丧是忘忧也。可见,傅玄认为儒学最适合作为教育的内容,而其他家的学说多少有不妥之处。

傅玄主张以儒家"三本""五常"为核心的学说作为教育的内容,以建立"以礼教兴天下"的有序社会。"三本"指君臣、父子、夫妇间的从属关系,其形成要以五常的潜移默化为前提条件。五常指仁、义、礼、智、信五种道德信条[2]。因而,语文学习便从这五种道德信条而演化出的内容展开。

夫仁者,盖推己以及人也,故己所不欲,无施于人。(《傅子·仁论》)

参考译文:仁人,设身处地为他人着想,所以自己不想做的事情,不要强加于他人。

经之以道德,纬之以仁义,织之以礼法,既成而后用之。(《傅子·校正》)

参考译文:用道德、仁义、礼法培养一个人,成功了方可任用他。

此外,傅玄还重视历史,主张用历史教化人,他曾经参加编修曹魏国史《魏书》,所著《傅子》的中篇收录了编《魏书》时留下的部分手稿,外篇为三史(《史记》《汉书》《东观汉记》)故事,是读史札记。在阐发教育理论时,傅玄提出了历史教育问题,认为历史教育有益于人生、有益于国家,历史兴衰的经验教训须引以为鉴。他主张在语文教育中,应注重选文背后的历史,读史使人明智,历史教育有益于人生发展,提高人辨别是非的能力,从而更好地认识自己,培养全局观念,达到更高的人生境界。因而,语文教育中应注重情感、态度、价值观的培养,而不是纯粹地进行知识灌输。

4. 教师的修养

教师是文化的传递者和智能的开启者,教师水平在很大程度上决定着语文教学的质

---

[1] 马勇. 傅玄教育观评析[J]. 安徽教育学院学报, 2001 (19): 93.
[2] 同上书, 第94页。

量。傅玄认为，发展国家太学教育，必须驱走滥竽充数的博士，"选明师以训之"，遴选有真正学问的有德之人充任太学博士。太学博士不仅要有渊博的儒学修养，还要具备良好的品德，这样才能言传身教，造就高质量的贤才。

> 心正而后身正，身正而后左右正，左右正而后朝廷正，朝廷正而后国家正，国家正而后天下正。(《傅子·正心》)
>
> **参考译文**：心里正直才能人正直，人正直才能使身边的人正直，周围的人正直朝廷才能正直，朝廷正直才能国家正直，国家正直，天下才能正直。

教师的修养提高实质上是以文化手段进行自我补充、自我调整的过程，学校的教师（博士）和民众教化之师（各级官吏）都要在这个过程中不断完善自己，特别是在品格修养上不断下功夫，努力做到"心正"。自己正直了才能影响学生，影响身边的人，对家国天下建设起重要的作用。傅玄的"正心"说抓住了教师修养的核心，是对《大学》中"矩之道"的继承和改造。

二、颜之推

颜之推（531—591），字介，琅琊临沂人，南北朝至隋朝著名历史学家、文学音韵家和教育思想家，其语文教育思想主要体现在《颜氏家训》20卷中。《颜氏家训》是现存的较完备的一本教诲子孙的书，除教育思想之外，还多处谈到修身、齐家、处世的经验。

（一）颜之推的教育思想概说

颜之推认为，学习也是一种职业、一种技艺，其目的在于增长知识，砥砺品性，从事工作。在学习过程中，颜之推主张要了解书所表达的思想内容，而不应该在单一方面据理考证；他提倡学习要善于提出疑问，要与他人互相交流才能够得到启发。而在教育的过程中，颜之推推崇教育时间要尽早，教育环境十分重要，要慎重选择师友。

（二）颜之推的教育思想言论

1. 教育意义

颜之推认为，教育的意义，在于"利于行耳""多智明达"。学习知识，不仅能够增长知识，还能弥补自己的不足，更能够避免沦为"小人"，保持自身"千载冠冕"的显赫社会地位。[1]

> 夫所以读书学问，本欲开心明目，利于行耳。(《颜氏家训·勉学篇》)
>
> **参考译文**：人之所以要读书学习，本来只是为了开发自己的心智，提高认识的能力，以利于自己的行动。

> 生而知之者上，学而知之者次，所以学者，欲其多智明达耳。(《颜氏家训·勉学篇》)
>
> **参考译文**：一生下来不学习就会的是上等人，通过学习才明白事理的是次一等人。之所以要学习，就是要使自己知识丰富，学问通达。

---

[1] 郑新丽.《颜氏家训》中蕴含的语文教育思想探析[J]. 安康师专学报，2006，18（2）.

虽百世小人，知读《论语》《孝经》者，尚为人师；虽千载冠冕，不晓书记者，莫不耕田养马。以此观之，安可不自勉耶？若能常保数百卷书，千载终不为小人也。(《颜氏家训·勉学篇》)

参考译文：有人即使世代相传都是平民百姓，但由于懂得《论语》《孝经》，还可以给别人当老师；有些人，虽然是世代相传的世家大族子弟，但由于不会书写，最终还得给别人耕田养马。由此看来，怎能不勉励自己努力学习呢？如果能够熟读百卷经书，就永远不会沦为低贱小人。

谚曰："积财千万，不如薄伎在身。"伎之易习而可贵者，无过读书也。世人不问愚智，皆欲识人之多，见事之广，而不肯读书，是犹求饱而懒营馔，欲暖而惰裁衣也。(《颜氏家训·勉学篇》)

参考译文：谚语说："积蓄财产，不如学点技术。"各种技艺中最容易学习而且值得崇尚的，莫过于读书了。世上的人不管是愚昧还是智慧的，都想认识很多的人，见识很广的事，但却不肯读书学习，这就好像想吃得饱又懒得做饭，想穿得暖和又懒得做衣服。

2. 教育方法

（1）及早教育。

人生小幼，精神专利，长成已后，思虑散逸，固须早教，勿失机也。(《颜氏家训·勉学篇》)

参考译文：人幼小的时候，精神专注敏锐，长大成人以后，思想容易分散。因此，对孩子要及早教育，不可失了良机。

然人有坎壈，失于盛年，尤当晚学，不可自弃。(《颜氏家训·勉学篇》)

参考译文：人总有遭遇困厄的时候，壮年时失去了求学的机会，更应当在晚年时抓紧时间学习，不可自暴自弃。

颜之推从自身的学习经历出发，总结了人生各阶段的学习特点，强调要及早接受教育。同时，由于各种原因在壮年时没有接受教育的，更应该抓紧时间，而不能自暴自弃。

凡庶纵不能尔，当及婴稚，识人颜色，知人喜怒，便加教诲，使为则为，使止则止。比及数岁，可省笞罚。(《颜氏家训·教子篇》)

参考译文：普通人家的孩子纵然不能如此（采用皇宫里的胎教方法），也应当在孩子知道辨识大人的脸色，明白大人的喜怒时，及时加以教诲，使他懂得该做的就及时去做，不该做的就绝不能做。这样，等他长大几岁时，就可不必使用打竹板的方式来使其反省了。

（2）风气养成。

吾家风教，素为整密。昔在龆龀，便蒙诱诲；每从两兄，晓夕温凊，规行矩步，安辞定色，锵锵翼翼，若朝严君焉。(《颜氏家训·序致篇》)

参考译文：我家的门风家教，向来是严谨细密的。在我小的时候，就经常得到诱导教诲；每天跟着两位兄长，早晚侍奉双亲，冬天温被，夏日扇凉，一举一动都合乎规矩，神色安详，言语平和，走路大方得体，行为恭敬严谨，就像在给父母大人请安时一样。

虽读《礼》《传》，微爱属文，颇为凡人之所陶染，肆欲轻言，不修边幅。年十八九，少知砥砺，习若自然，卒难洗荡。二十已后，大过稀焉；每常心共口敌，性与情竞，夜觉晓非，今悔昨失，自怜无教，以至于斯。(《颜氏家训·序致篇》)

参考译文：我虽然读了《周礼》《春秋》经传，也有点喜欢作文，但是由于与一般平庸之人相交往而受到熏染，放纵私欲，信口开河，且不修边幅。到了十八九岁时，才稍微懂得砥砺品性了，但已经习惯成自然，最终还是难以彻底改掉不良的习惯。到二十岁过后，太大的过失很少了；经常一旦信口开河，心里就警觉起来，理智与感情抗衡，夜晚觉察到白天的错误，今日追悔昨日的过失，自己哀怜小时没有得到良好的教育，因此才发展到这种地步。

颜之推在《颜氏家训·序言篇》里面谈到了风气的重要性。小的时候在父母的教导之下，行为举止非常端正，但父亲去世之后，两位哥哥忙着工作，颜之推就不知不觉染上了恶习，并且这种恶习很难改正过来。在这里就给我们启示，风气对于教育来说是十分重要的。

人在年少，神情未定，所与款狎，熏渍陶染，言笑举动，无心于学，潜移暗化，自然似之；何况操履艺能，较明易习者也？(《颜氏家训·慕贤篇》)

参考译文：人在年轻的时候，精神性情尚未定型，与一些情投意合的朋友朝夕相伴，受其熏陶濡染，一言一笑，一举一动，即使没有存心去学，但不断潜移默化，自然而然地就跟朋友相似了。何况操守德行和本领技能，都是明显容易学到的东西呢？[1]

颜之推指出，青少年的性格尚未定型，可塑性很强，这个时候非常容易受到周围朋友的影响。

3. 学习方法

（1）勤奋好学。

自古明王圣帝，犹须勤学，况凡庶乎？(《颜氏家训·勉学篇》)

参考译文：自古以来的那些圣明帝王，尚且需要勤奋学习，何况普通百姓呢？

幼而学者，如日出之光；老而学者，如秉烛夜行，犹贤乎瞑目而无见者也。(《颜氏家训·勉学篇》)

参考译文：从小就学习的人，就好像日出的光芒；到了老年才开始学习的人，就好像手里拿着蜡烛在夜间行走，但这总比闭着眼睛什么都看不见的人强一点。

人的一生都要坚持学习，不要浪费时间。

---

[1] 颜之推：颜氏家训 [M]. 庄楚, 点评. 北京：中国华侨出版社，2014：92.

古人勤学,有握锥①投斧②,照雪聚萤,锄则带经,牧则编简,亦为勤笃。(《颜氏家训·勉学篇》)

注释:①握锥:指战国时苏秦第一次游说各国失败后,亲人看不起他,受到刺激后发愤读书,为防瞌睡以锥刺股。②投斧:指文党投斧求学之事。文党在没有上学的时候,和别人一起到山中伐木,他对同伴说:"我想到远处求学,我现在试着把斧子投掷到大树上,如果老天让我求学,斧子应该是挂在树上下不来。"文党把斧子扔出去后,抬头一看,斧子果然挂在了树上。

参考译文:古代著名的勤学之人,有的用锥子刺大腿以防瞌睡;有的投斧于高树、下决心到长安求学;有的映雪勤读;有的用纱袋子收聚萤火虫用来照明读书;有的耕田种地时也不忘带上经书;有的在放羊时摘蒲草截成小简,用来写字。他们都是勤奋好学的人。

(2) 虚怀若谷。

《书》曰:"好问则裕。"《礼》云:"独学而无友,则孤陋而寡闻。"盖须切磋相起明也。见有闭门读书,师心自是,稠人广坐,谬误差失者多矣。(《颜氏家训·勉学篇》)

参考译文:《尚书》上说:"喜欢提问则知识充足。"《礼记》上说:"独自学习而没有朋友,就会孤陋寡闻。"看来,学习要共同切磋、互相启发,这是很明显的道理。我见过不少闭门读书的人,自以为是,在大庭广众之中经常出差错、谬语连篇。

夫学者,所以求益耳。见人读数十卷书,便自高大,凌忽长者,轻慢同列。人疾之如仇敌,恶之如鸱枭。如此以学自损,不如无学也。(《颜氏家训·勉学篇》)

参考译文:学习是为了求得进步的。我却看到有的人读了几十卷书,就自高自大起来,冒犯长者,轻慢同辈。大家憎恶他像对仇敌一样,厌恨他像对恶鸟那般。像这样因为学习而给自己的品行招致损害,还不如不要学习。

爰及农商工贾,厮役奴隶,钓鱼屠肉,饭牛牧羊,皆有先达,可为师表,博学求之,无不利于事也。(《颜氏家训·勉学篇》)

参考译文:推而广之,甚至那些农夫、商贾、工匠、僮仆、奴隶、渔民、屠夫、喂牛的、放羊的,他们中间都有在德行学问上堪为前辈的人,可以作为学习的榜样,广泛地向这些人学习,对事业是大有好处的。

颜之推主张为人要虚怀若谷,不要骄傲自大。学海无涯,应该虚心。读书就应该多问,向朋友讨教,共同切磋。

(3) 注重实践。

纵不能淳,去泰去甚。学之所知,施无不达。世人读书者,但能言之,不能行之,忠孝无闻,仁义不足。(《颜氏家训·勉学篇》)

参考译文:即使不能使风气纯正,也可以去掉一些过分的行为。从学习中所获取的知识,到哪里都可以运用。而现在的一些读书人,只知空谈,不能行动,忠孝谈不上,仁义也欠缺。

南北朝是崇尚玄学的时代，颜之推对此批评道，只知道纸上谈兵，却不懂得运用知识去指导实践，这样学习的意义何在呢？

谈说制文，援引古昔，必须眼学，勿信耳受。（《颜氏家训·勉学篇》）

参考译文： 谈论撰写文章，引证以往典故，必须亲自阅读研习，千万不可道听途说。

颜之推很重视亲身观察所获得的知识，认为只有用眼睛看到的，即亲眼所见、亲自经历，才能有切身体会。

第三节 小 结

在离乱年代中坚守下来的魏晋南北朝语文教育，堪称"继汉开唐"，不仅促进了特殊时期的民族交流与融合，也为中华文化的传承做出了不可磨灭的贡献。虽然社会的分裂动荡给魏晋南北朝的语文教育带来许多不利因素，但该时期探索如何完善封建社会教育体制的步伐从未停止；人才选拔制度的变革、社会风气的变迁都在潜移默化中对语文教育发挥影响，官私学教育制度和内容的发展，更是直接影响了语文教育的走向。在此大背景下，官学制度渐趋完备，私学瓦解了独尊儒术的教育体制，两汉皓首穷经的局面改变了，文学、玄学、佛学、天文、数学等都进入到教育领域，语文识字写字教学、阅读写作教学的内容和方法都有了新突破。此时的魏晋南北朝语文教育充满生命力的激流正在涌动着。

思 考

1. 魏晋时期私学的发展对语文教育的影响有哪些？
2. 魏晋时期的谈玄论道之风对隋唐时期语文教育有什么影响？
3. 魏晋是继春秋之后的又一个社会动乱时期，和春秋时期相比，此时的语文教育显示出了哪些新的特点？原因是什么？

本章参考文献

[1] 魏收. 魏书 [M]. 北京：中华书局，1995.
[2] 萧子显. 南齐书 [M]. 北京：中华书局，1972.
[3] 杜佑. 通典 [M]. 北京：中华书局，1984.
[4] 房玄龄，等. 晋书 [M]. 北京：中华书局，1974.
[5] 魏征，等. 隋书 [M]. 北京：中华书局，1973.
[6] 姚思廉. 梁书 [M]. 北京：中华书局，1973.
[7] 陈垣. 日知录校注 [M]. 合肥：安徽大学出版社，2007.
[8] 史仲文，胡晓林. 中国全史. 魏晋南北朝教育史(第三十八卷) [M]. 北京：华文出版社，2010.
[9] 张志公. 传统语文教育教材论——暨蒙学书目和书影 [M]. 北京：中华书局，2013.

［10］娄立志，广少奎．中国教育史［M］．济南：山东人民出版社，2008．

［11］张隆华，曾仲珊．中国古代语文教育史［M］．2版．成都：四川教育出版社，2000．

［12］王炳照，等．中国教育史简明教程［M］．北京：北京师范大学出版社，2008．

［13］王凤喈．中国教育史大纲·中国教育史［M］．长沙：湖南教育出版社，2008．

［14］鲁迅．中国小说史略［M］．北京：人民文学出版社，1973．

［15］陈寅恪．隋唐制度渊源略论稿［M］．北京：中华书局，1963．

［16］陈英．魏晋南北朝私学的历史地位［J］．甘肃教育学院学报：社会科学版，1999（1）．

［17］颜之推：颜氏家训［M］．北京：中国华侨出版社，2014．

第四章 隋唐语文教育

导 读

隋唐两代是我国封建社会政治、经济和科学文化发展的全盛时期。在继承儒家传统教育观念的基础上,统治者进一步发展和完善了中国古代传统的政教合一的教育体制,制定了重视文教、"以文兴国"的基本国策,使儒家学说成了中华民族的文化核心,这一直影响到中国古代社会后期。

中国传统文学发展的两大主流内容——诗歌和散文,在隋唐得到重大的发展。隋唐的语文教育便是在这样的政治、文化发展基础之上进一步发展和完善的。

第一节 隋唐语文教育概况

隋代国祚虽短,但毕竟结束了魏晋南北朝以来分裂的局面,建立了统一的中央集权制的国家。隋代统治者在进行政治经济改革的同时也进行了教育改革,创立了新型人才选拔的制度——科举制度。随后的李唐王朝在前代的基础之上进一步改革并发展了这一制度。隋唐时期,为维护和巩固中央集权,在政治上需要有统一的思想作指导,于是统治者将儒学视为维护其统治的最好思想武器,而与之相应的是推行一系列的崇儒兴学的文化教育政策。

一、社会政治与语文教育

隋唐两代处于中国封建社会中期,统治者进行的一系列社会改革,使得统一的中央集权制国家强盛一时,在政治、经济迅速发展的同时,文化教育也得到进一步发展。隋代一改魏晋以来的人才选拔制度,创立科举制,让众多的有识之士不再因为门第的限制而止步仕途。唐代接过隋代改革的接力棒,继续在人才选拔和教育方面进一步改革,借此为李唐王朝甄选多元化人才。隋唐两代政治上的改革,尤其是教育方面的改革,使教育能够更好地为社会服务,为其日后的发展和完善扫清了不少障碍。

(一)隋唐社会政治与教育制度

古往今来,任何一个政权的确立,都会注重让各项社会活动为其政权的统治和巩固服务。隋唐两代,特别是唐代的统治者深刻地意识到了这点,为维护和巩固李唐王朝的中央集权,贞观君臣基于对政治之本和历史上各王朝政治教训的总结两个方面的深刻认识,将儒学视为维护其统治的最好思想武器。因此,唐代设置了一套维护中央集权的教育制度。

1. 政教合一的教育制度

在借鉴历史经验的基础上,隋唐两代健全和完善了政教合一的教育制度。

第一,三省六部九寺三监的政治制度在唐代充分发挥了职能作用。礼部是全国教育的管理机构,在教育思想、政策法规和教育内容上对官学和私学进行管理和协调。

第二,建立了中央和地方两级制的教育制度。在中央,既有贵族学校,也有国子监的六学一馆；在地方，建立了州—县—乡—里四级制的教育制度。无论是中央学校还是地方学校，都归礼部管理。

第三，形成了经学、实科、职业三大教育系统。经学教育系统不仅有儒学教育，而且也有道学教育，形成从中央到地方的教育网络。实科教育是唐代教育制度重要的组成部分，反映了社会政治和经济、文化生活对实科教育的需求。职业教育具有行政、教学和科研三结合的性质，同时也展现了古代的科学知识和技术水平。

第四，将私学纳入国家教育体制，这在中国教育史上是第一次。唐政府采取的方法有二：一是统一教育内容，颁定《五经正义》，命令天下书生士子、官私学生都必须修习；二是在科举制中以对《五经正义》的解释作为考试的标准和规范，私学教师和学生必须严格按照国家法定教材进行教育活动，并通过科举考试踏上经邦纬国的政治之路。

2. 道德教育内容的制度化

道德教育对维系封建统治秩序非常重要，隋唐强化了这一点。唐代教育制度中，道德教育是一门非常重要的课程，每一个受教育者都必须修习这门课程。《孝经》和《论语》是道德教育的基本教材。科举制度中规定《孝经》《论语》《老子》为必考科目，保证了道德教育的普及化和制度化。

3. 官学封建等级制的强化

在唐代教育制度中，官学的入学制度表现了强烈的封建等级观念。唐代官学分为不同等级的学校：弘文馆、崇文馆、国子学、太学、四门学、律、书、算学、州县学、职业教育学校。魏晋南北朝时期"下品无世族，上品无寒门"，唐代官学的生徒则按其父祖官品入学，并不需要区分门第的高下。

4. 养士制度与取士制度的结合

隋代建立科举制，奠定了养士教育与取士制度相结合的基础。但是，养士与取士相结合的教育制度的真正确立是在唐代。它表现在以下三个方面。

第一，开元二十四年，唐玄宗改革教育制度，将科举考试的管理权从吏部移到礼部。礼部既管理全国教育，又管理科举考试，建立了教育与科举相统一的体制。第二，与教育内容相配套，科举制中建立了相应的科目，既有经科，又有史科、实科和文学科。第三，从宰相、六部侍郎的入仕身份上分析，科举出身已成为唐代官员尤其是高级官员的主要特征之一。这种情况到晚唐时尤为明显，表明养士与取士相结合的教育制度在唐代政治中起着极为重要的作用，对唐代社会有着巨大的影响。

（二）"尊圣崇儒"下的语文教育

科举制的创立为隋唐两代社会的发展提供了大量人才，遵从"崇儒兴学"的原则，隋唐两代在人才的选拔上都倾向于"德才兼备"型，具体到教育内容上，"德"体现在教育的选材和目的中，而"才"最突出的表现是在作诗与作文方面。

唐朝是诗歌的国度，历来有"诗必盛唐"的说法。唐人很推崇诗歌，在唐代蒙学教材中有不少是诗歌选篇，如《文场秀句》《百家诗》。唐代统治者在特定的历史环境下，基于现实需要构建了一种独具特色的举士选官机制——试诗制度。为了应试，唐代的学生要学会诗歌的格律、音韵、艺术手法等，与此相对应的是学校语文教育也注重培养学生在这些方面的能力。唐代学校的主要教材除了官方规定的以外，还有"应诗"类科目，如陆法言的《切韵》。

中唐时期，韩愈、柳宗元掀起了反对文风浮靡、内容贫乏的骈文，主张复兴先秦两汉散文的"古文运动"。这场运动从复兴先秦两汉散文开始,也借此提出了改革的主张,提倡力去陈言,开创自由抒写的文风。韩、柳都主张阅读先秦的著作,除了经书还要阅读"诸史百子";读书应当"沉浸醲郁,含英咀华",就是要反复诵读,深入理解词语表达的思想内容,汲取精华。为此,中唐的教育强调读书要刻苦,要专心致志,正所谓"业精于勤荒于嬉"。"古文运动"到后来虽逐渐衰落,但其所倡导的一系列作文方法却广为后人所继承,直到今天,对我们语文教育都有着深远的指导意义。

隋唐两代,特别是唐代对诗歌与散文的重视,无疑为诗文的发展奠定了很好的基础,同时也为这个时期语文教育的发展提供了一些宝贵的经验。在这个基础上,中国封建社会注重文教、"以文兴国"的传统基本形成,为宋元时期语文教育的发展奠定了很好的基础。

二、民间教育与语文教育

官方学校教育制度在隋唐已相对完备,中央官学方面隋代已有国子监,唐代又在国子监之下设六学,从而构成普通教育系统。除此之外唐代更有特殊系统(由弘文馆、崇文馆和崇贤馆组成,仅招收皇室和大臣子女,相当于现在的贵族学校)和职业教育系统(由太医署、太卜署、司天台、太仆寺和校书郎组成)。除中央官学外,隋唐时期的地方官学也相当发达,其系统设立与中央官学相承接。

然而隋唐的官学同历朝历代一样,都是为了王朝的政治的稳固、经济的发展而设立的,所以不可避免地带有明显的阶级性。同时能够进入官学的多半是贵族和官家子弟,即使是职业教育招收的亦多是庶族地主阶级的子弟,平民百姓几乎没有机会进入学习。

隋唐教育中与官学交相辉映的民间教育亦极其重要,虽然较之前代,私人讲学之风有些逊色。中唐时期柳宗元曾经在《答韦中立论师道书》中说:由魏晋氏以下,人益不事师;今之世,不闻有师。有辄哗笑之,以为狂人。这可能与官学的兴盛有关。然而即便如此,民间教育的作用和影响依然不可小视,私学在一定程度上仍然可谓兴盛,隋朝的王通就是弟子遍天下的名师;还有韩愈"抗颜为师",兴办州学,奖掖后进;其他著名的如教授文字学的曹宪、教授《文选》的李善、教授文章的柳宗元等,他们教授了很多学生,有些学生成为当时的学问家。唐代的私学具有不同的层次,"办学灵活,机构简单,形式多样,内容丰富,覆盖广泛的特点,已成为唐代教育制度中不可缺少的组成部分"[1]。

(一)隋唐私学的形式

私学作为与官学相对的民间教育形式,可分为家学、私人讲学、书院等形式。隋唐私学的兴盛,重要的原因是官学的局限与科举导向的影响。相比官学,私学的教育形式多样,内容更丰富,符合更广泛的社会需要,在一定程度上弥补了官学的不足。

家学是私学的重要形式,其中很大一部分是家境贫困又想考取功名的破落子弟,在家中由父兄家长教授[2]。元稹在《同州刺史谢上表》中说:八岁丧父,家贫无业;母兄乞丐,以供资养。衣不布体,食不充肠;幼学之年,不蒙师训。因感邻里儿稚,有父兄为开

---

[1] 王文彦. 中国语文教育发展史 [M]. 呼和浩特:远方出版社,2006:77.
[2] 邹智勇. 唐代蒙学略述 [J]. 山西大学学报:哲学社会科学版,2001 (6).

学校,涕咽发愤,愿知诗书,慈母哀臣,亲为教授。刘知几在《史通·自序》中也说:予幼奉庭训,早游文学。年在纨绮,便受古文《尚书》。每苦其辞艰琐,难为讽读。虽屡逢捶挞,而其业不成。尝闻家君为诸兄讲《春秋左氏传》,每废《书》而听。逮讲毕,即为诸兄说之。因窃叹曰:"若使此书若此,吾不复怠矣。"先君奇其意,于是始授以《左氏》,期年而讲诵都异,于时年甫十有二矣。

乡学是私学的另一种重要形式,隋唐有一批学者,不愿参与政事,自行开设学馆,从事讲学和著书立说的活动。元稹就曾在《白氏长庆集》中说:予于平水市中见村校诸童竞习诗。召而问之,皆对曰:先生教我乐天、微之诗。可见当时私塾的影响力是很大的。王恭"少笃学,博涉六经。每于乡间教授,弟子自远方至数百人"。尹知章"尽通诸经精义,曾为国子学博士,归家仍讲授不辍"[1]。当时像这样在民间教学的文人不在少数,但是他们多半也是贫困潦倒。如:(田先生)元和中,隐于饶州潘亭村,作小学以教村童十数人[2]。《志怪录》上说田先生建的校舍就是草堂,教师"戴破帽、曳木屐",田先生本人更是要每天到学生家去"传食"以维生。

除了家学和乡学这两大类之外,私学还有别的一些形式,比如寺院义学,就是由寺院出资让俗家弟子来学习经书。总的来说,隋唐官学体系完善但数量有限,对门第等也有限制,因而私学广泛兴起。私学虽然往往简陋且参差不齐,但以其多样性和广泛的覆盖性很好地填补了官学的空缺。

(二)隋唐私学的内容

根据教授对象和性质的明显差异,隋唐私学的内容可以分为两大类:蒙学教育和成人应试私学。

1. 蒙学

蒙学,顾名思义,就是启蒙教学。唐代针对儿童的启蒙文学内容丰富,教材主要沿用传统的儿童读物、儒家经典和时人新编的教材。蒙学大体上可分为识字、诗文、经史和综合四大类[3]。

识字类的教材以传统蒙学读物最多,如《千字文》《急就章》等。除此之外时人新编的识字教材显示出了新的内容和体例,如著名的《太公家教》一直盛行到北宋初年,该书不仅收录了儒家经典如"三人行必有我师焉。择其善者而从之,其不善者而改之",还吸取了民间俗语如"害心害己,利口伤身",明白晓畅,为时人所喜爱。

用诗歌来启蒙在唐代也十分普遍,大致分为三类:一是为了科举而编选的诗歌如《文场秀句》,主要收录如白居易等大家的佳作;二是像《步天歌》等进行科学教育的诗歌;三是大型组诗如胡曾的《咏史诗》,主要用来掌握历代史实。此外还有一些应用文类蒙书。

经史教育类书籍主要使用的是现成的儒家经典,除此之外,时人也编著一些优秀的读物,李翰的《蒙求》当属其中代表。其书名取蒙卦"匪我求童蒙,童蒙求我"。全书基本上每句一个经传故事,并将善恶两两相类比,共收入近600个典故,内容从历史、天文、地理到神话、医药等,读起来朗朗上口。不仅时人推崇,对当今也颇具借鉴意义。

---

[1] 李昉. 太平广记[M]. 北京:中华书局,1961:4974.
[2] 同上书,第274页.
[3] 邹智勇. 唐代蒙学略述[J]. 山西大学学报:哲学社会科学版,2001(6).

综合类的图书往往能传授儿童多方面的知识。如徐坚的《初学记》，内容广博而体例严密，甚至可以说超越了蒙学教材而兼具了类书的性质，至今仍是人们研究唐文化的重要的百科全书。

2. 成人应试私学

私人讲学内容主要是科举应试教育，即学生以中举为学习目标。据《旧唐书》记载，私人讲学所传授的内容相当广泛，有传授传统经学的，如马怀素"客江都，少师事李善。贫无资，昼樵，夜辄燃以读书。遂博通经史"（《旧唐书·窦群传》）；有传授书画技艺的，如褚遂良师事虞世南学书法，据《宣和书谱》卷三记载：褚遂良初师虞世南，晚造羲之正书，尤得媚处。有传授诗文创作的，据权德舆《唐容州刺史戴公墓志铭》记载，戴叔伦"初抠衣于兰陵萧茂挺，以文学政事，见称萧门"。会稽著名诗僧灵澈，也曾从越州著名诗人严维学诗。刘禹锡《澈上人文集纪》云其"从越客严维学诗，遂籍籍有声"（《旧唐书·刘太真传》）。尽管教学内容上具有丰富性，但由于私人讲学进行的主要是科举应试教育，以儒家经典为中心内容，故讲学内容仍以儒学为主。

另外，隋唐私学表现出遵循国家文教政策的特点，如唐太宗时颁布的《五经正义》、唐玄宗时颁布的《孝经》、唐文宗时颁布的《开成石经》等从道德规范和教学内容上影响和控制了私学，另外通过科举考试，尤其控制了私学。从传授内容来区分，当时比较突显的有以下几类私学："三礼"学、《易》学、《春秋》学、《汉书》学、谱学（研究氏族姓系的发展过程）、《文选》学、文学（唐代凡参加科举考试者都必须有文学素养和技能）、科学技术（如唐代孙思邈著《千金方》）等。

三、科举制度与语文教育

隋唐两代是中国古代教育最有成效的时期，此阶段的教育推动了儒学的复兴，儒学反过来又成为教育的指导方针和核心内容。

（一）科举制度

隋朝建立了国子监教育制度，把教育从千年来的传统礼制中分离出来，成为独立的系统。隋朝还改革了魏晋南北朝的九品中正制，创立了新型人才选拔的制度——科举制度。李唐王朝将科举制度进一步完善，从大的方面说，有常科、制科的分别。常科分秀才、明经、进士、明法、明书、明算等类，考试内容多为古代经书、试律、令各等，另外还有童子科（10岁以下儿童应试，要求能通一经及《孝经》《论语》，考得好也授予官职）。除了常科之外还有制举，也就是天子下诏进行考试，名目繁多，但录取名额十分有限。常科考试中明经和进士两科的考生众多，考试每年一次，由礼部侍郎主持，考生经过层层筛选后才能及第，淘汰率高达98%。当时有大量诗句抒写落第现象，如"十上十年皆落第，一家一半已成尘""鬓毛如雪心如死，犹作长安第下人"（《唐诗纪事》卷六八、卷七十）；又如孟郊在未及第时写的："一夕九起嗟，梦短不到家。两度长安陌，空将泪见花。"

（二）科举制度下的语文教育

为了适应学校教学和科举考试的需要，唐代考生要学习"九经"，即《易》《书》《诗》，"三礼"（《周礼》《仪礼》《礼记》），"三传"（《左氏传》《公羊传》《穀梁传》）。明经、进士的考试要考贴经，因为考生必须要对经书"文注精熟"。为了学习诗赋杂文，

《昭明文选》就成了必读书。这时期读书方法也有了变化，为了便于阅读，唐代采用了随文注音和点识的办法。此外有学者还根据敦煌的《文选》写本推测，当时还有"点识四声以代反切"的办法。

1. 阅读教学

隋唐时期由于印刷术技术不成熟，当时的阅读教材一般都是手写本，一般学子都需要自己抄书。抄书可以加深印象，同时也对学生进行了写字训练。另外还出现了一种供阅读教学用的节录本，如《勤读书抄》《五经妙言》《经史要录》等。

讲经制度对隋唐阅读教学有很深的影响。自汉魏六朝以来，儒家有讲经，有经师，有都讲。都讲专管诵经，经师专管讲经。儒家的讲经制度颇似释家的讲经。

隋唐注重读书腔调，用楚声读《楚辞》。当时诵读《楚辞》这种韵文，有特殊的地方腔调，而且递相传授。有人还将这种特殊的读法写成专书《楚辞音》。

2. 应用文的写作

隋唐五代时期，民间通行的应用文种类约有一百多种，包括买卖、典租、借贷的契约，以及分家文书、分配遗物凭据等。青年人往往从师长那里学习写应用文，也有人编写为写应用文提供样式的参考用书。除了民间契约外，还有各种公文和吉凶书仪，这方面也编写了提供范例的学习参考用书，如《记室备要》三卷、《书仪》二卷、《新集吉凶书仪》二卷等。

3. 诗歌的写作与训练

唐代是诗歌创作的鼎盛时期，涌现了很多流传千古的诗歌，这与诗人刻苦钻研和坚持训练有关。唐代文人写诗首先要接受声律、对仗等单项训练。这类单项训练不仅儿童初学时已有，在文人作诗过程中也要不断进行。就声韵训练而言，由于这时已感到永明体的四声病犯之说过于烦琐，在创作实践中很难遵守，因此有些诗人就把四声归为平仄两类，把病犯规则加以简化。这样，四声颠倒相配的声律就变为平仄相配的声律，永明体的消极病犯就演变成唐代律诗的积极规律。从四声律发展到平仄律，是我国诗歌格律史上值得重视的问题，由此形成的五七言律诗，其格律至今仍为人沿用。唐代大诗人写诗一般都要接受这种格律，遵用这种格律。至于属对训练，在唐代诗人中亦很受重视，如对仗、集事训练等。

唐代诗人写作一首诗，大致有立意取材、炼字炼句、修改加工等步骤。首先，立意取材。有些诗人强调从日常生活和眼前事物中立意取材，不愿"先立题然后为诗，如他人牵合程课者"。这种就近立意取材同样需要一个艰苦的构思过程。其次，炼字炼句。有好的构思还需要有恰当的语句来表达，这需要锤炼字句。最后，修改加工。通过反复吟咏发现不妥当之处，对整首诗进行修改加工。

唐代诗人训练写诗能力大致有以下几种方式：第一，自己规定课程，坚持不懈地进行写作；第二，集会时命题作诗，有时是私人聚会作诗；第三，联句，这是唐代诗人诗歌写作的一种特殊训练方式。联句多产生于朋友聚会，往往用它来纪事、咏物、送行、赠人、寄人、怀人等，涉及题材相当广泛。联句有三言、四言、五言、六言、七言、一至七言、一至九言等，而以五言为最多。一般是集会时，一人首倡，写两句，然后依次接下去，一轮写完了接第二轮，也有每人一次写四句或六句的，还有的在题目中标明是用绝句相联的。联句常带有训练写诗的特点。[1]

为了帮助学诗的人进行写作训练，一些著名诗人曾写过关于诗歌格律和写作经验的书。现在除了皎然的《诗式》外，大多已广佚。日本僧人遍照金刚采集唐代崔融《唐诗新定诗格》、王昌龄《诗格》、元兢《诗髓脑》、皎然《诗仪》等书，编辑成《文镜秘府论》，作为日本人学习汉文的用书，我们从中也可了解到唐代诗歌写作教学的一些内容。另外，这时还出现一些诗歌选本，如《正声集》《国秀集》《河岳英灵集》《箧中集》《中兴间气集》《极玄集》《又玄集》等。其中，《国秀集》是国子司业授意国子生编撰的，可能和诗歌教学有关。[2]

隋唐在诗文方面的蓬勃发展，显示了此阶段社会发展与教育制度对于语文教育的促进作用，而且在内容、形式以及教学方法等方面，语文教育都有了长足的进步。

第二节　隋唐语文教育思想

隋唐的语文教育发展，离不开学者们的推动，特别是"古文运动"的推动。学者们与当时流行的骈体"俗下文字"相对抗，倡议文体、文风和文学语言的解放，推动了散文创作的发展，在文坛上形成一股变革的潮流，开创了中国古典散文的一个新时代，形成了中国散文史上的又一个高峰。这次变革有理论指导，有成功的实践，又有群众基础和巨大的影响，对后世影响广泛深远。

"古文运动"创造了新型的"古文"，是一种散体单行、精粹凝练、富有表现力的行文体制，具有高度的思想性和艺术性。这种古文具有以下优点：第一，比起先秦的"古文"或形成后的骈文，更为接近口语；第二，在叙事、描写、议论、抒情等方面都有很好的表现功能；第三，它汲取了在它以前积累起来的丰富的写作技巧和语言技巧；第四，它有准确、鲜明、生动的文风。这种新的"古文"对以后的文章写作以至于今天的语文教育的影响都非常巨大和深远。

一、王通

王通（584—617），字仲淹，号文中子，山西尤门人，隋代杰出的教育家。王通出身于儒学世家，其父曾传儒学，教授弟子千余。开皇初华，做过国子博士，其弟王绩是造诣很高的学者。由于家学渊源，他自小就接受系统的儒学教育。王通从15岁起讲学授徒，其教育活动主要兴于河汾（黄河、汾河）之间，其门人弟子遍及郡国，时称"河汾门下"。

其著作有《续经》（已佚）、《中说》（又名《文中子》，是在模仿《论语》的基础上，加以创造而成）。

（一）王通的教育思想概说

王通所处的时代，正是南北统一、民族大融合以及国家趋向统一的隋朝，在意识形态上，表现为儒、释、道"三教"合一的倾向。这种倾向也明显地在王通的思想和实践中得以反映。

---

[1] 张隆华，曾仲珊. 中国古代语文教育史 [M]. 成都：四川教育出版社，1995：258-261.
[2] 同上书，第262页.

王通作为教育家，思想上以儒学为主，主要继承了孔孟教育思想中的精华，同时也吸收了佛家和道家的某些观念，发展了儒家思想，其代表著作《中说》的理论体系就体现了"三教合一"的思想，其根本思想为"执中"。他以仲尼之徒自居，志在重振儒术，所讲述的是儒家的原始思想，是"仲尼之心，天人之事，帝王之道"。同时，王通也反对当时贱农工的风气，亲自耕种谋生；他提出求学的目的在于求道，而不在求利，主张"化人之道在正其心"。王通的思想对唐代学术、教育思想起到了继往开来的重要作用。

王通的教育活动，以当时的政治实际为重要内容，以问答法为重要形式，培养了大批王佐之才。他的弟子如房玄龄、杜如晦、薛牧、魏征等人，青年时期求学于王通门下，其时正当隋唐交替时期，而他们求教于王通的多是有关从政的问题。朱熹评王通之学"颇近于正而粗有可用之实"。

（二）王通的教育思想言论

王通认为要建立理想社会，必须经由仁义礼乐之路，因此教化的根本是行仁义。在长期的教育实践中，他总结了自己的教育经验，并阐述了自己的教育主张，其中有些见解是可贵的。

1. 论教育的作用、目的与内容

王通认为教育在治国安邦和培养人才方面有着极其重要的作用。

（1）重视教育的作用。

> 天地生我而不能鞠我，父母鞠我而不能成我，成我者，夫子也。(《中说·王道》)

参考译文：天地能生长我却无法抚养我；父母能抚养我却无法成就我；能成就我的只有教育家孔子。

王通强调一个国家的兴衰在于人，得失在于教育，而理想的社会是教化的结果。

（2）教育的目的。

在对教育作用的认识基础上，王通主张教育的根本目的是为治国济民培养能推行王道的佐治人才。

> 仁义其教之本乎。(《中说·礼乐》)

参考译文：仁义道德是教育的根本。

> 君子之学，进于道；小人之学，进于利。(《中说·天地》)

参考译文：君子学习是为了济天下之道；小人学习是为了营一身之私利。

王通强调君子的学习目的是为了增长道义，成为能推行王道的王佐之才，而小人则是为了追求利欲。

（3）教育的内容。

王通的讲学内容可以用一个字来概括，即所谓的"道"，也就是从孔子那里继承下来的礼乐之道。

> 上明三纲，下达五常，于是征存亡，辨得失。故小人歌之以贡（告）其俗，君子赋之以见其志，圣人采之以观其变。(《中说·天地》)
>
> **参考译文**：(诗)上可明确三纲，下可通达五常，可以用于验证存在、消亡，辨明得失，因此小人唱诗可知道其风俗，君子赋诗可了解其志向，圣人设官采集诗歌可观察民风变化。

> 学者，博诵云乎哉？必也贯乎道。文者，苟作云乎哉？必也济乎义。(《中说·天地》)
>
> **参考译文**：学习，仅仅是指博览群书吗？一定要贯穿大道。文章，仅仅是指创作吗？一定要贯通仁义。

2. 关于道德教育的主张

王通的教育思想继承了儒家重视培养高尚道德的特点，道德品质的培养在他对弟子的教育中占着首要的地位，他认为道德品质的培养更重于知识技能的传授。

> 李靖问："任智如何？"子曰："仁以为己任，小人任智而背仁为贼，君子任智而背仁为乱。"(《中说·天地》)
>
> **参考译文**：李靖问："用机智怎么样？"文中子说："应当将仁看作是自己的责任，小人凭借机智背弃仁义就是贼，君子凭借机智背弃仁义则是作乱。"

> 《书》以辨事，《诗》以正性，《礼》以制行，《乐》以和德，《春秋》《元经》以举往，《易》以知来，先王之蕴尽矣。(《中说·魏相》)
>
> **参考译文**：用《书》来辨明事实，用《诗》来匡正人性，用《礼》来制约人的行为，用《乐》来和谐德性，用《春秋》《元经》来举鉴过往，用《易》来知晓未来，先王之道都蕴含其中。

王通指出在传授知识的各个阶段都贯穿着伦理道德的培养。
（1）注重"闻过"与"改过"。

> 痛莫大于不闻过。(《中说·关朗》)
>
> **参考译文**：没有比听不进别人对自己所犯错误的批评更令人痛心。

> 故君子思过而预防之，所以有诫也。(《中说·问易》)
>
> **参考译文**：所以君子应当思考自己的过失以防再犯，因此有"诫"章。

（2）关于集体生活中应注意的问题。

> 贾琼问群居之道。子曰："同不害正，异不伤物。"(《中说·礼乐》)
>
> **参考译文**：当弟子贾琼问群居之道时，文中子说："赞同要不违背公正，反对要不伤及外物。"

这就是说，在集体生活中要做到：外面虽然表示和人相同而内心却要坚持正理；虽然内心和人思想不一致但外表却并不伤人。这实际是一种中庸思想。

(3)重视家庭教育。

> 其处家也，父母晏然；其行事也，父兄恬然，若无所思。(《中说·魏相》)

参考译文：他在家时，父母喜笑安然的样子；他外出时，父兄恬然放心，好像没有什么担心的。

王通十分重视孝在家庭教育中的作用，认为真正的孝，应是在处理事物时能够使父母坦然。

(4)评论人物。

王通借助于对历史人物的评论，使学生增长，提高道德修养。

> 子曰："王猛有君子之德三焉：其事上也密，其接下也温，其临事也断。"(《中说·天地》)

参考译文：王猛君子之德表现为三点：对待皇上亲密，与臣下相处温和，处理事情果断。

王通评论的主要是魏晋以来有影响的人物，通过评论，弟子们知道哪些是正确的，哪些是有害的东西，便于从中汲取有益的因素，不好的加以借鉴，从而培养学生的良好道德品质。

3. 教学思想

王通在长期的教育实践中积累了丰富的经验，问答法在其教学中占有重要地位。

(1)重视学与行。

> 天下未有不学而成。(《中说·礼乐》)

参考译文：天下没有不经过学习就能有成就的人。

> 知之者不如行之者，行之者不如安之者。(《中说·礼乐》)

参考译文：懂得道理的人，不如去实行的人；去实行的人，又不如习惯于此的人。

(2)问答法。

王通认为为了进德修业，学者最好能经常发问，教者有问即答，只有这样，才能加深理解，发现真理。

> 广仁益智，莫善于问；乘事演道，莫善于对。(《中说·问易》)

参考译文：推广仁德、增加智慧最好的方法是多问；而讲述事实、阐明道理，最好的方法是回答。

4. 论教师

王通认为一个人要获得知识，增长才干，取得成功，就必须从师就学。教师应该是学识渊博，品德高尚，能精心教育学生的人。

> 程元："夫子之成也，吾侪慕道久矣，未尝不充欲焉。游夫子之门者，未有问而不知，求而不给者也。《诗》云：实获我心。盖天启之，非积学能致也。"子闻之曰："元，汝知乎哉？天下未有不学而成者也。"(《中说·礼乐》)

> **参考译文：** 程元说："夫子的成就，我们已经仰慕很久了，没有不对它充满期盼的。在夫子门下求学，没有提问而不知道答案，请教而未给予解答的。像《诗经》说的：确实满足我心意啊。大约是上天赋予他的，不是经过学习积累而能到达的。"文中子听闻后，说："程元，你知道吗？天下没有不学习就能取得成功的人。"

这段对话，一方面反映了王通是一位知识渊博，品德高尚的教师，"未有问而不知，求而不给者"，对学生诲而不倦，谆谆教导，深得学生的仰慕；另一方说明王通认为包括他自己在内，任何人的知识、才能都是跟随老师学习，并经过个人勤奋学习而得到的。

二、韩愈

韩愈（768—824），字退之，河南河阳人，因郡望为昌黎，故人称韩昌黎；谥文，世人又称韩文公。他是我国历史上杰出的文章家，曾倡导"古文运动"，反对形式主义的骈文，为我国古代文章特别是散文的发展做出了重要贡献。

韩愈曾做过两次国子博士，还做过四门博士和国子祭酒，对地方教育也非常重视。韩愈热心教学，在教育上有丰富的实践经验，受他指教的都称"韩门弟子"。他在教育教学方法方面提出了独到的见解和主张，促进了传统教育理论的发展。

（一）韩愈的教育思想概说

韩愈十分重视读书，积累了丰富的读书经验。他的"文以明道"观、"业精于勤"说、"记事者必提其要，纂言者必钩其玄"等论述，都流传久远，影响十分广泛。特别是他重视新兴的传奇文学，虽多遭讥贬也毫不动摇，实难能可贵。他公开主张人们应通过读书去博取功名富贵，客观上仍是维护科举制度和儒家经世致用、知行结合的传统阅读思想。

韩愈的教育思想大体可以归纳为以下几个方面：为实现"古道"而提出的教育目的的学说；与他的人性论观点相联系的关于教育作用的学说；尊师重道的"师说"；以及韩愈的读书言论。

（二）韩愈的教育思想言论

1. 性情三品说

韩愈明确提出"性情三品"说，他把性与情分为上、中、下三品。他说：性之品有上、中、下三。上焉者，善焉而已矣；中焉者，可导而上下也；下焉者，恶焉而已矣。（《原性》）他从"性三品"的理论出发，一方面肯定了教育在促进人性变化中的积极作用，号召大多数的人要接受教育；另一方面又认为教育的作用是有限的，人性三品是不可变更的，教育只能在品位之内发生作用。这种人性论不但为封建的等级制度作了合理的论证，而且也为绝大多数的人接受封建道德教育作了理论上的说明。

> 性也者，与生俱生也；情也者，接于物而生也。（《原性篇》）
>
> **参考译文：** 人性是一种本然之物，存在于先天，有生就有性；情，是人与外界接触后产生的。

性之于情视其品，情之于性视其品。(《原性篇》)

参考译文：人性与情是一致的，本性是何种品质，其情也是该种品质，反之，情为何种品质，亦可以证明本性为某种品质。

上焉者，善焉而已矣；中焉者，可导而上下也；下焉者，恶焉而已矣。(《原性篇》)

参考译文：上等人谓之善品；中等人介乎善恶之间，是可以引导而向善，可以引导而向恶的；下等人谓之恶品。

2. 教育宗旨

韩愈在《原性篇》中提出，"上之性就学而愈明，下之性畏威而寡罪""明先王之道"。

他认为教育是有效的，教育宗旨是"明先王之道"。《原道篇》中不外乎"仁义道德"四字，遵于先王的礼、乐、刑、政，诵读古圣的《诗》《书》《易》《春秋》，顺乎人伦及本于日用生活的自然，就是明悉先王之道，就是儒家的教育。

3. 关于教师的论述

韩愈关于教师的论述，是他最重要的教育主张，大部分保存在他的《师说》一文中。他对教师的论述，在一定程度上反映了教师工作的客观规律，很有创见，是我国古代关于教师教育思想的宝贵遗产。

师者，所以传道受业解惑也。(《师说》)

参考译文：老师的任务是传播道理教授课业和解答疑惑。

《师说》在中国教育史上第一次完整地对教师任务进行了论述，《师说》中开宗明义第一句话就是："师者，所以传道受业解惑也。"韩愈认为这三项任务是紧密相连的，但传道是教师的首要任务。这里的"道"，是指儒家道统，教师应传播儒家修身齐家治国平天下之道，使学生受到封建主义的政治思想教育和道德教育。授业，是指讲授古文六艺之类的儒家经典，使学生掌握一定的古文典籍，具有一定的读写能力，受到文化知识、技能方面的教育。解惑，是指教师在教学过程中不断地解答学生在"道"与"业"两方面的疑惑。

圣人无常师。(《师说》)

参考译文：圣人没有固定的老师。

韩愈在《师说》中提出"圣人无常师"的说法，是"道之所存，师之所存"观点在师生关系上的论述。《师说》中引孔子拜郯子、苌弘、师襄为师作为例证，又引孔子的三人行，必有我师的话为根据，说：郯子之徒，其贤不及孔子，而孔子却拜他们为师。这说明韩愈重视的是道，而不是某一个人。

弟子不必不如师，师不必贤于弟子，闻道有先后，术业有专攻，如是而已。(《师说》)

参考译文：学生不一定不如老师，老师不一定比学生贤能。接受道理有早有晚，技能和学问上各有各的专门研究，只是这样罢了。

以谁为师,要以有无"道"和"业"为标准,谁先懂得道,谁有学问,谁就是师。韩愈又反对以社会地位和资历作为取师的标准。

> 无贵无贱,无长无少,道之所存,师之所存也。(《师说》)
>
> **参考译文:** 不论地位高还是低,不论年龄大还是小,道理存在的地方,老师也就在那里。

只要闻道在先或有专长就可为师,而不要管其他条件。此外师生关系也是相对的,学生也会有比教师高明的地方。这一思想是深刻的,他旨在引导学生以主要精力去追求"道",去学"业",而不盲从某一教师的说教。处理师生关系,以"道""业"为标准,这是对教学相长思想的发展。韩愈《师说》中的精彩观点对于今天正确处理师生关系具有重大的借鉴意义。

4. 关于读书学习法的论述

韩愈自己勤恳求学,招收过很多学生,是大批青年的导师,自学和教学方面都有相当丰富的经验和独特的见解。《师说》中关于教师职责、师生关系的论述是对教学客观规律的很有价值的概括。关于学生如何进学的问题,在《进学解》等文章中有精彩的论述。

(1) 业精于勤,行成于思。

> 国子先生晨入太学,招诸生立馆下,诲之曰:"业精于勤,荒于嬉;行成于思,毁于随……诸生业患不能精,无患有司之不明;行患不能成,无患有司之不公。"(《韩昌黎文集·进学解》)
>
> **参考译文:** 国子先生早上走进太学,召集学生们站立在学舍下面,教导他们说:"学业的精进由于勤奋,而荒废由于游荡玩乐;德行的成就由于思考,而败坏由于随便。诸位学生只怕学业不能精进,不要怕主管部门的官吏看不清;只怕德行不能成就,不要怕主管部门的官吏不公正。"

(2) 提要钩玄。

> 口不绝吟于六艺之文,手不停披于百家之编。记事者必提其要,纂言者必钩其玄。贪多务得,细大不捐。焚膏油以继晷,恒兀兀以穷年。先生之业,可谓勤矣……沉浸醲郁,含英咀华,作为文章,其书满家。(《韩昌黎文集·进学解》)
>
> **参考译文:** 嘴里不断地诵读六经的文章,两手不停地翻着诸子百家的书籍。对记事之文一定提取它的要点,对言论之编一定探索它深奥的旨意。不知满足地多方面学习,力求有所收获,大的小的都不舍弃。点上灯烛夜以继日,经常这样刻苦用功,一年到头不休息。先生从事学业可以说勤奋了。心神沉浸在意味浓郁醇厚的书籍里,仔细地品尝咀嚼其中的精英华采,写作起文章来,书卷堆满了家屋。

(3) 读书经历。

> ……始者,非三代两汉之书不敢观,非圣人之志不敢存。处若忘,行若遗,俨乎其若思,茫乎其若迷。当其取于心而注于手也,惟陈言之务去,戛戛乎其难哉!其观于人,不知其非笑之为非笑也。如是者亦有年,犹不改。然后识古书之正伪,与虽正而不至焉者,昭昭然白黑分矣,而务去之,乃徐有得也。(《韩昌黎文集·答李翊书》)

参考译文：起初，不是夏、商、周三代和两汉的书我不敢看，不是圣人的思想我不敢铭记于心。坐着时仿佛忘记了什么，行走时仿佛丢失了什么，有时样子庄重若有所思，有时模糊不清迷迷惑惑。当自己把心中的思想表达出来的时候，力求革除陈词滥调，戛戛然困难极了！文章被人看，我不在乎别人的非难讥笑。像这样过了不少年头，还是不改变自己的治学方法和处世态度。然后才能识别古书是否与"圣人之志"相合，以及即使正确但尚未达到最高境界之处，直至清清楚楚地白和黑分明了，并力求扬弃那些错误的和虽正确但不完善的东西，才慢慢地有所收获。

（4）读书为道。

读书以为学，缵言以为文，非以夸多而斗靡也，盖学所以为道，文所以为理耳。（《朱文公校昌黎先生集·送陈秀才彤序》）

参考译文：读书的目的是学习，掌握语言词汇的目的是写文章，并非是为了以自夸而争奇斗新；学习、写文章是为了掌握道和理。

读书就是要学以致用，把书中的语言有机地连串起来就成了文章，但也并不是要以篇幅多、辞藻华丽夸耀争胜，这就是学习是为了传道、做文章是为了阐理的原因。

（5）读书与成才。

木之就规矩，在梓匠轮舆①。人之能为人，由腹有诗书。诗书勤乃有，不勤腹空虚。欲知学之力，贤愚同一初。……问之何因尔，学与不学欤。金璧虽重宝，费用难贮储。学问藏之身，身在则有余。（《朱文公校昌黎先生集·符读书城南》）

注释：①梓匠轮舆：梓匠，木工。轮，制作车轮的人。舆，制作车厢的人。

参考译文：木材能按照圆规曲尺做成器具，是因为木工和轮舆匠人的辛勤劳动；人之能够成才，是因为饱读诗书。诗书中的知识只有勤奋才能获得，不勤奋肚子里就空虚。人之初生，学力都是一样的，并无贤愚之分。……原因就在于勤学与否。黄金璧玉虽是重宝，难以储藏，学问则能藏在自己的身上，身在就用之有余。

可见，韩愈强调教育能影响人的成长，读书要沉浸其中，也需要长期积累，要不断加强学习和修养。

三、李翱

李翱（772—844），字习之，陇西成纪人，唐代文学家、哲学家。曾追随韩愈学习古文，主张文以明道，是古文运动的积极参加者，有《李文公集》104篇传世。李翱在阅读上提出以"文、理、义三者兼并"作为品评文章的标准，反对以个人好恶评断是非优劣。另外他关于阅读趣味、读物特色等的论述，也能给人以启迪。

（一）李翱的教育思想概说

受佛老心性理论启发，李翱创造性地提出了"复性"说。他认为圣人之性与百姓之性一样，人性本善，但情动可使人的善性被遮蔽，善性难以显露。"复性"的过程就是息情灭欲的过程，也就是由"斋戒""至诚"再到"明道"的过程。李翱之"复性"说与道家的"复其初"、佛家禅宗的"明心见性"有异曲同工之妙，然"明道"指向不同，佛老之明道在于成圣、成仙，而他的明道却在于明齐家、治国、平天下的圣人之道。他的教育思想的突出特点是，把儒、佛两家的思想糅合在一起，寻求一种人格解放的道路和方法。

（二）李翱的教育思想言论

李翱论教育思想的代表作是三篇《复性书》，它们集中表述了他对人性及教育过程的本质的看法。

1. 复性的基本内容

李翱提出"性者天之命也""人之性皆善也"，认为任何一个人都有"性"与"情"，而性是善的，情是恶的。

> 百姓之性与圣人之性弗差也。（《复性书》）
>
> **参考译文**：一般人与圣人先天的本性是没有差别的。

圣人与一般人就其先天的本性而言都是善的，是没有差别的，所不同的是圣人能保持它，使之不为情所惑，一般人却为情所困而不知复其先天的善性。

> 情者性之动也……情者性之邪也。（《复性书》）
>
> **参考译文**：性之动而产生情……情是邪恶的表现。

李翱认为喜、怒、哀、惧、爱、恶、欲七者，皆情之所为也。他把情看成是要不得的坏东西，这显然是接受了佛家世幻思想的影响。

> 情由性而生，情不自情，因性而情；性不自性，由情以明。（《复性书》）
>
> **参考译文**：情本身有所待而生，不是自有自生的存在，而是依附于性而存在的；而性本身也无法在人的认识能力所及范围内自我呈现，而需要通过情的作用发生时反激出其精粹清纯，然后才可以显露出性的本质。

> 性者，天之命也，圣人得之而不惑者也；情者，性之动也，百姓溺之而不能知其本者也。（《复性书》）
>
> **参考译文**：人的本性来自天的授受，圣人得到它而不致为情所迷惑；情是本性表现出的作用，百姓则容易沉溺于其中，而不能去探求恢复其本性。

李翱认为圣人之所以成为圣人，是因为他能保持天赋的善性，其善性不为邪情所匿，而一般人天赋的善性却为邪情所惑，故其善性不能充分地显露出来。因此，性在圣人那里充而明，在一般人那里却昏而塞。李翱从"性善""情恶"的基本观点出发，认为教育的过程在本质上就应该是一个"复性"，即恢复或发展人先天的善性的过程。

虽然一般人之性都为情所惑而昏塞，但"复性"并不难。因为任何人自身都先天具有一个善性，只不过是为妄情所惑，昏而不充，塞而不明。只要去其妄情也就可以复性了。

2. 复性的方法

（1）无虑无思。

> 弗虑弗思，情则不生；情既不生乃为正思。正思者，无虑无思也。（《复性书》）
>
> **参考译文**：不要主动乱想，不随便起思虑，感情就不起作用；感情不起作用，才是最纯正的思想状态。纯正的思想没有一点忧愁和顾虑。

李翱认为仅做到"无虑无思"还不够,"然此斋戒其心者也,犹未离于静焉。有静必有动,动静不思,是乃情也"。意思是,"斋戒其心",还会"生情",仍不能达到真正"复性"的境界。

(2)其心寂然。

> 知本无有思,动静皆离,寂然不动者,是至诚也。(《复性书》)
>
> **参考译文**:知道本来没有所谓思虑存在,既不牵涉于动,也不牵涉于寂静,这不动摇的样子才是至诚的境界。

> 是故诚者,圣人性之也。(《复性书》)
>
> **参考译文**:因此诚之为体,是圣人本性的本质。

他提出一个所谓"至诚"的神秘化观念,其核心是"寂然不动"或"其心寂焉",也就是"视听昭昭而不起于见闻",即视而不见,听而不闻,万念皆空。他认为只有具备了这种功夫,才能止息邪思,显出本性的"广大清明",超脱尘俗,达到真正"复性"的境界。这种"复性"方法,正是一种神秘而不可思议的佛教徒的修炼功夫。

(3)慎独。

所谓"慎独",即无论客观世界怎样"变化无穷",作为君子都要做到"未始离于不动",即永不动心,保持心的"寂然"状态。这就是"慎独"的真谛。所以,他说:君子戒慎乎其所不睹,恐惧乎其所不闻。因为不睹之睹,不闻之闻,实际上是"其心一动","心动"则"情生"。如果心已动了,则距离复性的境界也就愈来愈远了。由于"情"是感性的主要因素,所以,"不动心"乃是"复性"的根本要求。可见,李翱提倡的"慎独",显然是接受了佛家"灭情"以见佛性的影响。后来宋儒强调"慎独"功夫,乃直接导源于此。

(4)"择善固执""终岁不违"。

> 止而不息必诚,诚而不息则明,明与诚,终岁不违,则能终身矣。(《复性书》)
>
> **参考译文**:停止纵情,时间长了就可以复回诚明之体;回复诚而坚持不停止就能明达;明和诚的保持能整年不失,就能一直维持到终身。

李翱认为"复性"的过程,是一个长期的修炼过程,是人生一辈子的事。因此,必须具有古人"择善固执""终岁不违"的精神。他说:修道之谓教,何谓也?曰诚之者人之道也,诚之者择善而固执之者也。就是说,教育是教人修身行道的过程,也就是教人达于"诚"之境界的过程。要想达到"诚"的境界,就必须对于天赋的善性执着不放,在任何情况下都不能离开它。

(5)"循之而不已""不已能归其源"。

> 复其性者,贤人循之而不已者也,不已能归其源矣。(《复性书》)
>
> **参考译文**:恢复本性的目标,是为贤人所遵循并且实践不停止的,不停不休地坚持,到最后能与圣人一样回复本源。

李翱认为只有经过长期的修炼,才能使先天的善性复观。这种心态就像孟子所说的:

想以一杯水来救一整车的柴火。他强调在修养过程中，要具有坚持不懈的精神，作长期的努力，这一思想是可贵的。

第三节 小　　结

隋唐时期，无论是经济政治还是文化，都是古代文化最辉煌的时期。在教育方面，科举制度可以说是隋唐在人才培养方面的一个创举，它扩展了封建国家引进人才的社会层面，促进了教育事业的发展，士人用功读书的风气盛行；促进了文学艺术的发展，尤其是因为进士科重视考试赋，大大有利于唐诗的繁荣。

在语文教育方面，隋唐的写作教学有较大的发展，其中很大程度受科举制度、古文运动及诗歌创作的影响。相应的，服务于科举制度的写作参考用书也因而得以发展，如《琱玉集》《类林》等；另一方面，诗歌写作训练也形成了一套行之有效的方法，出现了一些关于格律和写作方法的用书，同时还有《正声集》《国秀集》等诗歌选本。

隋唐有一批语文学家致力于文字、音韵及训诂学等方面的研究，他们所著的注疏、韵书、字书等语文教育用书，在很大程度上影响了后世，其中比较突出的有陆德明的《经典释文》、孔颖达的《五经正义》、颜师古的《急就篇注》与《汉书注》、李善的《文选注》和颜元孙的《干禄字书》等。[1]

思　考

1. 隋唐时期私学兴盛，当时私学的教学方法对我们当今的语文教学有哪些启发？
2. 隋唐三位教育家的教育思想有哪些异同之处？
3. 韩愈的教育思想在当今的语文教育中有什么价值？

本章参考文献

[1] 周国光. 中国古代教育论著选译 [M]. 贵阳：贵州人民出版社，1981.

[2] 毛礼锐. 中国教育通史（第二卷）[M]. 济南：山东教育出版社，1987.

[3] 张隆华，曾仲珊. 中国古代语文教育史 [M]. 成都：四川教育出版社，1995.

[4] 冯克诚. 王通、孔颖达经学教育思想与教育论著选读 [M]. 北京：人民武警出版社，2010.

[5] 张沛. 中说译注 [M]. 上海：上海古籍出版社，2011.

[6] 曾祥芹. 古代阅读论 [M]. 郑州：大象出版社，1991.

[7] 陈青之. 中国教育史（上）[M]. 北京：中国社会科学出版社，2012.

---

〔1〕张隆华，曾仲珊. 中国古代语文教育史 [M]. 成都：四川教育出版社，1995：263-271.

第五章　宋代语文教育

导　读

宋代包括北宋、南宋，这个时期的学术思想非常活跃。北宋科举制的改革，理学的勃兴，使得学校教学在教学内容、教学观念、教学风格等方面都有一定程度的变化和更新，并且使当时的教学局面空前地活跃起来，既让学生有耳目一新之感，也激发了学生们的怀疑精神，加之印刷业的繁荣使得教材的印刷更加便利，这些都极大地推动了社会的进步和教育的发展，为后世语文教育留下宝贵的遗产。

第一节　宋代语文教育概况

宋代社会经济繁荣、商业发达、城市兴起、市民文化丰富，同时统治者注重文治教化，文化教育事业得到空前的发展。宋代印刷业的繁荣和公私刻书业的兴盛使书籍得以大量流通，不但皇家秘阁和州县学校藏书丰富，就是私人的藏书也动辄上万卷。与此同时，学校的数量和种类也大量增加，除了从国子学到县学的各级官办学校外，私立书院也非常兴盛，像著名的应天书院、岳麓书院、白鹿洞书院等，其规模和学术水准都堪与官办学校媲美。

宋代理学思想繁荣，士大夫们往往比较自觉地怀有卫道意识，像王安石、陆象山、朱熹、陆游等人除了文学创作外，都有关于治学论学的文章，还写了不少经学和史学的著作，对语文教育有杰出的贡献。

一、宋儒理学与语文教育

宋仁宗庆历年间，以范仲淹为首，发起了目的在于谋求整顿官僚机构的改革，史称"庆历新政"。它促进了北宋科举制度的改革，改变了隋唐以来专以诗赋、墨义取士的旧制，重视德行与策论，以求录取德才兼备的人士，改善吏治。"庆历新政"后，全社会渐渐形成了讲义理的大氛围，这为理学的形成创造了极有利的社会文化环境。这种倾向反映在学校教育上，既有教学观念上的更新、教育内容上的变化，也有教学方法与教学风格上的变化，如宋初教学基本上沿袭汉唐以来对儒家经书及其注疏的讲解，不越注疏，而"庆历兴学"后，胡瑗等人口头治经，长于议论，重在阐发义理，舒达己意，讲道论学，直接影响了教学实践。

（一）宋儒理学对教学观念的更新

中国的儒学在宋代发展到了一个新的阶段。宋代的思想家们普遍认为，汉唐以来的儒学不过是粗浅的"章句之学"，是对儒家经典逐字逐句式的支离破碎的注疏，不能反映儒家经典的义理。当时兴起一股思辨学风和疑古思潮，思想家们提倡大胆怀疑、自由研究、注重考证、提出新见。因此，他们要超越汉唐注疏之学，而开辟新的"义理之学"。

这种重"义理"的理学观念反映到教学上，便是重视阐发义理，即理解经义、体会深意，并且要有理有据地大胆怀疑。既要理解文学作品的思想内容，又要大胆地怀疑前人的注疏，提出自己新的见解。例如王安石就有对儒家教育的批判：今之进士，古之文吏也；今之经学，古之儒生也。然其策进士，则但以章句声病，苟尚文辞，类皆小能者为之。策经学者，徒以记问为能，不责大义，类皆蒙鄙者能之。(《临川文集·取材》) 这段话的大意为：现在的进士，是古代的文官；今天的经学，是古代儒生所学。然而册封进士，却用章句来考察作诗声韵平仄，即使书写文辞，这也是能力较弱的人都能做的。册封经学学士的人更是以记忆和提问为能力，不要求有思想，这些都是没什么能力的人可以做的。

王安石尖锐地指出儒家教育的弊病，认为地方学校缺乏教育人员，学生完全束缚在儒家经典的"章句"中，死记硬背那些烦琐的转注；这样旷日持久，浪费精力，败坏人才，无补于"国家之用"。这是一种教育观念的改变，对教育改革有正面作用。

(二) 宋儒理学对教学内容和教学风格的改革

宋代理学强调"四书"的重要作用。理学门人重视和传播儒家道统思想，经学思想是宋代整个学术思想的主要组成内容和表现形式。北宋以程颐和程颢为代表的理学派注重对《论语》《孟子》《大学》《中庸》等"四书"的研究，他们把《大学》《中庸》从《礼记》中抽出，与《论语》《孟子》并列，合为"四书"，将其置于传统"五经"之上，努力宣传"四书"在学者治学中的主导作用。他们将"四书"作为圣人的经旨，要求门人将其作为治学和教育活动讲论的重点。宋代理学大师朱熹更是终身致力于"四书"研究，编订《四书集注》。朱熹将理学新思路引入传统儒家经典，在教育过程中引导学生阅读《四书集注》。他自信地对学生说：某《语》《孟》集注添一字不得，减一字不得。(《朱子语类》卷一百一十六《朱子十三·训门人四》) 可见其著书之认真和宣讲力度之大。

北宋科举的改革是与当时由反对汉唐注疏之学而兴起的疑古思潮相对应而发生的，改革后的科举考试重策论和大义，目的是为了选拔通经术、能文章而又长于议论的新型知识分子。为了适应科举考试的内容，官学除了经学的教学之外，逐渐自行增加了诗赋文章的教学。王安石嘉祐年间上万言书中提到以往"学者之所教，讲说章句而已""近岁乃始教以课试之文章"。(《临川文集》卷三十九《上仁宗皇帝言事书》) 指出了官学由专教经学到兼教诗赋论策以适应科举的变化。太学月考有诗赋论策的内容，地方官学的诗文教学更为普遍。庆历兴学彻底结束了宋初重科举轻官学的局面，使官学教育得以全面恢复。在处理官学与科举的关系上，主要是用科举制约教学，以教学适应科举。

(三) 宋儒理学对教学方法的影响

宋儒理学家们提出"格物致知"的教学方法。

"格物致知"语出《礼记·大学》。"格物致知"原义是指研究事物获得真知。北宋理学家们特别推崇格物致知，将其与他们创立的"天理"思想体系相联系，他们训"格"为"至"、为"穷"，训物为"理"、为"天理"，以"格物致知"为穷理、认识天理的基本途径。程颐就认为，人们治学没有什么比知本末终始更重要的了。致知在格物，就是所谓的"本""始"。治天下国家，就是所谓的"末""终"。格尤穷，物尤理，穷其理，然后足以致之。二程等人强调的格物，主要不是要认识自然界的事物，而在于通过格物启发人心，认识其所强调的"天理"。

"二程"在教学活动中教导学生要认真读书,努力地探求格物的道理。只有在学很多知识的基础上,才能做到知一物须有一理,积累日久,渐渐体会到万理归于一理,"天理"是通过外物所体现出来的最高的道德准则。

理学大师朱熹对"二程""格物致知"以明天理的思想做了进一步的发展。他为了能更好地论证"格物致知"在学习中的作用,把"格物致知"分成两个阶段。第一阶段是"格物",朱熹解释"格"为"至""尽",其"物"表示一切自然和社会现象,也表示心理现象和道德规范;第二个阶段是致知,到达"知"的境界,即明天理。朱熹将理学思想中的"格物致知"运用到教育中,强调学生在治学过程中加强对于道德伦理等的格物,而反对他们在自然事物上花费过多精力。

二、宋代书院与语文教育

书院之名称,最早见于唐代。袁枚在《随园随笔》中写道:书院之名起于唐玄宗时,丽正书院、集贤书院,皆建于朝省,为修书之地,非士子肄业之所。袁枚清楚地告诉我们,最早的书院是唐代开元年间的丽正书院和集贤书院,但其性质并非教育机构,而是国家图书编校机构,不具备讲学功能。而宋代的书院性质则有所改变,书院演变为教育机构,且颇具规模。在此基础上建立的书院教育制度对后世影响深远。

(一)宋代书院的兴盛及原因

1. 宋代书院的兴起

北宋为宋代书院的兴起阶段。据马端临的《文献通考》、王应麟的《玉海》等史书的记载,宋初著名书院有白鹿洞书院、石鼓书院、岳麓书院、崇阳书院、应天府书院、茅山书院,这些书院是有别于官学的一种教育机构。北宋书院的发展与官学的兴衰有着直接的关系。北宋欧阳修曾说:"五代之乱极矣……干戈兴,学校废,而礼义衰。"唐末五代以来,藩镇割据,武将专权,战争纷起,国力衰颓,官学由此不振。可见宋初官方教育体系尚未确立为书院的产生、兴盛提供了契机。但到北宋中期宋仁宗庆历兴学之后,随着国家太学、州县学教育体制逐渐完善,官方学校迅猛发展,书院的教育中心地位逐渐被取代。

2. 宋代书院的极盛

南宋是宋代书院发展的极盛时期。此时书院数量之多,规模之大,组织之严密和制度之完善都是空前的。据统计,宋代共建书院173所,其中北宋建37所,而南宋建136所。南宋时期,书院几乎取代了官学,成为主要教育机关。明代黄宗羲在《明夷待访录》中提到:其所谓学校者,科举嚣争,富贵熏心,亦遂以朝廷之势利一变其本领;而士之有才能学术者,且往往自拔于草野之间,于学校初无与也,究竟养士一事亦失之矣。于是学校变而为书院。由此可知,科举制度的腐败是书院发达的直接原因。书院与官学最大的不同点在于,书院的教学目标是为教育而非科举考试。书院作为以语文教育为基础的一种特殊组织形式,它是以传播思想、修行养心为追求的。

社会的动荡影响了官学的发展,从侧面推动了书院教育的发展。南宋时期,金兵不断南下骚扰,统治集团偏安一隅。在这种南北对峙、战事连绵、民不聊生的局势下,南宋的官学随着政治混乱、战争频仍、财政日绌和统治者的无暇顾及而日渐衰落。虽然不断有人上书请修建学校,但廷臣皆以"兵兴馈运"为搪塞,很少问津。所以,南宋一代官学虽未中辍,但官学教育实无任何作用和影响,这也促使南宋书院发展到极盛。

宋代理学的发展也是促成南宋书院极盛的重要原因。在宋代,理学占了统治地位,理学家之多是前所未有的。史载淳熙十四年（1187年）周必大任参知政事，"周必大荐朱熹为江西提刑，入奏事，或要于路曰：'正心诚意之论，上所厌闻，慎勿复言。'熹曰：'吾平生所学，惟此四字，岂可隐默以欺吾君乎！'"次年，王淮罢相，朱熹借"入对"机会，大讲"正心诚意"。这段文字一方面说明当时的理学家竭尽全力宣传他们的新理论，但是我们也能从中看到这种儒学新形态并不被官方认可。宋儒学家不得不择山林胜地，修筑书院，作为立足之所，既可以在那里著书立说，构建儒学新体系，又可以在那里聚徒讲授，扩大义理之学的社会影响和学术阵营。

（二）宋代书院的语文教育体制

1. 教学内容

宋代书院教育的内容，因时代不同、学派不同而有较大差异。北宋时期，教学多依古制，"自《论语》《孟子》《易》《诗》《书》《春秋》《礼》皆依古注疏句读，授之正经"。而南宋时期，书院教育因理学家的主持而更突出理学特色。在尊崇传统"五经"的同时，更加注重《大学》《论语》《孟子》《中庸》"四书"的学习。除"四书""五经"外，理学家们的著作、语录、注疏等，也都是书院的必读书籍。如周敦颐的《太极图书》、记录"二程"讲学言论的《明道学案语录》《伊川语录》、朱熹的《近思录》《朱子语类》以及陆象山的《语录》等，都列为书院的重要读物。

有些著名学者在讲学中不只是停留在传授儒家的经典知识，还要讲明义理，讲求身心、道德修养及躬行实践。南宋朱熹于淳熙年间制定的《白鹿洞书院学规》可以体现出书院教育的这一特点。其中要求生徒敬敷五教，即"父子有亲，君臣有义，夫妇有别，长幼有序，朋友有信"。以"博学之，审问之，慎思之，明辨之，笃行之"为"为学之序"。以"言忠信，行笃敬，惩忿窒欲，迁善改过"为"修身之要"。以"正其义不谋其利，明其道不计其功"为"处事之要"。以"己所不欲，勿施于人""行有不得，反求诸己"为"接物之要"。这个学规包括教育的目的、为学的次序和方法，以及修身、处事和接物的要领，同时也反映了以程朱理学为指导思想的典型教育纲领。

2. 教学方法

书院的教学活动，吸纳借鉴了古代官学私学中的许多优点，同时借鉴了佛教的教学经验，从自身培养人的崇高目的出发，是一种极具特色的教育教学活动。宋代书院讲学，通常是由一位大师教诲一群生徒。在讲学上以引导生徒自己学习、钻研为主，大师从旁诱导为辅。许多名师都把指导学生读书作为教学的重要任务，他们往往根据自己的治学经验概括出指导读书的原则和程序，以帮助学生提高读书自学的效果。朱熹曾强调指出：读书是自家读书，为学是自家为学，不干别人一线事，别人助自家不得。道不能安坐等其至，只待别人来理会，来放自家口中。宋人张洪和齐熙将朱熹有关读书的语录摘录成册，并总结出著名的"朱子读书法"：循序渐进、熟读精思、虚心涵泳、切己体察、着紧用力、居敬持志。同时，书院还十分强调学生读书要善于提出疑难，鼓励学生进行问难论辩。朱熹特别重视学生提出的疑难，他认为读书须有疑，"疑者足以研其微""疑渐渐解，以至融会贯通，都无所疑，方始是学"。他在白鹿洞书院经常亲自与学生质疑问难。吕祖谦在丽泽书院讲学时，也提出求学贵创造，要自己独立研究，各辟门径，有超出习俗的见解及新的发现。他指出：今之为学，自幼至长，多随所习熟为之，皆不出窠臼外。惟出窠臼外，然后有功。

3. 教学创新

会讲，也称讲会，是中国古代书院首创的一种以语文教育教学为基础的书院教学活动。讲会开始于南宋朱熹兴复的白鹿洞书院，淳熙二年（1175年），理学和心学两大学派的代表人物朱熹和陆九渊在鹅湖寺进行公开辩论，这就是有名的"鹅湖之会"。虽然，朱陆学术观点不同，但是朱熹并不囿于一己之见，于淳熙八年（1181年）邀请陆九渊赴白鹿洞书院讲学，并把所讲内容刻石立于院内，首开"讲会"先河，为不同学派在同一书院讲学起了示范作用。讲会开始只是书院内的一种教学方式，后来超出了书院的范围，同社会上的学术活动结合起来。有名学者讲学，其他书院和外地书院师生会前来听讲，对慕名千里迢迢前来的听讲者，书院会热情欢迎并给予周到安排。听讲者的身份并不限于书院的师生，很多社会人士甚至一般民众也能参与或旁听，这种"讲会"实际上已经成为地区性的学术集会，书院也成为一个地区的学术活动中心。书院依靠讲学扩大了教学范围，丰富了教学内容，活跃了学术氛围，提高了教学水平，形成了兼容并包的教学风格；同时，书院教学敢于面向大众，面向百姓，对封建社会教育的阶级性和等级性是一个挑战。书院学术向民间传播，不但普及了地方文化和学术，而且使许多贫民子弟受到了教育，也提高了书院的社会地位。

三、宋代启蒙教育与语文教育

（一）宋代启蒙教育简述

《易·蒙》提到："蒙以养正，圣功也。"说明我国古人早就意识到了儿童启蒙教育的重要性，把启迪教养儿童视为至高无上的事业。古人把对儿童进行的启蒙教育称为"蒙养"或"蒙学"，并有专门的蒙学教材，这就是古代的小学教育，主要为识字习字，均属语文教育范畴。随着私学于春秋初叶兴起，我国民间的儿童教育机构也随之产生。到了宋代，私学得到极大的发展，启蒙教育也是蓬勃发展，成就甚高。

宋代的蒙学可分为常年开班授课的私塾、义学（或义塾）和家塾等，还有季节性开办的村学、冬学等。"每一里巷，须一二所。弦诵之声，往往相闻"，可见当时蒙学教育相当普遍，大街小巷都可听到儿童琅琅的读书声。

私塾是教师在自己家里，或者借祠堂、庙宇，或租借房屋开班授课。私塾的规模一般不大，大多是十几人到几十人，塾师依靠学生的学费（主要为粮食）来维持日常生活，生活相当清苦。义学是由地方聘请教师、官员或者名士，共同选址建馆来教育本族和乡里的子弟。家塾则是富裕人家单独聘请教师在自己家里开办，专门教育本家族的子弟。

此外，除了上述的常年开班的蒙学外，还有一些在农村季节性开办的村学、冬学。这种类型的蒙学一般是一个月至三个月左右，主要是在农村农闲时期对儿童进行启蒙教育，教他们识字、写对联等。南宋诗人陆游在《秋日郊居》中这样写道："儿童冬学闹比邻，据案愚儒却自珍。授罢村书闭门睡，终年不著面看人。"诗中描绘出了农村冬学一派欣欣向荣的景象，所提到的"村书"就是蒙学教材，如《三字经》《百家姓》等。

（二）宋代启蒙教育的教材

宋代的蒙学教材在沿用前代蒙学教材的基础上有了新的发展。识字类的教材就有《凡将篇》和《急就篇》。《凡将篇》由西汉司马相如所作，《汉书·艺文志序》记载：武帝时，司马相如作《凡将篇》，无复字。但其今已亡佚，只能从一些引文中看到《凡将篇》

的七字句。《急就篇》由西汉元帝时的黄门令史游所作，是流传最广、影响最大的识字和常识教材。

此外，沿用前代的教材中还有《蒙求》和《太公家教》等。《蒙求》是历史教材，选取经书、史传和诸子书中的历史故事和人物轶事，四字一句，两句一组，互为对偶，逢双句押韵，学生通过朗朗上口的韵文掌握大量史实。《太公家教》属于格言谚语类教材，全书大多采用四言体例，用训诫的语气讲为人处世之道，文章形式整齐，通俗易懂，因此广为流传。

宋代的蒙学教育非常发达，比之汉唐有过之而无不及，宋代的蒙学教材，除了沿用前代的一些教材之外，也继承和发展了前代编写教材的经验，开始分门别类按专题来编写教材，这些探索与创新使我国古代蒙学教材的发展进入一个新的时代。按照教学内容的不同侧重点，可把教材分为五类。

1. 识字教学类

这类教材的最主要目的是为了教小孩子识字认字，但也会进行一些初步的道德行为教育和综合介绍一些基础的文化知识，其中"三、百、千"，即《三字经》《百家姓》和《千字文》，是影响最大和流传最广的，并称为三大国学启蒙读物。明朝吕坤指出：读《三字经》以习见闻，读《百家姓》以便日用，读《千字文》亦有义理（《社学要略》），中肯地评价了"三、百、千"对蒙学的作用。

（1）《三字经》。

《三字经》的作者归属有几种说法，但大多数学者认为它出自南宋王应麟之手，当时编制的《三字经》较现今流传的有些不同，后人在王应麟的版本基础上有所增删，版本较多，全书字数从1120字至1722字不等。它短小精悍，朗朗上口，内容涵盖了历史、哲学、文学、天文地理、道德、民间传说等。

《三字经》约分为五部分，第一部分主要讲教育和学习对儿童成长的重要性，人性本善，但如果不进行适当教育则会"性乃迁"，因此要重视儿童后天的教育；其次教应有道，孟母择邻、窦燕山教子等说明教育儿童要使用合乎正道的方法；养子要教，为师当严，儿童自身也应学。第二部分说明了儿童应学习的内容：首孝悌，习礼仪，并举了黄香温席、孔融让梨的例子，注重封建伦理道德教育。第三部分主要介绍儿童学习知识的顺序：数字、三才、三光、三纲、四时、四方、五行、五常、六谷、六畜、七情、八音、九族、十应，概括了各方面的名物常识，具体而全面。第四部分主要讲述中国古代的重要典籍和儿童读书的顺序，提出学习要"详训诂，明句读"，熟读"四书""六经""三易""四诗""三传""五子"；经子读通后，才读历史，从三皇至元灭金。第五部分列举了十多个勤奋好学的故事，说明学习要勤奋刻苦、孜孜不倦，从小打好基础，长大后才能有所作为。

（2）《百家姓》。

《百家姓》是有关中文姓氏的一本书，成书于北宋时期，作者难以考证。对于本书，后世有不少的改编版本。本书共收集了507个姓氏，其中单姓446个，复姓61个，它只是简单的姓氏名称排列，没有什么意义。《百家姓》的姓氏排列，并不是按照人口多少来进行排序，它采用四言体例，句句押韵，虽无文理，但好读易记，便于流传。

《百家姓》的开头有不同版本，原书以"赵钱孙李"开头，一说是因为宋代皇帝姓赵，故将赵列首位。在后世的版本中，如明朝的《皇明千家姓》因"朱"为国姓，故以"朱"

行开头；清朝的《御制百家姓》则以"孔"姓开头，表明对孔子的尊崇。《百家姓》的主要目的是让儿童认识汉字，懂得当时的姓氏名称，并能在日常的交际生活中使用。

（3）《千字文》。

原名为《次韵王羲之书千字》，由南朝梁的周兴嗣所作，是我国使用时间最长的识字写字教材之一。全文从"天地玄黄，宇宙洪荒"至"谓语助者，焉哉乎也"共 250 句，每句 4 字，共 1000 字，构思巧妙，内容涵盖了政治、经济、天文、地理、社会、历史、修身、处世等各方面的知识。

《千字文》字字不同，是众多书法家学习书法的范本，每字都有一定的意义，特点明显，如隔句押韵、注重平仄、讲究对偶、大量用典，因此较为难懂。与"三、百"相比，《千字文》较少为后人增改修补，因此版本比较清楚，面貌原始。

2. 伦理道德类

（1）《童蒙训》。

又叫《吕氏童蒙训》，由南宋吕本中所著，是作者家塾训课的教材，主要通过列举古代贤人、圣人、名人的一些例子，来说明修身的道理，宣扬儒家思想和封建伦理道德。本书也可以说是作者以自己的读书体会、阅世感悟，向学子传授有关立身、读书处世、仕宦的要道。

（2）《童蒙须知》。

由宋代朱熹撰写，他认为儿童要养成良好的行为习惯，在书中他对儿童提出五项要求：衣服冠履第一，语言步趋第二，洒扫涓洁第三，读书写文字第四，杂细事宜第五。朱熹用通俗易懂的语言说明儿童在日常生活中应注意的各种细节要领，虽然其中不乏封建伦理道德的说教，但是它对儿童良好行为习惯的养成具有重要意义。

（3）《少仪外传》。

南宋吕祖谦撰。吕祖谦编写本书的目的，是由于有些人"轻自大而卒无据"，所以摘取一些"前言往行所当知而易见者"，使学者玩家有得，身体力行。[1]

3. 历史教学类

（1）《十七史蒙求》。

由王令编著。这本蒙学历史教材流行较广，使用的时间也较长。"十七史"是指从《史记》到《新五代史》，该书还采用了《左传》《国语》《说苑》等书中的一些史料。本书每则提出一个历史人物故事，上下两句成对，不考虑史事发生的时间顺序，文字简练，剪裁适当。

（2）《史学提要》。

宋黄继善编，它是最早的一本系统地介绍历史知识的蒙学教材，对后世历史类蒙学教材的编写产生了重要的影响。《史学提要》介绍历史知识简明扼要，见解客观通达，提供史实的同时，关注帝王和朝代变换，还注意对文化知识的讲解。

（3）其他。

除了以上所列举的历史教材，还有胡寅作的《叙古千文》等也是此类教材。这些历史教材有的简述历史发展，有的叙述历史人物和故事，既向儿童教授历史知识，又对他们进行思想教育。后世也有不少类似的教材，如元陈栎作的《历代蒙求》，吴化龙作的《左式

---

[1] 熊承涤. 中国古代学校教材研究 [M]. 北京：人民教育出版社，1996：202.

蒙求》等。

4. 诗歌教学类

（1）《训蒙诗》。

宋代朱熹倡导以诗歌来训导儿童，因此亲自编写了《训蒙诗百首》，亦即《性理绝句百首》，但是因为其理学色彩过于浓厚，所以并没有流传下来。

（2）《千家诗》。

此书具体由何人所编仍不能确定，较流行版本多认为是根据宋刘克庄的《千家诗选》增删而成的。它选取的大多是唐宋时期的名家名篇，篇幅适中、易学好懂，内容按季节编排，言浅意浓，题材非常广泛，有山水田园诗、赠友送别诗、思乡怀人诗、咏物题画诗等，如李白的《静夜思》、孟浩然的《春晓》、王之涣的《登鹳雀楼》、王勃的《送杜少府之任蜀州》等脍炙人口的名篇。

（3）《小学诗礼》。

宋陈淳（北溪）所作，分《事亲》《事长》《男女》《杂仪》四部分。陈淳是朱熹的学生，他从理学的观点，用封建伦常的要求，来编写儿童教材，以求达到"养正于蒙""化民成俗"的目的。[1]

5. 名物制度与自然常识类

（1）《名物蒙求》。

由宋方逢辰所作，全书共2720字，内容涉及天文、地理、人物、鸟兽、草木、衣服、建筑、器具等，包罗万象。此书全文均用四言韵语，通俗易懂，儿童不仅可以从中学到自然社会的常识，还能领悟为人处世的道理。

（2）《小学绀珠》。

由南宋王应麟编著，全书共分天道、律历、地理、人伦、性理、人事、艺文、历代、圣贤、名臣、氏族、职官、治道、制度、器用、儆戒、动植等17类，为便于孩童记诵，其大类之下又各以数词立小目，内容丰富，包含中国传统知识的各种类型，是一部小型的百科辞典。

宋代经济政治的发展和变革、重文轻武的文教政策以及印刷术的发明，使得蒙学教材比前代有了很大的发展与创新。从宋代开始，蒙学教材开始分类编写，包括识字写字、道德教育、历史名物、诗词歌赋等，教材编写的形式多种多样，出版的数目也逐渐增多，使我国古代蒙学教材的发展进入一个鼎盛时期，对后世蒙学教材的编写及研究起到了非常重要的作用。

第二节　宋代语文教育思想

一、王安石

王安石（1021—1086），字介甫，号半山，北宋临川人，世人称其为临川先生，晚年受封荆国公，又称王荆公。北宋政治家、思想家、文学家、教育家，"唐宋八大家"之一。王安石官至副宰相、宰相，他发动了一系列改革，有政治、经济、军事方面的，在历史上

---

[1] 熊承涤. 中国古代学校教材研究 [M]. 北京：人民教育出版社，1996：202.

甚有影响。

王安石在文化教育方面的改革也颇有建树，他在宋代的教育方面起着重要的承前启后的作用，特别是"熙宁兴学"，改革学校教育和科举考试制度、教材等，对北宋的教育和以后的兴学运动都产生了深刻的影响。王安石的教育思想主要体现在他的文集中，现存有《临川先生文集》和《王文公文集》等。

（一）王安石的教育思想概说

"变"字贯穿于王安石的教育思想当中，他在传统儒家思想的基础上提出了许多教育方面的变革，在北宋社会掀起一股新风。针对当时社会存在的一些弊病，王安石希望能从教育方面一定程度地革除这些弊病以达到巩固封建王朝统治的目的，所以，"崇实尚用"是王安石教育思想的中心。

王安石在鄞县任知县时，大力创办县学，并且在理论上阐释了地方办学的重要性和意义，如他在《慈溪县学记》中把办学的宗旨和内容都讲解得非常明确。在任常州知州时，王安石多次到州学讲学。在地方大兴办学，是王安石教育思想小规模的践行，从上而下发动"熙宁兴学"则是他教育思想大规模的实践。

（二）王安石的教育思想言论

王安石有讲学办学的实践经历，有从制度层面上改革教育制度的措施，他的教育思想是丰富而且实用的，主要表现为以下方面。

1. 教育的目的

王安石提倡的教育目的与传统的儒家思想是一脉相传的，即为了社会的稳定、国家政权的巩固而培养经世致用的人才。

> 其服习必于仁义，而所学必皆尽其材。一日取以备公卿大夫百执事之选，则其材行皆已素定；而士之备选者，其施设亦皆索所见闻而已，不待阅习而后能者也。（《明州慈溪县学记》）
>
> **参考译文**：他们必定是从仁义中学习，而且所学到的都必定竭尽他们的才能。某日一旦被取用就会成为各级官吏的备用人才，那么他们的才能品行平素都早已养成；而士的备用人选，他们的施行建设也都是从他们所见所闻中索取，不用等待训练演习然后才能胜任。

2. 教学的原则

王安石所秉持的"学以致用"的教学原则与他培养"经世致用"的人才的教学目的是高度一致的。

> 苟不可以为天下国家之用，则不教也；苟可以为天下国家之用者，则无不在于学。（《上皇帝万言书》）
>
> **参考译文**：如果不可以成为被国家重用的人，就不教育；如果可以成为被国家重用的人，就没有不在于学习的。

3. 教育的内容

王安石认为教学的内容应该是对政治统治有利的，符合国家选拔人才的标准。儒家经学是必学的，但不再是单纯地做注解，为此，王安石编撰了《三经新义》作为学校的统一教材。封建道德如仁义等也是必学的，除此之外，还有朝廷礼乐刑政之事、武事、律学、医学等,也是必学内容。

> 盖其教法:德则异之以智、仁、圣、义、忠、和;行则同之以孝友、睦姻、任恤;艺在尽之以礼、乐、射、御、书、数。淫言诐行诡怪之术,不足以辅世,则无所容乎其时。(《虔州学记》)
>
> **参考译文**:大概他的教法为:德的方面就用智慧、仁爱、圣洁、正义、忠诚、和谐来分开;行为方面就用孝顺父母、友爱弟兄,和睦姻亲,诚信同情地帮助来同化;技艺方面就用礼教、音乐、射箭、御马、写字、数学来完成。不中道德之言、偏颇邪僻的行为、诡奇不正的怪异的方法,不足够来辅助世人,那么就不容于当时了。

> 士弊于俗学久矣,圣上悯焉,以经术造之。乃集儒臣,训释厥旨,将播之学校。(《周礼义序》)
>
> **参考译文**:士受到俗学蒙蔽很久了,圣上怜悯他们,用经和术来改造他们。于是群集儒臣解释经籍中昏暗不明的意义,并将其在学校里传播。

4. 教育方法

王安石的教育思想贯穿着"经世致用"这一总观点,在教学方面也是侧重于实践的。王安石倡导的学习方法主要有:思行结合、教化结合等。

(1) 思行结合。

> 有而不思则失,思而不行则废。(《原过》)
>
> **参考译文**:人性中本有五行,有了这些而不思考就会失去,思考了而不施行就会荒废。

> 视之能必见,听之能必闻,行之能必至,思之能必得,是诚之所至也。(《礼乐论》)
>
> **参考译文**:去看才能必定会看到,去听才能必定会听到,去行才能必定会到达,思考才能必定得到,这是诚所致使的。

思和行是一个手掌的两面,不能只有一面。思是行的向导,行是思的目的。思行结合是王安石所提倡的教学方法,也是当今语文教学应该学习的方法,通过思行结合来培养学生的动手能力。

(2) 教化结合。

> 善教者藏其用,民化上而不知其所以教之之源。不善教者反此,民知所以教之之源,而不诚化上之意。(《原教》)
>
> **参考译文**:擅长教学的人掩藏他的作用,百姓从上位者得到了感化却不知道教育他们的源头。不擅长教育的人刚好相反,百姓知道教导他们的源头,却不真诚地感化上位者的意愿。

教学不是一方的活动,而是师和生双方面的活动,老师对学生进行了教,学生要对所学的有所感化,融进自己的心中,成为自己的东西,教学才算是完成了。教化结合是一种很好的教学方法,也是王安石所重视和倡导的一种教学方法。

5. 影响教育的因素

王安石以一篇《伤仲永》生动地否定了"天才论",同时也生动地告诫了人们:后天的教育是人成才不可或缺的,环境的影响也十分重要,仲永就是没有受到后天的教育和好的环境影响所以免不了"泯然众人矣"的下场。

> 其受之天也,贤于材人远矣。卒之为众人,则其受于人者不至也。彼其受之天也,如此其贤也,不受之人,且为众人;今夫不受之天,固众人,又不受之人,得为众人而已耶?(《伤仲永》)
>
> **参考译文**:他先天得到的禀赋,比起有才能的人高多了。最后成为普通人,是因为他后天的学习没有达到要求。像他那样先天得到的,禀赋如此之好,却由于没有受到后天的教育,尚且成为普通人;现在那些没有先天的禀赋,本来就是普通人,又不接受后天的教育,想成为普通人恐怕都不能够吧?

二、张载

张载(1020—1077),字子厚,北宋著名教育家、哲学家,宋代理学的奠基人之一。祖籍大梁,后定居陕西眉县横渠镇。因自幼生活在横渠,又在此长期讲学授徒,故后世学者称他为横渠先生。明清之际的思想家王夫之高度概括了张载的学术成就和历史地位:横渠学问,思辨之功,古今无两。(王夫之:《张子正蒙著序论》)

他一生著作甚多,其中《正蒙》《经学理窟》《张子语录抄》《孟子解》等著作阐发了他的教育思想。

(一)张载的教育思想概说

张载在教育作用方面提出"敦本善俗""变化气质"的思想;在教育目的方面提出"立人之性""求为贤人",最终达到"学为圣人"的思想;在早期教育方面提出了"养正于蒙"的思想;在道德教育方面提出"为天地立心,为生民立道,为去圣继绝学,为万世开太平"的思想;此外张载还提出了德智相统一的教育思想。

张载大力抨击当时占统治地位的理学,同时在道德教育、知识教育中倡导实学教育并加以实施。张载将传统与现实紧密地结合在一起,开辟了一条求真务实的实学教育道路,为近代教育思想的出现奠定了基础。

(二)张载的教育思想言论

1. 教育目的:实现"变化气质"

> 今欲功及天下,故必多栽培学者,则道可传矣。(《张载集·正蒙》)
>
> **参考译文**:如今想在天下建立功业,就要接连地栽培有学问的专家,那天道自然就可以继续传承下去了。

> 如气质恶者,学能移者,学即能移。今人所以多为气所使而不得为贤者,盖为不知学。(《张载集·张子语录》)
>
> **参考译文**:像本性是恶的人,通过学习能够改变不好的品性,他学习了就能够改变。如今的人们之所以大多数因为本性所致而成不了贤人,大概是因为不知道学习。

2. 教育任务

主张"立人之性""求为贤人",最终达到"学为圣人"。他把人分为世人和儒门两类,而儒门的人又分为学者、贤人(君子)和圣人三个层次或阶段。

学必如圣人而后已,以为知人而不知天,求为贤人而不为圣人,此秦汉以来学者之大弊也。(《宋元学案·横渠学案》)

参考译文:学习必定要学到如圣人那样以后才可以停止,以为有知人之明却不知道天命,设法成为贤人却成为不了圣人,这是秦汉以来学者的大弊端。

学者求圣人之学以备所行之事,今日先撰次来日所行必要作事。(《宋元学案·横渠学案》)

参考译文:学者设法学得圣人的学问来为所要做的事作准备,今日就要把明日要处理的重要事情排列好顺序。

3. 早期教育理念

古人于孩提时已教之礼。今世学不讲,男女从幼便骄惰坏了,到长益凶狠。(《张载集·经学理窟》)

参考译文:古代的人在年幼之时就已经被教过各种行为准则。如今世代相传的学问不讲各种礼仪准则,男女从小便被骄纵学坏了,到了年龄越大弊端则更加明显。

4. 道德教化

为天地立心,为生民立道,为去圣继绝学,为万世开太平。(《张载集·张子语录》)

参考译文:为天地确立起生生之心,为百姓指出遵行的大道,为先贤圣人继承延续行将绝传的不朽学说,给千秋万代开创永久太平的伟大事业。

5. 德智相统一的教育观

不尊德性,则学问从而不道;不致广大,则精微无所立其诚;不极高明,则择乎中庸失时措之宜矣。(《张载集·正蒙》)

参考译文:不遵守道德品性,那么学习了知识也不懂道义。没有到达广阔豁达的境地,那么义理的精微之处就不能够确定掌握。不到达高明的境地,就会选择中庸却不能因时制宜。

6. 教学思想体系

张载认为,人的感觉必须有待于人与外界物的接触,没有外界物也就没有感觉。他的思想体系为"闻见之知"与"德性所知"。

感亦须待有物,有物则有感,无物则何所感……人本无心,因物有心。(《张载集·张子语录》)

参考译文:感受也必须需要等待事物来获得,有事物就会有感受,不凭借事物则感受从哪里获得……人本来没有思想,因为物而产生了思想。

闻见之知乃物交而知,非德性所知。德性所知,不萌于见闻。(《张载集·正蒙》)

参考译文:听到和看见的知识是通过与事物接触来知道的,并不是依靠道德品性来知道的。依靠道德品性所知道的,不是从见闻中产生的。

7. 教学的基本原则

（1）启发教学。

张载主张在教学中应该贯彻启发教学的原则，首先要讲求问答艺术，其次要注重教学相长。

常人教小童，亦可取益：绊己不出入，一益也；授人数次，己亦了此文义，二益也；对之必正衣冠，尊瞻视，三益也；常以因己而坏人之才为之忧，则不敢惰，四益也。（《张载集·经学理窟》）

参考译文：普通人教导小孩，也可以从中有所收获：约束自己不三心二意、随心所欲，这是第一个好处；教授别人好几次，自己也明白了这篇文章的意思，这是第二个好处；对着孩子必须摆正衣帽，讲究仪表，这是第三个好处；经常因感到自己水平不足而误人子弟，并且为此担忧，于是努力不懈而不敢掉以轻心，这是第四个好处。

（2）因材施教。

教人至难，必尽人之材，乃不误人。观可及处然后告之。（《张载集·张子语录》）

参考译文：教育学生最困难的是，一定要尽力发挥他的长处，这样才不会耽误学生。要了解学生力所能及的地方然后告诉他（使之努力）。

（3）循序渐进。

今日勉强，有太甚则反有害，欲速则不达，亦须待岁月至始得。（《张载集·张子语录》）

参考译文：今日让学生学习能力暂时还不能达到的的知识，程度太过了反而是有害处的，性急图快，反而不能达到目的，还是需要一定的时日才可以获得收获。

（4）把握时机。

当其可，乘其间而施之。（《张载集·正蒙》）

参考译文：当他们可以接受的时候，趁这个恰当的时机及时施教。

8. 学习的基本原则

（1）学须有疑。

在可疑而不疑者，不曾学，学则须疑。譬之行道者，将之南山，须问道路之出，出若妄坐，则何尝有疑。（《张载集·经学理窟》）

参考译文：在有疑问时不提出质疑，就像没有学习，学习必须存在质疑。就比如赶路的人准备要到南山去，就必须先问路的方向，如果出去胡乱坐下，那哪里会有疑问呢。

（2）博学精思。

惟博学然后有可得以比较琢磨，学博则转密察，钻之弥坚，转笃实，转诚转信。学愈博则义愈精微。（《张载集·经学理窟》）

参考译文：只有广泛地学习知识才能有所收获并且进行比较琢磨，学习广泛就转向细致观察，钻研探索从而博大厚实，进而做到可靠、可信。因此，学识越渊博，所掌握的道理就会越加精辟。

见物多，穷理多，如此可尽物之性。(《张载集·张子语录》)

参考译文：所见所探索的东西越多，所掌握的规律也就越多，这样才能更好地探究事物的本质规律。

须是思虑，但使常游心于义理之间。不思，则还塞之矣。(《张载集·经学理窟》)

参考译文：学习还应该多思考，应该经常去探究事物的规律。如果不去思考，还是会一窍不通。

(3) 有恒不息。

知学然后能勉，能勉然后日进而不息可期矣。(《张载集·正蒙》)

参考译文：一个人认识到学习的重要性才会主动地自我鞭策，能够自我鞭策后才会继续不停进步。

学者有息时，一如木偶人，牵搐则动，舍之则息，一日而万生万死。学者有息时，亦与死无异。(《张载集·经学理窟》)

参考译文：学习有停息的时候，就如木偶人，有人牵着他就会动，没人牵着就会静止不前，一天就好像是万回生死徘徊。学习停息下来，那跟死人有什么区别呢？

有志于学者，都更不论气之恶美，只看志如何。"匹夫不可夺志也"，惟患学者不能坚勇。(《张载集·张子语录》)

参考译文：立志于学习的人，他的本质是美是恶不重要，只需要看他的志向怎样。"一个人的志向不可以被强行剥夺"，只是担心学习的人没有勇气坚持下去。

(4) 自求自得。

观古人之书，如探知于外人；闻朋友之论，如闻隔墙之言。终不能自得，说得皆未是实。(《张载集·经学理窟》)

参考译文：看前人的书，或只听朋友的言语，就像从外人那里得到信息、听隔墙的话。终究不是自己得到的信息，不是完全正确属实的。

(5) 精思成诵。

书须成诵。精思，多在夜中或静坐得之。(《张载集·经学理窟》)

参考译文：书必须要经常地咏诵，认真思考，吟书的人大多在晚上或静坐的时候悟出真谛。

(6) 温故知新。

温故知新，多识前言往行以蓄德，绎旧业而知新。盖思昔未至而今至，缘旧所见闻而察来，皆其义也。(《张载集·正蒙》)

参考译文：温习旧知识得到新的理解体会，多去认识过去的言行举止来纠过扬善，理清旧知识来学到新的东西。大概是回顾过去未达到而今人达到的地步，通过旧的见闻而推测到将来的东西，大都是这个意思。

(7) 躬身力行。

张载非常重视学习与社会实际的紧密结合，注重实行。

> 事在行，不行则无诚，不诚则无物，故须行实事。（《张载集·正蒙》）
>
> **参考译文**：做事在于行动，不行动就是没有诚心，没有诚心就不会有成果，所以必须要办实事。

三、朱熹

朱熹（1130—1200），字元晦，又字仲晦，号晦庵，徽州婺源人，南宋著名理学家、思想家、哲学家、教育家，理学的集大成者。朱熹在教育思想上颇有建树，可以说，他一生与教育活动相伴，除讲学外，其编写的《四书集注》成为各学校钦定的教科书、科举考试的标准答案。此外，朱熹的著作种类较多，有《资治通鉴纲目》《四书集注》，还有《朱文公文集》《朱子语类》140卷等，其语文教育思想便体现在其中。

（一）朱熹的教育思想概说

朱熹的语文教育思想源于其哲学思想。"理""气""性""心"是朱熹哲学思想的核心，他提出的关于理气论、心性论、天地之性与气质之性的关系、人心与道心的关系等完整的理论体系，奠定了他的教育思想理论基础。如朱熹所强调的"理"便是三纲五常，即君臣、父子、夫妇之间等级尊卑关系的恒定而不可变，这为其"明人伦"的教育目的提供了依据。在教育的价值，朱熹认为人之所以有善恶，是因为人的气质不同。教育的作用是挖掘人气质中善的一面，使其从善去恶，价值在于转变人的气质。

朱熹十分重视语文教育，认为学校是语文教育的重要场所，并将学校教育分为两个阶段，即小学阶段（8岁至15岁）和大学阶段（15岁以后）。朱熹编写了《小学》《训蒙绝学》等教材供儿童使用，并撰写了《训学斋规》《童蒙须知》等学习行为规范，形成了较为完善的"小学"教育体系。在"大学"阶段，内容围绕"穷理""正心""修己""治人"展开。书院是语文教育的重要场所之一，在书院教育中，朱熹为圣人立言，倡导儒家之学，语文教育的功能得到了充分的体现和发挥。他为《大学》《中庸》《论语》《孟子》四本最能反映儒家思想精华的书籍作了注，编成《四书集注》，成为广泛流传的语文教材。

（二）朱熹的教育思想言论

1. 语文教育的目标

朱熹认为语文教育初始意义上的目标包括识字读书、"成人"和"成智"，还应具备替圣贤立言的能力。教育的最终目标是"明人伦""复性""亲民"。总体而言，朱熹认为教育归根到底是为培养符合"存天理，灭人欲"标准的社会之人服务的。

> 未知未能而求知求能，之谓学；已知已能而行之不已，之谓习。（《朱子语类》卷二十）
>
> **参考译文**：不知道的知识，没有获得的技能，要探索习得，这叫学。已经知道及获得的技能，要加以实践，这叫习。

> 人性皆善，而觉有先后，后觉者必效先觉之所为，乃可以明善，而复其初也。(《四书章句集注》)

参考译文：人的本性都是善的，但是发觉自己的本性有先后，后发觉的一定会效仿先发觉的人的作为，然后便能明白本性的善，从而恢复人性最初的本善。

> 父子有亲，君臣有义，夫妇有别，长幼有序，朋友有信。右五教之目，尧舜使契为司徒，敬敷五教，即此是也。学者学此而已。(《白鹿洞书院学规》)

参考译文：父子之间有亲情，君臣之间有恩义，夫妇之间有差别，长幼之间有顺序，朋友之间有诚信。以上是"五教"之目。尧舜命契担任司徒，认真施布的"五教"，即指此而言。所谓学习，就是学习这"五教"。

2. 语文教育的具体内容

(1) 以学"事"为主的教育内容。

朱熹认为，小学的任务就是"教以事"，初学时，应当给以简单容易的内容，让儿童学习日常生活中应注意的事情，如何打扫卫生、礼貌对答、尊重师长、与亲友打交道等，让他们明白事理。同时，"礼、乐、射、御、书、数"等六大技艺也是教学的重要内容。因而，蒙学每日的功课一般教儿童识字习字、读书作文。

(2) 培养学生自觉自律的语文学习习惯。

朱熹十分注重语文学习习惯的培养，从以下论述中便可窥得一二。

> 凡读书，须整顿几案，令洁净端正。将书册齐整顿放，正身体，对书册，详缓看字。(《训学斋规》)

参考译文：但凡读书，必须把桌子台案整理，让桌子洁净平整。将书本整齐地放在桌子上，身体坐正，面对书本，仔细从容地阅读文字。

> 博学之，审问之，慎思之，明辨之，笃行之。右为学之序。学、问、思、辨，四者所以穷理也。(《白鹿洞书院学规》)

参考译文：广博地学习，详尽地询问，慎重地思考，清楚地辨别，切实地实行。以上是学习的顺序。学、问、思、辨这四个环节，是穷理的过程。

> 疑渐渐解，以致融会贯通，都无所疑，方始学也。(《晦翁学案》)

参考译文：疑惑逐渐解开，以至把各方面的知识和道理融合汇聚，都没有疑问了，才开始学习。

> 凡读书须要读得字字响亮，不可误一字，不可少一字，不可多一字，不可倒一字，不可牵强暗记，只是要多诵数遍，自然上口，久远不忘。古人云："读书百遍，其义自见。"谓读得熟，则不待解说，自晓其义也。余尝谓，读书有三到，谓心到，眼到，口到。心不在此，则眼不看仔细，心眼既不专一，却只漫浪诵读，决不能记，记亦不能久也。三到之中，心到最急。心既到矣，眼口岂不到乎？(《训学斋规》)

> **参考译文：** 只要是读书，就要每个字都读得很大声，不可以读错一个字，不可以少读一个字，不可以多读一个字，不可以读颠倒一个字，不可以勉强硬记，只要多读几遍，自然而然就顺口而出，即使时间久了也不会忘记。古人说过："读书百遍，其义自见。"就是说书读得熟了，那么不依靠别人解释说明，自然就会明白它的道理了。我曾经说过：读书有三到，心到、眼到、口到。心思不在书本上，那么眼睛就不会仔细看，心和眼既然不专心致志，却只是随随便便地读，就一定不能记住，即使记住了也不能长久。三到之中，心到最重要。心既然已经到了，眼和口难道会不到吗？

诚然，虽然这些规定和要求繁多，且一定程度上压抑着儿童的个性发展，但是从语文学习习惯培养的角度上看，儿童的学习行为有章可循、有规可依，对其良好的语文阅读、书写等习惯的养成有积极作用。同时，朱熹根据儿童活泼好动的特点，因势利导，激发他们的语文学习兴趣，如开展"咏歌舞蹈"等文娱活动，促进其学习的自觉性，从而达到"习与智长，化与心成"的境界。总体而言，朱熹的语文教育思想以儒学为根本，呈现着语文教育与德育相伴随的特点，以自编的儒学书籍，及"普通事"作为学生学习的教材，强调自学的重要性，在某种程度上促进了语文教育的发展，具有借鉴意义。

四、陆象山

陆象山（1139—1193），名九渊，字子静，号象山，世人称存斋先生，南宋抚州金溪人。陆象山自幼爱读书，爱思考，富有怀疑精神，在三四岁时他就向其父亲提出"天地何所穷际"的疑问，因其父笑而未答，竟然陷入深深的思索，以至于废寝忘食。

陆象山是南宋著名的思想家、教育家，是宋明两代"心学"的开山师祖，其教育思想是儒家教育思想在儒、佛、道文化融合的背景下发展的体现，主要集中在《陆九渊集》。

（一）陆象山的教育思想概说

陆象山满腹经纶，却淡泊科考，致力于讲学，他讲学的经历非常丰富。他曾两次中举，34岁春试及第，赐同进士出身。同年秋，他返回故里，把家里的东偏房"槐堂"变为讲学场所，三年的讲学生涯为陆象山教育思想的形成奠定了基础。讲学三年后，他开始了宦仕生涯，同时也未曾放弃讲学。48岁，陆象山离开京师回到江西故里，开始了另一段讲学生涯，并于第二年创建了象山书院。53岁，陆象山赴任荆门，并修郡县学，讲学授徒。

陆象山的教育思想在槐堂讲学时已初步形成，并伴随他的讲学生涯而逐渐深化和成熟。陆象山从儒家传统的"天人合一"观点出发，又吸取了佛家"体用合一"的观点，提出了"心即理"的思想。"本心"是"心即理"的基石，也是其教育思想的基本范畴，对此，他认为"恻隐，仁之端也；羞恶，义之端也；辞让，礼之端也；是非，智之端也。此即是本心"。（《年谱》）

（二）陆象山的教育思想言论

陆象山大半生都在讲学，可见他对教育的重视和执着，其教育思想言论也很多，主要有以下方面。

1. 教育的作用

陆象山对于教育的作用进行了深刻的论述并阐发了许多见解，他认为人的本心在不同方面和不同程度上受到蒙蔽和戕害，人要保持自己的本心，教育是必需和必要的。

> 天以斯民付之吾君，吾君又以斯民付之守宰，故凡张官置吏者，为民设也。无以厚民之生，而反以病之，是失朝廷所以张官置吏之本意矣。（《与苏宰（三）》）
>
> **参考译文：** 上天把这些百姓托付给我的国君，我的国君又把这些百姓托付给守宰，所以凡是设立官吏的，是为了百姓而设立。不能使人民的生活富足充裕，反而使他们受损害，这就丧失了朝廷设立官吏的本来意义了。
>
> 愚不肖者之蔽在于物欲，贤者智者之蔽在于意见，高下污洁虽不同，其为蔽理溺心而不得其正，则一也。（《与邓文范》）
>
> **参考译文：** 愚昧不贤的人的蒙蔽在于对外物的贪欲，贤能智慧的人的蒙蔽在于见解，高下污秽洁净虽然不同，如果是因为蒙蔽了理性淹没了心智而不得矫正，那就是一样的。
>
> 若愚不肖之不及，固未得其正；贤者智者之过之，亦未得其正。溺①于声色货利，狃②于谲诈奸宄，牿③于末节细行，流于高论浮说，其智愚贤不肖固有矣。若是心之未得其正，蔽于其私，而使此道为之不明不行，则其为病一也。（《与苏宰（二）》）
>
> **注释：** ①溺：沉迷。②狃：拘泥。③牿：束缚。
>
> **参考译文：** 假若愚昧不贤的人还未达到，本来就不得正理；贤能和智慧的人趋于超过了，也没得到正理。沉溺在音乐、女色、货物、财利，拘泥于谲诡狡诈、犯法作乱，束缚于无关大体的细小行为，放纵于不切实际的言论、虚浮不实的言谈，是智慧的、愚昧的、贤能的、不贤的人都有的毛病。假若是心不正，被私欲蒙蔽，而使得道不明白不通行，那么他们的毛病是一样的。

2. 教育的可能性

教育活动是教育者凭借一定的内容对受教育者施加影响，陆象山认为无论是教育者、受教育者还是教育的内容都必须有教育的可能性，教育活动才能进行下去。

> 人心至灵，此理至明，人皆有是心，心皆具是理。（《杂说》）
>
> **参考译文：** 人心最灵妙，这个理最光明，人都有这本心，心都具有这个理。
>
> 义理之在人心，实天之所与，而不可泯灭焉者也。彼其受蔽于物，而至于悖理违义，盖亦弗思焉耳。诚能反而思之，则是非取舍，盖有隐然而动，判然而明，决然而无疑者矣。（《思则得之》）
>
> **参考译文：** 义和理在人的心中，实际是天所赐予的，是不可以消灭的。那心被外物蒙蔽，以致违背义和理，大概也没有思考了。如果能反过来思考，那么是与非、取和舍，大概就隐隐约约呈现，清清楚楚不同，坚决没有疑虑了。

人心至灵，惟受蔽者失其灵耳。(《与侄孙浚》)

参考译文：人的本心本能到达美好，只是受到外物的蒙蔽，人的本心就会失去它的善性罢了。

3. 教育的目的

教育一方面是社会发展的需要，另一方面是人自身发展的需要。陆象山处于南宋，深深认识到教育在稳定社会、巩固政治、同化道德等方面起着重要的作用，另外，他还注重教育"明理""立心""做人"的目的。

塞宇宙一理耳，学者之所以学，欲明此理耳。(《与赵咏道（四）》)

参考译文：充满宇宙的只是这一个理，学习要学的，就是要明白这个理罢了。

人孰无心，道不外索，患在戕贼之耳，放失之耳。古人教人，不过存心、养心、求放心。此心之良，人所固有，人惟不知保养，而反戕贼放失之耳。(《与舒西美》)

参考译文：人谁没有本心，道义不用向外寻求，只是担心伤害它，放纵它。古代的人教人，仅仅是存心、养心、求放心。这良好的心性，人本来就有，只是人们不知道保持修养它，反而伤害放纵它罢了。

人生天地间，为人自当尽人道①，学者所以为学，学为人而已。(《年谱》)

注释：①人道：做人的道义。如仁、义、礼、信等。

参考译文：人生于天地之间，为人应当竭尽人道，学习的人之所以学习，只是学习做人罢了。

4. 教学的内容

陆象山的教学内容主要为"六经语孟"，同时也注重涉猎其他。他的教学注重分年龄阶段，不同的年龄，有着不同的教学内容和要求。

古者八岁入小学，十五岁入大学。小学教之射、御、书、数，大学之道则归乎明明德于天下者。今教童稚，不过使之习字画读书，稍长则教之属文。读书则自《孝经》《论语》以及六经子史，属文则自诗、对，至于所谓经义、词赋、论策者，不识能有古者小学大学之遗意乎？(《策问》)

参考译文：古时候的人，八岁进入小学，十五岁进入大学。小学教他们射箭、骑马、写字、数学，大学的主旨就归到使人们的美德得以显明。现在，教小孩仅仅让他们学习写字、画画、读书，稍微长大一点就教他们撰写文章。读书就从《孝经》《论语》以及六经子史开始，撰写文章就从诗、对开始，至于所谓的经义、词赋、论策，不熟知能有古时小学大学留下的旨趣？

小学教的内容主要有射、御、书、数，在小学里也有一个渐进的过程，稍小的就教"习字画读书"，稍大一点了，就教以"属文"。可见，读书和属文的内容也有所区分。

古者十五入大学，《大学》曰："大学之道，在明明德，在新民，在止于至善。"此言大学旨归。(《学说》)

参考译文： 古时的人十五岁就进入大学，《大学》曰："《大学》的主旨，在于使人们的美德得以显明，在于鼓励天下的人革除自己身上的旧习，在于使人们达到善的最高境界。"这话就是大学的主旨。

大学在小学的基础上也读经书，但更加深化，要更注重教切己明德、修己治人的道理。

5. 教学的形式

陆象山的教学形式主要有：讲学授课式、顿悟谈话式、环境熏陶式等。

每旦精舍鸣鼓，则乘山轿至，会揖，升讲坐，容色粹然，精神炯然。学者又以一小牌书姓名年甲，以序揭之，观此以坐，少亦不下数十百，斋肃无哗。首诲以收敛精神，涵养德性，虚心听讲，诸生皆俯首拱听，非徒讲经，每启发人之本心也。(《年谱》)

参考译文： 每天早上听到书斋的鸣鼓声，就乘坐山轿到书斋，一定做拱手礼登上讲座，脸色纯正，神气清爽。学习的人又用一个小牌写上姓名和年龄，按顺序揭开它，看着牌子来就座，人少的时候也有几十几百人，书斋肃静没有喧哗声。首先教导他们集中精神、培养德性、虚心听课，学生们都服帖着头拱着手认真听课，不是仅仅讲经，还在需要的时候停下来启发人的本心。

这段话重现了陆象山的讲学形式，由此可以发现陆象山的讲学授课式类似于现在的班级授课式教学。几十个人坐在一个讲堂里面，安安静静地听老师讲解，并在老师的启发下思考问题。

问："如何是本心？"先生曰："恻隐，仁之端也；羞恶，义之端也；辞让，礼之端也；是非，智之端也。此即是本心。"对曰："简儿时已晓得，毕竟如何是本心？"凡数问，先生终不易其说，敬仲亦未省。偶有誊扇者讼至于庭，敬仲断其曲直讫，又问、如初。先生曰："闻适来断扇讼，是者知其为是，非者知其为非，此即敬仲本心。"敬仲忽大觉，始北面纳弟子礼。故敬仲每云："简发本心之问，先生举是日扇讼是非答，简忽省此心之无始末，忽省此心之无所不通。"先生尝语人曰："敬仲可谓一日千里。"(《年谱》)

参考译文： 问："什么是本心？"先生回答说："同情之心，这是仁的开端；以恶为羞耻，这是义的开端；谦逊退让，这是礼的开端；明辨是非，这是智的开端。这就是本心。"杨简又说："简儿小时候已经懂得了，到底什么才是本心？"经过多次询问，先生始终不改变他的解说，杨简也没有弄懂。偶然间有一位抄写扇子的人在官堂上诉讼，杨简断明了是非曲直后，又像当初那样问。先生说："听你刚才判断抄扇人的诉讼，对的就知道那是对的，不对的就知道那是不对的，这就是你的本心。"杨简忽然间觉悟了，于是向北面行弟子礼。所以杨简每次都说："我问什么是本心，先生举这天扇子官司的是非回答，我忽然间懂得这心无始无终，忽然间懂得这心是无所不通的。"先生曾经对人说："杨简可以称得上一日千里。"

从这段对话中，我们可以知道陆象山通过与学生的交谈进而达到教育学生的目的。谈话分阶段进行，用事例推进谈话，并在谈话进行中给予足够的时间和空间让学生思考，而不是一开始就给予学生答案。这就是陆象山顿悟谈话式的教学方式。

> 淳熙十五年秋，他们师徒一行七十八人，"观瀑半山，登舟水南，宿上清，信龙虎；次于新兴，究仙岩之胜"。(《题新兴寺壁》)
>
> **参考译文**：淳熙十五年的秋天，他们老师和学生78人一起出游，"在半山观瀑布，登上船顺着水往南走，住在上清，崇奉龙虎；停在新兴，深究仙岩的优美"。

陆象山在游玩时适时给予学生们指导，可以说是娱乐不忘学习。用环境的优美来教导学生，既生动形象又容易接受。这就是陆象山环境熏陶式的教学形式，对当今的语文教育具有启发意义，即可以适当地利用环境气氛来引导学生学习。

6. 教学的反思

一个人要学习，首先要端正自己的学习态度。陆象山对于教学的态度是非常认真，并有着自己的一套理念。

> 或问："先生之学，当自何处入？"曰："不过切己自反，改过迁善。"(《语录上》)
>
> **参考译文**：有人问："先生的学问，应当从哪里入手呢？"回答说："只是从自身下手反省自己，改正错误，变成好的。"

> 过者，虽古之圣人有所不免，而圣贤之所以为圣贤者，惟其改之而已。不勇于改，而徒追咎懊悔者，非某之所闻也。(《与傅全美（二）》)
>
> **参考译文**：错误，即使是古代的圣人也不能够避免的，而圣人贤人成为圣人贤人的原因，只不过是他们懂得改过罢了。没有勇气改正错误，而白白悔恨的人，这不是我所听闻的（圣人贤人）。

古有"人谁无过，过而能改，善莫大焉"。(《左传·宣公二年》)陆象山在教育的态度上秉承着这种"知错能改"的做法，提倡在学习上"切己自反，改过迁善"。

7. 教学的方法

陆象山的教学方法主要有：心正、易简、辨志立志、亲师友、循序渐进等。

（1）心正。

> 心正，则静亦正，动亦正；心不正，则虽静亦不正矣。(《与朱元晦（二）》)
>
> **参考译文**：心端正了，那么静也端正，动也端正；心不端正，那么即使静也是不端正的。

> 此心苟得其正，听言发言皆得其正。听人之言而不得其正，乃其心志不正也。一人言，众人听之，使众人各述其所听，则必不齐。非言者之异，听者之异也。(《与邵叔谊》)
>
> **参考译文**：这心如果端正了，听话说话就都端正了。听别人的话却得不到端正，那是他的心志不端正。一个人说，许多人听，假使让众人各自说他们听到的，那么必定不一致。不是说话人的差异，而是听话人的差异。

陆象山认为,"心正"既是学习的前提,也是贯穿学习的主轴,更是学习的方法。心正了,其他才会正,这样才能真的学习,才能真的学到东西。

(2) 易简。

> 易简之善,有亲有功,可久可大,苟不懈怠废放,固当日新其德,日逐和平之乐,无复艰屯之意。(《与扬敬仲(二)》)
>
> **参考译文**:易简的好,有亲近有功德,可以长久可以广大,假如不松懈不废除,本来应当每天都更新德性的,每天都追逐和平的乐趣,不再有克尽艰难的意愿。

> 固正理在人心,乃所谓固有。易而易知,简而易从,初非甚高难行之事,然自失正者言之,必由正学以克其私,而后可言也。(《与李宰(二)》)
>
> **参考译文**:本来正理就在人的心里,就是所谓本来就有的。易而且容易知道,简而且容易跟从,当初不是很难施行的事情,然而从失正的人来说,必定经由正学来战胜私欲,然后可以说了。

"易简"也是陆象山提倡的学习方法之一。

(3) 立志辨志之法。

> 傅子渊自此归其家,陈正己问之曰:"陆先生教人何先?"对曰:"辨志。"正己复问曰:"何辨?"对曰:"义利之辨。"若子渊之对,可谓切要。(《语录上》)
>
> **参考译文**:傅子渊从这里回他的家,陈正己问他:"陆先生教人先教什么?"回答说:"教辨别志向。"又问:"辨什么?"回答说:"义和利的辨别。"像子渊的对话,可以称得上明确扼要。

> 人患无志,而世乃有有志不如无志者,往往皆强探力索之病也。若无此病,譬如行千里,自一步积之,若不已,无不至,但患不行耳。(《与符复仲》)
>
> **参考译文**:人最怕的是没有志向,然而世上有有志的人比不上无志的人,往往都是因为强求索要的弊病。若没有这弊病,就好像行走千里,从第一步开始积累,倘若不停止,没有不到达的,只是忧虑不行动罢了。

立志辨志是学习的向导,指引着学习的方向,同时也是一种学习方法。

(4) 循序渐进之法。

> 学固不欲速,欲速固学者之大患。(《与詹子南》)
>
> **参考译文**:学习本来就不要只想着速度,想要速度本来就是学者的大忧患。

> 为学固不可迫切,亦当有穷究处,乃有长进。若能随分穷究,废弛岂所患也?(《与吴显仲》)
>
> **参考译文**:学习原本就不可以迫切,但也应当有穷究的地方,于是才能有长进。倘若能按照本分穷根究底,荒废懈怠难道是要担心的吗?

学习不是一蹴而就的事情,是一个循序渐进的过程,是一个"穷究"的过程。

(5) 承师亲师之法。

> 近见所在友朋，多有好理会，文义反不通者，盖不知学当有师。(《与曾宅之》)
>
> **参考译文**：近来见到处的朋友，很多时候有好的领会，文和义反而不通顺的人，大概不知道学习应当有老师。

> 学者须先立志，志既立，却要遇明师。(《语录上》)
>
> **参考译文**：学习的人必须先设立志向，志向设立了之后，还要遇到明智的老师。

> 道非难知，亦非难行，患人无志耳。及其有志，又患无真实师友，反相眩惑，则为可惜耳。(《与侄孙浚》)
>
> **参考译文**：道并非难以知道，也并非难以实行，只是担忧人没有志向罢了。等到人有志向，又忧患没有真正的老师，反而迷惑，那就可惜了。

陆象山认为承师亲师是非常重要的一种学习方法。承师是秉承先人所学，就是所谓的"站在巨人的肩膀上"，这样的学习能有根可循，也能拓展学习空间。亲师是与师站在比较平衡的位置上受到师的引导和启发的学习方法。

第三节 小 结

宋代的语文教育在封建社会快速发展的推动下加紧革新，在印刷业繁荣的影响下教育内容广泛传播。

宋代思想家们提出开辟"义理"之学，在教学上，便是重视阐发义理，即理解经义，体会深意，并且要有理有据地大胆怀疑。宋代理学思想的繁荣使得宋代理学家们怀着自觉的卫道意识，写作了许多关于治学论学的文章。他们重视和传播儒家道统思想，使经学思想成为宋代整个学术思想的主要组成内容和形式，又提倡格物致知的教学方法，认为一物须有一理，应该通过格物探求真知推动了语文教育的发展。

宋代理学的发展也促进了宋代书院的繁荣，从北宋兴起，到南宋发展到极盛。宋代书院数量之多，规模之大，组织之严密和制度之完善都是空前的。在宋代，理学占学术的统治地位，但这种理学新形态并不被官方认可，理学家们只好修筑书院，在这里著书立说，构建儒学新体系，并且聚徒讲授，扩大义理之学的社会影响和学术阵营。书院主要讲授《大学》《论语》《孟子》《中庸》，以及理学家们的著作、语录、注疏等，传授儒家经典知识，并且阐明义理。在讲学上，以学生自己学习、钻研为主，老师从旁诱导为辅，书院的教学形式对语文教育观念及方法的改革与创新起到了推动作用。

宋代非常重视蒙学教育，有常年开班的私塾、义学、家塾，也有季节性的村学、冬学等。所用教材分门别类，按专题来编写，有识字类、伦理道德类、历史类、诗歌类、名物制度类与自然常识类等。教材出版的数量也逐渐增多，使我国古代蒙学教材的发展进入鼎盛时期，对后世蒙学教材的编写也具有非常重要的影响。

思 考

1. 宋代哪种教育思想在当下具有较强的实践意义？
2. 宋代教育思想较之唐代教育思想，有哪些进步与落后之处？请分别举例说明。
3. 宋代蒙学教材有什么共同的特点？对当今小学语文识字教学有什么启发？
4. 宋代的书院制度对语文教育的发展有什么积极作用？

本章参考文献

[1] 王晓龙，宋乾. 论宋代理学教育传播的主要信息 [J]. 贵州社会科学，2007 (10).

[2] 丁建军，金之易. 宋代教育发达原因探析 [J]. 河北大学学报，2007 (8).

[3] 黎靖德. 朱子语类 [M]. 北京：中华书局，1986.

[4] 王安石. 临川文集 [M]. 长春：吉林出版集团，2005.

[5] 谢保国. 中国古代语文教育史稿（下册）[M]. 银川：宁夏人民出版社，2009.

[6] 梁励. 书院兴衰考略 [J]. 徐州师范学院学报，1990 (2).

[7] 徐林. 宋代书院的兴衰及教育教学特点 [J]. 乐山师范学院学报，2011 (6).

[8] 肖钢. 宋代书院的兴盛与理学的发展 [J]. 暨南学报，1990 (3).

[9] 张玉蓉. 宋代书院办学特色述评 [J]. 重庆交通学院学报，2004 (9).

[10] 钱冬梅. 宋代蒙学教材研究 [D]. 扬州大学硕士学位论文，2012.

[11] 熊承涤. 中国古代学校教材研究 [M]. 北京：人民教育出版社，1996.

[12] 张隆华，曾仲珊. 中国古代语文教育史 [M]. 成都：四川教育出版社，2002.

[13] 孙培青. 中国教育史 [M]. 上海：华东师范大学出版社，2008.

[14] 苗春德. 宋代教育 [M]. 开封：河南大学出版社，1992.

[15] 顾春. 来源·争论·特性——陆九渊教育思想三论 [M]. 北京：教育科学出版社，2003.

[16] 郭齐家，顾春. 陆九渊教育思想研究 [M]. 南昌：江西教育出版社，1996.

[17] 余家菊. 陆象山教育学说 [M]. 北京：首都师范大学出版社，2011.

[18] 陆九渊. 陆九渊集 [M]. 钟哲，点校. 北京：中华书局，1980.

[19] 罗传奇，吴云生. 王安石教育思想研究 [M]. 南昌：江西教育出版社，1991.

[20] 秦克，巩军. 王安石全集 [M]. 上海：上海古籍出版社，1999.

[21] 张载. 张载集 [M]. 北京：中华书局，1978.

[22] 白洁. 论张载的教育思想 [J]. 陕西师范大学学报：哲学社会科学版，1984.

第六章 元明清语文教育

导　读

　　元明清时期，是封建中央集权由鼎盛走向衰亡的时期，也是以科举制度为保障的传统教育逐渐动摇并向近代教育转型的时期。中央集权的加强和科举制度的发展，在给教育发展提供环境和条件的同时，也制约着教育的发展。另外不可忽视的是，民族融合、文化交流、西学东渐是元明清时期的一大发展趋势。在这一背景下，教育制度、教育思想和教育内容等都有了新的发展，为语文学科的独立和发展奠定了基础。

第一节 元明清语文教育概况

　　元明清是中国封建社会的最后三个朝代，自1271年元朝建立起，到1912年清帝退位，在这600多年间，各民族之间的思想融合和文化交流促进了我国文学艺术的发展。在文化教育方面也有新的发展：第一，革新派力主经世致用，在批判程朱理学的基础上，建立了自己的学说；第二，私学和义学越来越昌盛，搜书、藏书、编书之风越来越盛行；第三，西学东渐和多民族的文化交流给中国封建文化注入了新的活力和生机。

　　元明清三朝几乎都以"尊孔崇儒"为基本文教政策。但语文教育的发展相比前代有了新的动态。一是出现了《弟子规》《龙文鞭影》《幼学琼林》等幼学教材，二是编选了《古文观止》《古文辞类纂》《经史百家杂钞》《唐诗三百首》《千家诗》等阅读教材，三是创作了《三国演义》《西游记》《水浒传》《聊斋志异》《儒林外史》《红楼梦》等小说，四是编纂了《康熙字典》《佩文韵府》《四库全书》等典籍。活跃在这一时期的教育家有王阳明、刘念台、颜元、顾炎武、黄宗羲等人。这些新动态和这些教育家的教育思想极大地丰富了语文教育的内容，推动了语文教育的发展。

一、社会政治与语文教育

　　元明清社会的主要特点是巩固、统一的多民族国家的建立与君主专制的中央集权统治的进一步加强。后者既是维护国家统一与促进社会发展的需要，也是促使其走向衰亡的因素。后者在意识形态上的反映，则是文化专制主义的加强，作为社会上层建筑的语文教育也深受其制约和影响。

（一）元代社会政治与语文教育

　　元代的蒙古贵族，凭借强悍的武力建立了幅员辽阔的大帝国，但是他们的社会刚从奴隶制的游牧生活向封建制转变，文化发展水平相对较低。他们入主中原后，为了巩固统治和保障上层贵族的利益，实行了"汉化"政策，在经济、政治、文化等许多方面承袭宋制，使中国的社会得以持续发展。成吉思汗和窝阔台统治时期，政治家耶律楚材已试行汉化。忽必烈认同"帝中国,当行中国事"[1]的观点,广泛地吸收汉族知识分子参与朝政。这些政策在一定程度上影响了语文教育的发展。具体表现如下。

元代的文教政策以尊孔崇儒为核心。元仁宗曾对臣下说:所重乎儒者,为其握持纲常,如此其固也,[2]而崇尚儒学的原因则是:儒者可尚,以能维持三纲五常之道也。[3]为了实行尊孔崇儒的政策,元统治者加封孔子为大成至圣文宣王,诏全国普遍修造孔庙,对孔子进行祭祀;忽必烈带头认真学习儒经,重用理学家。全国普遍恢复和建立各级官学,使官给学田制度化,设立专人管理;明令确定"四书""五经"为各级学校的基本课程和科举考试出题的主要依据;重视发展基层教育与社会教育,开始在全国城乡设立社学,允许私学和书院存在和发展,同时也对书院加强控制,使书院官学化。中国封建教育的传统在元代没有中断,且宋代的程朱理学在元代得到了充实和发展。以尊孔崇儒为核心的文教政策,在一定程度上促进了语文教育的发展。

元代仿行宋代科举制度。在未统一全国之前,元太宗曾一度举行科举考试,旋复停止,到仁宗皇庆二年(1313年)始正式采用科举办法。元代科举与宋代科举相比较,呈现出以下三个显著特点。第一,元代科举具有明显的民族歧视特点。蒙古人、色目人作一榜,只考两场;汉人、南人作一榜,考三场。蒙古人、色目人的试题比较浅易,容易及格。这些规定造成了各民族知识分子的不平等。第二,元代科举只设进士一科,且录取名额较少。元代总共举行过七次进士考试,每次录取两榜,相加也不过百人。如延祐二年(1315年)廷试进士及第56人,延祐五年(1318年)50人,天历三年(1330年)97人。大量的士人无法通过科举之路进入官场,只能流连于社会底层。第三,元代科举考试内容开始以朱熹的《四书章句集注》为主。自此以后,科举考试内容被官方禁锢在"四书"之内,朱熹的《四书章句集注》被奉为金科玉律,知识分子的思想受到了更为严重的控制,思想自由被扼杀殆尽。由于元代并不重视科举制度,并且采取民族歧视政策,大量的汉人放弃科举之路,从事文学创作,造就了元代戏曲与杂剧的繁荣,如关汉卿的《窦娥冤》、白朴的《梧桐雨》等名篇便是产生于这样的社会背景之下。这也在很大程度上丰富了语文教育的内容。

(二)明代社会政治与语文教育

明代是我国封建社会发展中的一个重要历史时期,也是中国古代语文教育发展历程中的一个重要阶段。明太祖朱元璋出生布衣,为了保住皇帝的宝座,巩固朱家的政权,他总结了元朝灭亡的教训,继承了汉唐以来的统治经验,并结合自己的实际经验,在政治、经济、文化等方面进行了系统的大刀阔斧的改革,最终把一切权力都集中在了自己手中,实现了中央对地方的高度集权统治。明朝建立之初,政治体制都沿用元代,在中央设置中书省、左右丞相、平章政事和参知政事等官,掌管全国政事。在地方则设立行中书省,分管地方行政。后来为了防止相权过大,加强中央对地方的控制,明太祖开始着手整顿官制,基本上形成了皇权高度集中的格局。洪武十五年(1382年)以后,明代的中央官制基本定型,其后除建文年间有重大改动外,其他诸朝都没有大的变化。中央官制的变化与调整,对语文教育产生了重要影响,主要体现在明代集权政治体系使得明代的语文教育体系

---

[1] 柯劭忞. 新元史 [M]. 长春:吉林人民出版社,1995:2906.
[2] 宋濂,等. 元史 [M]. 北京:中华书局,1976:4085.
[3] 同上书,第594页。

和课程内容缺乏独立性。除此以外，明中叶以后，皇帝多追求享乐，政治和生活上日益腐败，甚至出现皇帝长期不理朝政的现象，这为宦官干预朝政提供了机会。由于朝廷遇事利用内阁和宦官控制局面，内阁和宦官专政交替出现，两者相互倾轧，激烈的党争使得明朝统治出现危机。随着政治危机的出现，教育也日益衰微。

纵观明朝的历史，其文化教育主要表现为以下几个方面。

1. 尊奉儒学，推崇程朱理学

明代依旧将尊经崇儒作为推行文治的思想武器。在政权建立之前，朱元璋就注意网罗儒士，明王朝建立之后，他更是大力访求贤才。他明确指出"贤才，国之宝也"，还屡次令下属察举后"备礼遣送至京"[1]，一时间，礼遇儒生、贤士之风大盛。他要求教官"当以孔子之道为教"，学生必须重视圣贤经传的学习，"毋徒尚文艺""徒以文辞为务"。在办学中突出儒学，而不热心于唐宋时期就已具有的各类专科学校。全国府、州、县皆建有儒学。《明史》中说："天下府、州、县、卫所，皆建儒学，教官四千二百余员，弟子无算，教养之法备矣。"[2]

对儒学的尊奉，特别表现在对程朱理学的推崇上。为了使程朱理学的正宗地位得以巩固，官方大力提倡，把它作为思想、文化、教育领域的统治思想。朱元璋曾规定"国家取士，说经者以宋儒传注为宗"，其用意在于确立程朱理学的统治地位，以此作为君主专制的理论武器，这一思想倾向，在明太祖以后继续得到强化。明成祖永乐十三年（1415年），将翰林学士胡广等编纂的《五经大全》《四书大全》和《性理大全》诏颁天下，统一思想，"使家不异政，国不殊俗"[3]。陈鼎在《东林列传》中记有：（太祖）一宗朱子之学，令学者非"五经"、孔孟之书不读，非濂、洛、关、闽之学不讲；成祖皇帝，益光而大之，令儒臣辑"五经""四书"及《性理全书》颁天下。至此，程朱理学处于独尊地位。但是明代统治者推崇程朱理学，不是为了弘扬学术，而是想借程朱理学统一人们的思想，以便教化民众，利于统治。这一点在对待《孟子》的问题上，表现得比较明显，明太祖读孟子书至"君之视臣如草芥，则臣视君如寇仇"句，说这不是臣子该说的话，因此，他下令把孟子逐出孔庙，罢其配享，他还命儒臣修改《孟子节文》，把对于专制君主不利的句子删去，如《尽心篇》的"民为贵，社稷次之，君为轻"；《离娄篇》的"桀纣之失天下也，失其民也，失其民者，失其心也"；《万章篇》的"天与贤，则与贤"一章。经删节后，《孟子节文》才能颁布于学校。由于统治者在推崇程朱理学的同时，对其他有碍于专制统治的思想学说采取排斥的态度，程朱理学虽然被推上正宗地位，学术思想却不能得到发展。但是《五经大全》《性理大全》等书籍的编纂，仍影响了语文教育的内容，提供了语文教材编写的范式。

2. 重教兴学，选拔人才

教育对选拔和培养人才，对封建统治的长治久安，起着至关重要的作用。学校是使国家教育机制朝着集中和有序的方向发展的有效场所。明太祖有感于教化在治国中的重要作用，把兴建学校与恢复经济放在同等重要的地位。洪武元年，明太祖明确指出学校是"养贤育才之所"。为了检验学校所培育的人才是否能满足统治者的需要，就相应地产生了人

---

[1] 张廷玉，等. 明史[M]. 长春：吉林人民出版社，1995：1094-1095.
[2] 同上书，第1079页.
[3] 胡广纂. 性理大全[M]. 济南：山东友谊出版社，1989：14.

才选拔制度，明朝的选拔制度主要有两种，即荐举和科举。明初，"两途并用，亦未尝畸重轻"[1]。明太祖曾一度非常重视荐举，除亲自征召外，还鼓励下属访探贤才。荐举在当时为统治者网罗了不少人才，但是随着荐举自身弊端的显现，统治者认识到荐举并不比科举优越。自建文、永乐之后，科举日重，荐举则趋向名存实亡，科举逐渐成为明朝最主要的选拔官吏的制度。

明代真正实施科举始于洪武三年（1370年）。当时，天下既定，官多缺员。朱元璋诏令曰：自今年八月始，特设科举，务取经明行修、博古通今、名实相称者。[2] 此外，明朝首创划区域按比例录取制，使科举制更臻完善，既缓和了阶级矛盾，又扩大和巩固了明朝的统治基础。这项制度考虑到了区域文化教育发展的差异，使得科举制度更加符合社会现实，满足各地政治、经济、文化发展的需要。由此，科举考试成为世人眼中比较公正客观的人才选拔制度，得到了广大士人的青睐，而统治者也通过科举考试选拔了大批人才充实官吏队伍，让有真才实学之人为自己的统治服务。明代科举考试主要考八股文。八股文的内容虽是经义，形式却是文学，是一种糅合散文的章法、骈文的排偶和近体诗的格律而成的一种文体。与试帖诗相同的是，八股文也有严格的格律规范，这两种考试文体都易于出题，易于判别水平高下。在极端严格的形式之下，要能出奇制胜，写出意义不俗、文字优美的文章来，确要有很高的文字水平和思维能力。在长期的八股文教学过程中，士子们的语文能力得到锻炼，语文修养得以提高。

3. 屡兴文字狱，镇压异端思想

明代统治者为了加强思想控制，屡兴文字狱，以莫须有的罪名，残酷迫害文士。对此，清人赵翼在《明初文字之祸》一文中有比较集中的记载。如杭州府教授徐一夔，在所撰贺表中有"光天之下，天生圣人，为世作则"等语，明太祖"览之大怒曰：'生'者僧也，以我尝为僧也；'光'则剃发也；'则'字音近贼也。"[3] 遂斩之。朱元璋如此枉杀无辜，目的在于使学校师生慑于其淫威下，俯首帖耳，服从统治。明代这种文化高压政策限制了人们的思想自由，对语文教育也产生了负面影响。

4. 文学艺术繁荣

随着经济的发展，明代的文学艺术取得了较高的成就。如罗贯中的《三国演义》、施耐庵的《水浒传》、吴承恩的《西游记》等均是家喻户晓的文学作品；明代还出现了不少戏剧作品，最突出的应当说是汤显祖的《牡丹亭》。文学的发展与教育有着密切的关系。这些文学著作的出现，对语文教育和学术思想的发展都产生了相当大的影响。

（三）清代社会政治与语文教育

清代在中国文化教育史中具有特殊意义。满汉文化的交流，推动了清代文化的繁荣。特别是经过康熙、雍正、乾隆三个时期的治理，政治上统一安定，经济上稳定发展，文化也逐渐繁荣起来。如在文学创作方面，曹雪芹的《红楼梦》、吴敬梓的《儒林外史》、蒲松龄的《聊斋志异》、洪昇的《长生殿》、孔尚任的《桃花扇》等文学作品陆续出现，这些文化上的成果，直接或间接地影响了当时及以后的语文教育。清代施行的文教政策对语

---

[1] 张廷玉，等. 明史 [M]. 长春：吉林人民出版社，1995：1095.
[2] 王世贞. 弇山堂别集 [M]. 北京：中华书局，1985：1540.
[3] 赵翼. 廿二史札记 [M]. 南京：凤凰出版社，2008：496-497.

文教育的影响具体表现为以下几个方面。

1. 尊崇孔子，倡导儒学

儒家思想被历代封建统治者视为支配人们思想的权威，是巩固封建统治的精神支柱，清朝统治者也不例外。入关以后，清朝统治者大力提倡尊孔读经，给孔子加封尊号，称"大成至圣文宣先师"（后又称"至圣先师"），大修孔庙，每年举行祭孔典礼，给孔子的后裔加封衍圣公，给予各种荣耀和特权，给孔府增拨土地，赏赐财物。康熙南巡，过曲阜，谒孔庙，召集官吏儒生，讲论经义，以天子之尊，向孔子行三跪九叩之礼。对历代重要的儒家代表人物都优礼有加，为他们建祠庙、立牌坊、赐匾额。"先儒"的后裔都世袭五经博士，倍加荣宠。清政府千方百计把儒家思想贯彻到全国的每一个角落。

清王朝之所以大力尊崇孔子，倡导儒术，目的是用以巩固封建统治秩序，加强专制统治。雍正帝有一段话说得很清楚：若无孔子之教……势必以小加大，以少凌长，以贱妨贵，尊卑倒置，上下无等，干名犯分，越礼悖义。所谓君不君，臣不臣，父不父，子不子，虽有粟，吾得而食诸？其为世道人心之害，尚可胜言哉！（《东华录》）可见，统治者尊孔是虚，借以钳制人的思想以保证社稷永延是实。

2. 推崇理学，扶植汉学

清朝极力提倡程朱理学。清统治者把程朱理学定为官方的思想权威，作为支配人们思想行动的准则。康熙帝不但重新刊行《性理大全》，还亲自主编《性理精义》。雍正帝也根据程朱理学，亲自主编《大义觉迷录》《朋党论》，强调知识分子、学生和大小官员必须熟读，以此进行思想控制。

为了表示对程朱理学的尊崇，顺治十三年和康熙五年，分别下诏以朱熹婺源十五世孙朱煌、十六世孙朱坤承袭翰林院五经博士，在籍奉祀。康熙特别推崇朱熹，他说：宋儒朱子，注释群经，阐发道理。凡所著作及编纂之书，皆明白精确，朱子之功，最为宏钜[1]。对朱熹的推崇，达到无以复加的地步。并且把朱熹从孔庙两庑的先贤中抬出，放在大成殿四配十哲之次，成为第十一哲。由于统治者的大力提倡，程朱理学成为清朝办学育才的指导思想、科举考试的基本内容。对于程朱理学，清政府规定一律不得违反，否则就是离经叛道。

为了笼络人心，乾嘉时期，清朝统治者感到在意识形态领域单靠采取高压政策并非良策，发现考据学可以利用，以便从阴柔方面达到统治目的。所以，在推崇程朱理学的同时，适当扶植考据学，以烦琐的考据作为治学的点缀和消耗知识分子精力和才华的工具。考据学的繁荣使得"统治者既利用它使知识分子脱离社会实际来巩固政权，学者也利用它以全身远祸"[2]。清代统治者正是看中了考据学的这个特点，在一定程度上支持它，使之得到发展。可以说，长于考据而脱离实际的乾嘉学派是封建统治阶级实行恩威并济的文化教育政策下产生的畸形儿。

3. 刚柔并济的文化政策

清朝统治者为了维护他们的统治，在文化教育和思想教育上实行高压政策，主要表现在两个方面：一是大兴文字狱。从康熙到雍正、乾隆年间大兴文字狱，镇压手段之严

---

[1] 赵之恒，牛耕，巴图. 大清十朝圣训 [M]. 北京：北京燕山出版社，1998：145.
[2] 张舜徽. 清代扬州学记 [M]. 扬州：广陵书社，2004：17.

厉和残酷，在中国历史上是骇人听闻的，如雍正时期的吕留良之案。大兴文字狱的目的在于消灭异端、钳制思想，维持封建专制。二是大规模销毁书籍。凡是认为对清政府不利的著作、诗文，一概毁版焚书，严禁发行；据载，从乾隆三十九年至乾隆四十七年，先后焚书24次，烧毁书籍538种，13 862部。此举的目的在于消灭异说，进行教育思想的钳制。这种对书籍大规模的焚毁，不仅不利于语文教育的发展，更是中国学术史上的一大灾难。书籍的焚毁破坏了文化的多样性，割裂了中华文化的传承，阻碍了文化的发展。

另一方面，清政府也实行怀柔政策，笼络人才。主要表现在两个方面：一是开科取士，提高官学地位。清统治者在入关之前便实行考试取士，定都北京后，沿袭明朝旧制，建立起完备的科举考试制度，成为吸收士人入仕参政的主要途径；另外，在官学生员的政治前途上，许以特殊政策和优待，在社会中许以某些特权，以此网罗人才。二是编辑书籍。为了笼络汉族知识分子，表示"稽古右文，崇儒兴学"之意，清政府招罗了大批知识分子，大规模地搜集、编纂和注释古代典籍。康熙时期编纂了《明史》《康熙字典》《佩文韵府》《古今图书集成》等。乾隆时编有《续通志》《续文献通考》《大清会典》《四库全书》等。其中《四库全书》最突出，在我国学术文化史上占有很重要的地位。我国古代书籍，在战乱和社会动荡时期损失严重，清代编纂整理的各类典籍，对保存和传播我国古典文化做出了很大的贡献。八股取士在一定程度上促进了学生的语文素养，有利于语文教育的繁荣和发展，书籍的大规模编纂则丰富了语文教育的课程内容。

二、学校制度与语文教育

元代的学校教育始于太宗窝阔台六年，忽必烈即位后进入兴盛阶段，自此从中央到地方建立起了较为完备的官学体系和教育管理机构。到了明代，第一代皇帝朱元璋在建朝第一年就立国子学，第二年诏郡县立学校，第八年又诏立社学[1]。其后到了清代，满族居于统治者地位，认为蒙古族是与自己相近的民族，因此这两族的教育以保存国俗为主，所学习的汉籍也是被翻译为满、蒙语言的，对于汉族的教育则更多在于笼络人心，培养专门听从他们使唤的官僚阶级与御用文人。清朝的学校制度基本采取明朝旧制，比较完善，但学校与科举相辅而行，重科举而忽视学校的态势也比明代更为严重。

统观元明清三代学校制度，主要分中央和地方两个系统，比前代更为详备。中央官学包括国子学（又名国子监）、宗学、武学、医学、阴阳学、觉罗学、旗学等，其中国子学（监）是中央官学中的重点学校；地方官学包括府、州、县等不同级别所立的学校，也有宗学和武学，此外还有卫学及社学。除了以上所介绍的官学教育系统外，各朝代还有不同程度的私学教育存在。下面就语文教育范畴作简要介绍。

（一）官学
1. 中央官学

元代中央官学，主要有国子学、蒙古国子学等。"国子学"中学习的主要是汉学的内容，以教习儒家经典为主。《元史·选举志一·学校》中对其有较为详细的介绍：立国子学，而定其制。设博士，通掌学事，分教三斋生员：讲授经旨，是正音训，上严教导之

---

[1] 王越，杨荣春. 中国古代教学史[M]. 北京：人民教育出版社，1988：252.

术，下考肄习之业。复设助教，同掌学事，而专守一斋；正、录，申明规矩，督习课业。凡读书必先《孝经》《小学》《论语》《孟子》《大学》《中庸》，次及《诗》《书》《礼记》《周礼》《春秋》《易》，博士、助教亲授句读、音训，正、录、伴读以次传习之。讲说则依所读之序，正、录、伴读亦以次而传习之。次日，抽签，令诸生复说其功课，对属、诗章、经解、史评，则博士出题，生员具稿，先呈助教，俟博士既定，始录附课簿，以凭考校。

"蒙古国子学"是元代中央政府为蒙古族子弟和色目、汉人官员子弟设置的蒙古语高等学府，语文教育方面，以译成蒙古语的《通鉴节要》为教材，目的在于保存和发展本民族语言文字和文化传统。

至于明代的中央官学，主要包括国子监、宗学及武学。不同的是，明代将"国子学"改名"国子监"，分设祭酒、司业、监丞、博士、典簿、掌馔、助教等官，集教育行政管理职能与教学职能于一身[1]。监生除了主修"四书""五经"外，还学习汉刘向《说苑》及律令、《御制大诰》、书数、习字等科目。明代国子监对学生的要求十分严格，制定了一套详细的校规。这是儒学教育深化的重要体现。

此外，明代还设置了宗学和武学。宗学是贵族高等学校，入学生员限于世子、长子、众子、将军、中尉及年未及冠的宗室子弟。武学创设于洪武年间，最初是附于卫学内的武学科目，训练武官子弟。英宗正统中，正式设立两京武学，分六斋，分别是："居仁""由义""崇礼""宏智""惇信""劝忠"。

清代的中央官学，除原有的国子监外，新增宗学、觉罗学、旗学、算学，以及俄罗斯学。清代国子监主要沿袭明朝旧制，但由于清代擢用人才多科举出身，学校教育趋于形式化，大部分监生只在寓所学习，从侧面反映了清代重科举而轻学校教育的状况。

清代宗学即宗室贵族子弟的学校，而清朝皇室姓觉罗氏，因此在宗学之外还有觉罗学，生源更是贵族中的贵族，课程内容均是清书、汉书和骑射等。旗学即八旗学校，专为旗民设立，课程与宗学大致相同。算学馆是清代研究自然科学的唯一学校，隶属于国子监，但当时官方并不重视自然科学，教学内容等各方面设置都比较简单。俄罗斯学馆也隶属于国子监，是特为俄罗斯子弟设立的学校，俄罗斯学馆内容简单，只设满、汉助教各一人，分任教课，教授其学习汉满语文及经史书籍。

2. 地方官学

元代地方官学按照路、府、州、县的行政区划，在各级政府设置路学、府学、州学、县学，而明清两代的行政区划略有不同，因此名称不尽相同，下文将作详细介绍。

元代统治者推行"汉化"，崇儒设教，对地方儒学十分重视，主要教授"四书""五经"等儒家经典和朱熹的注疏，还附设有小学。此后，"四书"与"五经"并列，同为各级地方儒学的必修教材。元朝地方还设有蒙古字学、医学、阴阳学等专门学校，值得一提的是诸路的医学学校子弟，除了学习医学专书外，还须通"四书"，否则不准行医。

此外，"社学"的设置是元代教育的一个重要举措，它是世祖至元二十三年（1286年）创设的一种乡镇民众教育的组织形式。元代规定，五十家立一社，每社设社长一人，立社学一所，挑选通晓经书的人做社师，农闲时遣子弟入学，先读《孝经》《小学》《尚

---

[1] 周德昌，陈汉才. 中国教育史纲 [M]. 广州：广东高等教育出版社，2000：126.

书》，次及《大学》《论语》《孟子》《诗经》《史记》，务求传授孝悌忠信的思想，加强对广大农民的道德教化。社学的设置，可谓是元代统治者将语文教育通俗化、深入普及农村基层的重要举措。社学的普及，为私人办学、蒙养教育也提供了便利条件，对语文教育的发展影响深远。

明代地方行政区划区别为两类：第一类分省、府、州、县四级，属于内地的；第二类分边及卫所二级，属于边疆及特殊地方的。但当时地方教育所到的区域，以第一类为主，第一类的行政区划虽有四级，而教育区域只有三级——府、州、县。由府设立的曰府学，由州设立的曰州学，由县设立的曰县学；防区卫所设有卫学，乡村设有社学，通名曰"儒学"。

明代各府、州、县学的课程主要分为礼、射、书、数四类："礼"的课程包括经史律诰礼仪等书，凡生员皆须熟读精通；"射"，每到朔望日就要演习射法，由长官引导比赛，中采者都有奖赏；"书"指书法，即依临名人法帖，每日须练习五百字；"数"的课程，指须精通九章之法。

明代亦在乡村设社学，意在"导民善俗"，教育内容是启蒙初级读物，兼读"御制大诰"及明朝律令，并规定人人必须熟读。这显然超出了民众的能力，因此只流于形式，亦不曾普遍举办。所以《明史·选举志》上即有"其法久废，寝不举行"的说法，其后小学教育便由民间自办。总而言之，明代社学的举办，对促进语文教育的效果并不明显。

清代地方官学亦因明制，于府、州、县、卫置各府州县卫学，总名曰"儒学"。其教材亦不外乎儒家学术、宋、明学说一类的材料；不仅如此，清朝学校还特别重视训育规条的教育，表现了统治者加强对汉族知识分子思想控制、巩固满族贵族封建统治的目的。特别要注意的是，习骑射是清代学校教育的特点，行之中央官学，也行之地方官学，但武生除学骑射外，还要学习《武经七书》、《百将传》、《孝经》、"四书"等典籍，可谓文武兼修。

清代沿袭明制，在乡间设有社学，挑选通晓文艺、行谊谨厚者做社师。此外还有义学，亦是由地方学者教授文教等知识。

（二）私学

元明清时期虽有较为完整的官学制度，但直接在官学里学习的人毕竟不多，且官学本身受时局影响和官府限制较大，时盛时衰，较为形式化。此外，官学设置中并不包括蒙养阶段的教学，因此私人教学和学塾在教育中有着重要的地位。

元代私学大体可分为两类。一类是教授识字和基本知识的蒙学。这类蒙学或称小学，或称乡校、村学；或是由宗族设立的义学，或是富有之家的家塾等。其教学课程有时亦不限于蒙童。另一类是年龄较长、程度较高的学生从事学问或学习科举文字之所。私设经馆和一些书院可归入此类。[1] 私学的教学内容亦以儒学典籍为主，教授纲常伦理，其教育方向仍是维护封建等级制度的。

明代私学设置与语文教学的内容差异不大。然而，明代为了加强专制统治，使用八股文的科举取士制度，八股文章就"四书""五经"取题，不允许自由发挥，而句子的长短、字的繁简、声调高低等都要相应成文，字数也有限制，这些都在很大程度上限制了学校中语文教育的内容，限制了文人士子的思想发展。

---

[1] 毛礼锐，瞿菊农，邵鹤亭. 中国古代教育史 [M]. 北京：人民教育出版社，1983：359.

到了清代，私人办学到达顶峰，盛况空前。私人办的学校统称"学塾"，教材从《三字经》《百家姓》《千字文》以至"四书""五经""八股文"都有，其教学程序依次大致是：识字，教书，背书，温书，讲书，习字，作对，学文，余课，教学内容十分丰富。[1]

三、语文教学内容及教材

（一）元代

在元代，无论是家庭教育还是学校教育都非常重视儿童的语文教育。大部分读书人在幼年时期就接受过家庭的儒学教育。当时的《千字文》和与此相近的适宜儿童教育的《蒙求》，都是初期儒学教育的范本。对元代语文教育做出突出贡献的有程端礼、吴澄、陈澔等教育家，其中程端礼所著的《程氏家塾读书分年日程》对语文教育的影响尤为突出。程端礼是元代著名的学者、理学教育家，师从史蒙卿，继承和发展了朱熹的"明体达用"的理学思想，一生致力于教育事业。他结合自己的教育实践，耗尽心血编写了著作《程氏家塾读书分年日程》。这本书对当时和后来的语文教育都产生了很大的影响，书中详细描述了元代学校中的语文教育。

程端礼根据学生的学习年龄将教育划分为三个阶段，分别为蒙养阶段、小学阶段（8岁至15岁）及大学阶段（15岁至30岁，但一般20岁即修完大学课程）。蒙养阶段的教材主要选择的是程端蒙的《性理字训》、朱熹的《童蒙须知》；这一阶段重视对幼儿进行识字、写字训练，这些理学教材代替了当时流行的"三、百、千"等蒙学识字教材，理学思想先入为主地扎根在蒙童的内心。识字教学是在阅读教学中进行的，并不作专门的训练，这一时期的识字教学是通过阅读来学习汉字，随文识字，便于儿童对文字进行理解和把握。同时《程氏家塾读书分年日程》中还记录了一些《学则》《须知》等，对学生的日常书写有严格的规范，体现了当时对习字的重视。小学阶段选择了典范的理学教材，包括《小学》《大学》《论语》《孟子》《中庸》《孝经》《易》《书》《诗》《仪礼》《礼记》《周礼》《春秋》三传15种。这是元代小学课程的必读启蒙教材，这个顺序可以认为是课程学习的顺序。大学阶段，则开始学习小学阶段学过的经传的注。在《程氏家塾读书分年日程·卷一》中有论述，在读完《大学章句或问》之后，次读《论语集注》，然后读《中庸章句或问》，再抄读《孟子或问》等书。学习完这些书后即可学习"六经"，分别对照学习《周易》《尚书》《诗经》《礼记》《春秋》等书。看完这些经书后就看史书，主要学习《史记》《汉书》《唐书》《范氏唐鉴》等，其中《资治通鉴》是史书中最主要的。学习完史书之后，就开始学习韩愈的文章和以楚辞为中心的赋。整体来看，这三个阶段中的阅读教学都是有阶梯性的，各个阶段在教材的选择上也呈现出整体性。其中大学阶段主要培养科考所必需的作文能力，即进行策、经问、经义、古赋、古体制诰章表的训练。

（二）明清

在中国传统教育中，识字写字教学一直是蒙学阶段教育的重心，也是传统语文教育中最成功的部分。明清时期的教育家在前人研究的基础上对识字写字教育有了更深的理解，提出了宝贵的见解。王筠说：蒙养之时，识字为先，不必遽读书。（《教童子法》）强调蒙学阶段儿童应多识字，才能增广见闻。其中，识字无须顺序，而写字应从易到难。明清时

---

[1] 王越，杨荣春. 中国古代教学史 [M]. 北京：人民教育出版社，1988：259.

期的识字和写字教学是分开进行的。

1. 识字教学

(1) "三、百、千"的改编本及续编本。

明清时期,沿用了传统的由《三字经》《百家姓》和《千字文》组成的集中识字的教材体系。同时学者们也对此类教材进行了改编,改编本被广泛用作蒙学的教材。

《三字经》的改编本有清初黄周星的《新编三字经》、道光年间连恒的《增补注释三字经》等。这些书有的是增加了思想教育的内容,有的偏重于专业词汇的学习,当时都有一定的社会影响。《百家姓》的改编本有吴臣、刘仲质的《黄明千家姓》,张瑜笺注的《御制百家姓》,及在其他民族流行的《蒙古字母百家姓》《女真字母百家姓》等。这些改编本扩充了原书的内容,明显突出了思想政治教育的内容。同一时期,《千字文》也出现了多种改编本,主要有明朝周履靖的《广义千字文》、李登的《正千字文》、清何桂珍的《训蒙千字文》,这些改编本的基本特色是注重封建思想的灌输。

(2) 从识字向阅读过渡的韵语知识类教材。

明清教育学者除了对前人的教材进行改编之外,最大的贡献就是自己编写的作为蒙学教材的韵语知识读物。这些教材融合了伦理道德教育和知识教育,适应了儿童的年龄及成长特点,易于儿童学习和理解,为儿童从识字阶段过渡到阅读阶段提供了极大的便利。

韵语知识类蒙学教材主要有以下几种。

《龙文鞭影》,原名《蒙养故事》,是古代非常有名的儿童启蒙读物,最初由明人萧良有编撰,后来杨臣诤进行了增补修订。这是一本有关自然知识、历史典故的骈文读物,介绍了中国历史上两千多个人物典故和传说,四字一句,两句押韵,读起来朗朗上口,深受儿童追捧。《龙文鞭影》在传统蒙学中起着承前启后的作用,对后来的《幼学琼林》起了催生作用,影响很大。

《幼学琼林》,原名《幼学须知》,是明朝程登吉编撰的,它是整个清代风靡全国的名物常识类蒙学教材,清邹圣脉增补注释后更名为《幼学琼林》,共4卷33类。其主要特点是取材广泛,涉及面广,综合性强,语言两两相对。句子根据内容可长可短,在形式上进行了创新,突破传统的四言、五言句式,整齐中又不失活泼,用骈体文的形式介绍了上至天文下至地理,从婚丧嫁娶到释道鬼神等方方面面的内容。由于其知识性强、通俗易懂,而成为当时最受欢迎的读物之一。

《弟子规》是由清朝康熙年间秀才李毓秀根据《论语》等经典编写而成的,以《论语》中:弟子入则孝,出则悌,谨而信,泛爱众,而亲仁,行有余力,则以学文为中心,分为五个部分,详细列述弟子在家、出外、待人、接物与学习上应当恪守的规范。《弟子规》三字一句,两句或四句连意,合辙押韵,朗朗上口,易于儿童学习背诵。清朝中叶以后广为流传,是启蒙养正、养成忠厚家风的极好蒙学教材。

《五字鉴》是一部几百年来流传较广的蒙学教材,原名为《鉴略妥注》,为明代李廷机所撰。这本书用五言诗句韵文的形式,按时代的顺序记录了自远古至元明的社会历史,是一部简缩的纪传体历史书,也是一部专述我国社会政治历史发展的蒙学读物。《五字鉴》于正史之外,还广泛吸纳了神话、传说和一些逸闻趣事,极大地激发了儿童的阅读兴趣,易于儿童阅读记忆。

2. 写字教学

中国古代教育很重视写字，把对蒙童的写字训练和培养他们的心性联系在一起。明代《教子良规》写道，古云："心正则笔正。"笔不正则知其心不正矣。故养蒙者必养之以正，而后圣功从此而行。明清时期的蒙学教育尤为重视儿童写字的教育，李登撰写的《正千字文》，王日休的《训蒙法》，石天基的《训蒙辑要》和王筠的《教童子法》中都提到了训练儿童写字的方法，明清时期的写字教学有以下特点。

（1）写字都是按照先易后难的顺序。

写字训练必须从基本笔画、字形、结构练起，从熟悉的字练起，先大字后小字，原因是明清时期的蒙学认为先练大字有利于蒙童学习，如果先练小字，会不利于儿童手腕的发展，应把大字练好再来练习小字。明代李淳进撰写的《大字结构八十四法》就是专门指导蒙童学习写大字的著作，书中对文字的结体形式进行了详细说明，利于蒙童在了解文字构成规律的基础上练字。

（2）注重"扶手润字"的方法及字帖的临摹。

蒙学强调写字是循序渐进的过程，一开始不急于儿童执笔写字，而应先扶手润字，让他感受轻重转折，再来描红、描影、跳格，有一定基础之后再去临帖。同时，蒙学重视让儿童临摹书法，从中楷开始临摹字帖，清代崔学古推荐蒙童学习欧阳询的《九成宫碑》，然后学习钟王楷法。

3. 阅读教学

阅读课程在明清的蒙学中占有重要的地位，究其原因主要有两个：第一，明清科举制盛行，想要出人头地、担任官职就必须参加科举考试，而科举考试的内容主要是考察程朱理学的知识，且要习作八股文，八股文质量的好坏依赖于阅读的深浅，所以明清时重视蒙童的阅读教育。第二，阅读教学本身符合儿童的心理特点，有利于儿童的智力发展及悟性的提高。

明清时流行的阅读教材有以下几种。

（1）《千家诗》。

《千家诗》是由宋代谢枋的《重定千家诗》（皆七言律诗）和明代王相所选的《五言千家诗》合并而成，是明清两朝流传极广、影响深远的儿童普及读物。全书共22卷，录诗1281首，都是律诗和绝句，读起来朗朗上口，诗的内容也浅显易懂，所以在蒙学课堂上广为流传。

（2）《唐诗三百首》。

鉴于《千家诗》的缺点：选录的诗集过于草率、诗体少、诗家杂，又"殊乖体制"，清代学者蘅塘退士依照以简去繁的原则，从前人广为流传的唐诗选本中选取了脍炙人口的唐诗名篇，辑录而成《唐诗三百首》。《唐诗三百首》的题材比《千家诗》丰富了许多，包括古诗、乐府、律诗和绝句等。它以成功务实的编法、简易适中的篇幅、通俗易懂的特点，深受当时社会的认可。但是《唐诗三百首》的篇幅对于蒙童来说实在过长，因而在启蒙课堂上仍是以《千家诗》居多，而《唐诗三百首》的影响更多是在社会上。

（3）《古文观止》。

《古文观止》是由清代吴楚材、吴调侯编选，吴兴祚审定，在清朝康熙年间选编的一部供学塾使用的文学读本。其中"观止"一词意思是：所收录的文章代表了文言文的最高水平。该书共选文 222 篇，分为 12 卷，所选古文，以散文为主，兼收韵文、骈文。选文时代跨越较大，从先秦到明清，体裁丰富，篇幅较短，语言精练，便于诵读，多为传世名篇。《古文观止》能成为流行的蒙学教材的原因在于：二吴的夹批和篇末评语文字浅显易懂，耐人寻味，且对初涉文学者大有启发。因为《古文观止》的选编主要是着眼于考科举时作策论，所以书中亦有入选不当的篇目，但作为一部学习古代散文的入门书，仍有其存在价值。之后，有仿本《清文观止》问世。

明清时期的阅读教学已经形成了一定的读书顺序，大抵遵循讲书、读书、背书和温书几个环节进行。首先是讲书，讲书大多是先由老师先划分句子，逐字句点读分明；其次由老师先读，学生跟读。在熟读的基础上对字句进行讲解，随读随讲的方法有利于加深学生对于文章的理解及记忆。老师讲解完后就到了蒙童读书的环节。读书遵循"朱子读书法"，要求蒙童熟读成诵。老师指导学生分段读书，每一小段多读几遍，做到"勤读"。其次要求蒙童大声朗读，对字句都要朗读准确，同时要做到熟读静思，边读书边思考。再次是背书，把所学内容分为几个部分，分段背诵，老师用"提背"（提到哪里背到哪里）的方法来检查蒙童背书的熟练程度。最后是温书，明代何伦主张：要时时温习，若功夫未到，先自背诵，含糊强记，终是认字不真，见理不透，徒敝精神，无益学问。明清的蒙学课堂有专门的时间用于温习，教新课之前要将之前所学的课文轮流背诵。

可以说，明清的阅读教学重视朗读记诵、读思结合，在总结前人经验的基础上初步形成了阅读教学的规范。

4. 写作教学

明清时期，科举考试发展到一个新的高峰。八股文成了科举考试的主要类目，因而写作教学的主要目的便是为参加科举而学写八股文，上述的阅读教学也是为写作教学作铺垫。顾炎武认为八股文的步骤是破题、承题、起讲、提比、虚比、中比、后比、大结（近似于今天文章的"起、承、转、合"）。当时主流的写作教材，多是指导八股文写作的。

(1)《钦定四书文》。

《钦定四书文》为官定八股文选本，由清方苞于乾隆元年（1736 年）奉敕编，是八股文的示范文本。全书 41 卷，包括明代 480 篇和清代 297 篇，书中所选的每篇文章开头择取文章的精要部分，然后在后面附上评论。

(2)《古文笔法百篇》。

《古文笔法百篇》是由清朝的李扶九选编、黄绂麟校订的，所选古文以时代先后为序，以"笔法"名书，立意于古文之写作技法，收有《可楼记》《客山记》《吴山图记》《丰乐亭记》《马说》《爱莲说》等古文。选文大多是短小精悍的历代古文名篇，算得上是"千人叫好之作"。此书记录的每种笔法有几篇文章作例文，每篇文章又有"题解""评解""书后"进行解读和赏析，这些评价都很得体，是一本不可多得的学习古文作法的入门书。[1]

(3)《文章指南》。

《文章指南》是由归有光所编，按文章作法分类来讲述文章写作技巧。此书分类十分

---

[1] 王松泉，王柏勋，王静义. 中国语文教育史简编 [M]. 北京：社会科学文献出版社，2002：43 - 44.

详细,分别从义理、养气、才识、奇巧、论事、抑扬、总提、分应、结束括应等来介绍写作技法,所选文章年代跨度很大,从汉代到明代,文章每类先写小序,然后举例文一两篇。也是一本非常重要的作文指导书,给后世带来很大影响。[1]

明清时期的写作注重基本功的训练,尤为重视遣词造句、谋篇布局的训练,这种训练在蒙童时期就开始了。蒙童在写作初期,就会模仿唐宋古文和八股制艺文。明代以后最为流行的《唐宋八大家文钞》是很多蒙师的教学参考书甚至教材。在蒙童时期,蒙师鼓励儿童"先放后收,多留少改"。"先放后收"是先鼓励儿童解放思想写、不受拘束,等到了一定的时候再要求严谨、精雕细琢;而"多留少改"则意指对蒙童的作文立意不要大删大改。

除以上各类别的教材,还有一些对语文教育影响也很大的教材。一类是家庭教育方面的:曾国藩的家书在"看、读、写、作"等方面提出了教育主张,对后世的家庭教育与语文教育都有重要的启发价值;清初教育家唐彪辑录的《家塾教学法》侧重指导塾学启蒙教育,强调"收人心""育人才",也包含了很多语文教育启蒙的内容。另一类是学者研究语文教育的论著,在小学识字、写字、读书、作文及作诗等方面提出教育主张:清代学者崔学古的《幼训》《少学》和《学海津梁》三本幼学书有大量关于语文教育的内容——《幼训》是作者长期从事蒙馆教育的经验总结,《少学》主要是论述写作八股文的方法,《学海津梁》对作文教学提出了具体的指导;文字学家王筠也致力语文教育研究,他写作的《教童子法》一书是他对教学经验的记录和总结,归纳了一些语文教学方面有普遍意义的经验。[2]

第二节　元明清语文教育思想

一、王守仁

王守仁(1472—1529),幼名云,字伯安,浙江余姚人。因曾筑室于会稽山阳明洞,自号阳明子,学者称之为阳明先生。谥文成,故后人又称王文成公,出身于官僚地主家庭,其父王华官至南京吏部尚书。

王守仁是哲学家、教育家和思想家,所创阳明心学根植于儒家传统文化,影响力很大,王守仁晚年讲学时,听课学生常常有数百人,其私学规模盛极一时。其教育思想对明清时代和民国时期影响很大,甚至传至日本、朝鲜半岛以及东南亚,后人也把他和孔子、孟子、朱熹并称为孔、孟、朱、王。

(一) 王守仁的教育思想概说

王守仁曾先后在贵阳书院、江西濂溪书院、白鹿洞讲学。47岁镇压江西多处农民起义,并推行十家连坐的保甲制度,立社学,举行乡约,推行社会教育。53岁在越州建立稽山书院,讲学的时候,周围环坐数百人。54岁时,辞官回乡讲学,在绍兴、余姚一带创建书院,宣讲"王学",并在天泉桥留下心学"四句教":无善无恶心之体,有善有恶意之动。知善知恶是良知,为善去恶是格物。(《传习录》)"四句教"是阳明先生的为学

---

[1] 李琳. 明清语文教育历史梳理及启示[D]. 新乡:河南师范大学,2013.
[2] 张隆华,曾仲珊. 中国古代语文教育史[M]. 成都:四川教育出版社,2000:397-421.

宗旨。

王守仁道德教育思想的主要内容为"致良知""知行合一",其教育思想较集中地体现在《传习录》中。

(二)王守仁的教育思想言论

王守仁重视教育的作用,有大量关于教育作用的言论。

1. 教育的根本:心本是"至善",人的行为应该听从心意

王守仁认为人的初心只要不被物欲所遮蔽,便是至善。他还把忠、孝、仁、信等道德规范看作是心之所发在事物上的自然体现,是人心所固有的。所以人要学习的是拂去私欲的遮蔽回归到初心的状态,让自己的行为符合初心。

> 此心无私欲之蔽,即是天理,不须外面添一分。以此纯乎天理之心,发之事父便是孝,发之事君便是忠,发之交友、治民便是信与仁。只在此心去人欲、存天理上用功便是。(《传习录上卷·徐爱录》)

> **参考译文**:没有被私欲蒙蔽的心,就是天理,不需要从外面增添一分。把这种纯粹发乎天理的心,用在侍奉父母上就自然表现为孝,用在辅佐君王上就自然表现为忠,用在交友、治民上就自然表现为信和仁。只要在自己的心中下功夫、摒除私心、存养天理就行了。

> 此心若无人欲,纯是天理,是个诚于孝亲的心,冬时自然思量父母的寒,便自要去求个温的道理;夏时自然思量父母的热,便自要去求个清的道理。这都是那诚孝的心发出的条件。却是须有这诚孝的心,然后有这条件发出来。譬之树木,这诚孝的心便是根,许多条件便是枝叶。须先有根,然后有枝叶。不是先寻了枝叶,然后去种根。(《传习录上卷·徐爱录》)

> **参考译文**:这份本心如果没有任何私欲,只是天理,这是虔诚于孝顺至亲的心,冬天自然会考虑父母的寒冷,于是就会寻找保暖的道理;夏天自然会考虑到父母的炎热,于是就会寻求清凉的道理。这些都是那颗虔诚孝敬的心发出来的具体表现。只有先有这颗虔诚孝顺的心,其具体表现才能发挥出来。就像树木,虔诚孝顺的心是树根,那众多具体表现便是树的枝叶。必须是先有树根,然后才会有枝叶。而不是先有了枝叶,然后再去种树根。

> 性是心之体,天是性之原,尽心即是尽性。"唯天下至诚,为能尽其性,知天地之化育。"(《传习录上卷·徐爱录》)

> **参考译文**:性是心的本体,天理是人性的本源,因此尽力发挥善良的本心就是彻底发挥人性。《中庸》说:"只有天下最虔诚的人,才能完全彻底地发挥人的本性,认识到天地万物的形成变化。"

2. 对待名著的态度:人心天理浑然

王守仁认为,学习古籍著述是为了存养心性。

> 史以明善恶、示训戒。善可为训者,特存其迹以示法;恶可为戒者,存其戒而削其事以杜奸。(《传习录上卷·徐爱录》)

参考译文：史书是用来明辨善恶、总结经验教训的。善事可以教育后人的，就记录保存下来，让后世效法；历史上可为警戒的恶事可以警戒后人者，则保存警戒而删去事情的具体细节，以杜绝类似的坏事再发生。

问："后世著述之多，恐亦有乱正学？"先生曰："人心天理浑然，圣贤笔之书，如写真传神，不过示人以形状大略，使之因此而讨求其真耳。其精神意气，言笑动止，固有所不能传也。后世著述，是又将圣人所画，模仿誊写，而妄自分析加增以逞其技，其失真愈远矣。"(《传习录上卷·陆澄录》)

参考译文：(陆澄)问："后世的著述很多，恐怕也会扰乱正宗儒学？"先生说："人心同天理浑然一体，圣人先贤们把它写在书上，就像给人画画像，只不过是给人描绘一个基本的轮廓，使人借助画像探求画像所画的人。人的风格精神、言谈举止本来就有不能表达出来的部分。后世的著述，是又对圣人所画的像进行模仿抄写，并且胡乱地按照自己的理解来增加删减，以炫耀自己的才能，这样离古代圣贤的本来意义更远了。"

人之心体，本无不明，而气拘物蔽，鲜有不昏。非学、问、思、辨以明天下之理，则善恶之机、真妄之辨不能自觉，任情恣意，其害有不可胜言者矣。(《传习录中卷·答顾东桥书》)

参考译文：人心的本体，本来没有不明白的，可是由于受气的束缚和外物的蒙蔽，很少有不昏暗模糊的。如果不通过学习、询问、思考、明辨来体悟天下的理，那么，善恶的原因、真假的异同，就不可能知晓，就会肆意妄为，所产生的危害是无法用言语说清楚了。

3. 修身之道："静存"与"克念"并存

（1）立志。

问立志。先生曰："只念念要存天理，即是立志。能不忘乎此，久则自然心中凝聚，犹道家所谓'结圣胎'①也。此天理之念常存，驯至于美大圣神②，亦只从此一念存养扩充去耳。"(《传习录上卷·陆澄录》)

注释：①结圣胎：道家认为，修养过程中精神凝聚，达到一种特殊境界，即为结圣胎。②美大圣神：指人道德完善的几种境界。语出《孟子·尽心下》：可欲之谓善，有诸己之谓信，充实之谓美，充实而有光辉之谓大，大而化之之谓圣，圣而不可知之谓神。

参考译文：陆澄向先生询问立志的问题。先生说："只要念念不忘存养天理，这就是立志。能不忘记这一点，时间长了心自然会凝聚在天理上，好比道家所说的'结圣胎'。心中时刻不忘天理，渐渐会达到光辉、精美、广大、神圣的境界，而这种境界就是从存天理这一意念不断保存、弘扬而来的。"

先生谓学者曰："为学须得个头脑，工夫方有着落。纵未能无间，如舟之有舵，一提便醒。不然，虽从事于学，只做个义袭而取，只是行不著，习不察，非大本、达道也。"又曰："见得时，横说竖说皆是。若于此处通，彼处不通，只是未见得。"(《传习录上卷·薛侃录》)

参考译文： 先生对学生们说："学习必须有个主宰，下功夫才有着落。即使不能没有间断，也会像船有个舵一样，在关键时刻一提就明白了。否则，虽然不停地学习，也只不过沿袭他人，只行动而不明白，只学习而不通晓，这不是做学问的大本、达道。"又说："有了主宰，不管横说竖说怎么说都对。如果这里通晓了，那里却不通晓，只是因为没有主宰。"

(2) 静存。

日间功夫，觉纷扰，则静坐；觉懒看书，则且看书。是亦因病而药。(《传习录上卷·陆澄录》)

参考译文： 白天做功夫，受外界干扰，心中很乱，就练习静坐；觉得懒得看书的时候，就更应该去看书。这就是对症下药。

问："静时亦觉意思好，才遇事便不同，如何？"先生曰："是徒知静养，而不用克己功夫也。如此，临时便要倾倒。人须在事上磨，方立得住，方能静亦定，动亦定。"(《传习录上卷·陆澄录》)

参考译文： 陆澄问："静坐的时候觉得心里想得很好，可是一遇到事情就不同了，这是怎么回事？"先生说："这是因为你只知道静坐修养，而没有下克己的功夫。这样，一遇到事，就晕头转向，不知所措了。人必须在具体的实事上磨炼自己，才能站得稳，才能做到静坐和行动时都能守住天理。"

问："宁静存心时，可为'未发之中'①否？"

先生曰："今人存心，只定得气。当其宁静时，亦只是气宁静，不可以为'未发之中'。"

曰："'未'便是'中'，莫亦是求'中'功夫？"

曰："只要去人欲、存天理，方是功夫。静时念念去人欲、存天理，动时念念去人欲、存天理，不管宁静不宁静。若靠那宁静，不惟渐有喜静厌动之弊，中间许多病痛，只有潜伏在，终不能绝去，遇事依旧滋长。以循理为主，何尝不宁静？以宁静为主，未必能循理。"(《传习录中卷·陆澄录》)

注释： ①未发之中：语出《中庸》："喜怒哀乐之未发谓之中。"意为喜怒哀乐尚在内心，没有表现出来，理学认为这种状态的情绪纯真无伪，最符合"理"。

参考译文： (陆澄)问："宁静的时候存养本心，这算'未发之中'吗？"

先生说："现在的人存养本心，只是能控制住气。当他宁静的时候，也只是气的平静，不可以认为是'未发之中'。"

陆澄说："就算不能移做'中'，但是不是在做达到'中'的功夫呢？"

先生说："只有抛弃私欲、存养天理，才是修养的功夫。宁静的时候念念不忘抛弃私欲、存养天理，行动的时候也念念不忘抛弃私欲、存养天理，而不管你身心是否宁静。如果只靠在宁静的时候抛弃私欲、存养天理，不但逐渐会有喜欢宁静讨厌行动的弊端，中间还有许多毛病潜伏在心中，始终不能根除，一遇到具体的事情，就会重新滋长起来。以遵循天理为目的，心怎么会不宁静？若仅追求身心的宁静，却未必能够遵循天理。"

(3) 克己。

克己须要扫除廓清，一毫不存方是；有一毫在，则众恶相引而来。（《传习录上卷·陆澄录》）

参考译文：克制自己的私欲一定要完全彻底，一丝不留才对；有一点私念在，众多的恶行就会跟着而来。

4. 学海无涯：学习求精深

义理无定在，无穷尽。吾与子言，不可以少有所得而遂谓止此也。再言之十年、二十年、五十年，未有止也。（《传习录上卷·陆澄录》）

参考译文：义理没有固定不变的存在，没有穷尽。我跟你讲论学问，你不可以稍微有所得就觉得不过如此，即使再跟你说十年、二十年、五十年，也不可能完全穷尽。

问道之粗精。

先生曰："道无精粗，人之所见有精粗。如这一间房，人初进来，只见一个大规模如此；处久，便柱壁之类，一一看得明白；再久，如柱上有些文藻，细细都看得出来。然只是一间房。"（《传习录上卷·陆澄录》）

参考译文：（陆澄）问道的精粗。

先生说："道本身没有精粗之分，是人们对道的认识有精粗之分。好比一间房子，人刚进来的时候，只看到一个大致轮廓；住久了，就把梁柱、墙壁等一一看清楚；时间再长些，像梁柱上的花纹装饰、细致的刻画都会看得仔细。但是，这是同一间房间。

"与其为数顷无源之塘水，不若为数尺有源之井水，生意不穷。"

时先生在塘边坐，旁有井，故以之喻学云。（《传习录上卷·陆澄录》）

参考译文：先生说："与其挖一个数顷之大却没有水源的池塘，不如挖一口数尺之深而有水源的井，井里的水源源不断。"

当时，先生坐在池塘边，旁边有一口井，所以用池塘和井来比喻做学问。

5. "知行合一"：重视实践，化德性为德行

"知行合一"强调实践应用，并以身作则，亲力亲为。

"知是行的主意，行是知的工夫；知是行之始，行是知之成。若会得时，只说一个知，已自有行在；只说一个行，已自有知在。古人所以既说一个知、又说一个行者，只为世间有一种人，懵懵懂懂的任意去做，全不解思惟省察，也只是个冥行妄作，所以必说个知，方才行得是。又有一种人，茫茫荡荡悬空去思索，全不肯着实躬行，也只是个揣摸影响，所以必说一个行，方才知得真。此是古人不得已补偏救弊的说话，若见得这个意时，即一言而足。"（《传习录上卷·徐爱录》）

参考译文：知是行的宗旨，行是知的落实；知是行的开始，行是知的结果。如果领会了这一学说，谈到知，已经自然把行包括其中了；说到行，已经自然把知包括其中了。古人之所以既说知又说行，只是因为世上有一种人，迷迷糊糊地任着自己的性子去做，完全不动脑筋去思考，他们只能是愚昧妄为，所以特别要强调知，才能行得正确。世上还有一种人，整天空想，不肯脚踏实地地付诸行动，也就只在心里凭空揣摩，因此要强调行，才能正确地知。这些都是古人为了纠正错误、补救弊端而不得已采用的说法，若是真正领会了其中含义，把知和行合起来，一句话就可以说清了。

问:"看书不能明,如何?"

先生曰:"此只是在文义上穿求,故不明。如此,又不如为旧时学问,他们看得多,解得去。只是他为学虽极解得明晓,亦终身无得。须于心体上用功,凡明不得,行不去,须反在自心上体当,即可通。盖四书、五经不过说这心体,这心体即所谓'道',心体明即是道明,更无二。此是为学头脑处。"(《传习录上卷·陆澄录》)

参考译文:(陆澄)问:"读书不明白其含义,该怎么办?"

先生说:"这是仅仅在字面意思上探求,所以不明白。这样,还不如去学程朱的学问。他们看得多,解释也通。不过他们读书做学问虽然讲得极明白,也一生无所收获。所以必须在本心和身体加行上用功,凡是不明白、难以实践的,必须返回自己的心中反复体会,这样就可以明白了。'四书''五经'不过是阐释这个本心,这个本心就是'道',人的本心明白了,'道'也就明白了,再没有别的。这才是读书做学问的关键。"

6. 因材施教:尊重个体特性

学校之中,唯以成德为事,而才能之异,或有长于礼乐、长于政教、长于水土播植者,则就其成德,而因使益精其能于学校之中。(《传习录中卷·答顾东桥书》)

参考译文:在学校里,主要是培养品德,而人的才能各有不同,有的擅长礼乐,有的擅长政教,有的擅长水利农事,那么就根据他们的德行性,在学校进一步培养他们的特殊才能。

良知本来自明。气质不美者,渣滓多,障蔽厚,不易开明。质美者,渣滓原少,无多障蔽,略加致知之功,此良知便自莹彻。(《传习录中卷·答陆原静书》)

参考译文:良知本来就是明净的。气质不好的人,瑕疵比较多、遮蔽厚,他的良知不容易明白呈现。气质好的人,原本瑕疵就少,没有多少遮蔽,稍微用些致知的功夫,他的良知就自然能明白无误、彻底地呈现出来。

二、刘宗周

刘宗周(1578—1645),字起东,别号念台,明绍兴府山阴人,因讲学于山阴蕺山,世人称蕺山先生。他是明代最后一位儒学大师,也称得上是宋明理学(心学)的结束之人。

刘宗周开创的蕺山学派,在儒学史上影响巨大。清初大儒黄宗羲、陈确、张履祥等都深受其影响。顺治二年(1645年),清军攻陷杭州,刘宗周闻讯推食恸哭,绝食殉国。有当代新儒家学者认为,刘念台绝食而死后,甚至中华文化的命脉都出现了危机。

(一)刘宗周的教育思想概说

刘宗周为代表的蕺山学派及其书院讲学,上承白鹿洞书院、王阳明学派讲学,下启浙东学派与江浙书院讲学,弟子遍及浙江、江苏、江西、陕西和山东。他在继承过去学说的基础上,有所发展,也有独到之处,如:他主张唯心的一元论,说明较阳明更为透彻;他以诚敬为慎独,以慎独为入学之方,其说虽本程朱,而自己亦更有进一步之说明。[1]

---

[1] 王凤喈. 中国教育史[M]. 福州:福建教育出版社,2011:213.

刘宗周特别强调教育，把教育看成是复性之学。他主张教育的目的是学习如何做人；成学之道在于反对因循旧说，倡导思考创新；他继承孔孟、宋儒、王阳明一脉相承的"心学"，提出教育要以"慎独"作为培养道德品质的唯一方法。[1] 他的教育思想蕴含着丰富的哲理，对后世的教育实践和道德修养有积极影响。

（二）刘宗周的教育思想言论

刘宗周关于教育的言论主要集中在：《原学》《读书说》《立志说》《习说》《答秦生履思·其四》《答赵君法》《答叶润山民部》《答王金如三》《复沈石臣进士》等。

1. 重视人的天性

刘宗周认为"喜怒哀乐"是人的自然生理要求，不能把它看作不好的东西，只有纵欲过度才是不好的。

> 一性也，自理而言，则曰仁义礼智；自气而言，则曰喜怒哀乐。（《刘子全书》）
>
> **参考译文**：人的本性，从天理的方面来说是指仁义礼智；从气质上来说是指喜怒哀乐。

> 天理人欲本无定名，在公私之间而已……欲与天理只是一个，从凝处看是欲，从化处看是理。（《刘子全书》卷十《学言》）
>
> **参考译文**：天理和私欲本来没有确定的名字，在于站在公众还是私人的角度来看而已……私欲和天理是同一样东西，从不变的角度看是私欲，从变化的角度看是天理。

> 学莫要于治心，而恶与过皆出于人欲之私者，累心者也。（《刘子全书》卷三十五《曾子章句·立事》）
>
> **参考译文**：学习要以修养思想品德为目的，作恶和不好的行为的产生都是因为人欲的自私，令人劳心劳力。

2. 强调见闻的作用

刘宗周认为依赖耳目等感官得来的"闻见之知"是人们获取认识的重要来源，它能指导和启发人们的言行和思考。

> 读书者，闻见之精者也。（《刘子全书》卷十三《证人会约》）
>
> **参考译文**：读书所获得的是精微深邃的见闻。

> 问："均是人也，或为圣人，或为凡人，何居？"……曰："人生之初，固不甚相远矣。孩而笑，弗而啼，饥渴嗜欲有同然也。及夫习于齐而齐，习于楚而楚，始有相径庭者矣。生长于齐，既而习为楚语焉，无弗楚也；生长于楚，既而习为齐语焉，无弗齐也。此学之说也。"（《刘子全书》卷七《原学》）

---

[1] 北京师联教育科学研究所. 刘宗周、黄道周理学教育思想与教育论著选读（第三辑）（第六卷）[M]. 北京：中国环境科学出版社，北京：学苑音像出版社，2006：106.

参考译文：问："大家都是人，有的人是圣人，有的人是普通人，为什么呢？"……先生说："人刚生出来的时候，本来相差不远。小孩子都是一会儿哭一会儿又笑，想喝水和想吃东西的欲望是一样的。在齐国学习就培养了齐国的思想，在楚国学习就培养了楚国的思想，人的思想开始有区别了。在齐国生长，学习楚国的语言，不像楚国的语言；在楚国生长，学习齐国的语言，不像齐国的语言。这说的是做学问。"

3. 知行合一

刘宗周将"心、意、知、物"四者理解为相辅相成，统为一体。用"体用一原"的方式，阐明内在德性与外在德行的关系。

> 有万物而后有万形，有万形而后有万化，有万化而后有万心，以一心纳万心，退藏于密。（《刘子全书》卷十《学言》）

参考译文：有了许多种物然后才产生许多种形态，有了许多种形态然后才有许多种变化，有了许多种变化然后产生了许多种心，用"一心"收摄"万心"，即用心反映世界万物及其变化，存养在隐秘的方寸之间。

> 天命之所在，即人心之所在，人心之所在，即道心之所在……心只有人心，而道心者，人之所当然，乃所以为心也。人心道心只是一心。（《天命章说》）

参考译文：天理所在的地方就是人心所在的地方，人心所在的地方就是道心所在的地方……心中只有人心，而道心则是人自然生成的，所以是人心。人心、道心是一样的。

> 心无体①，以意为体；意无体，以知为体；知无体，以物为体。物无用，以知为用；知无用，以意为用；意无用，以心为用。是之谓体用一原，是之谓显微无间②。（《刘子全书》卷十《学言》）

注释：①体：与"用"相对。"体"与"用"是中国古典哲学的一对范畴，指"本体"和"作用"。一般认为"体"是最根本的、内在的；"用"是"体"的外在表现。②体用一源，显微无间：语出程颐《伊川易传》：至微者理也，至著者象也；体用一原，显微无间。他所谓体，指本原、本体；所谓用，指显现、作用。他认为隐微的理与显著的象，二者统一，没有间隙。

参考译文：心没有本体，把意作为它的本体；意没有本体，把知作为它的本体；知没有本体，把物作为它的本体。物没有外在表现，把知作为它的显现；知没有外在表现，把意作为它的显现；意没有外在表现，把心作为它的显现。所以说隐微的理与显著的象，二者统一，没有间隙。

> 知行何可偏废……知之至才能行之至，行之至方是知之至。后人言即分即行，不必于知外更求行，重本体不重工夫，所以致吾道之大坏也！（《刘子全书》卷十三《会录》）

参考译文：思考和实践不可以有所偏向……思考达到极致才能使实践达到极致，实践达到极致的时候，才是思考达到了极致。现在的人说把思考和实践分开，觉得只需要思考，不需要实践，注重本体而不注重实践，所以导致世风的败坏。

4. 独处时要谨慎不苟

刘宗周认为教育最终应达到的状态是：个人独处时仍然要保持敬畏和诚意。

独是虚位，从性体看来，则曰莫见莫显，是思虑未起，鬼神莫知时也。从心体看来，则曰十目十手①，是思虑既起，吾心独知时也。然性体即在心体中看出。(《刘子全书》卷十《学言》)

注释：①十目十手：形容一个人的言行举止，离不开众人的监督。语出《礼记·大学》，曾子曰："十目所视，十手所指，其严乎。"

参考译文："独"是个空名号，从性体来看，是看不见的，没有具体的显现，是还没有想法，连鬼神都不知道时的状态。从心体来看，是自己的言行举止受到人的监督，是刚刚开始有想法，只有我知道这个想法的时候，然而性体就在心体中看出来。

君子存之，善莫积焉。小人去之，过莫加焉……敬肆之分，人禽之辨也。(《人谱》)

参考译文：和有德行的人交往，不要记住他们做了多少好事。远离品德低下的人，不要记住他们做了多少坏事……敬畏天理和过度纵欲的区别，是人和禽兽的区别。

或问慎独下手处，先生曰："且静坐。"又问："静坐中愈觉妄念纷扰，奈何？"先生曰："心不能静，只为有根在，故濂溪教人必先之以无欲，以此故也。"(《刘子全书》)

参考译文：有人问慎独应该从哪里入手。先生说："静坐"。又问："静坐的时候更觉得各种虚妄的念头纷纷扰扰，怎么办？"先生说："心不能安静下来，是因为有私欲扎根在心中，所以濂溪先生教导人们首先要没有私欲，就是这个原因。"

5. 强调自我反省

有不善未尝不知，是谓良知；知之未尝复行也，是谓致知。(《刘子全书》)

参考译文：每当自己行为有不对的地方，心中多多少少都能知觉到，这就证明每个人心中都有着良知；而一旦知道错了之后，不再重蹈覆辙，这就是致知。

才认己无不是处，愈流愈下，终成凡夫；才认己有不是处，念达愈上，便是圣人。(《刘子全书》)

参考译文：认为自己没有一处不对，越骄傲越不会进步，终生都是个凡夫俗子；承认自己有不对的人，因为肯虚心反省，向人求教，所以愈来愈进步，便会达到圣人的境地。

三、顾炎武

顾炎武（1613—1682），江苏昆山人，初名绛，字忠清，明亡后改名炎武，号亭林，后人尊称其为亭林先生。他出身名门，少年时读书勤奋，14岁考中秀才。青年时时常议论朝纲，主张反清复明，失败后遍访名山大川，潜心治学著书，成为明末清初杰出的思想家、经学家、史地学家和音韵学家，与黄宗羲、王夫之并称为"清初三儒"。

他一生著述宏富，在地理、金石、音律上都有建树，所著的《肇域志》《天下郡国利病图》《金石文字记》《音学五书》等都具有很高的学术价值。代表作《日知录》较为系统地阐述了他在哲学、政治、经济等方面的观点。

（一）顾炎武的教育思想概说

顾炎武是著名的考据学家，平生不作无益之文，主张"文不苟作""须有益于天下"；治学强调"经世致用"，反对空谈，注重实地考察。同时他以一种历史的自觉，深刻地反思明王朝覆灭的教训，致力于探寻中国社会道德文明之重建的道路。

"天下兴亡，匹夫有责"这句名言就是出自《日知录》，他不仅仅这样教学生，而且自己也做到了。他"经世致用"的进步教育思想对后世影响很大，他强调学习要理论联系实际、脚踏实地、注重实效，对我们今天的语文教育有着重要的影响。

（二）顾炎武的教育思想言论

顾炎武特别重视教育的作用，有大量关于教育作用的言论。

1. "天下兴亡，匹夫有责"的爱国主义思想

在以清代明的历史条件下，顾炎武把爱国主义原则看作是最重要的道德底线，提倡"天下兴亡，匹夫有责"的爱国主义的道德情操。

> 有亡国，有亡天下。亡国与亡天下奚辨？曰：易姓改号，谓之亡国。仁义充塞，而至于率兽食人，人将相食，谓之亡天下……是故知保天下，然后知保其国。保国者，其君其臣，肉食者谋之；保天下者，匹夫之贱与有责焉耳矣。（《日知录》卷十三《正始》）

> **参考译文**：有亡国，有亡天下。如何辨别亡国和亡天下呢？回答说：易姓改号叫作亡国。仁义的道路被阻塞，以至于到了率领禽兽来吃人，人与人之间也要互相吃的地步，这叫作亡天下……所以知道保天下然后才知道保国家。保国家的事，是位居国君和臣子之位的那些统治者所要考虑的；保天下的事，地位低贱的普通百姓都有责任。

2. 决不以势利之心待人的原则

顾炎武对人们的势利之性、特别是盛行于社会公共生活中的势利之性作了全面而深刻的揭露和批判。他认为决不应以势利之心待人，要防止在社会公共生活中庸俗关系学盛行，不能只认关系，不讲道义。

> 群黎，庶人也。百姓，百官也。民之质矣，兼百官与庶人而言，犹曰"人之生也直"也。（《日知录》卷三《民之质矣日用饮食》）

> **参考译文**：万民指的是没有官职的平民。百姓指的是当官的。说到人民的本质，应该要兼顾平民和官员两个方面，才能够被说成人生活得正直。

> 荀悦论曰："言论者计薄厚而吐辞，选举者度亲疏而举笔，苞苴盈于门庭，聘问交于道路，书记繁于公文，私务众于官事。"世之弊也，古今同之，可为太息者此也。（《日知录》卷十三《乡原》）

> **参考译文**：荀悦论说："说话的人计算着（交情的）厚薄来说话，选举的人衡量着（关系的）亲厚疏远而下决定，行贿在门前盛行，联姻的车队在道路上相遇，记录的人被公文所烦扰，私人的事务比公务还多。"世间的腐败在古今都是相同的，真是令人叹息的事啊。

3. 实学思想

"博学于文，行己有耻"是顾炎武实学的根本原则。他主张为学必先学会做人，而为人之本在于"行己有耻"，即"不耻恶衣恶食，而耻匹夫匹妇之不被其泽"，认为只有怀抱经世泽民之大志，才能做成利国利民的真学问。为了成就有益于天下的大学问，必须

"博学于文",即"好古而多闻",既博览群书,又广师学友。[1] 顾炎武特别强调应当把对书本知识的博学同认知交往中的广师结合起来,认为"独学无友,则孤陋而难成;久处一方,则习染而不自觉"。(《亭林文集》卷四《与人书一》)

> 愚所谓圣人之道者如何?曰"博学于文",曰"行己有耻"。自一身以至于天下国家,皆学之事也;自子臣弟友以至出入往来、辞受取与之间,皆有耻之事也。(《亭林文集·与友人论学书》)
>
> **参考译文**:我所说的领悟圣人之道的人是怎么样的?就是"从丰富的文献典籍中学习",就是"用羞耻心来约束自己的行为"。从自身到天下国家,都有学问,都需要不断地学习。从父子、君臣、兄弟、朋友,以及出去做官与归隐、离去与留下、辞官与受禄、索取与给予等之间关系的处理,都需要"用羞耻心来约束自己的行为"。

4. 经学思想

顾炎武主张学问要"经世致用",顾氏之经学,上矫宋明理学末流,下启清代朴学先河,对有清一代三百年的经学发展产生了重大影响。

(1)尊经而明道。

顾炎武认为,后人不考古而妄改经,不仅造成古书舛讹,而且败坏了学风,其影响极坏。尊崇经文而不盲从,注重本经而不废传注,遍考历代经说而无怪异玄渺之论,这是顾炎武的经学主张。

> 万历间,人多好改窜古书,人心之斜,风气之变,自此而始……此皆不考古而肆臆之说,岂非小人而无忌惮者哉!(《日知录》卷十八《改书》)
>
> **参考译文**:万历年间,很多人喜欢修改古书,人心思的不正和风气的变化,是从这里开始的……这些不考据就肆意妄想的说法,难道不是都来自肆无忌惮的小人吗!

(2)稽古以明经。

顾炎武治学严谨,强调尊崇经典,但是并不拘执经训。他提出"信古而阙疑"的治经原则,认为:"五经"得于秦火之余,其中固不能无错误。学者不幸而生乎二千余载之后,信古而阙疑,乃其分也。(《日知录》卷二《丰熙伪尚书》)因此,他稽考典籍,诂训经解,对于诸经传注,无不详加校理考订历代经说,一一予以稽验考明。

> 汉时《尚书》,今文与古文为二,而古文又自有二……孟子曰:"尽信书,则不如无书。"于今日而益验之矣。(《日知录》卷二《古文尚书》)
>
> **参考译文**:汉代《尚书》,今文与古文是不同的,而古时候的《尚书》又有不同的版本……孟子说:"完全相信书的话,就不如没有书。"这在今天更加被验证了。

5. 关于教育的原则和方法

顾炎武认为儒家经典是一定要深入人心的,不过不是宋明时期的理学,而是孔孟等先贤所著的经典;学习和掌握这些经典不是为了像理学家们一样空谈心性和义理,而是为了匡世济民。

---

[1] 华山,王庚唐.论顾炎武思想[J].文史哲,1963(2).

(1)《易》以道化。

顾炎武认为,《周易》广大悉备,藏往知来,学者研索其义,于天道人事,皆各增其助益。

> 《易》于天道之消息,人事之得失,切实示人,学者玩索其义,处事自有主张。(《与任钧衡》)
>
> **参考译文**:《周易》把天底下的道理、人与事的得失,真真实实地呈现给人,学者们反复体会,寻找蕴藏在其中的意义,处理事情的时候则自有自己的主张。

> 圣人神以知来,知以藏往,作为《易》书,以前民用。(《日知录》卷一《易逆数也》)
>
> **参考译文**:圣人的心力足以对未来有所预测,圣人的智慧足以把过往了然于胸,写下来成为《周易》这本书,用来引导民众的作为。

(2)《诗》以道志。

顾炎武论《诗经》,强调其教化敦民、淳厚人心之用。

> 舜曰:"《诗》言志。"此《诗》之本也。《王制》:"命太师陈《诗》以观民风。"此《诗》之用也。《荀子》论《小雅》曰:"疾今之政以思往者,其言有文焉,其声有哀焉。"此《诗》之情也。故《诗》者,王者之迹也。(《日知录》卷二十一《作诗之旨》)
>
> **参考译文**:舜说:《诗经》是表达志向和决心的。这是《诗经》的根本。《王制》:"命令太师阅读《诗经》用来了解民间的风气。"这就是《诗经》的作用。《荀子》论《小雅》说:"(作者)痛恨当时的政治,怀念过去,它的言辞富有文采,它的情调带着哀怨。"这是《诗经》所蕴含的情感。所以《诗经》是王者之迹啊。

(3)《书》以道事。

顾炎武论《书》,以其为记载古代政事之书,故不专以考据训诂为能事,而侧重于联系史事说明经义,以明其经世济用之志。

> 如读《盘庚》《微子》诸篇,则曰:"自古国家承平日久,法制废弛,而上之令不能行于下,未有不亡者也。纣以不仁而亡,天下人人知之,吾谓不尽然……然则论纣之亡、武之兴,而谓以至仁伐至不仁者,偏辞也,未得为穷源之论也。"(《日知录》卷二《殷纣之所以亡》)
>
> **参考译文**:如同读了《盘庚》《尚书微子》各篇,然后会说:"自古以来,国家太平日子过久了,法律制度松弛荒废了,而上层的命令不能在下层实行,国家没有不灭亡的道理。纣王因不仁而亡国,这是天下人知道的,我却认为不完全是这样……然而讨论商纣的灭亡和周武的兴起,说是以至仁讨伐至不仁,这是片面的看法,不足以成为能穷追这个问题的源头的道理啊。"

(4)《礼》以道行。

顾炎武论《礼》,以其为天地之序,人伦之常,故强调其移易风俗、纲纪社会之功用。

郊社之礼，所以仁鬼神也；射飨之礼，所以仁乡党也，食飨之礼，所以仁宾客也。亲亲而仁民，仁民而爱物，而天下之大经毕举而无遗矣。(《日知录》卷六《肫肫其仁》)

参考译文：祭祀天地的礼，是用以致仁爱于死者的；乡射礼，是用以致仁爱于乡亲邻里的；宴会饮酒的礼仪，是用以致仁爱于宾客的。亲近自己的亲人并且仁慈对待人民，仁慈地对待人民并且珍惜国家的资源，那么治理国家的道理已经毫无遗漏地摆在面前了。

他认为明白了祭天祭地的礼仪、秋尝夏禘的礼仪的作用，那么治理国家就很容易了。

(5)《春秋》以道义。

顾炎武论《春秋》，善于考往鉴来，借古讽今。

夫子之文章，莫大乎《春秋》。《春秋》之义，尊天王，攘戎狄，诛乱臣贼子，皆性也，皆天道也。故胡氏以《春秋》为圣人性命之文。(《日知录》卷七《夫子之言性与天道》)

参考译文：孔子的主张没有比《春秋》更充分的了。《春秋》的义，体现在尊崇天子，驱逐戎狄，诛杀乱臣贼子，这些都是人性，都是天道。所以胡氏认为《春秋》是圣人阐述性与天道之文。

四、黄宗羲

黄宗羲（1610—1695），字太冲，号南雷，又号梨洲，后世尊称梨洲先生。浙江绍兴府余姚人。杰出的思想家、政论家，与顾炎武、王夫之并称为"清初三儒"。

黄宗羲是伟大的启蒙思想家和杰出的史学家，被誉为"中国思想启蒙之父"。他曾提出"天下为主，君为客"的民主思想，认为"天下之治乱，不在一姓之兴亡，而在万民之忧乐"，主张以"天下之法"取代皇帝的"一家之法"，达到限制君权、保障人民的基本权利的目的。其政治主张抨击了封建君主专制制度，对反专制斗争起到极大的推动作用。

黄宗羲同时也是一位著名的教育家。他长期从事教育活动，曾在多所书院讲学，提出了具有近代色彩的民主教育思想，对中国近代资产阶级的教育思想产生了重要影响。主要著作有《明夷待访录》《明儒学案》等。

（一）黄宗羲的教育思想概说

黄宗羲早年师从刘宗周，于经、史、子、集，天文、地理、数学，音律历家学说，无所不通，给后人留下了数量极大、内容极广的编著作品。代表作《明夷待访录》是其进步思想的结晶，全书21篇，《原君》《原臣》《原法》《学校》等均影响极大，全书揭露和批判了封建专制制度对人的摧残，彻底摒弃了"小儒"们"以君臣之义无所逃于天地之间"的陈腐观念，提出"天下为主，君为客"的主张。他的《孟子师说》以及开断代思想史研究之先河的《明儒学案》和《宋元学案》，品评、批判前人思想学说的同时，阐述了对天人关系、人伦关系以及人性善恶、公私义利等问题的看法。其中他所提出的"人各得自私，人各得自利"等主张，反映了争取个人利益和平等权利的愿望；"天子之所是未必是，天子之所非未必非""公其是非于学校""求证于心"等是非观，充分地表达了其个性解放思想和民主自由精神，显示出冲破封建专制思想限制的思考和探索。这正是他的著作和主张能作为近代资产阶级思想家们宣传民主主义，激发近代启蒙思潮产生的原因所在。

（二）黄宗羲的教育思想言论

黄宗羲特别重视教育的作用，有大量关于教育作用的言论。

1. "公其非是于学校"

黄宗羲认为学校不仅应具有培养人才移风易俗的职能，而且还应该成为议论国家政事的场所，"治天下之具皆出于学校"。由学校议政可以逐渐养成普遍议政的社会风气，不再以天子的是非为标准，而是"公其非是于学校"，这是他对于古代教育理论的独特贡献，体现了民主思想。

> 学校，所以养士也。然古之圣王，其意不仅此也，必使治天下之具皆出于学校，而后设学校之意始备……天子之所是未必是，天子之所非未必非，天子亦遂不敢自为非是，而公其非是于学校。（《明夷待访录·学校》）
>
> **参考译文**：学校是用来培养人才的。但是古代圣王设置学校的用意不仅如此，一定要使治理天下的手段都来自学校，这样设置学校的意图才能完全实现……天子认为正确的未必是正确的，天子认为不正确的未必不正确，天子也就不敢以自己的角度判断是非，而把判断是非的任务交给学校的公论。

2. 关于教学思想

黄宗羲在长期的教学实践中，认真吸取前人的优秀成果，不断总结自己的成功经验，形成了颇具特色的教学思想。主要有以下三点。

（1）力学致知。

在人的知识来源问题上，黄宗羲的观念中虽然存在"天地万物之理，即在吾心之中"，"穷理"即"穷心"的王学思想残余，但其基本的方面则是主张躬行实践以求知，力学致知。他自己更是以身作则，一生勤奋好学，并且老而弥坚，"年逾六十，尚嗜学不止"。

（2）学贵适用。

黄宗羲提出了"学贵适用"的主张。他反对空疏烦琐，明确认为求学贵在适于实用，只有学问与事功相结合，学用一致，方是做学问应有的态度。从这一思想出发，他强调只有适于实用的知识才是真正的学问，他还将是否有真才实学作为选拔人才的重要原则。

（3）学贵独创。

求学贵在创新，提出独立见解，反对"墨守一先生之言"；求学的方法在于格物穷理，在于笃行，这是黄宗羲教学思想的又一显著特点。

在长期的教学实践中，黄宗羲积累了许多经验，主要有以下四点。

① 由博致精。

所谓"博"，就是要多读书，有渊博的学识，这是提出独立见解的前提。但广泛读书的同时，还必须抓住各家学派的宗旨。他说各家学派"自有宗旨"，这既是学派创立者的"得力处""亦是学者之入门处"。因此，抓住了宗旨，即把握了学派思想的精华。

② 重视"异同论"。

在学术研究中，由于"心之万殊"、各人"功力所至"不同，因而必然会出现各种不同见解，即所谓"一偏之见"，或"相反之论"，而这些恰恰是学者自己研究的心得。因此，他强调"学者于其不同处，正宜著眼理会"。并且还根据历史经验，强调指出："古之善学者，其得力多在异同之论。"事实一再表明，学术上的创新，往往是由各种不同的学术见解相互碰撞引发的。因此，黄宗羲重视"异同之论"的见解，是颇有道理的。

③ 深思与能疑。

黄宗羲的主张中，无论是由博致精，还是重视"异同之论"，关键都离不开"深湛之思"。只有对所学知识"加之湛思"，在自己的头脑中经过一番加工和整理，才能深刻理解，融会贯通，产生自己的见解。当然，要能进行深刻的思考，又离不开在求学过程中提出各种怀疑。所以，黄宗羲又强调"能疑"。他把怀疑视为是"觉悟之机"，认为"小疑则小悟，大疑则大悟，不疑而不悟"，有的人不怀疑而轻易相信，这并非是真信，只是不善于提出怀疑。[1] 黄宗羲强调怀疑在治学过程中的重要作用，认为只有善于提出怀疑者，才能进行深思，才会有所创见，这是符合学习规律的。

④ 讨论辩难。

讨论辩难是黄宗羲在讲学中采用的一种基本方法。他认为，通过讨论辩难，能调动学生个体的主观能动性，发挥师生群体的积极作用，使学习过程中有所创见。

3. 论教师

黄宗羲长期从事教育工作，对教师职业有特殊感情，对教师发表了许多独特见解。

第一，他主张尊师，要求提高教师的社会地位，认为学生必须"重师弟子之礼"。

第二，他认为，教师除了向学生进行传道、授业、解惑之外，还必须参加清议。

第三，他主张教师不仅要有真才实学，而且还必须品行端正。

黄宗羲有关教师的主张，突破了传统的教师理论，鲜明地反映了他的民主思想，是值得我们重视的。

五、王夫之

王夫之（1619—1692），字而农，号姜斋，又号夕堂，湖广衡州府人，晚年隐居于湘西石船山，自署船山病叟、南岳遗民，故学者称之为船山先生。王夫之是明末清初杰出的教育家、思想家、哲学家、文学家、史学家和美学家，中国古代朴素唯物主义思想的集大成者、启蒙主义思想的先导者，与黄宗羲、顾炎武并称为"清初三儒"。

王夫之幼年时曾跟随父亲、叔父和兄长读书，少年时曾就读于岳麓书院，14岁考中秀才，24岁考中举人。他青年时关心国家的命运和民族的前途，立志匡世救国。清军入京后，曾起义兵于衡山，抵御清军南下，结果失败。王夫之后期退隐山野，专门从事学术研究和教育活动达40年之久，一生著述总计约有100多种、400多卷，共800多万字，今存有《周易外传》《黄书》《尚书引义》《永历实录》《春秋世论》《噩梦》《读通鉴论》《宋论》等书，后人曾将其著作编为《船山遗书》总集。王夫之著作遍及经、史、子、集

---

[1] 朱光磊. 由"自私自利"通达"天下本体"——黄宗羲《明夷待访录》人性论新解[J]. 福建论坛：人文社会科学版，2013（5）.

各部，可谓是中国古代最高产的学者。[1]

（一）王夫之的教育思想概说

王夫之早期思想受王充和张载的影响，后期刻苦钻研学问和著书立说、授徒讲学，继承和发展了传统哲学的朴素唯物论和实学教育的理念，形成了系统的唯物主义教育思想体系。其教育思想主要体现在《读四书大全说》《礼记章句》《俟解》《读通鉴论》《周易外传》《张子正蒙注》《四书训义》《尚书引义》和《思问录》等著作。

王夫之的教育思想，是根据他朴素唯物主义的认识论、社会进化论和"日生日成"的人性学说而来的；他弘扬先秦儒学的教育思想，扬弃宋明理学的教育思想，阐明并发展了中国古代关于人性与教育、教与学、学与思和知与行等关系的教育思想，并由此提出许多唯物主义和富有辩证法思想的教育观点，对他之后的许多教育家都有巨大的影响，[2] 在中国传统教育思想史上起着继往开来的重要作用。

（二）王夫之的教育思想言论

王夫之的教育思想很丰富，其中对语文教育影响较大的主要是其"时习""自得""濯愚""启智"，以及"文以意为主"的思想。

1. 教育的作用

（1）教育对治国理政的重要作用：治国之本。

王夫之潜心钻研先秦的儒家经典，考察历代社会发展的历史经验，特别是反思总结明朝灭亡的惨痛教训，深入思考教育对治国理政的作用，认为教育是国家之本。

> 王者之以天下，不外乎政教之二端。语其本末，则教本也，政末也。语其先后，则政立而后教也施焉。（《礼记章句》卷五）
>
> **参考译文**：君王管理天下，不外乎政治和教育两个方面。要说它们的本末排位，则教育是根本，政治是次要的。要说它们的先后顺序，则应该是先确立政治，而后施行教育。

> 治道自汉之亡而晦极矣。非其政之无一当于利病也，谓夫言政而无一及于教也。（《读通鉴论》卷十七）
>
> **参考译文**：治国之道自汉朝灭亡以后就隐晦至极了。这并不是说其政治无一件切中要害，而是说议论政事的人没有一句是涉及教育的。

（2）教育对人性发展的重要作用：习与性成。

> 夫性者，生理也，日生则日成①也。则夫天命者，岂但初生之顷命之哉？但初生之顷命之，是持一物而予之于一日，俾牢持终身以不失。天且有心以劳劳②于给与，而人之受之，一受其成形而无可损益矣。（《尚书引义》卷三）

---

[1] 北京读图时代文化发展有限公司. 中国古代教育 [M]. 合肥：黄山书社，2013：138.
[2] 黄迪民. 传统文化与智慧人生 [M]. 西安：西北工业大学出版社，2012：258.

注释：①日生则日成：指日日生，则日日成。②劳劳：辛劳、忙碌。

参考译文：所谓"性"，是一种生生之理，随着人的一天天生长，也就一天天形成。然而"天命"的性，岂能是初生时顷刻之间由上天授予人的呢？只是出生时顷刻之间授予他，是只在一天之内拿一样东西给予他，就牢固地维持了终身而不能失去，况且就算上天有心忙碌地给予人了；而人接受了以后，就一成不变而不能有所折损或增加了。[1]

惟命之不穷也而靡常，①故性屡移而异。抑惟理之本正也，而无固有之疵，故善来复而无难。未成可成，已成可革。性也者，岂一受成侀②，不受损益也哉？（《尚书引义》卷三）

注释：①惟命之不穷也而靡常：语本出自《诗经·大衙·文王》："天命靡常。"靡：无；靡常：无常。②侀：同"形"。

参考译文：正因为"命"是不断变化而无常的，所以"性"也就会屡次发生变化而有所不同。又正因为"理"是本之于"正"的，而没有固有的瑕疵，所以"善性"的不断到来，也就不会有困难。没有形成的可以继续形成，已经形成的也可以继续变革。所谓"人性"，哪里会一旦固定成形了，就不能再有所增加或减少了呢？

性者天道，习者人道，性为最初之生理，而善与不善皆后期之分途也。（《四书训义》卷三十五）

参考译文：人性是先天的天道，习染是后天的人道，性是人最初的生理，而（人性）好或不好是因后天的发展而分开了。

孟子言性，孔子言习。性者天道，习者人道。《鲁论》二十篇皆言习，故曰：性与天道不可得而闻也。已失之习，而欲求之性，虽见性且不能救其习，况不能见乎！（《俟解》）

参考译文：孟子谈论人性，孔子谈论习染。人性是天道的，习染是人后天的。《论语》二十篇都是谈论习惯的，所以说：人性和天命都是不能通过后天学习而获得的。已经在后天的习染中丧失了，却想要人最初的本性，即使看得见人性也不能挽回后天的习染，更何况是不能看见人的本性呢！

人不幸而失教，陷入于恶习，耳所闻者，非人之言，目所见者，非人之事，日渐月渍于里巷村落之中，而有志者欲挽回于成人之后，非洗髓伐毛，必不能胜。（《俟解》）

参考译文：人如果不幸失去了教育，陷入不良的习俗中，耳中听到的，不是善人所说的话，眼里所见的，也不是善人所做的事，日久天长在里巷村落中逐渐养成了坏习惯。倘若有志气的人想要在成年之后挽回，不脱胎换骨，一定不能达到目的。

人之皆可为善者，性也；其有必不可使为善者，习也。习之于人大矣，耳限于所闻，则夺其天聪；目限于所见，则夺其天明；父兄熏之于能言能动之始，乡党姻亚导之于知好知恶之年，一移其耳目心思，而泰山不见，雷霆不闻；非不欲见与闻也，投以所未见未闻，则惊为不可至，而忽为不足容心也。故曰："习与性成。"成性而严师益友不能劝勉，醲赏重罚不能匡正矣。（《读通鉴论》卷十）

---

[1] 韩世龙，陈宁杰，江永昶，陈宏. 中国古代教育名著选译[M]. 哈尔滨：黑龙江教育出版社，1988：317-319.

参考译文：人们都可以成为好人，这是人们善的本性决定的。也有必不能使人成为好人的因素，这就是人们的坏习惯。习惯对于人的影响太大了，如果听到的很少，他知道的就不多；所看到的很少，他了解到的也就不多；当一个人能说能动的时候，就开始受到父亲兄长的熏陶了，当他到了知道好坏的时候，他又会受到乡里乡亲的影响，一旦他的心思不在某些方面，即使这些方面遇到一些大的事他也会不闻不问。这并不是他不想见到或听到，而是在那样的环境中不可能见到或听到，即使偶尔听到看到也不会放在心上。所以说：有"习惯成性"的说法。一旦性成，即使是严师益友也不能规劝他，厚赏重罚也难以匡正他。[1]

2. 教育的目的

王夫之希望通过教育培养一批立足于社会现实、具有新的时代精神风貌的经世致用的国家栋梁，承担起匡世救国的历史重任，在很大程度上突破了儒家学者关于人才的传统观念。[2]

能兴者谓之豪杰。兴者，性之生乎气者也。拖沓委顺，当世之然而然，不然而不然，终日劳而不能度越于禄位田宅妻子之中，数米计薪，日以挫其气，仰视天而不知其高，俯视地而不知其厚，虽觉如梦，虽视如盲，虽勤动其四体而心不灵，惟不兴故也。圣人以诗教以荡涤其浊心，震其暮气，纳之于豪杰而后期之以圣贤，此救人道与乱世之大权也。（《俟解》）

参考译文：所谓的豪杰就是能"兴"的人。所谓"兴"，就是天性中与浩然之气同在的东西。那些唯唯诺诺，只会附和别人的想法，每天劳苦而不能放下地位财富妻子儿女的人，数着米粒计算薪酬，那样他们的浩然之气就每日消减，看天不知天有多高，看地不知道地有多厚，虽然醒着仍然和梦中一样，虽然能看见和盲人也没有区别，虽然四肢活动勤快但是心思已经僵化，就是不能"兴"的缘故。圣人用诗来教他们清洗掉自己心灵的污浊之气，震动他们颓废不振作的精神和不求进取的风气，先成为豪杰壮士再期待他们成为圣贤，这就是拯救人道与平定乱世的大举措啊。

3. 教育的内容：身心之学

盖自秦以后，所谓儒学者，止于记诵词章；所谓治道者，不过谋权术数；而身心之学，反以付之释老。（《读四书大全说》卷四）

参考译文：大概自秦朝以后，所谓的儒家学者，只限于记忆诵读那些词章了；所谓的管理国家的人，也不过是谋求权变计谋的了；而身心之学反倒交付给佛家和道家了。

能士者士，次则医，次则农工商贾，各为其力与其时。（《王船山年谱》）

参考译文：能成为士的就去做士，其次就是去当医生，再其次去从事农工商贾的行业，大家都是各出各力为这个时代做事情。

学者之所以学，教者之所以教，皆有其当务焉。（《四书训义》卷五）

参考译文：学生之所以要学习，老师之所以要教学，教与学都与当时的时务相关。

---

[1] 伊力. 资治通鉴之通鉴 [M]. 郑州：中州古籍出版社, 1994：423-424.
[2] 周玉衡. 传统文化与教师教育 [M]. 上海：复旦大学出版社, 2013：77.

4. 教育的方法

在教育方法上,王夫之主张"格物穷理""博文约礼""笃行"。具体而言就是要求学生读经诵史,明伦察物,调养志气,学习关于忠孝的古礼。

(1) 深知其心,因材而授。

> 吾之与学者相接也,教无不可施。吾则因其所可知,而示之知焉;因其所可行,而示之行焉。其未能知,而引之以知焉;其未能行,而勉之以行焉。(《四书训义》卷十一)

参考译文:我和学生相接触,没有什么教育是不可实施的。我在他们所已经知道的基础上,让他们展现他们知道的;在他们所能实践的基础上,让他们努力去实践。对于他们所不了解的,则引导他们去学习了解;对于他们没有实践体会过的,则鼓励他们努力去实践体会。

> 教思之无穷也,必知其人德性之长而利导之,尤必知其人气质之偏而变化之。(《四书训义》卷十五)

参考译文:教育的思想是无穷无尽的,必然要知道一个人的德行和品性中好的地方而去引导他,尤其还要知道这个人的个人气质的偏向而使他改变。

> 顺其所易,矫其所难,成其美,变其恶,教非一也。理一也,从人者异耳。(《张子正蒙注·中正篇》)

参考译文:顺应他的长处,矫正他的短处,成全他好的方面,改变他恶的方面,教法不是只有一种而已。道理是一样的,根据人的不同因材施教罢了。

(2) 因材启发,循序渐进。

> 若教则不愤而启,不悱而发,喋喋然徒劳而无益也。(《周易内传》卷四)

参考译文:如果教育学生不到他努力想弄明白而不得的程度就去开导他,不到他心里明白却不能完善表达出来的程度就去启发他,就好像是唠唠叨叨的样子,付出了你的劳动却没有得到任何的益处。

> 有初学难而后易者,有初学易而后难者,因其序则皆可使之易。(《张子正蒙注》卷四)

参考译文:初学的时候,不管是遇到先难后易的情况,还是先易后难的情况,按照他的顺序学习都可以使其变得容易。

(3) 学思相济。

> 致知之途有二:曰学,曰思。学则不恃己之聪明,而一唯先觉之是效,思则不徇古人之陈迹,而任吾警悟之灵。乃二者不可偏废,而必相资以为功。(《四书训义》卷六)

参考译文:获得知识有两个途径:学习和思考。学习不能依仗自己的聪明,而要借鉴前人的研究成果;思考不能因循于古人过去的足迹,而应该自己独立钻研。这两者都不能偏重或忽视某一方,而必须要两者相互辅助才能取得良好的效果。

学愈博则思愈远，思之困则学必勤。(《四书训义》卷六)

参考译文：学习的知识面越广阔，思维就会越深远；思维遇到了障碍，学习则必须更加勤奋。

(4) 知行相资。

行可兼知，而知不可兼行，下学而上达，①岂达焉而始学乎？君子之学，未尝离行以为知。(《尚书引义》卷三)

注释：①下学而上达：《论语·宪问》："不怨天，不尤人，下学而上达。"

参考译文："行"能够兼顾"知"，而"知"不能兼顾"行"，通过"下学而上达"，怎么能说先达到知识而后开始学习呢？君子学习，没有离开"行"而能获得"知"的。

行而后知有道，道犹路也。得而后见有德，德犹得也。(《思问录·内篇》)

参考译文：只有通过行，才能认识事物的规律，犹如走路，只有行，才能知道路。内心有了认识，然后体现为德行，所以德性就是内心认识的表现。

知行相资以为用，唯其各有致功，而亦各有其效，故相资以互用。则于其相互，益知其必分矣。(《礼记章句》)

参考译文：在人们的认识当中知与行相互辅助利用，只是因为它们各有其用处，也各有其效果，所以相互辅助来互用。则在相互为用的过程中，更加了解他们的区别了。

学以求知之，求知之者，因将以力行之也。能力行焉，而后见闻讲习之非虚，乃学之实也。(《四书训义》卷五)

参考译文：学习以求得知识。求知的人，因此将竭尽全力去实践。能够竭尽全力去实践了，见闻和讲习才能更加真切，所求得的知识才是真正可靠的真知。

知所不豫，行且通焉。(《思问录·内篇》)

参考译文：要了解不明白的事情，只要实践就可以做到。

六、颜元

颜元（1635—1704），原字易直，更字浑然，号习斋，直隶博野县北杨村人。清初知名儒学家、思想家、教育家，颜李学派创始人。颜元一生以行医、教学为业，继承和发扬了孔子的教育思想，提倡实学教育，主张"习动""实学""习行""致用"等并重，亦即德育、智育、体育并重，主张培养文武兼备、经世致用的人才，猛烈抨击宋明理学家"穷理居敬""静坐冥想"的主张。《存学》《存治》《存人》《存性》四篇是他最重要的作品，后集为《四存编》，另有《习斋记余》。

（一）颜元的教育思想概说

颜元是一位伟大的教育家，一生以教书为业，而且终生不脱离农业生产劳动，这在整个中国古代教育史中实属罕见。他批判当时盛行的以理学为主要内容的"科举教育"，指出程朱静坐读书是不符合孔孟宗旨的，认为思不如学，学必以行，因而提倡实文、实行、实体、实用，目的是为天地造实绩，为生民谋福祉。他所倡导的重实用知识和习行的教育思想，对其后的中国教育影响极大，直接打击了中国封建教育界长期以来只注重文章、词句，轻视科学技术的传统观点。此外，他倡导的分科教育，开创了近代高等教育分科教育的先河，他主张的科学技术教育的观点也适应了时代发展的需要。可以说，他打破了长期以来理学统领天下的局面，扭转了教育方向，将教育指向了与社会现实紧密相连的经世致用思想，为推动教育思想的解放起到了重要的启蒙作用。

（二）颜元的教育思想言论

颜元特别重视教育的作用，有大量关于教育的言论。

1. 教育目的

颜元把教育目的概括为"民命"。他认为教育的目的应由"治人"转变为"民命"，即办教育是为了解决广大民众的生计问题。颜元重视两个群体的教育：一是对民众的直接教育；二是注重培养为民而务实的官吏。颜元教育改革的终极目的，不仅仅在于"教化"，更在于"生民"，在于"民命"。

> 教以济养，养以行教，教者养也，养者教也。（《颜元集·存治篇》）
>
> **参考译文**：教育足以推动生产，生产又足以推动教育，教育与生产结合，教养合一。

2. 培养目标论

颜元认为，设学立教的目的是培养人。

> 凡读圣人书，便要为转世之人①，不要为世转之人②，如龆龄③入学受书，即不得随世浮沉矣。（《颜元集·存学篇》）
>
> **注释**：①转世之人：对事物有自己见解和主张的人。②世转之人：随世沉浮的庸碌人。③龆龄：七八岁，童年时代。
>
> **参考译文**：只要是读圣人书的人，便要立志做有思想和主见的人，不要做随世沉浮、人云亦云的庸碌人，童年时入学起就不能随波逐流、没有个人的见解。

> 朝廷大政，天下所不能办，吾门人皆办之；险重繁难，天下所不敢任，吾门人皆任之。（《颜元集·存学编》）
>
> **参考译文**：国家政务，天下人不可以完成的事，我的学生都能完成。复杂烦琐困难的事，天下人不敢承担的事，我的学生都能胜任。

> 古人于必用而不常用之官，多命专家，使世修其职，如历与史之类。一欲其精也，一不欲多费人才于不常用之学也。（《颜元集·颜习斋先生言行录》）
>
> **参考译文**：古人对于那些必须要用又不常用的职位诸如历史类的官职，多任命专门的人员担任，使他们子孙世代沿袭这个职务，如掌管历法的官和史官。一来可以使他们更加专业，一来也是不愿在这些不常用的学问上多浪费人才。

3. 教育内容

关于教育内容，颜元反对理学、八股。下面从德、智、体诸方面对颜元的教育内容分别进行叙说。

（1）德育。

颜元极力提倡三达德，这是他德育思想的一大特点。

> 仁、智、勇，古今之达德也，立德、立业据在于此。（《颜元集·颜习斋先生言行录》）

参考译文：仁、智、勇，是古今通行不变的道德准则，树立德业需依据于这三者。

（2）智育。

不重八股制艺，重实际有用的学问，是颜元教育内容变革的核心。在智育方面，颜元有两大成就：一是将自然科学知识正式列入教育内容，并作为主要的教学课程；二是将传统经史教育实学化，让学生从中学习经世济民的知识。

> 昔周公、孔子，专以艺学教人，近士子惟业八股，殊失学教本旨。凡为吾徒者，当立志学礼、乐、射、御、书、数及兵、农、钱、谷、水、火、工、虞，予虽未能，愿共学焉。（《颜元集·颜习斋先生年谱》）

参考译文：以前周公、孔子专门用六艺来教育学生，而近来的读书人专攻八股文，失去了学习和教育的本来目的。凡是我的学生，当立志学习学礼、乐、射、御、书、数及兵、农、钱、谷、水、火、工、虞，我虽然不擅长这些，但愿意和他们共同学习。

（3）体育。

> 一身动则一身强，一家动则一家强，一国动则一国强，天下动则天下强。（《颜元集·颜习斋先生言行录》）

参考译文：一个人运动就一个人强健，一家人运动就一家人强健，一个国家运动就一个国家强健，天下运动就天下强健。

4. 教学方法论

颜元在教学方法上提出了"习行说"，主张把习与行紧密相连，强调在学习后加强实践，在实践中进一步学习。

（1）远其志而短其节。

> 学贵远其志而短其节。志远则不息，节短则易竟而乐。（《颜元集·颜习斋先生言行录》）

参考译文：学习贵在能使学生树立远大的志向，而教师将学习的内容划分成若干小节。树立远大的志向才会刻苦努力不被困难所阻，分节分段学习会使学习容易些并使学生感受到学习的乐趣。

（2）因其材而专其业。

> 人之质性各异，当就其质性之所近，心志之所愿，才力之所能以为学，则易成圣贤，而无龃龉捍格、终身不就之患。（《颜元集·四书正误》）

参考译文：人的天赋各不相同，应该选择与他的天赋相近的，心中所期待的，才能所能达到的来作为学习内容，这样就容易使学生通过学习成为圣贤之人，而不会因为与教师意见不一而相互抵触，造成学生终身没有成就的灾难。

(3) 少讲读而习行。

仆妄谓性命之理,不可讲也;虽讲,人亦不能听也;虽听,人亦不能醒也;虽醒,人亦不能行也。所可得而共讲之,共醒之,共行之者,性命之作用,如《诗》、《书》、六艺而已。即《诗》、《书》、六艺,亦非徒列坐讲听,要惟一讲即教习,习至难处来问,方再与讲。讲之功有限,习之功无已。(《颜元集·存学篇》)

参考译文:我狂妄地说性命的道理是不可以讲的;即使讲了,人也不能够听懂;即使听了,人也不能够警醒;即使警醒了,人也不一定能实践。所能够得到的并能共同讲解,共同警醒知道,共同实践的是性命之理的体现,如《诗》、《书》、"六艺"之类的书。即使是《诗》、《书》、"六艺",也不仅是学生排列坐着听讲,唯一要讲的就是教会他们如何学习,让他们学习到有困难的地方主动来提问,才可以再给他讲解。讲解的功效是有限的,但学习的功效是无穷尽的。

(4) 慎批评而重奖掖。

恶人之心无过,常人之心知过,贤人之心改过,圣人之心寡过。寡过故无过,改过故不二过,仅知过故终有其过,常无过故终不改其过。(《颜元集·颜习斋先生言行录》)

参考译文:恶人的心中没有过错,平常人的内心知道过错,贤人的心里知道要改正过错,圣人的心里很少过错。圣人很少过错所以没有过错,贤人改正错误后不再次犯错,人仅仅是知道过错那么过错始终存在,人心中经常没有过错之分就始终不会改正其错误。

5. 师道观

(1) 树师道之尊严,克尽师责。

颜元在教育教学活动中倡导师道之权威,为的是教好管好学生,克尽教育之责。

尊师,可以不遵其道,而不遵其道,却不能不尊其人。(《颜元集·颜习斋先生年谱》)

参考译文:尊重老师,可以不遵循他讲授的学识道理。可是就算不遵循他讲授的学识道理,也不能不尊重老师。

(2) 倡师生之平等,相责善而共习艺。

贵责善,同学善则相劝,过则相警;即师之言行起居有失,俱许直言,师自虚受。(《颜元集·颜习斋先生年谱》)

参考译文:劝勉从善是难能可贵的,对于同学的长处应该加以勉励,过失应予以警示,犯了错就相互警告。即使是老师的言行举止起居习惯存在差错,都允许学生直接说出来,老师自会虚心接受。

第三节 小 结

总的来说,在中央集权不断加强的统治背景下,元明清语文教育的发展相比前代有了新的变化。

首先,统治者重视教育是以巩固封建统治为目的的。统治者在重视教育的同时更为重视控制人们的思想，尊孔倡儒、重教兴学、大型文字狱等政策无不体现了这一点。

其次，元明清三代的学校教育制度，主要分中央和地方两个系统，比前代更为详备。中央官学包括国子学（又名国子监）、宗学、武学、医学、阴阳学、觉罗学、旗学等，其中国子学（监）是中央官学中的重点学校；地方官学包括府、州、县等不同级别所立的学校，也有宗学和武学，此外还有卫学及社学。除了以上所介绍的官学教育系统外，各朝代还有不同程度的私学教育存在。相比前代，元明清从中央到地方建立起了更为完备的官学体系和教育管理机构。

最后，元明清教育家在识字教学、阅读教学和写作教学等方面提出了自己的观点，并编写了大量的教材。一是出现了《弟子规》《龙文鞭影》《幼学琼林》等幼学教材；二是编选了《古文观止》《古文辞类纂》《经史百家杂钞》《唐诗三百首》《千家诗》等阅读教材；三是写作了《三国演义》《西游记》《水浒传》《聊斋志异》《儒林外史》《红楼梦》等小说；四是编纂了《康熙字典》《佩文韵府》《四库全书》等典籍。这些教材、文学作品的丰富与编印极大地丰富了语文教育的内容。此外，活跃在这一时期的教育家和语文教育家有颜元、王阳明、刘念台、顾炎武、黄宗羲等人，他们的教育思想具有近代民主主义萌芽，对语文教育及语文教育思想的发展有积极的促进作用。

思　考

1. 请从教育制度、教育思想和教育内容三个方面举例说明元明清时期教育的新发展。
2. 蒙学教材的丰富与发展对语文教育有什么积极意义？试选择其中一种具体分析。
3. 元明清时期哪位教育家的教育思想对你启发最深？原因是什么？
4. 元明清时期的语文教育思想最突出的特点是什么？

本章参考文献

[1] 周玉衡. 传统文化与教师教育 [M]. 上海：复旦大学出版社，2013.

[2] 黄明喜. 中国传统教育思想史论 [M]. 北京：高等教育出版社，2012.

[3] 杨军昌. 王阳明教育思想及其当代影响 [J]. 教育文化论坛，2010（1）.

[4] 陆东风. 传习录：一本书读懂阳明心学 [M]. 北京：中国华侨出版社，2013.

[5] 北京师联教育科学研究所. 黄道周理学教育思想与教育论著选读 [M]. 北京：中国环境科学出版社，2006.

[6] 方武. 明儒学案快读——民族文化再觉醒 [M]. 济南：时报文化出版社，2005.

[7] 顾炎武. 日知录集释 [M]. 长沙：岳麓书社，1994.

[8] 顾炎武. 顾亭林诗文集 [M]. 北京：中华书局，1959.

[9] 华山，王庚唐. 论顾炎武思想 [J]. 文史哲，1963（2）.

[10] 黄宗羲. 明夷待访录 [M]. 北京：中华书局，1980.

[11] 顾家宁. "自私自利"与"纯乎天理"——黄宗羲人性论的政治学分析 [J]. 清华大学学报：社会哲学版，2003（6）.

[12] 朱光磊. 由"自私自利"通达"天下本体"——黄宗羲《明夷待访录》人性论新解 [J]. 福建论坛：人文社会科学版，2013（5）.

[13] 王凤喈. 中国教育史 [M]. 福州：福建教育出版社，2011.

［14］北京读图时代文化发展有限公司. 中国古代教育［M］. 合肥：黄山书社，2013.

［15］刘生龙. 中国古代教育的那些事［M］. 北京：国家行政学院出版社，2013.

［16］黄迪民. 传统文化与智慧人生［M］. 西安：西北工业大学出版社，2012.

［17］韩世龙，陈宁杰，江永昶，陈宏. 中国古代教育名著选译［M］. 哈尔滨：黑龙江教育出版社，1988.

［18］伊力. 资治通鉴之通鉴［M］. 郑州：中州古籍出版社，1994.

［19］张勇. 王阳明道德教育思想研究［D］. 湖南科技大学硕士学位论文，2011.

［20］齐旭东. 论王阳明"致良知"思想及其教育学意义［D］. 山东师范大学硕士学位论文，2005.

［21］赵厚勰，陈竞蓉. 中国教育史教程［M］. 武汉：华中科技大学出版社，2012.

［22］陈榜山. 颜元评传［M］. 北京：人民教育出版社，2005.

［23］黄宗羲. 宋元学案［M］. 北京：中华书局，1985.

［24］颜元. 颜元集［M］. 北京：中华书局，1980.

第二编

第七章　民国前语文教育

> **导　读**
>
> 　　民国前的晚清王朝，内忧外患，国运跌宕，在政治变革中，中国近代第一个法定学制"壬寅学制"颁布，语文从此成为独立的学科，开启了近代语文教育发展的新篇章。民国前语文的课程名称经历"词章""中国文字""中国文学"等变化，也体现了语文教育在设科时期所经历的动态发展。

第一节　民国前语文教育概况

　　自清乾隆末年，封建统治下的清王朝国势江河日下。1840年爆发的中英第一次鸦片战争，标志着中国近代史的开端，中国由此走向半殖民地半封建社会。社会经历巨变，不屈不挠的中国人开始反思求变。传统教育似乎已经难以适应新的历史潮流，新的教育制度和教育实践亟待铺开，以拯救国难，振兴中华。在新学制中独立出来的语文学科，是"中学为体"思想的重要体现，同时，它也朝着独立化、科学化的方向迈出坚定的步伐。

一、语文独立设科的背景

　　在积贫积弱、民族危亡之际，一些先进的知识分子意识到必须改革决定中国语文教育导向的科举考试制度，并且认识到普及教育乃救亡图存之关键，只有广设学堂、提倡白话文和文言文合一才能取得开启民智之效。

（一）改革科举的尝试

　　反抗外来侵略战争中的惨败使中国人开始走上反思自我和学习西方之路。洋务派首先在器物层面推行改良运动，中方在甲午战争中的惨败，使洋务运动的努力和憧憬瞬间化为乌有。有识之士继而将目光转向制度层面，呼唤变革维新，在教育领域首先被撼动的，就是绵延数代的以八股取士的科举考试制度，其过程难免曲折。

　　维新派代表人物康有为考虑到科举制难以骤变，因此先将矛头对准科举考试的文体——八股文。八股文自明朝初年成为科举考试文体，至清代其形式越发僵化，内容越发空洞，禁锢了知识分子思想的发展和才华的发挥。

　　康有为早在光绪十四年（1888年），就在《上清帝第一书》中开始向清政府提出变法维新的要求。10年积淀，1898年4月，康有为写成洋洋一万八千字《上今上皇帝书》（即《上清帝第二书》），反对签订《马关条约》，提倡变法，18省共1200多举人响应连署，1898年5月，由康有为和梁启超两人带领18省举人与市民于"都察院"门前请代奏，史称"公车上书"。在上书中，他批评了八股和科举的弊端。认为八股：题难，故少困于搭截,知作法而忘义理;额隘,故老逐于科第,求富贵而废学业。[1] 又与美、英、印度等国相比指出我国民多士少,"读书识字仅百之二十",应开书院、启民智,"凡天文、地矿、医律、光重、化电、机器、武备、驾驶,分立学堂,而测量、图绘、语言、文字皆学之",倡导课程分设,语言和文字应列入教学内容。

1898年6月16日,康、梁获光绪皇帝接见,当面向光绪皇帝痛陈八股科举考试制度的危害:民智不开之故,皆以八股试士为之。学八股者,不读秦汉以后之书,更不考地球各国之事,然可以通籍累至大官。今群臣济济,然无以任事变者,皆由八股致大位之故。故台、辽之割,不割于朝廷,而割于八股;二万万之款,不赔于朝廷,而赔于八股;胶州、旅大、威海、广州湾之割,不割于朝廷,而割于八股。[2]

在和皇帝见面的第二天,梁启超在康有为的授意下,在一份代御史宋伯鲁草拟的奏折中请求清政府特下明诏,宣布自庚子年(1900年)开始永远停止八股考试,自乡会试以及生童科岁一切考试,均改试策论;[3] 同日,康有为也以自己的名义呈递《请废八股折试帖楷法试士改用策论折》。在奏折中,亲历科举的康有为指出了八股立法过严:文法严苛,过于钳网,触处皆犯,更夸张地慨叹:立法之谬异,流弊之奇骇,诚古今所未闻,而外人所万怪诧者矣;他批评以八股取士是"以小题枯困截搭缚人才,投举国才智于盲瞽",致使国人闭塞愚盲:令诸生荒弃群经,惟读"四书";谢绝学问,惟事八股,文学成为束之高阁的无用之物,读书人:渐乃忘为经义,惟以声调为高歌,而他们又可能成为全国人之蒙师,"师之愚陋盲瞽既极""是投全国人于盲瞽也,何以为国?";加之科举考试录取人数极少,赴考者众多,康有为以三十年计,则约有三百万人在最有用之年华"钩心斗角,敝精费神,举而投之枯困搭截文法之中""不识不知,无才无用,盲聋老死",假若将三十年最可用之精力"从事科学,讲求政艺,则三百万之人才,足以当荷兰、瑞典、丹麦、瑞士之民数矣。以为国用,何求不得?何欲不成?"康有为更疾呼其危害"比白起之坑长平赵卒四十万,尚十倍之",更认为中国战败割地赔款"非他为之,而八股致之也"。奏折的最后,康有为对我国考试制度和教育内容提出了建议:改革考试内容"立废八股""改试策论";转变教育内容"从此内讲中国文学,以研经义、国闻、掌故、名物,则为有用之才;外求各国科学,以研工艺、物理、政教、法律,则为通方之学";广设学堂,最后废除科举考试制度"宏开校舍,教以科学,俟学校尽开,徐废科举"。

而后康梁又陆续上书,为变法、废八股造势,与守旧势力争论,最终使光绪皇帝接受他们的建议,于1898年6月23日发布废除八股取士制度的上谕:宣布废除八股取士制度,要求乡会试及生童岁科各试向用四书文者一律改试策论;同时又宣布这一改革在三年之后正式施行,一切详细章程并未制定及公布。

虽然康梁已经获得初步的胜利,但三年之期太缓,他们开始新一轮"立废八股"的运动,并于1898年6月底又以御史宋伯鲁名义呈上一折,立刻得到回应,清政府即日就以光绪皇帝的名义发布:修正6月23日发布的谕旨,规定"岁举归并正科,生童岁科试一律改为策论",并命各省学政收到此谕旨后即行,康有为等人的建议被全面采纳。7月初,朝中以稳健著称的重臣张之洞与湖南巡抚陈宝箴联名呈奏《妥议科举新章折》,为废八股

---

[1] 方裕谨. 康有为第三次上清帝书原本[J]. 历史档案,1986(1):45.
[2] 康有为. 康南海自编年谱[M]. 北京:中华书局,1992:43.
[3] 国家档案局明清档案馆. 戊戌变法档案史料[M]. 北京:中华书局,1958:215-216.

后科举制度的改进、青年知识分子的权益保障提供了稳妥的方案，较为务实地解决了废八股风潮中新旧党人之间的矛盾，废八股才真正落到实处。废八股改策论可以说是戊戌年间最值得称道的大事之一，不仅改革了官考内容，大大推动了时务人才的培养，社会风气也得以焕然一新。

可惜好景不长，1898年9月，慈禧太后发动戊戌政变，维新变法宣告失败，"乡试会试及岁考科举等，悉照旧制"，科举改革也退回到起点。1901年，慈禧太后为了摆脱八国联军侵华战争所致的内忧外患窘境，无奈以光绪皇帝的名义颁布上谕，推行"新政"，命督抚以上大臣就朝章国政、吏治民生、学校科举、军制财政等问题详细议奏，但改革科举的实际进程谨慎而迟缓。之后，包括张之洞、袁世凯等在内的多名官员多次奏陈改革科举，虽然给清廷带来了不少压力，但中枢内廷阻力重重，立停科举的奏议一直得不到批允。直至壬寅学制和癸卯学制相继公布，即语文已经独立设科之后的1905年，慈禧太后才批准立停科举。

（二）现代学堂的兴办

相比于废八股、停科举，兴办学堂之举则较为顺利。随着洋务运动的开展，清末兴办学堂成为一时之风气。从1862年8月设立京师同文馆开始，到19世纪末，清政府在全国公开办了30多所新式学堂，其中有多所语言学堂，如京师同文馆、上海广东方言馆、广州同文馆等。

在这一时期，教育史上出现了多个具有重大意义的事件：1895年盛宣怀奏请在天津创办中西学堂，到1903年改为北洋大学堂；1896年盛氏又奏准在上海创办南洋公学，还创办了我国第一所新式高等师范学院。[1] 1898年，清政府设立京师大学堂。

清廷推行清末新政后，光绪二十七年（1901年）8月颁布兴学诏谕，规定"除京师已设大学堂应切实整顿外，着各省所有书院与省城改设大学堂，各府厅直隶州均设中学堂，各州县均改设小学堂，并多设蒙养学堂"。上谕颁布之后，全国各地大中小新式学堂纷纷建立。

除了这些标志性的事件外，在兴办学校方面还有两股力量不得不提及。一是西方教会学堂在中国东南沿海出现并逐渐向内地发展。从1818年苏格兰牧师马礼逊在马六甲创办"英华书院"开始到1889年，天主教和基督教教会在中国办的学校总数达2000所，学生4万余。[2] 这些教会学校具有"破坏"与"建设"双重功能，虽然其带有文化侵略的色彩，但它们作为新知识的载体，冲击了中国传统教育体系，为中国近代教育的兴起创造了条件。二是一批致力于改良和振兴中国的有识之士，在"尚富强、启民智、治身心"教育理念的推动下，创办了许多新式学校。如上述盛宣怀办的中西学堂、南洋公学，张謇创办的通州师范学校等。值得注意的是，清末兴办学堂的风气成为新学制形成与发展的推动力，也为新学制的实施提供了场所与机会。

（三）晚清白话文运动和国语运动的兴起

晚清，国难当头，无数的仁人志士意识到强国必先强民，必须通过普及教育来"启民智"、提高国民的素质，这样才能使广大国民真正服务于国家的发展和强大，为国纾难。

---

[1] 李兴华. 民国教育史 [M]. 上海：上海教育出版社，1997：47-48.
[2] 同上书，第29页。

教育的普及化要求人人都掌握生存和发展所必需的知识和能力，而学习知识需要以语言为工具，因此人们首先需要掌握一定的语言知识，并且语言工具必须实用有效、易于掌握才可达普及之效。此时，晦涩难懂的文言文已经无法满足教育普及化、大众化的要求，而以口语为基础且不断完善的白话文则具有广泛的群众基础和易于掌握的巨大优势。

黄遵宪早在1887年便说道：语言与文字离则通文者少，语言与文字合则通文者多。说明了语言与文字合一的意义；他提倡"我手写我口"的创作理论，对戊戌变法前后的白话文运动影响较大。戊戌变法的中坚力量梁启超也是白话文运动的倡导者之一。他在诗歌创作方面，所使用的语言比较通俗易懂，自然流畅；而散文创作上，更对桐城派古文、八股文和骈文等僵化的旧体散文展开批判，促进了新文体的形成，他的散文语言正如其在《清代学术概论》一书中所说：时杂以俚语韵语外国语法，纵笔所至不检束，把晦涩难懂的文言改得通俗浅显，其作品《少年中国说》最能代表新文体的体制和文风。另一位白话文运动主将当推裘廷梁，他在《论白话为维新之本》中第一次明确提出了"崇白话废文言"的口号。他一针见血地指出文言的弊端：有文字为智国，无文字为愚国；识字为智民，不识字为愚民；地球之国同也。独吾中国有文字而不得为智国，民识字而不得为智民，何哉？此文言之为害矣。他主张"一切学堂功课书，皆用白话编辑"。（《论白话为维新之本》）还有一位白话文运动先驱陈子褒不得不提及，他在《俗话说》中谈道：人人共晓之话谓之俗，人人不晓之话谓之雅，十得二者亦谓之雅。今日所谓极雅之话，在古人当时俱俗话也，今日所谓极俗之话，在千百年以后又谓之雅也。此处所谓"雅"就是脱离口语的文言文，此处所谓"俗"即与口语一致的白话文。陈子褒认为要变法就要"开民智，而开民智莫如改革文言。不改革文言，则四万九千九百分之人，居于黑暗世界之中，是谓陆沉。若改文言则四万九千九百分之人，日嬉于玻璃世界中，是谓不夜"[1]。由于清末资产阶级改良派掀起的白话文运动得到了统治阶级的支持，在全国范围内对国语教育较为直接地产生了推动作用。

与白话文相应的国语运动在19世纪90年代逐渐开始，它包括"切音""简字""注音字母""国语罗马字""新文学"等运动。中国最早提倡这种运动的代表之一卢戆章著有《切音新字序》。1891年，宋恕提出了创立汉语拼音的主张，认为需要制造切音文字，以便幼童学习文字，推动普及教育。

随着白话文运动和国语运动的开展，白话书籍不断增加，其中又以教科书的影响最大，1897年南洋公学外院辑印《蒙学课本》。此后，部分或全部采用白话的教科书不断问世，这些教科书的使用促进了传统语文教育通俗化。

八股的废除即代表着科举考试制度的改变，现代学堂的推广即代表着现代学校制度的推广，这两者都指向了制度层面，使制定一个更为全面系统的统一学制成为必然。而晚清的白话文运动和国语运动则为近代语文教育提供了新的、更为实用的语体，为其后的白话文教科书的编订和白话文教学的开展作了铺垫。

---

[1] 李杏保，顾黄初. 中国现代语文教育史［M］. 成都：四川教育出版社，2001：45.

二、现代学制与语文教育内容的发展

近代中国社会性质和政局发生了巨大的变化,为了适应政治运动和经济发展的需要,新式学堂被广泛设立以培养人才,然而此时尚无政府颁定的官方学制,兴办新学无所依循,因此制定和颁布一个统一的法定学制势在必行。

(一)"壬寅学制"

光绪二十八年(1902年),管学大臣张百熙仿照日本学制拟定的《钦定学堂章程》由清政府颁布,章程中含《京师大学堂章程》《考选入学章程》《高等学堂章程》《中等学堂章程》《小学堂章程》及《蒙养堂章程》共六个部分,由此,近代中国第一个学制诞生,时为壬寅年,即谓之"壬寅学制"。但因种种原因,"壬寅学制"并未实际施行。《清史稿》志八十二记载:

> 京师大学堂分大学院、大学专门分科、大学豫备科。附设者,仕学、师范两馆。大学院主研究,不讲授,不立课程。专门分科凡七:曰政治科,曰文学科,曰格致科,曰农业科,曰工艺科,曰商务科,曰医术科。
>
> 各省高等学堂为中学卒业之升途,又为入分科大学之豫备。分政、艺两科。课程与大学豫科同。三年卒业。高等学外,得附设农、工、商、医高等实业学堂,亦中学卒业生升入。……
>
> 中学堂,为高等小学卒业之升途,即为入高等学之豫备。课目:修身,读经,算学,词章,中外史,中外舆地,外国文,图画,博物,物理,化学,体操。四年卒业。中学外,得设中等农、工、商实业学堂,高小卒业生不愿治普通学者入之。又附设师范学堂,课目视中学,惟酌减外国文,加教育学、教授法。
>
> 小学堂分高等、寻常二级。儿童自六岁起,受蒙学四年。十岁入寻常小学,修业三年。此七年定为义务教育。十三岁入高等小学,三年卒业。得附设简易农、工、商实业学堂,寻常小学卒业者入之。寻常小学课目:修身、读经、作文、习字、史学、舆地、算术、体操。高等小学课目,增读古文辞、理科、图画,馀同寻常小学。……
>
> 蒙学堂属义务教育,府、厅、州、县、城、镇、乡、集均应设立。凡义塾或家塾,应照蒙学课程,核实改办。课目同寻常小学,惟作文易以字课。
>
> 钦定章程虽未臻完备,然已有系统之组织。颁布未及二年,旋又废止。

虽然"壬寅学制"未及施行,但在课程设置中与语文相关的课程开始被单独设为学堂课目,如蒙学堂中的读经、字课、习字,初等小学堂中的读经、作文、习字,高等小学堂中的读经、作文、习字、古文辞,以及中学堂读经、词章,高等学堂中也有相应的语文课程。"壬寅学制"学段的划分与各个学段的语文相关课程的内容如表1所示。

表 1　壬寅学制及其普通教育中的语文相关课程

年龄	学年	阶段	学　堂				
— 26 — 21	— — — —		大学院				
25 — 23	20 — 18		大学专门分科（三年） （分政治、文学、格致、农业、工艺、商务、医术七科） （文学科之目七，其一曰辞章学，详细课程待定）				
22 — 20	17 — 15	高等教育	大学预备科（分政艺二科，三年） （附设仕学馆、师范馆）				高等实业学堂
			政　科				
			语文相关课程	第一年	第二年	第三年	
			经学	《书》《诗》《论语》《孝经》《孟子》自汉以来注家大义	《三礼》《尔雅》自汉以来注家大义	"春秋三传"、《周易》自汉以来注家大义	
			词章	中国词章流别	同上学年	同上学年	
			师范馆				
			语文相关课程	第一年	第二年	第三年	第四年
			经学	考经学家家法	同上学年	同上学年	同上学年
			习字	楷书	楷书、行书	楷书、行书、篆书	行书、篆书、草书，并授以教习字之次序方法
			作文	作记事文	作论理文	学章奏传记词赋诗歌诸体文	考文体流别
19 — 16	14 — 11	中等教育	中学堂（四年）（附设师范学堂）				中等实业学堂
			语文相关课程	第一年	第二年	第三年	第四年
			读经	《书经》	《周礼》	《仪礼》	《周易》
			词章	作记事文	作说理文	学章奏传记诸体文	学词赋诗歌诸体文

续表

年龄	学年	阶段	学 堂				
15 | 13	10 | 8		高等小学堂（三年）				简易实业学堂
			语文相关课程	第一年	第二年	第三年	
			读经	《尔雅》《春秋左传》	《春秋左传》	《春秋左传》《公羊传》《穀梁传》	
			作文	作记事文短篇	作日记、浅短书札	作说理文短篇	
			习字	楷书兼习行书	楷书、行书，兼习小篆	同上学年	
			古文辞	记事之文	说理之文	词赋诗歌	
12 | 10	7 | 5	初等教育	寻常小学堂（三年）（义务）				
			语文相关课程	第一年	第二年	第三年	
			读经	《诗经》	《诗经》《礼记》	《礼记》	
			作文	教以口语四五句使联属之	授以口语七八句使联属之	作记事文七八句	
			习字	今体楷书	同上学年	同上学年，兼习行书	
9 | 6	4 | 1		蒙学堂（四年）（义务）				
			语文相关课程	第一年	第二年	第三年	第四年
			读经	《孝经》《论语》	《论语》《孟子》	《孟子》	《大学》《中庸》
			字课	实字，凡天地人物诸类实字皆绘图加注指示之	静字，动字，兼教以动静字加于实字之上之方法	虚字	积字成句法
			习字	即用所授字课教以写法	同上学年	同上学年	同上学年

（二）癸卯学制

光绪二十九年年末（1904年），清政府颁布了由张之洞、荣庆、张百熙合订的《奏定学堂章程》，内含《初等小学堂章程》、《高等小学堂章程》、《中学堂章程》、《高等学堂章程》、《大学堂章程（附通儒院章程）》、《蒙养院章程及家庭教育法章程》、《初级师范学堂章程》、《优级师范学堂章程》、《任用教员章程》、《译学馆章程》、《进士馆章程》、《初等农工商实业学堂章程》（附《实业补习普通学堂章程》及《艺徒学堂章程》）、《中等农工商实业学堂章程》、《高等农工商实业学堂章程》、《实业教员讲习所章程》、《实业学堂通则》、《学务纲要》、《各学堂管理通则》、《各学堂考试章程》、《各学堂奖励章程》。时为癸卯年末，即称此学制为"癸卯学制"。"癸卯学制"是我国近代第一个经正式颁布后即在全国范围内实际推行的学制。《清史稿》记载《奏定学堂章程》规定之概要如下。

  大学设通儒院及大学本科。通儒院不讲授，无规定课目。大学本科分科八。曰经学科……曰政法科……曰文学科……曰医科……曰格致科……曰农科……曰工科……曰商科……各专一门。经学愿兼习一两经者听。各学科分主课、补助课。三年毕业。惟政治、医学四年毕业。
  高等学与大学豫备科性质相同。学科分三类：第一类为豫备入经学、政法、文学、商科等大学者治之，第二类为豫备入格致、农、工等科大学者治之，第三类为豫备入医科大学者治之。……五年毕业。
  中、小学科目，不外普通教育之学科。其特殊者，则读经、讲经一科也。学务纲要载中，小学宜注意读经以存圣教一节，其言曰："外国学堂有宗教一门，中国之经书即中国之宗教。学堂不读经，则是尧、舜、禹、汤、文、武、周公、孔子之道，所谓三纲五常，尽行废绝，中国必不能立国。无论学生将来所执何业，即由小学改业者，必须曾诵经书之要言，略闻圣教之要义，以定其心性，正其本源。……不惟圣经不至废坠，且经学从此更可昌明。"其立论甚正，可考见当时之风气焉。
  蒙养院意在合蒙养、家教为一，辅助家庭教育，兼包括女学。
  直系学堂外，并详订师范及实业学堂专章。其大异于旧章者，为优级师范学堂……优级师范附属中学堂、小学堂。初级师范学科程度，与中学略同。……五年毕业。
  实业学堂之种类，曰实业教员讲习所，曰高等农、工、商实业学堂，曰中等农、工、商实业学堂，曰初等农、工、商实业学堂，及高等、中等、初等商船学堂，曰实业补习普通学堂，曰艺徒学堂。……
  其不在学堂系统内者，曰译学馆，曰进士馆。先是同文馆并入大学堂，设英、法、俄、德、日本五国语文专科，后由大学分出，名译学馆……五年毕业。进士馆令新进士用翰林部属、中书者，入馆肄业，讲求实用之学……三年毕业。
  各学堂管理通则之规定，与旧章大体相同。……学堂考试分五种：曰临时考试，曰学期考试，曰年终考试，曰毕业考试，曰升学考试。……毕业考试最重，视学堂程度，由所在地方官长会同监督、教员亲莅之，照乡会试例。……其奖励章程，比照奖励出洋游学日本学生例。

  因为这是第一个实际推行的学制，因此语文课也得以在全国范围内逐步开设，在学制的保证下，语文学科真正独立。

  与"壬寅学制"相比，"癸卯学制"在学段划分和语文课程安排上都有所不同。"壬寅学制"将学段分为初等教育三段 10 年、中等教育一段 4 年、高等教育三段前两段 6 年第三段未设年限，而"癸卯学制"则分为初等教育两段 9 年、中等教育一段 5 年、高等教育三段 11 年或 12 年。关于语文课程内容的变化，经学部分仍是语文课的重点，仅是读本顺序有微小不同而已；至于其他和语文相关的内容，在科目称谓和内容上都作了整合，"癸卯学制"中初级小学堂的"中国文字"和高级小学堂及以上学段的"中国文学"替代了"壬寅学制"中不同学段的"字课""习字""作文""古文辞""辞章"等课目，形式和内容更接近于现代的语文课。"癸卯学制"学段的划分与各个学段的语文相关课程的内容如表2所示。

表2 癸卯学制及其普通教育中的语文相关课程

年龄	学年	阶段	学 堂							
31/31—28/27	26/25—22/21	高等教育	通儒学院（五年）								
27/26—24	21/20—18		大学堂（三或四年）（设分科大学堂，分为八科）					译学馆（五年）			
			文学科大学分九门·中国文学门 语文相关课程								
			文学研究法，说文学，音韵学，历代文章流别、古人论文要言，周秦至今文章名家，周秦传记杂史、周秦诸子补助课四库集部提要，汉书艺文志补注、隋书经籍志考证								
23—21	17—14		高等学堂（三年）（分三类学科）					高等农工商实业学堂（三、四或五年）	实业教员讲习所（一、二或三年）	优级师范学堂（三年）	进士馆（三年）	仕学馆（三年）
			第一类学科 (预备入大学经学科、政法科、文学科、商科等)								
			语文相关课程	第一年	第二年	第三年					
			经学大义	讲《钦定诗义折中》《书经专硕汇纂》《周易折中》	讲《钦定春秋传说汇纂》	讲《钦定周礼义疏》《仪礼义疏》《礼记义疏》					
			中国文学	练习各体文字	同前学年	同前学年，兼考究历代文章流派					
20—16	14—10	中等教育	中学堂（五年）									
			语文相关课程	第一年	第二年	第三年	第四年	第五年	初级师范学堂（五年）	中等农工商实业学堂（五年·预科两年本科三年）
			读经讲经	《春秋左传》每日约读二百字	同前学年	同前学年	同前学年	《周礼节训本》每日约二百字		
			中国文学	读文作文相间习楷书、行书	同前学年	同前学年兼习小篆	同前学年	读文作文兼讲中国历代文章名家大略		

续表

年龄	学年	阶段	学堂						
15|12	9|6	初等教育	高等小学堂（四年）					初等农工商实业学堂（二或三年）	实业补习普通学堂（三年）	艺徒学堂（六月以上，四年为限）
			语文相关课程	第一年	第二年	第三年	第四年			
			读经讲经	《诗经》每日约读一百二十字并讲解	《诗经》《书经》每日约读一百二十字兼讲解	《书经》《易经》每日约读一百二十字兼讲解	《易经》及《仪礼》节本每日约读一百二十字兼讲解			
			中国文学	读浅显古文即授以命意遣词之法兼使以俗话翻文话写于纸上约十句内外习楷书习官话	读古文使以俗话翻文话写于纸上约二十句内外习楷书习官话	读古文作极短篇记事文约在百字以内习行书习官话	读古文作短篇记事文说理文约在二百字以内习行书习官话			
11|7	5|1		初等小学堂（五年）（义务）						
			语文相关课程	第一年	第二年	第三年	第四年	第五年		
			读经讲经	读《孝经》《论语》每日约四十字兼讲其浅近之义	《论语》《学》《庸》每日约六十字兼讲其浅近之义	《孟子》每日约读一百字兼讲授其浅近之义	《孟子》及《礼记》节本每日约读一百字兼讲其浅近之义	《礼记》节本每日约读一百二十字兼讲其浅近之义		
			中国文字	讲动字、静字、虚字、实字之区别，兼授以虚字与实字联缀之法习字即以所授之字告以写法	讲积字成句之法并随举寻常实事一件令以俗话二三句贯一气写于纸上习字同前	讲积句成章之法或随指日用一事或假设一事令以俗话七八句联成一气写于纸上习字同前	同前学年	教以俗话作日用书信习字同前		
7|3		学前教育	蒙养院						
			语文相关课程	内容						
			歌谣	歌谣俟幼儿在五六岁时渐有心喜歌唱之际，可使歌平和浅易之小诗，如古人短歌谣及古人五言绝句皆可；并可使幼儿之耳目喉舌运用舒畅，以助其发育，且使心情和悦，为德性涵养之质						
			谈话	选择幼儿容易理解的，对其有益处及有趣味的事，比如常见的"天然物"及"人工物"与幼儿谈话，以启发与培养其"见物留心之思路"即我们所说的观察力。在谈话时，如幼儿已知晓一些内容，保姆就要使幼儿复述其要领，并要求幼儿讲话时声音洪亮，语言连贯流畅。尤其不允许幼儿混淆或颠倒说话的次序						

"壬寅—癸卯学制"的颁布标志着语文正式设科，从此语文逐步走上独立化和科学化的道路，古代传统语文教育向近代具有学科意义的语文教育迈出了重要一步。学科的独立，使语文开始脱离史、哲，促进了语文教学内容的变革。语文教育开始更关注于语文本身，更注重应用，每个学段的教学内容也更为明确，这对日后语文教育的发展有深远的影响。

三、语文教材与教学方法的变革

语文成为一门独立的学科以后，教学内容的调整与语文教材的革新成为必然，编写语文教科书的热潮开始涌现。在教学方法方面，虽然传统教学方法的地位仍难以撼动，但受西方教育教学理念的影响，语文教学方法有所改革与发展。

（一）语文教科书的变革

1. 语文"教科书"的诞生

我国古代由于没有严格分科意义上的语文教育，因此也就缺少现代意义的语文教科书。"教科书"一词始见1871年的《中国近代教育大事记》，当中记载：是年5月10—24日，在华基督教徒在上海举行第一次传教士大会，会上由狄考文、林乐知等人发起成立基督教学校教科书编纂委员会。该委员会曾先后编辑算学、泰西历史、地理、宗教、伦理等教科书，如《教会三字经》《耶稣事略五字经》《福音识字课本》《旧约识字课本》等。这些书除供教会学校使用外，也赠送各地传教区私塾使用。中国"教科书"之名即自此始。这类教科书的产生大多是由于帝国主义要对中国人民进行文化侵略和奴化教育。而我国自编的第一部教科书，是朱树人所编南洋公学出版的三本《蒙学课本》（1897年）。其编辑大意说：

> 泰西教育之学，其旨万端，而以德育、智育、体育为三大纲。德育者，修身之事也；智育者，致知格物之事也；体育者，卫生之事也。蒙养之道，于斯为备。是编故事六十课，属德育者三十，属智育者十五，属体育者十五……物名实字三十课，物名但取通俗……浅说琐说三十课，或敷陈浅理，或摹写景物，既为多识之助，亦备学文之式……便函十课，简短易学，无粉饰累赘之谈[1]

所谓"泰西教育"即西方教育，可见这套《蒙学课本》借鉴了西方的教育理念，主要以"德、智、体"教育思想为指导，按我国传统蒙学教材的形式编写而成。这是一套综合性较强的课本，"蒙养之道，于斯为备"。包括学习常识（"多识之助"），学习语言文字的运用（"学文之式"），学习文化科学（"致知格物"）以及进行思想品德教育（"修身"）。

1898年，无锡三等学堂的几位创办者——俞复、丁宝书、吴稚晖和杜嗣程等，在教学过程中历经五年时间，编成《蒙学课本》。其内容共七编：前三编谓系就眼前浅理引起儿童读书之兴趣，间及史地、物理各科之大端，第四编专重德育，第五编专重智育，第六编前半为修辞……后半为达理，第七编选史汉最有兴会之文，暨诸子之篇。可以看出该课本具有较强的分类意识，强调知识整合与分类，虽然仍取材于"史汉诸子"等传统知识，但已开始对知识内容进行分类，比之前的课本编排形式迈进了一步。

---

[1] 张隆华. 中国语文教育史纲 [M]. 长沙：湖南师范大学出版社，1991：153-154.

2. "癸卯学制"后的小学国文教科书

光绪二十九年（1903年），全国推行"癸卯学制"后，有了我国第一套正规化的中小学国文教科书。新式教科书《最新小学国文教科书》在当时影响较大，这是由上海商务印书馆张元济聘高凤谦、蒋维乔等编辑，历时两年完成全稿并相继出版，前后共编辑出版了小学和高小九年共18册，供七八岁至十五六岁学生使用。在《编辑小学教科书之回忆》一文中，蒋维乔称：教科书之形式内容，渐臻完善者，当推商务之《最新教科书》。他认为：（1）此书既出，其他书局之儿童读本即渐渐不复流行；（2）在白话教科书未提倡之前，凡各书局所编之教科书及学部国定之教科书，大率皆模仿本书之体裁。[1] 1905年清政府学部成立后，对这套课本进行了审定，允许其作为"暂时通行之本"，继续试用。

其中《初等小学国文教科书》编辑：由浅及深，由近及远，由已知及未知，按儿童脑力体力之发达，循序渐进，务使人人皆有普通之道德知识，然后进求古圣贤之要道、世界万国之学术。行文平实活泼，或以游戏歌曲阐发道理，或隐喻劝诫之意。《高等小学国文教科书》则进一步反映了当时国内外政治、经济、科学等方面的情况。这套教材中的语文课本，除以上两本外，还有《女子初等小学国文教科书》。

这一期间，除商务印书馆外，还有些书局也编印了小学国文教科书。如文民书局出版的由顾倬编写的《高小国文读本》，江楚编译官书局出版的程先甲所编的木版本《高等国文教科书》，中国图书公司出版的朱树人编的《初小国文课本》、华国铨编的《高小国文课本》等。这些教材都遵循清末"端正趋向，造就通才"的教育宗旨，属于综合型教材。

3. "癸卯学制"后的中学国文教科书

中学语文教材的编辑出版稍迟于小学，1906年由刘师培编著、国学保全会印行的《中国文学教科书》出版，是中学国文教科书出现的重要标志。刘师培是我国近代著名的文学史家，国学基础甚为雄厚。《中国文学教科书》共编十册，先明小学之大纲，次分析字类，讨论句法、章法、篇法，及至总论古今文体，尔后编列选文。如此编法别具一格，打破了历来文学读本选文荟萃的陈规。然而，刘师培的指导思想是"尊经""存古"，思想较为守旧。

1908年商务印书馆出版吴曾祺编的《中学国文教科书》。该教材被视为我国早期中学语文教材的代表。全书分五册，按文学史分阶段逆推，首本朝，次金元明，次五代宋，次晋唐，次周秦汉魏，沿流溯源，由近及远。总的来说，该书取材范围较宽，五册选文七百余篇，约三四十万字。在写作宗旨上，它不选藻美的词赋，而选应用之韵文。这套教材没有编语文知识，但有点评、提示、文章作法。此外较为著名的还有林纾的《中学国文读本》，该套教材共十册，也是按文学史时期逆推选文：第一二册清文，第三册明文，第四册金元文，第五册宋文，第六册唐文，第七册六朝文，第八册汉文，第九册秦文，第十册周文。该书有两大特点：一是各朝代之文选集中，被编者认定为是该朝的主要代表作家的作品；二是有精当的点评，点评内容包含文义与作法。然而此书的不足之处也在于选文较偏向于编者的兴趣爱好，没有照顾到中学生的接受程度。

清末除了设置正规化的中小学堂以外，还于宣统元年（1909年）由"学部奏设简易识字学塾，欲以辅小学教育之不及"。此种学塾人员包括无力入学的学龄儿童和年长失学

---

[1] 陈学恂. 中国近代教育史教学参考资料（上册）[M]. 北京：人民教育出版社，1986：648.

之成年人。为适应这些人的学习需要,学部编纂了一套《简易识字课本》供其使用。该套课本分三种:一种三年制,一种二年制,一种一年制。《简易识字课本》在当时算是最普及的初级语文教科书。

(二)语文教学方法的"中体西用"

伴随着学制、教学内容等的变化,此阶段的语文教学方法也相应地进行了改革。

清末民初时期的语文教学方法所呈现的特点:一是竭力模仿国外(日本欧美)班级讲授分班组织,出现了团体讲演等新方法。二是仍保留中国传统的讲学方法(如书院里流行的),升级可以不拘年限,各科学习须作札记等。[1] 如康有为、梁启超受西方资产阶级思想的影响主张男女教育平等,积极提倡兴办女学,改革教育体制,完善学校体制等。受到"中学为体,西学为用"思想的影响,呈现中西杂糅的态势,一方面学习西方的组织形式,另一方面对传统旧学仍较为重视。

清末的教学方法基本上是"读、背、讲"旧法的延续,按1904年《奏定学堂章程》的规定,与语文教学相关的有读经讲经、中国文学(初等小学为中国文字)两科。其中,初等小学设立"中国文字"一科,"其要义在使识日用常见之文字,解日用常见之文理,以为听讲能领悟、读书能自解之助,并当使之以俗语叙事,及日用简短书信,以开他日自己作文之先路,供谋生应世之要需"。高等小学设立"中国文学"一科,"其要义在使通四民常用之文理,解四民常用之词句,以备应试达意之用……并使习通行之官话,期于全国语言统一,民志因之团结"。可见,比起初等小学堂的"中国文字",高等小学堂的"中国文学"的程度有所加深,要求更高。

中学设立"中国文学"一科,要求更为具体:

> 中国文学入中学堂者年已渐长,文理略已明通,作文自不可缓。凡学为文之次第:一曰文义;文者积字而成,用字必有来历(经史子集及近人文集皆可),下字必求的解,虽本乎古亦不骇乎今。此语似浅实深,自幼学以至名家皆为要事。二曰文法;文法备于古人之文,故求文法者必自讲读始,先使读经史子集中平易雅驯之文;《御选古文渊鉴》最为善本,可量学生之日力择读之(如乡曲无此书,可择较为大雅之本读之),并为讲解其义法。次则近代有关系之文亦可浏览,不必熟读。三曰作文;以清真雅正为主:一忌用僻怪字,二忌用涩口句,三忌发狂妄议论,四忌袭用报馆陈言,五忌以空言敷衍成篇。次讲中国古今文章流别、文风盛衰之要略,及文章于政事身世关系处。其作文之题目,当就各学科所授各项事理及日用必需各项事理出题,务取与各学科贯通发明,既可易于成篇,且能适于实用。

由此可见,当时教育虽开始注重实用,但仍旧看重国文,教师多为举人,学生也有不少是秀才,考试题目大多从"四书""五经"提取,因此学生仍然注重读经,教师仍用"读、背、讲"之旧法。

至于读经讲经一科,在《奏定学堂章程》中也有具体要求。

《奏定初等小学堂章程》规定,初等小学:读经讲经其要义在授读经文,字数宜少,使儿童易记。讲解经文宜从浅显,使儿童易解,令圣贤正理深入其心,以端儿童知识初开之本。

《奏定高等小学堂章程》规定,高等小学:读经讲经其要义亦宜少读浅解。《诗》

---

[1] 赵志伟. 现代语文教育发展[M]. 上海:华东师范大学出版社,2012:83.

《书》《易》三经文义虽多有古奥之处，亦甚有明显易解之处，可讲其明显切用者，缓其深奥者以待将来入高等学堂再习。

《奏定中学堂章程》规定：读经讲经学生年岁已长，故讲读《春秋左传》《周礼》两经，以备将来学成经世之用。讲读《左传》应用武英殿读本，讲读《周礼》应用通行之《周官精义》（其注解系就钦定《周礼义疏》摘要节录，最便初学寒士）。此两书既本古注，又不烦冗，最于学者相宜。讲《左传》宜解说其大事与今日世界情形相合者，讲《周礼》宜阐发先王制度之善，养民教民诸政之详备，与今日情形相类可效法者；但解说须简要。[1]

尽管清末的教学方法仍然受到旧法的影响，但也开始引进新法，在学习日本、欧美等国较为先进的教学方法的同时，我国开始了语文教学方法研究的新尝试。1870年，台湾地区孙邦正主编《云五教育大词典》（台北商务印书馆）中的《我国新教学方法的演进》一文介绍：我国自清末实施新教育制度以后，最初学校所采用之教学方法，大多模仿西洋。1896年盛宣怀创办南洋公学后，内设师范科，由于当时中国尚不具备系统的关于教学方法的师范教材，便翻译日本人著的师范教材《综合教授法》。1901年5月，由罗振玉、王国维在上海发起创办《教育世界》，这是我国最早的教育刊物。其中较著名的是引进了《费尔巴尔图派之教育》一文。费尔巴尔图即费尔巴特，是19世纪德国传统教育派创始者。该文介绍了费尔巴特的教授法原理四阶段（明了、联结、系统、方法）说，以及其学生莱因发展的五段（预备、提示、联系、比较、总结及应用）说。阶段说理论教程在我国清末至五四运动以前一个相当长的时期内，对中小学的教学产生了重要的影响。

随着对国外教育科学，包括教育学、心理学以及教授法的理论的引进，清末国文教授法有了不少新发展。1903年，两广初级师范简易科馆编印《国语教授法》。1904年，学部审定《普通各科教授法》（上海：民智书局）。1909年，商务印书馆在上海创办《教育杂志》。这些教育刊物不仅是西方教学方法引进的载体，也承载了清末国文教学方法探索的希望。

总之，清末语文独立设科后，越来越多的有识之士在教材编写和教学方法上进行了变革。除了"四书""五经"等传统语文教育教材，一批官方或民间编写的语文教科书相继推出，显现了语文教科书发展的方向。新学制下，传统的教学方法仍然沿用，但受国外先进理论的渗透和影响，语文教学方法还是有新的突破。

第二节　民国前语文教育思想

在整个语文独立设科的阶段，资产阶级维新派的思想家们发挥了极大的推进作用，如严复、康有为、谭嗣同、梁启超等人，他们批判君主专制政体，传播西方资产阶级的民主思想，并且进行了系列的文化教育实践，开设学校，创办报馆，翻译外国书刊，开启"言时务""谈西学"的风气，这些对语文教育的发展起到了重要的作用。

一、康有为

康有为（1858—1927），字广厦，号长素，广东南海人，人称南海先生。近代杰出的

---

[1] 璩鑫圭，唐良炎. 中国近代教育史资料汇编 [M]. 上海：上海教育出版社，2007：300-336.

思想家、政治家和教育家。光绪廿一年（1895年）进士，受西方资产阶级思想的影响，与弟子梁启超等一起推动发起戊戌变法，提出变法维新的一系列主张。康有为是"公车上书"的核心人物之一，他还组织强学会，兴办万木草堂，设立报馆和翻译诸多西方文化教育著作，在当时有很大的影响。

康有为一生著述颇丰，主要有：《大同书》《康子篇》《新学伪经考》《孔子改制考》等。他信奉孔子的儒家学说，曾担任孔教会会长，并致力于将儒家学说改造为可以适应现代社会的国教。

（一）康有为的教育思想概说

康有为非常重视教育的作用，认为教育的改良关乎民智之开启、中国之振兴。他提倡变科举，废八股，兴办学校，建立资产阶级教育制度。他的教育救国，普及教育，育德为先，德、智、体全面发展等教育思想在中国教育史上占有重要地位，并具有积极的借鉴意义。康有为的教育思想对梁启超具有深刻的影响，在梁启超的教育思想里头经常会看到康有为的影子。他的主要教育著作有：《公车上书》《请废八股试帖楷法试士改用策试论折》《长兴学记》等。

（二）康有为的教育思想言论

康有为的教育思想言论主要包括如下内容。

1. 教育关乎国之兴衰

在梁启超的《饮冰室合集》中提及康有为的观点：欲任天下之事，开中国之新世界，莫亟于教育。康有为把教育当作振兴中国和政治改良的手段。在他看来，一个国家的强弱，关键在于国民智慧的高低，而智慧又依赖教育的发展。中国之弱，即弱于教育之不发达，民智之不开启，因此，发展教育、开办新学是当务之急。

2. 变科举，废八股

◆ 文试要立废八股，"罢试帖"，以中国文学、策论、外国科学代之；武试要停止弓刀步石及旗兵弓矢，用武备学校培养人才。[1]

康有为认为以八股取士的科举制度是中国培养和选拔人才的一个大绊脚石，它使中国人才所具备的知识和技能不能适应时代发展的需要，以致中国落后于西方列国诸强。就此，当务之急是变科举，废八股，培养和选拔经世致用的人才。

3. 兴办学校，改革教育体制

康有为在《请开学校折》中提出了关于学校体系的构想，在乡设立小学；在县设立中学；在省、府设立专门高等学校或大学，如设立海、陆、医、律、师范各类专门学校；在京师设立京师大学堂。同时，康有为建议"远法德国，近采日本，以定学制"[2]，力图在中国建立类似于西方的近代学制。他把办学校比喻为"宜急补养以培养其中气"的治病良方。

4. 普及大众教育，建立完整的学校体系

在《大同书》里，康有为设想了一个没有私有制和等级制的大同社会，能实现"公养""人人平等，天下为公"的理想，并有一个前后相衔接的完整的学校体系。大同社会

---

[1] 王俊奇. 康有为的体育思想［J］. 上饶师范学院学报，1991（1）.
[2] 马洪林. 康有为对西方教育制度的引进论［J］. 上海师范大学学报：哲学社会科学版，1998（1）.

里每个社会成员都享有在公费的条件下接受教育的权利。在这个学制体系中人人必须学习到 20 岁。学习阶段主要包括人本院（已怀孕的妇女进入本院，接受胎教）、育婴院（婴儿在人本院到 6 个月，断乳后，进育婴院，接受学前教育，至 5—6 岁）、小学院（儿童在此接受 初等教育，至 10 岁）、中学院（从 10—15 岁，接受中等教育）、大学院（从 16— 20 岁，接受高等教育）。

5. 重视女子教育

◆ 为人类自立计，好不可无学；为人种改良计，女尤不可不学。[1]

康有为把女子教育上升到振兴中国的高度。他同时也指出：女子与男子同为人体，同为天民，亦同为国民。同为天民，则有天权而不可侵之；同为国民，则有民权而不可攘之。女子亦同受天职而不可失，自任国职而不可让焉。认为女子应该和男子一样享受各种教育，主张男女教育平等。可以说，康有为提倡男女教育平等的观念强烈地冲击了传统的教育观念，给人耳目一新的感觉。就此，他提出了兴办女学的教育理念：

◆ 中国以二百兆之女子，曾无一学校以教之，则不学者居其半，是吾有民而弃之也。[2]

6. 促进学生全面发展的教育思想

康有为指出：德育居十分之七，智育居十分之三，而体育亦特重焉。[3] 他把传统的教育思想归纳为德、智、体三个方面，并以德育为先，同时兼顾智、体方面的教育，并提出德智体三方面各自侧重的教育内容。此外，康有为对学龄前教育颇为重视，强调胎教的意义，对儿童应进行德、智、体、美诸方面的教育。

二、梁启超

梁启超（1873—1929），字卓如，一字任甫，号任公、饮冰子，别署饮冰室主人，广东新会人。近代思想家、文学家、学者。梁启超是康有为的弟子，青年时期和其师一起倡导变法维新，并称"康梁"，是戊戌变法的领袖之一、近代中国维新派代表人物。

民国成立后，梁启超在政治上不再追随康有为，晚年主要从事学术活动，著述颇丰，其著作编为《饮冰室合集》，包括《中国近三百年学术史》《中国历史研究法》《少年中国说》等。他同时也是一位伟大的语文教育思想家，为后人留下了丰富而宝贵的语文教育思想遗产。

（一）梁启超的教育思想概说

梁启超对于教育有着自己较为前沿的想法。在他看来，改良教育关乎国家的命运，通过改良教育可以促进变法，而变法又是使国家富强的关键。梁启超尖锐批判八股取士的科举制度，提倡变科举制为学校制，以开民智，培养新式国民；同时，他也重视小学教育、师范教育和女子教育，希望借发展这些教育推进我国教育的全面发展。

梁启超对语文教育具有独到的见解，在中国教育史上对语文教学法进行较为全面地、系统地研究、阐述的，他算是第一个，具有开创者、奠基者的历史地位。其语文教育思想

---

[1] 康有为. 大同书 [M]. 沈阳：辽宁人民出版社，1994：155-156.
[2] 汤志钧，陈祖恩，汤仁泽. 中国近代教育史资料汇编——戊戌时期教育 [M]. 上海：上海教育出版社，2007：118.
[3] 于智华. 康有为教育思想略论 [J]. 山西师大学报：社会科学版，2005 (4)：78-80.

主要集中体现在《中学以上作文教学法》等书中,特别是在语文教学原则和方法、阅读教学及写作教学方面,他提出"教以研究的方法""总希望多带一点科学的精神"等观念,对当今的语文教学改革及研究有着很好的借鉴意义。

（二）梁启超的教育思想言论

"善于教人者是教以研究的方法",是梁启超语文教学思想的核心。他主要的教育思想言论如下。

1. 改良教育开民智，培养新式国民

◆ 言自强于今日，以开民智为第一义。[1]

梁启超一生都在为中国的富强而奋斗，在他看来，要国家富强，须变法，而变法在于开民智，而民智之开在于教育的改革，只有通过改革教育才能使变法顺利进行，进而使国家富强，因此，改革教育是国家富强的关键。

◆ 教育之意义，在养成一种特色之国民。使结团体，以自立竞存于列国之间，不徒为一人之才与智也。[2]

他希望通过改良教育，开民智，培养出新式的国民。只有培养出独立自主、能团结协作、有才干、思想新式的国民，方能一改自私、怯懦、麻木的旧式国民面貌，从而振兴中国。

2. 变科举，兴学校

◆ 强国必先强人，强人必先强学；变法必先变人，变人必先变科举制为学校制。[3]

梁启超认为变法、开民智必须从兴办学校、变革科举做起，在他看来以八股取士的科举制度是中国传统教育的一个重大弊端，"欲兴学校、养人才以强中国，惟变科举为第一义"。就此，他还提出了变革科举的三个方案：上策是"合科举于学校"，废除科举制度，兴办新校的毕业生具有相当于旧时科举及第的身份；中策是"多设诸科"，多设诸如明经、明算、明字等科目，以培养各种专门人才；下策是"略变其取士之具"，在维持现有考试科目的情况下，加试一些实学知识，改善应试者的知识结构以适应时变。梁启超认为行上策则国强，行中策则国安，行下策则国存，一成不变则国将亡。

3. 提倡小学教育、师范教育和女子教育

◆ 今日中国不欲兴学则已，苟欲兴学，则必自以政府干涉之力强行小学制度之始。[4]

他看到了开展学校教育的必要性和可能性，认为中国要仿效西方实行强迫义务教育。他参照日本教育制度，主张6岁至13岁为儿童期，须受小学教育。

梁启超重视师范教育，他在《论师范》中指出：师范学校立，而群学之基悉定。强调了师范教育在各类教育中的基础地位。就此，他提倡应首先办好师范学校，他设计的教育制度表中包括寻常师范学校、高等师范学校直到师范大学的师范教育系统。

---

[1] 龚郭清. 论戊戌变法时期梁启超政治思想两大基本倾向 [J]. 浙江师大学报，1999（5）.
[2] 陈增辉. 重评"教育救国"论 [J]. 社会科学，1988（12）.
[3] 乃林. 影响中国20世纪的语文教育大家 梁启超（1873—1929）[J]. 语文教学通讯，2006（3）.
[4] 董方奎. 梁启超对近代中国教育的主要贡献 [J]. 华中师范大学学报：人文社会科学版，2006（4）.

梁启超跟其师康有为一样，主张男女教育平等，提倡开展女子教育。梁启超在《论女学》中指出，女子教育应与男子教育平等，凡农商医律格致制造等事，国人无男无女，皆可各执一业以自养，而无能或不能之别，故女学与男学必相合。开展女子教育意义重大，上可相夫，下可教子，近可宜家，远可善种，既可以相夫教子，使家庭和睦，更有利于培养下一代，从而促进社会的发展。

4. 教学的原则和方法

梁启超在教学原则上的主张在当时很有引领作用，就是拿到今天，也有现实意义。主要归纳为以下几点。

（1）有教无类。

"有教无类"的教育思想最早可以追溯到孔子，它的意思是，无论贫富、贵贱，各种各样的人都可以受教育。这一原则在梁启超的教育思想中主要体现在两个方面。

第一，梁启超倡导女子教育，他在《变法通议·论女学》中就提到：天下积弱之本，则必妇人不学始。中国衰弱的根本，在于女子不能受到教育。

第二，梁启超极力倡导全民教育。梁启超从救国民和国家于水深火热之中的需要出发，极力倡导和推行全民教育，力求培养出有较高的学识、素养和超强的国家意识的新国民。

（2）启发性原则。

梁启超很注重启发性教学，他认为传统的灌输式教学是不可能教出有用的人才的；对于在封建社会盛行的体罚，他更是深恶痛绝，认为必须尽快制止。他在《趣味教育与教育趣味》中就提及"趣味是生活的原动力"，所以他极力推崇"趣味教育"，推行趣味教学法，他认为：教育家无论有多大能力，总不能把某种问题教通了学生，只能令受教的学生当着某种学问的趣味，或者学生对于某种学问原有趣味，教育家把它加深加厚。所以，教育事业从积极方面说，全然在唤起趣味，从消极方面说，要十分注意，不可以摧残趣味。[1] 而要贯彻落实这种所谓的"趣味教学"，他认为教师要充分发挥自己的主导作用，循循善诱，教学生"为学问而学问"，还要处理好师生关系，与学生交朋友。梁与其师康有为就是亦师亦友的亲密关系。

（3）循序渐进原则。

梁启超模仿日本的学校教育制度，根据人身心发展的规律，将教育阶段分为四个时期，即幼儿期、儿童期、少年期、成年期。他以此强调教育过程之中的循序渐进性。他呼吁西方教授母语的方法，"先识字，次辨训，次造句，次成文，不躐等也"。这实际上也体现了学生学习的一个循序渐进的过程。

（4）科学性原则。

梁启超从求真知识、系统的求真知识，和求得求真之知识的方法三个层面来诠释科学性原则。在他看来，语文教学过程中，教师无论是教学还是治学，都与科学的精神是分不开的。

对于教学方法，梁启超也作了许多有益的探索，他认为：

◆ 教员不是拿所得的结果教人，最要紧的是拿怎样得着结果的方法教人。（《中学以上作文教学法》)

---

[1] 王佳磊. 梁启超语文教育思想初探[D]. 首都师范大学，2004.

授人以鱼，不如授人以渔；讲授要采用讨论式方法。这说明，梁启超在那个时代就注意到了教学过程中要发挥学生在课堂学习中的主体性，这是非常难能可贵的。在教材的编纂方面，他注重教材的典范性。除此之外，他还倡导立志、善观、持敬、明义理以及养成读书兴趣的学法。

5. 阅读教学

梁启超认为，阅读教学的目的在于教会学生阅读各类文章的方法，提高学生的阅读能力。就此，他提出了阅读教学的体系和程序。

（1）阅读体系。

梁启超提出的阅读教学体系，主要是"分类、分期及分组"的三分教学体系。

所谓"分类"，他根据文章的功能和内容把一般的文章分成三大类，一记载之文，二论辩之文，三情感之文。但他认为作文讲授应以记叙文和论辩文为主。

◆ 作文教学法本来三种都应教，都应学。但第三种情感之文，美术性含得格外多，算是专门文学家所当有的事。中学学生以会作应用之文为最要，这一种不必人人皆学。（《中学以上作文教学法》）

所谓"分期"，记叙文和论辩文应分期集中讲授。

◆ 我主张一学年有两学期。一学期教记叙言语。一学期教论辩文。由简单而复杂。记叙文先静后动。论辩文先说喻、倡导，而后对辩，论小事的在先，论大事的在后。（《中学以上作文教学法》）

所谓"分组"，即反对就一篇篇范文逐字逐句地讲解，而是采用分组选文、比较分析的阅读教学方式。

◆ 不能篇篇文章讲，须一组一组的讲。讲文时不以钟点为单位，而以星期为单位。两星期教一组，或三星期教一组，要通盘打算。（《中学以上作文教学法》）

梁启超构建"分类、分期及分组"的阅读教学体系，兼顾了内容、序列和方法。

（2）阅读教学的程序。

梁启超根据自己构想的阅读教学体系，设计了"课前讲授—课外预习—课内讨论"的阅读教学程序。

所谓"课前教授"，主要是为学生自主阅读某类文章提供一把钥匙。

◆ 每一个学期开始之时，先要有一两堂讲演式的教授，把本学期所讲的那类文作法的重要原则简单说明，令学生得着个概念来做自习的预备。（《中学以上作文教学法》）

所谓"课外预习"，主要是按照老师的课前讲授的阅读钥匙去自行阅读将要研讨的一组范文。

◆ 看各篇作法的要点在哪里，各篇比较异同何在。（《中学以上作文教学法》）

通过课外预习，达到"令学生如同是一类的文章，有如此种种不同；或同一类的题目，必须如此做法"。所谓"课内讨论"，采用讨论式的课堂讲授方式。在预习的基础上，"令学生各人把所见到的说出"。在讨论中，"学生看错的或看不到的，老师随时指导"。最终，"教师把各组各篇综合讲一次，说明自己的观点，便算讲完"。

6. 写作教学

《中学以上作文教学法》充分地体现了梁启超一些关于作文教学方法方面的重要思想，其中关于写作教学方面的要求、原则及方法，具有开启性的价值，对后世写作教学影响深远。

（1）主张写作教学要懂"规矩"，重"思维"。

梁启超曾援引孟子名言，"梓匠轮舆，能与人规矩，不能使人巧"。也指出：

◆ 现在教中文的最大毛病便是不言规矩而专言巧。从前先生改文只顾改词句不好的地方，这是去规矩而言巧，所以中国旧法教文没什么效果。（《中学以上作文教学法》）

在他看来，写作的巧拙是由先天性决定的，但作文规矩却是可以教得来的，并要求师生双方都得明白"作文法"。就此，他指出了教中文者不言规矩只言巧的时弊。梁启超认为师生在懂得作文教学中的"规矩"后，还应注意在作文教学中"整理思想"，进行思维训练。

◆ 先教学生以整理思想为主要条件，使他们知道看文如何看，做文如何做。（《中学以上作文教学法》）

为了加大学生的思维训练强度，他还提出"一题可做数次"，强调训练学生写作的发散性思维，同一个题目，可从不同角度去写成不同的文章，从而达到训练思维的目的。另外，在文字训练上，梁启超"教人作文当以结构为主"，教师评改学生作文时，应注重"思想清不清，组织对不对"，而"字句不妥当处"属于末节。再次强调了把握文章总体思维的重要性。

（2）重"指导"，作文须"求真、求达"。

梁启超是极为反对学生在作文时凭空想象，胡编乱造的。为了避免这种情况，他十分注重教师在作文教学中的指导作用。梁启超主张学生作文一要"求真"，二要"求达"。他指出：凡作一篇记载之文，便要预备传到后来作为可靠的史料，一面对事实负严正责任，一面对于读者负严正责任。学生初学作文时，给他这种观念，不惟把"文德"的基础立得牢固，即以文体论也免了许多枝叶葛藤。作文教学重在指导，指导重在取材方法上的指导，就此，他提出了观察方法和取舍方法：凡学生直接能接触到的人事景物，通过"普遍而精密"的观察得来；凡是学生不能直接接触到的人事景物，则通过"提供材料"让学生切实掌握。提供的方法，一是供给，直接印发资料；二是口授，口述资料；三是指定文件，指定阅读材料。要求学生在"搜集材料"上下功夫，"择取实际材料来作文"，讲究材料的去取和安排。

（3）强调教学上的重"实用""实效"。

梁启超在《中国教育之前途与教育家之自觉》一文中指出了民国以后"学问不求实用"的时弊。

◆ 学问可分为二类：一为纸的学问，一为事的学问。所谓纸的学问者，即书面上的学问，所谓纸上谈兵是也。事的学问，乃可以应用，可以作事之学问也。（《中国教育之前途与教育家之自觉》）

梁启超认为应把这种"事的学问"的态度付诸作文教学中去。

梁启超主张在中等以上学校里，作文教学应重在指导学生写实用价值大的文章。他认为在作文教学中应注重对记载之文和论辩之文的指导,他说:作文教学法本来三种都应教,都应学。但第三种情感之文,美术性含得格外多,算是专门文学家所当有的事。中学生以会作应用之文为最要,这一种不必人人皆学。(《中学以上作文教学法》)

(4) 作文训练应"少写多改"。

在作文教学训练中,梁启超主张重质而不片面求量,要求学生作文时须反复琢磨,认真修改。

◆ 现在中学生至少一星期做一篇文,不但中学生做不好,便叫我做也必定越做越不通。我主张每学期少则两篇,多则三篇,每一篇要让他充分的预备,使他在堂下做。看题目难易,限他一星期或两星期交卷。(《中学以上作文教学法》)

此外,他还主张"让学生在课外随意做笔记",自由练笔,作为课内作文的必要补充。总之,在作文教学训练中,要做到"少写多改",也要养成经常写的习惯。

梁启超这种"少写多改"的作文教学观,既能提高学生的作文水平,更有利于培养学生认真负责的写作态度,还达到了教学以育人的目的。

第三节 小 结

清末民国前的语文教育是中国语文教育发展历程中一个重要的动态发展过程,在科举改革的尝试、现代学堂的兴办、晚清白话文运动及国语运动等的推动下,语文独立设科。"壬寅—癸卯学制"使语文教育由混合走向独立,标志着现代语文的诞生,开启了语文学科化的探索。而近代语文学科的萌芽与形成,促进了现代学制与语文教育内容的发展,同时也促进了清末语文教材的变革与教学方法的发展。

中国语文教育的变革是在一批思想家的共同努力下开展、推进的,他们为后代留下了丰富的教育思想遗产。

清末的龚自珍、林则徐、魏源等人,代表的是封建地主阶级,面对社会的动荡和封建社会的内部危机,他们批判科举制度,力主"更法",主张向西方资本主义国家学习,改革现状,以达到维护政权的目的。洋务运动时期的曾国藩、容闳、张之洞等人,创办洋学堂、翻译本文书籍、办理留学教育,在促进教育发展方面也做了不少兴革之事。虽然,他们的主要思想和主张仍是维护封建政权,但毕竟他们大胆探索、改革,对教育的发展具有正面的价值与意义。

在中国近代教育思想史上,维新派更为突出,有主张有实践。他们都主张改良教育以开民智,变科举,兴学校,以利于变法,以利于强国。康有为在广州长兴里创办的万木草堂、严复创办的北京通艺学堂、谭嗣同创办的湖南时务学堂等均是当时影响极大的新式学堂。他们受西方资产阶级思想的影响,眼界也较为宽广,主张男女教育平等,积极提倡兴办女学,改革教育体制,完善学校体制,在当时有着重大的影响。他们为后代留下了丰富的教育思想遗产。

思 考

1. 结合相关历史背景,谈谈语文独立设科的原因和意义。
2. 结合近代语文教学的内容、教学方法与原则等,谈谈你对语文课程性质的看法。

3. 你觉得康梁的教育思想对当今中国的语文教育有何借鉴之处？

本章参考文献

［1］王松泉. 中国语文教育史简编［M］. 北京：社会科学文献出版社，2002.

［2］李杏保，顾黄初. 中国现代语文教育史［M］. 成都：四川教育出版社，2004.

［3］赵志伟. 现代语文教育发展［M］. 上海：华东师范大学出版社，2012.

［4］张哲英. 清末民国时期语文教育观念考察：以黎锦熙、胡适、叶圣陶为中心［M］. 福州：福建教育出版社，2011.

［5］刘虹. 试述中国近代学制的产生［J］. 河北师范大学学报：社会科学版，1986.

［6］夏晓虹. 晚清白话文运动的官方资源［J］. 北京社会科学，2010（2）.

［7］马勇. 从废八股到改科举：以1898年的争论为中心［J］. 商丘师范学院学报，2005.

［8］李兴华. 民国教育史［M］. 上海：上海教育出版社，1997.

［9］国家档案局明清档案馆. 戊戌变法档案史料［M］. 北京：中华书局，1958.

［10］陈学恂. 中国近代教育史教学参考资料（上册）［M］. 北京：人民教育出版社，1986.

［11］璩鑫圭，唐良炎. 中国近代教育史资料汇编［M］. 上海：上海教育出版社，2007.

［12］周德昌，陈汉才，王建军. 中国教育史纲［M］. 广州：广东高等教育出版社，2000.

［13］梁启超. 中学以上作文教学法［M］. 北京：首都经济贸易大学出版社，2012.

第八章　民国时期语文教育

导读

民国时期，中国正值多事之秋，而语文教育的发展却蓬勃向上。语文课程多样，学生课堂生活丰富；阅读开始分为精读和略读，注重强化学生的阅读能力训练；白话文进入教材，便于学生经世致用；教材注意与实际结合，内容与形式均有所创新，为各种思潮的传播创造了良好的条件。在这一时期，语文教育走出了以文言型书面语为教育"正宗"、儒家经验一统天下的藩篱，以崭新的姿态走入中国教育及至中国文化领域之中。

语文教育得以蒸蒸日上，缘于语文教育界名家辈出，他们具有深厚的文化底蕴和丰富的学科知识，为中国的语文教育发展做出了独特贡献。

第一节　民国时期语文教育概况

1912—1949 年间，是中国语文教育发展历史上最重要的时期。中国语文在独立设科后，由原来的"中学为体，西学为用"逐渐向科学化、民主化迈进，在继承古代与近代语文教育优秀传统的基础上变革和发展，为现代语文教育奠定了基础。

这一时期，中国在政体上出现了最大的一次变革，政治变革必然带来教育的改革，语文教育取得了重大突破。辛亥革命后，中华民国的成立结束了长达两千年的封建专制，资产阶级新政权对封建制度的各方面进行了改革。在五四运动所掀起的新文化运动高潮中，科学民主意识觉醒，思想空前解放，带动了文学观念的更新。20 世纪 20 年代国民革命高涨，30 年代前后无产阶级文学运动兴起，虽各有主张，但整个民国时期的教育发展比较稳定，趋于定型。抗战时期，国家内忧外困，文学与教育均变成与民族共存亡的活动，政治性与思想性加强，这一特点一直延续到解放战争时期。

一、民国时期的语文课程

（一）白话文与语文课程

语文学科课程在这一阶段的演进是语文教育现代化的关键所在。近现代语文教育，从传统的汇经、史、哲于一体，熔社会科学、自然科学于一炉的大语文教育中脱胎出来，成为现代教育中的一门学科并有所创新与发展。"西学东渐"进一步促进了中国教育的近代化，但因为语文教育不同于自然科学可以直接借鉴西方，因而其发展又具有鲜明的二重性，一方面具有固守民族传统、保守的特点，另一方面会顺应世界教育发展的趋势。反映在教育内容上，是古老的民族传统文化与适应时代社会转变的崭新的现代文化知识的错综交织；体现在教育方式上，是汹涌而来的西方教育理论和实践，与传统教育深厚的历史积习相抗衡；而科举时代仕宦教育的遗毒，与塑造健全人格的国民教育观的剧烈冲撞，则是引起新旧语文转型中矛盾冲突的最根本原因。

1912—1913 年，教育部长蔡元培组织制定了新的学制"壬子—癸丑学制"，这个学制本质上是资产阶级性质，不同于"壬寅—癸丑学制"的封建主义性质。至此，语文学科确立了现代意义上的课程宗旨和教学目的。

语文教育进入现代化发展最重要的标志是白话文进入语文教学。

鸦片战争以后，旧教育"言""文"分离的严重弊端日益被关注，五四运动时期，白话文运动蓬勃发展。1919 年，国民政府首任教育总长蔡元培在题为"国文之将来"的演说中提出：国文的问题，最重要的，就是白话文与文言文的竞争，我想将来白话派一定占优胜的。当时，新文化运动的倡导者胡适在《新青年》上发表《文学改良刍议》，主张以白话文代替文言文，认为中学生要学好语文，应以"能作国语文"为"第一个标准"。接着，陈独秀也发表《文学革命论》，提倡"改良中国文学，当以白话为文学正宗"。钱玄同、刘半农等人更是站在反对"桐城谬种，选学妖孽"的最前方，连续撰文反对文言文，主张"白话是文学的正宗"。文化教育界积极响应白话文运动口号，倡导白话，以求经世致用。1923 年拟定的《中小学各科课程纲要》也明确规定把白话文作为主要的语文教材。此时期，倡导国语统一、"言""文"一致的行动成为潮流，猛烈地冲击着学校的语文教学，随后，白话文成为语文教育的重要内容和载体，在一定程度上结束了"文"和"言"长期分离的局面，对现代语文教育发展产生了巨大的影响。

言文一致直接影响了语文课程的演变，这也体现在语文学科名称的变化上。

（二）语文学科名称的变化

自"壬寅—癸丑学制"确立语文教育作为一门正式、独立的学科后，其名称经历了多次变化，这些变化也体现了语文教育在学科性质与内容上的探索。

1902 年颁布的《钦定学堂章程》，出现了"读经""词章"课程，这已经是语文学科的雏形；1904 年 1 月正式颁布的《奏定学堂章程》中，在初等小学、高等小学、中学堂均设"读经""中国文学"课程，属于文科的主课，称之为"中国文学"，意即"文章之学"，这便是最早的语文课程。

1912 年，民国教育部取消"读经"，1913 年开始，陆续颁布各种学校令，在小学和中学阶段均设"国文"；五四运动后，白话文（语体文）进入语文教材，1920 年，教育部将小学"国文"改为"国语"，这是当时教育的重要改革之一。1922 年，全国教育联合会组织"新学制课程标准起草委员会"，在通过的各科目课程纲要中，各学段均设"国语"课程，1926 年新学制修正时，沿用了"国语"这一名称。1936 年，公布了《初中修正课程标准》《高中修正课程标准》，语文学科用的是"国文"的名称，小学仍称"国语"[1]。

1949 年中华人民共和国成立前夕，华北人民政府教科书编审委员会编辑语文教材时，根据叶圣陶先生的建议，开始正式使用"语文"这一名称。

从"国文"到"国语""国文"并存，再到最后的"语文"，学科名称的变化，既体现了对语文学科性质认识的变化，也体现了语文教育内容的变化，具体地显示了语文教育课程的发展与演变。

---

[1] 王凤喈. 中国教育史[M]. 福州：福建教育出版社，2011：20-42.

二、民国时期语文学科的教育内容

（一）语文课程标准对教学内容的规定

"课程标准"，是指导教学的纲领和检查教学的尺度。1913 年 3 月民国教育部公布了《中学校令施行规则》，1915 年，公布《国民学校与高等小学章程》。五四运动以后，1922 年"壬戌学制"颁布，由新学制课程标准起草委员会负责拟订了各科课程标准。1923 年，新学制课程标准起草委员会讨论通过了《新学制课程标准》，"这是我国第一次以现代教育科学为理论依据的、体系较为完整的中小学各学科课程标准"[1]。

1923 年的新学制课程标准纲要包括小学、初级中学、高级中学各学段。

《小学国语课程纲要》由吴研因起草，经过委员会成员黎锦熙、沈颐修正。《纲要》指出教学目的为"练习运用通常的语言文字，引起读书趣味，养成发表能力，并涵养性情，启发想象力及思想力"。在教学内容上注重连续性，如每学年的内容均在"同上一学年"的基础再增加，比较注意突出口语、主体文的阅读和写作。例如，第五学年的教学内容安排为：（1）（同第四学年）包括演讲语练习、简单会话、童话、史话、小说的讲演、注重演说的练习，加辩论会的设计、练习。（2）在第四学年要求的传记、剧本、小说、儿歌、民歌、谜语、故事诗等的诵习的基础上，注重传记、小说。（3）注重指导阅报和参考图书。（4）实用文、记叙文、说明文、议论文的作法研究练习、设计。（5）楷书的临摹，加行楷书和简便行书的练习、加行书的练习，可临帖[2]。

《初级中学国语课程纲要》由叶绍钧起草，附表由胡适起草，"要旨在与小学国语课程衔接，由语体文渐进于文言文，并为学习高级中学的国语课程打下基础"。这个《纲要》规定的初中国语教学内容主要有三个方面：（1）读书：含精读和略读。（2）作文：包括作文和笔记、文法讨论和说辩论。（3）写字。纲要还列出毕业最低限度的标准为：（1）阅读普通参考书报，能了解大意；（2）作普通应用文，能清楚达意，于文法上无重大错误；（3）能欣赏浅近文学作品。

《高级中学公共必修的国语课程纲要》由胡适起草，教学内容包括读书、文法和作文三项，其中读书也分精读和略读；要求毕业达到的最低标准是：（1）曾精读指定的中国文学名著八种以上。（2）曾略读指定的中国文学著作八种以上。（3）能标点与唐宋八家古文程度相等的古书。（4）能自由运用语体文体发表思想。《纲要》也列举了高中应读的名著，如《水浒传》、"四书"（节本）、唐诗选本等[3]。此外，高中还有"特设国文课程"，开设"文学引论"和"中国文学史引论"两门课。

1929 年公布的《小学课程暂行标准小学国语》《初级中学国文暂行课程标准》《高级中学普通科国文暂行课程标准》，1931—1936 年间修正，公布各级《修正课程标准》，基本都是在上述的课程纲要的基础上完善，唯修正标准删减了毕业达到的最低要求。

各阶段的课程标准的颁布，规范了语文教学内容，实质上也是教育界对语文教育性质、目标的探索。

（二）民国时期语文教材

语文教材就是教科书。语文教材是基于一定的教育方针和学生发展阶段，经过选择和

---

[1] 吕达. 课程史论[M]. 北京：人民教育出版社，1999：302.
[2] 课程教材研究所. 20 世纪中国中小学课程标准·教学大纲汇编（语文卷）. 北京：人民教育出版社，2001：13 – 14.
[3] 同上书，第 274 – 279 页。

编排、适于教学的语文用书,是简要而系统地反映语文学科内容的教学用书。

民国时期是中国语文教材发展最迅猛的阶段,大批有志于教育改革的人士,致力于语文教材的变革,并取得了辉煌的成就。当时编写出版的教材文言文、语体文兼有,多按照课程标准的规定比例编排;编写者借鉴了外国教育理论和教育经验,尝试通过教材形式、内容或体例上的探索,寻求教科书及语文教育的科学性,这为以后的现代语文教材编写与研究奠定了厚实的基础。

1. 五四运动前的语文教材

五四运动前夕民国初期(1912—1916)的小学语文教材中,以商务印书馆的《共和国教科书新国文》影响最大,使用时间最长,重印次数最多,一直沿用到 1924 年。这套教材分初小用书和高中用书,都是在清末的《最新国文教科书》的基础上,根据民国的新要求重新编写,由教育部审定的。教材文字浅显,多用图画,适合儿童的学习程度。如开头几课为:人、手、足、刀;山、水、田;狗、牛、羊……教材中还补充了一些反映民主自由、平等思想的新内容;但这套教材单纯从汉字笔画的简繁着眼,没有顾及汉字音、义两方面。

中华书局在刚成立的 1912 年,推出了由华鸿年、何振武编写的《中华初等小学国文教科书》,内容上以生活必需的知识为主,采用儿童常见的材料、故事等,根据知识的深浅或时令的先后排序,注重符合儿童的学习兴趣。同时出版的《中华高等小学国文教科书》则均为文言文,也没有注释评点、练习。

中学语文教材选文的范围有所扩大,主要仍选读古文。1913 年商务印书馆出版的许国英编纂、张元济等校订的《共和国教科书国文读本》,四册,供中学四年用。编排上仍是按文学史的发展,从清朝倒溯及远古,选编各朝代名家名篇,注重文学价值及历史价值。1914 年,中华书局出版由谢蒙编的《新制国文教本》,多次重印,影响很大,在体例上有所创新,尝试按文体分类,且每一大类文章按时代顺序排列,由今及古,开创了按体裁分单元编排的教材体例。

此时期的教材,跟清末相比,总体变化不大。教材中每篇文章大都有关于文章风格、段落大意、修辞、语句等方面的注释评点。开始将语文知识,如文字、文法、修辞及文学史等简要地编进教材中。相应地,也出版了一些语文知识教科书,如《中华中学文法要略》《中国文学史》《文字源流》等,这是适应对学生"兼习文字源流、文法要略和文学史"的要求,这些专门性教科书也开创了分编型教材编制的先河。

2. 北洋政府军阀时期的语文教材

北洋政府军阀时期(1916—1928),小学语文教材总体上变化不大,1920 年以后出版的教科书多采用白话文编写。1919 年 8 月出版的黎锦熙等校订的《新体国语教科书》,是中国第一部小学国语教科书,依据教育部公布的注音字母和国音字典编辑,采用对话形式,内容上侧重儿童对各种常识的学习。1923 年出版的庄适、顾颉刚等编辑的《新法国语教科书》是新学制时期最有特色的教科书,采用文言和白话混编,以语体为主,凡属语体文的都排在前,夹杂文言文的课文排在后面;兼顾了当时文言向语体转变的需求,也希望能帮助学生为升读中学,学习文言文做准备。这套教材通俗易懂,以识字为主,选文具有趣味性和文学性,贴近儿童生活;教材以注音字母的熟习程度为辅,附有一本《手册》,以教学字母为主。

1923 年的新学制的公布为教材编写提供了新的思路和空间,各出版社大力推出各种版本的教科书，丰富了教学内容。

1924年，上海世界书局出版的由魏冰心、范祥善、朱翙新编的《新学制小学教科书初级国语读本》（8册），为语体教科书，选材有文学类和语言类的诗歌和故事等，内容注重日常应用，突出语文的实用性，还增加了插图。1925年世界书局出版了由秦同培、陈和祥编辑的《新学制小学教科书高级国语读本》（4册），供高中使用，是文言文教材，最突出的是在课文以外，设置了助读系统，其内容丰富，系统有序，包括了注释评点、大量的语文知识如篇法、章法等，为学生自学提供帮助。

这一时期中学语文教材，有的合编成套，有的分编成两套。文学作品开始占有较大比重，特别是反映新文化、新思想的文学作品被选入教材，丰富了教材内容，也增加了时代色彩；另外有些教材还增选了一些学术论文，使学生了解国学梗概。

1923年顾颉刚、叶圣陶编的《新学制初中国语教科书》（6册），是新学制公布后最早出版的初中语文教科书，被广泛使用，影响很大。这套教科书大量选择白话文，在260篇课文中，白话文有95篇，包括蔡元培的《劳工神圣》、鲁迅的《故乡》和周作人的《一个买汽水的人》等，还有安徒生的《卖火柴的小女孩》、都德的《最后一课》等外国文学作品；课文按记叙、写景、抒情、议论、说理分类编排，废除了对课文的评点，使用新式标点和注音字母。

1924年，商务印书馆出版了庄适编辑的《现代初中教科书国文》（6册），这是文言文教材，编者把同一事件或同一人物的文章编排在一起，便于学生对比学习，如将陶渊明的《桃花源记》和王安石的《桃源行》排在一起；另外选择了一些新创作的小说和外国文学作品译文（也是文言文），增加了内容的时代感。1928年商务印书馆出版的江恒源编辑的《新学制高级中学教科书国文读本》（4册），以文言文居多，含有少量语体文，尤应注意的是里面包含了古代文论著作，如曹丕的《典论·论文》、刘勰的《文心雕龙·原道》等。

另外，中华书局作为当时影响较大的出版社，积极践行其出版"革命教科书"的宗旨，还先后出版了沈星一编的《新中学教科书初级古文读本》（1923年）、《新中学教科书初级国语读本》（1924年）、穆济波编的《新中学教科书高级国语读本》（3册，1925年）等多套教科书，为语文教育提供了多元的选择。

3. 抗战前的语文教材

1929—1936年间，《中小学暂行课程标准》和《教科书审查规程》颁布后，教材出版进一步实施"审定制"，教科书多由民间编写，政府部门负责审查，学校自行选用。这个阶段中学国文和小学国语教材编写出版的数量较多、各具特色。其中影响较大、流行较广的有商务印书馆出版的"复兴教科书"系列，中华书局出版的"新课程标准适用教科书"，世界书局出版的《新课程标准朱氏初中国文》《新课程标准蒋氏高中新国文》，开明书店出版的一系列开明读本等；[1] 还有正中书局出版的叶楚伧主编的《初级中学国文》和《高级中学国文》。

1930年初，北新书局出版了赵景深编的《初级中学北新混合国语》，这是当时影响较大而颇具特色的教材，创造性地把阅读内容和语文知识混合编纂，课文也把外国文学作品、古代文学作品和现代文学作品混合编排，课文后的练习结合了语文知识进行设计，强

---

[1] 施平. 中国语文教材经纬 [M]. 北京：北京理工大学出版社，2010：72.

调对学生进行语言训练。这套教科书使用范围广,在20世纪30年代多次再版。

1933—1934年间商务印书馆出版的"复兴教科书"系列,也流行很广。这个系列包括沈百英、沈秉廉编著的《复兴国语教科书》(初小用)、丁戆音、赵欲仁编辑的《复兴国语教科书》(高小用),傅东华编的《复兴初级中学教科书·国文》(6册)和《复兴高级中学教科书》(6册),还有齐铁恨编著、何炳松校订的《复兴说话教科书》。小学教科书是语体文,内容上在注重儿童生活的同时,还选择了不少与时代及社会紧密联系的课文,如孙中山、国民革命、民族精神、民权运动等培养爱国主义情感的故事,形式上注重儿童文学的特点,选编了不少"歌谣""童话"等作品。中学教材内容上注重使学生"了解固有文化,培养民族精神",最大特色是编入了作文教材,教科书内容包括精读、略读、文章作法、作文练习四个部分,有包括"作者""注解"和"暗示"三部分内容的助读系统,还编写了知识短文分插在课文之间。口语教材内容是语言训练,是我国最早的说话分编型教科书,具有开创性意义。

1935—1938年间由开明书店出版的夏丏尊、叶圣陶合编的《国文百八课》,是众多教材中最突出的一套,也是我国20世纪以来语文教育发展史上影响最大的语文教材。这套教材的全称是《初中国文科教学自修用国文百八课》,全套教材每册18课,六册合计108课,它最显著的特点是对于教学内容单元编排和学习的探索,编者在《编辑大意》中指出:每课为一个单元,有一定目标,内含文话、文选、文法或修辞、习问四项,各项打成一片。文话以一般文章理法为题材,按程度配置;次选列古今文章两篇为范例,再次列文法或修辞,就文选中取例,一方面仍求保持其固有的系统;最后附列习问。根据文选,对于本课文的文话、文法或修辞提举复习考验的事项。在内容上,文话是该教材最有价值的部分,为语文教材增加了文章学的理论知识,尝试用全面系统的文章学理论指导学生的写作学习。这对于一直探索读写结合的语文教学具有指导性意义,也一直影响了以后的语文教材编写。

20世纪30年代的苏区相当重视语文教材建设。苏区国语教材根据"社会化、政治化、劳动化、实际化"的指导原则编写,密切结合革命事业和生产劳动实际,重视满足当时的斗争要求和政权建设的需要。如1931年闽西苏维埃政府文化部编印了《劳动小学国语课文》,1932年中央教育人民委员会编印了《列宁小学国语课本》等。

4. 抗战后的语文教材

1938—1949年,这一时期的教材制度为"国定制"。1940年,基于抗战的历史背景,国民政府强令取消了教科书的"审定制度",并实行教科书的"部编制",也即"国定制",即由国家或地方教育行政部门决定的制度。1940年颁布了适应战时的课程标准,国民政府教育部把原设的中小学教科书编辑委员会并入"国立编译馆",由国立编译馆内设教科书用书组,统一筹划和组编中小学各科的"部编"教科书[1]。此时期的教材内容,偏重于振作尚武精神,激发学生抗战情绪,增强民族意识。如国立编译馆1946—1947年间编辑的《高级小学国语》,就选入了《可爱的中华》《保卫武汉》等文章。1947—1948年,叶圣陶、朱自清、吕叔湘等人合编的《开明新编初级国文读本》《开明高级国文读本》和《开明文言读本》,将白话文与文言文分编,精心设计了助读系统和练习系统,继续探索能更好地培养学生语文能力的途径。

---

[1] 施平. 中国语文教材经纬[M]. 北京:北京理工大学出版社,2010:98.

1945年由新华书店出版发行的《中等国文》是解放区语文教材的代表,这套课本每组课文大致有一个中心,各科各组之间多少有一定联系。每组后面,附有一篇对语文规律的说明,各册课本的说明各有不同的侧重点。1948年,解放区重编了《初中语文》和《高中语文》,按内容编组教学单位,以相关的语法和作法知识作为附录,篇末附有注释、参考资料及习题;选文力求立场、观点、思想方法正确;文体形式和写作技巧广泛多样,中外古今兼容并包。

三、民国时期语文教育方法的改革与发展

民国时期语文教学方法的变革,一方面是对传统教授法进行改造,另一方面是借鉴学习从国外引进新的教学法。

在"中国文学"独立设科以后,我国很长一段时间仍然奉行的是"中学为体,西学为用"的指导思想。具体到学科教学中的"中学",主要指的是我国的"经学"和"中国文学",也正因如此,语文较其他学科的因袭也较为严重。"中国文学"的主要内容仍然是阅读古代经籍。但随着政体的改变,新学制的颁行,教育界也逐渐要求废除八股,革新文言,在思想上开发民智,在语言文字上倡导言义一致。白话文进入语文教学后,对语文教学的形式、内容和方法都提出新的要求,自然也就带来了教学方法的改革。

我国传统的语文教育,教学的主要内容是讲经诵经,其教学法特别重视记忆和背诵。维新运动时期及1904年的新学制颁行以后,教育界开始借鉴西方的一些先进文化主张和教育理念,对近代教育理论和教学方法的改革发展也起到了积极的作用。但仍然设有一些读经讲经课,并保留了"所诵经文本应成诵"的规定。

民国初期,教学方法改革的重点是引进国外的方法,呈现出"中西杂糅"的状况。

当时影响较大的有赫尔巴特的"五段教学法",这是从清末就引进并一直沿用到民国的教学方法。"五段教学法"的主要内容为:预备—讲授新知识—联想、分析比较旧知识—总结—应用,它源于赫尔巴特的教学形式阶段理论,以心理学作为教授方法的科学基础,系统构建了教学过程的模式,很好地解决了从个别教授转向班级教授后如何同时向众多学生有效传授系统知识的难题。[1]

当时改革中国传统教育方法的重点是实行启发式教学法。区别于孔子、朱熹等人提出的启发式教学,此时期的启发式教学是吸收了西方心理学理论后的新式启发教学,广泛用于白话文教学中,关注学生的学习。

另外,自学辅导法、分团教学法、三段教学法、五段教学法、单元教学法、设计教学法、发表教学法等,在语文教学上得到广泛应用。这些方法都是以近代西方的教育学心理学作为其科学依据的,比较注重师生讨论、研究和相互启发诱导,与我国的传统教学法并不相同。这也为我国的传统教学法开辟了一条新的道路,对新的教学法的形成很有助益。

其后,随着"国语""国文"的教学目标、要求的不同,对语文教学方法的改革分别在小学、中学有不同的探索重点。

在小学语文教学阶段,教学方法的改革一方面侧重关注儿童的兴趣,增加儿童的参与

---

[1] 王松泉,王柏勋,王静义.中国语文教育史简编[M].北京:社会科学文献出版社,2002:117-118.

活动，如教育家吴研因主张的"自然教学法"，就强调联系学生日常生活、适应儿童的兴趣进行教学。另一方面是积极探索白话文教学的方法，自 1920 年语文课程名称改为"国语"后，特别是 1923 年新学制颁布后，小学语文教学以白话文为主，因此在语体文的内容选择及教学方面均进行了改革，开始重视口语化教学。

中学语文教学方法的改革则比较侧重于阅读与写作，也开始关注对学生课外阅读的指导。叶圣陶、黎锦熙、陈望道、王森然、阮真等众多教育家积极投身教育实践，在实际的语文教学中改革各种教学方法。他们吸收传统文言文读写的教学经验，更多地关注学生，采用程序、讨论、启发等方法，试验实行语体文的阅读写作教学，取得了骄人的成绩。此外，当时许多学校也纷纷开展了语文教学改革，浙江一师的白话文教授法改革试验、浙江上虞春晖中学的语文教育改革、江苏扬州八中的国文教学"八条办法"、上海吴淞中学和湖南长沙一中等学校的改革，均取得很好的成效。

相比之下，我国传统语文教育，教学方法相对单一，多重视记诵，强调通过记诵来获得知识，侧重训练"思考什么"；而民国语文教育，在继承传统教育养分的基础上，借鉴外国经验与方法，探索出许多有效的教育方法，加强了思想训练，开始训练学生"如何思考"，强调创造性。这些探索有力地促进了语文教育的现代化进程。

四、语文教育科学性的探索

白话文进入语文教育范畴后，现代语文教育开始沿着学科独立化方向迅猛发展，在语文课程、教学内容和教学方法、教育理论研究等方面开始了科学化探索。

民国时期对语文教育科学性的探究奠定了我国现代语文教育科学性探索的基础。语文教育的科学性就是对语文教育的科学价值或科学精神的追求，它包括语文课程理念、语文教育目标、语文教育过程、语文教育方法和手段、语文教育评价等方面的科学性，这也是语文教育现代化的突出表现。

（一）语文学科独立化探索

"壬寅—癸丑学制"语文独立设科后，语文就有了自己的学科宗旨和要求，至此，中国具有了学科意义的语文教育，"中国文学"教育开始确立。语文从此开启了对学科独立道路的探索。

1. 语文学科独立化探索，首先表现在对语文学科宗旨的认识发展上

1912 年，蔡元培出任第一任临时政府教育部长，明确了各学科要进行改革，教育部发布了《小学校教则及课程表》及《中学校令施行规则》。文件指出，小学"国文要旨，在使儿童学习普通语言文字，养成发表思想之能力，兼以启发其智德"[1]。中学"国文要旨在通解普通语言文字，能自由发表思想，并使略解高深文字，涵养文学之兴趣，兼以启发智德"[2]。两个文件在语文教育的宗旨上，都明确了培养与提升学生对"语言文字"的理解运用能力的目标，同时突显了与民国"自由"思想相一致的导向。

五四运动后，新文化运动所带来的新观念，直接影响了人们对语文教育宗旨的认识。在提倡培养学生实际应用能力的同时，也有不少学者主张要注重培养学生的文学鉴赏能力。

---

[1] 课程教材研究所. 20 世纪中国中小学课程标准·教学大纲汇编（语文卷）[M]. 北京：人民教育出版社，2001：11.
[2] 同上书，272 页.

1919年，孙本文在《中学校之读文教授》中，认为从社会应用的层次来说，中学国文宜注重社会上普通之文，涵养通解应用文字，及发表思想之能力；从培养研究人才的角度来说，中学国文宜兼重文学之文，培成研索文学之始基。这种主张语文教育既要重实用、又要重文学的观点，可以说是当时较为普遍的看法。

1923年颁布的新学制《国语课程纲要》中，延续了语文要培养学语言文学能力、发表能力的要求，同时也有"引起读书趣味"（小学）、"引起学生研究中国文学的兴趣"（初中）、"培养欣赏中国文学名著的能力"（高中）的要求。

自1932年《中学国文课程标准》颁布开始，语文学科的教育目标中增加了"了解固有的文化，培养其民族精神"（初中）、"以期达到民族振兴之目的"（高中）的内容，这一宗旨在抗战时期更为明确。

对于语文学科宗旨的认识发展，是对语文学科工具性与思想性的探索，是对学科独立化探索的基础。

2. 对语文学科独立化的探索，也表现在"文"和"道"关系的处理上

古代的教育，文、史、哲合一，"文"和"道"在教育中是密不可分的，甚至往往"以道驭文"，语文处于从属地位。清末新式学堂开始分科以后，"道"设"修身""读经"两科；"文"设"中国文字"和"中国文学"两科，各自的侧重点比较明显，"文"和"道"开始有所分离，但仍紧密相连。

民国初期，实行教育改革，主张要消除封建影响，学校取消了"读经"，保留了"修身"，强调思想教育、道德教育和美育并重，而"国文"强调"通解普通之语言文字""兼以启发智德"，体现了一种分中有合的状况，但毕竟突出了语文学科独立性的特点。之后的各种文化思潮，或希望通过语文教育传播新文化、新思想，或企图用语文教育宣扬和灌输封建伦理道德，这些主张表面是"文道结合"，实际上却是回到了"以道驭文"的旧路。基于对语文学科独立化的探索，学者们逐步认识到对"文""道"关系理解是否得当，直接影响到语文学科的发展。20世纪20年代，陈启天、朱自清等人，分别撰文探索语文学科中"文"与"道"的主次关系，其观点影响深远。对语文学科的"文"与"道"关系的探索，实质上也是对语文学科工具性特点的探索；这种探索和认识，促进了当时语文教育独立化的发展，也对后世语文教育改革和探索产生了巨大影响。

（二）语文课程多元化探索

民国时期，语文教育发展吸收了很多外国的教育教学经验，其中就有在课程多元化方面的探索。

传统的语文教育中，语文学科的知识，如文章知识、汉语基础知识等，并不作为独立的课程或教学内容出现，在新式学堂兴办之始，结合传统和外国的方法，语文知识是结合在读写教学中进行的。

到民国时期，出现了讲授语文知识类的课程，如"文字源流""方法要略""中国文学史"等课程。有些高中还开设了"文学引论"和"中国文学史引论"以及对中国文学的精读等课程，旨在启发学生学习中国文学，并提高学生文学素养。1923—1928年间，中学试行分科制与选科制，各校国文科所设课程，极为复杂多样。据阮真的调查统计，共有42种69项名目。初中普通科必修的有：读文、作文、书法、文法、修辞学、作法、演说辩论、文字源流、文学史略等。初中选修的有：国音国语、应用文、文艺文等。高中普通科必修的有：读文、作文、习字法、字体概说、文体类别、文体程式、文体沿革、文学研究法、文学史等。高中普通科选修的有：文字学、文学史、应用文、美术文、文学要义、国语国学常识、诸子述略、世界文学史、笔记学、读诗法、国学概述、诗学、词学等。[1]

抗战时期的解放区，由徐特立担任教育人民委员部部长兼任教材编审委员会主任，拟定了语文教育"社会化、政治化、劳动化、实际化"的指导原则，在语文教育上强调语文能力的训练和语文知识的系统性。虽然没有把语文知识设为单独的课程，却在一定程度上丰富了语文课程。

（三）语文教材编写的探索

白话文教学带来了教育内容与教育形式的重大改变，教材的编写也随之在形式、内容上开始了不同的探索。新国文教材的问世奠定了现代语文教材的基础，大量新型教科书的编写出版，带来了中国语文教材最繁荣的时代。

民国初期，对教材编写的探索首先是内容方面的改革。基于民国教育宗旨，《普通教育暂行办法》规定：凡各种教科书，务合于共和国宗旨，清学部颁行之教科书一律禁用。教材编写者主要是对清末新型教科书进行改写，对教材中凡"忠君与共和国政体不合，尊孔与教自由相违"的全部删除。

五四运动后，小学、中学均开始了白话文教学，这时期主要是白话语文教材编写的探索期。白话语文教材不仅体现了语言形式的变化，还是新文化的传播，更体现了现代语文科学化的发展需要。从形式上，白话文与学生的口语相接近，易于接受，便于学习，能更好地培养学生对语言文字的运用能力。从内容上，这些教材选编了不少反映新文化、新思想的白话文学作品和议论文章，大大丰富了语文教学内容，启蒙了学生的现代思想；而且，很多新的科学知识也只有白话文能传播，因此白话语文教材能充分地体现语文教育的时代性与科学性。

新学制颁行后的一段时期，是语文教育稳定发展的时期，此时期对教材编写的探索更多的是对教材编写体例、结构等方面的探索，目的是探求语文教育如何能更好地培养学生的语文能力，夏丏尊、叶圣陶在编写《国文百八课》时提出的希望达到"给国文科以科学"的目的，就非常有代表性。这套教材最突出的是强化对语文基础规律的掌握和基本技能的训练，文体知识趋向系统化，读写任务趋向明确化，为现代语文教材的编制提供了很好的范式。另外也有不少教科书在编排顺序、助读系统、练习系统等方面开展尝试与创新，如沈星一编的《新中学教科书初级古文读本》（上海中华书局1923年出版），就在编排上按照中国古代文学史的顺序，助读系统也作了创造性的改进，增加了"注释""题解"等内容，帮助学生学习。另外也有以文章作法为顺序组元的教材，如孙俍工编的《初中国文教科书》（神州国光社1932年出版）等。以上都是对教科书科学性的探索。

抗战前后的教材除了加强序列、编排的探索外，也在兼顾选文的工具性、文学性的同时，加强了思想性、教育性内容的选编。解放区的教材，也在讲究实际和实用、注意思想政治教育方面进行了探索，编写出《民众应用文》《抗日三字经》《日用杂字》《卫生课本》等，适应广大群众的识字需要。

---

[1] 王松泉，王柏勋，王静义. 中国语文教育史简编[M]. 北京：社会科学文献出版社，2002：131.

对语文教材编写科学性的探索，也体现在众多学者对教材编写的理性思考与研究上，如阮真的《中学国文教本应如何指示学文途径》（1938年载《中华教育界》）、黄绳的《论高中国文教材》（载1947年《国文月刊》）、余冠英的《坊间史学家语文教科书中的语文教材之批评》（1944年载《国文月刊》）等。

（四）语文教学研究的探索

1. 对"教"和"学"关系的探索

中国传统的教育，是以教师为中心的，学生只能被动地进行接受学习。虽然孔子提倡启发式教学，也注意因材施教，但总体而言，正如韩愈所说的"师者，所以传道授业解惑也"，教师的关注点主要在"传授"，在"教"，而并不在学生的"学"。清末的新式学堂兴起后，教育界开始吸收一些国外的方法，但语文学科的教学总体上仍然是沿袭传统的单向教学的模式。

五四运动以后，西方教育理论传入中国，杜威的儿童中心说、克柏屈以学生兴趣和需要为中心的设计教学法、柏克赫斯特以"自然主义"和"儿童中心主义"为原理的"道尔顿制"教学法等，都大大拓展了中国教育者的眼界，他们开始关注学生的"学"。20世纪20年代，教育家陶行知在任南京师范专修科主任时，更提议将"教授法"修改为"教学法"，从根本上革新了教育观念。1924年，梁启超在《趣味教育与教育趣味》的演讲中提出，应该遵循儿童的年龄特征和心理发展特点，把趣味贯穿于教学的各方面。教育家俞子夷也主张教师与学生应该共同活动，教师应引导学生发展。

这种重视学生的"学"的观念是对传统教学观念的巨大突破，是语文教育理念科学化探索的体现。

2. 现代语文教育理论形成与发展

语文教育理论体系的建立与研究，是现代语文教育的科学性探索的重要内容。

传统语文教育，更多的是凭借教师的个人经验和积累，缺少客观、科学的标准，各语文教育家的思想通常也散见于其哲学著作或文学著作中，少有专门的理论研究与著述。清末虽然吸收了一些西方的教育教学理论和观念，但总体而言，仍未能将"教学"与"研究"真正结合起来。

整个民国时期，由于对语文教育宗旨的改革与思考、对语文教材编写的探索与创新、对教学方法的借鉴与整合，教育者开始理性地思考语文教育实践中出现的问题，并尝试在理论层面进行总结、提炼，加强了现代语文教育的理论探索。

民国初期，开始对语文课程宗旨的思考与研究。从1912—1929年间，在参与民国教育部颁布的"国文要旨"、国语、国文"课程标准"等文件的制定和完善过程中，学者们开始了对语文学科的系统研究，包括教育宗旨、课程体系、教学内容以及最终要求等。其中较有影响的有以下几种。

沈颐撰写的《论小学校之教授国文》，侧重对国文教授要义进行论述；庚冰的《言文教授论》重点论述了语文与文字的联系和区别；潘树声的《论教授国文当以语言为标准》针对了当时热议的教授国文何为应用这一重点问题，提出了明确的主张：在教读本时应"化文字为语文"，教授作文时应"化语言为文字"。还有程其保的《初级中学课程标准之讨论》和叶圣陶的《新课程标准与中学生》等文章，直接针对语文教学目标、课程内容等的科学性进行系统的分析研究。这些研究文章对课程标准的制定有重要的参考作用，体现了当时对语文教育的整体思考，也初步建立了语文教育理论体系。20世纪20

年代初，王新文、陈人哲等人对汉字常用字汇展开研究，也有力地推进了汉语教学的科学化。

民国时期，动荡和变革互见，各种文化相互影响，国语、国文的名称和内容的变革，也促使学者们对语文教育开始进行系统理论的研究，现代语文教学法开始建立。早在清末，两广初级师范简易科编印了《教授法》一书，其中专章列出《国语科概论》，还附有《国语科教授法》，较具体地论述了国语的性质、国语学习的方法以及国语科教学系统，也比较明确地确定了国文科的主要内容有"理会"（含读书、听力）、"表彰"（含话方、书方、缀方）两大部分，[1]可以说基本确立了语文教学法的框架。1909年，蒋维乔的《论小学以上教授国文》，阐述了一些国文教授方法的要旨，是我国现代关于语文教学法的开创性著述。其后，蔡元培的《国文之将来》（1918年）、孙本文的《中学校之读文教授》（1919年）、陈启天的《中学的国文问题》（1920年）以及胡适的《中学国文教授》（1920年）等关于国语国文教学研究的文章，掀起了语文教学法研究的热潮，也丰富了语文教育研究理论。

关注语文教育理论研究的学者越来越多，成果也较丰富。吴研因的《文字的自然教学法》（1922年）、《小学国语教学法概要》（1923年），黎锦熙的《新著国语教学法》（1924年），周铭三和冯顺伯合著的《中学国语教学法》（1926年）等也是当时重要的研究成果。1929年商务印书馆出版的王森然所著的《中学国文教学概要》更被称为中国早期语文教学法里程碑式的著作。

随着国语国文教学的稳定，对语文教育研究也逐渐深入与细化，其中以"阅读"和"作文"两个主要内容的研究较为突出。

阅读方面，学者们结合传统教育的经验，尝试进行科学性探索。胡适在《中学国文的教授》中就有"读书法"的内容，明确提倡"兴趣读书法"，主张要"精读"结合"泛读"。梁启超提出了阅读教学要分类、分组、讨论式进行。陈聘伊在《对于国语科教学的意见（上）》中，重点研究了精读教学应该按照"思考、欣赏和练习"三个过程。叶圣陶和朱自清编写了《精读指导举隅》和《略读指导举隅》，用范文的方式列出了精读和略读"指导大概"的方法。

写作是语文教育的重要内容，传统写作教学有经验，但欠理论指导，实行白话文教学后，白话文写作增加了新鲜的内容，因此，此时期关于作文教学的研究可谓丰硕。

1915年，姚铭恩发表《小学作文教授法》（连载于《教育杂志》卷七第六、七号），系统地论述了小学作文教学的价值、性质、要求、计划与它科的联络以及种种教学实施的方法，提出了具体且操作性很强的方法，被誉为规模严整、内容详备，可视为新式学堂举办以来我国早期的一部完整的小学作文教授法教材。[2]

五四运动前后，钱玄同发表了《论应用之文亟宜改良——改革大纲十三事》、刘半农发表《应用文之教授》，均针对应用文的写作教学进行了研究。叶圣陶和王伯祥的《对于小学作文教授之意见》中提出"小学作文之教授，当以顺应自然之趋势而适合学生之地位"的主旨，目的是"以最经济之时，练成其最能切实应用之作文能力"。陈望道的《作

---

[1] 赵志伟. 现代语文教育发展 [M]. 上海：华东师范大学出版社，2012：90-91.
[2] 顾黄初，李杏保. 二十世纪前期中国语言教育论集 [M]. 成都：四川教育出版社，1991：35.

文法讲义》，以学生为读者，对作文教学中的绝大部分问题进行了具体阐述，并且从修辞的角度提出提高写作能力的途径和方法，颇具时代性。梁启超在《中学以上作文教学法》提出了"总希望多带一点科学的精神"，更明确提出要对作文教学的科学性进行探索。

整个民国时期的语文教育领域，名家辈出，他们均在语文教育理论上有所建树。

叶圣陶是其中最令人瞩目的，他提出的"教是为了不需要教"，充分体现了对语文课程科学性的思考与探索；他与夏丏尊创办的《中学生》杂志、撰写指导学生自学的《文心》，也开创了增加学生课外读物的新途径。

黎锦熙、夏丏尊、朱自清、王森然等人也成就卓著，此外，还有20世纪30年代中学国文教学法的第一位研究生导师阮真，他共有七种著作，包括《中学国文教学之问题》《中学读文教学研究》《中学作文教学研究》《中学国文各学程教学研究》《中学国文课外阅读研究》《国学作文题目》《中学国文教学法》，他的著作具有较强的科学性、系统性、专业性，也使中学语文教学法理论体系更完整了。蒋伯潜的《中学国文教学法》则是20世纪40年代最完备的成果，代表了当时语文教学各领域研究的最高水平。

另外，还有孟宪承、钱基博、何仲英、吕思勉等教育家，他们在中小学语文教学方面均有论著及成就。

民国时期的语文教育，是在继承与创新中不断前进的。可以说，正是有这些语文教育家对语文教育实践与经验的总结、思考、提炼，在语文课程科学性道路上不断地探索，才取得了民国时期辉煌的成就。

第二节　民国时期语文教育思想

一、叶圣陶

叶圣陶（1894—1988），原名绍钧，字秉臣，江苏苏州人。著名教育家、文学家、出版家和社会活动家，是语文教育史上贡献突出、影响深远的语文教育家。

叶圣陶早年受过私塾教育，后毕业于苏州公立中学。当过小学、中学和师范学校教员、大学教授，担任过商务印书馆和开明书店的编辑、《中学生》杂志编辑，还当过四川省教育科学馆专门委员、开明编译所办事处负责人、上海市小学教师联合进修会指导委员、中等教育研究会顾问、中国语文学会理事等职务，这些职务都与语文教学有密切的关系。1921年，他参加了"全国教育联合会"组织的新学制课程标准起草工作，并草拟了《新学制初级中学国语科课程纲要》。在此后的教育生涯中，他单独撰写编辑、与人合作编写以及主持并亲自参与编写出版了120多册语文教材，如《文章例话》《文章讲法》《开明国语课本》《初中国文教本》《国文百八课》《文心》《精读指导举隅》和《略读指导举隅》等。

（一）叶圣陶的教育思想概说

叶圣陶长期投身于语文教育实践，他立足于我国语文教育发展的实际，着眼于培养普通公民和提高民族素质，结合我国语文教学的特点，形成了一整套内容丰富、体系完备的语文教育思想理论。围绕语文教育，他在语文课程名称、课程性质、教育目标、教学目的、教学、教师素养等方面，提出和发表了诸多精辟深刻的见解。

总的看来，叶圣陶对语文教育的思考与感悟可浓缩为"教是为了达到不需要教"。"教是为了不教"的教育思想，主张引导学生自主学习与实践，养成良好的语文学习习惯，学会学习，自己解决问题，并揭示出教师与学生、学生学习与自身发展、学校教育与终身学习等方面的辩证关系。叶圣陶在其语文教育实践与语文理论研究中，具体地将这个核心理念渗透在他教育思想体系的方方面面之中。叶圣陶在语文教育领域探索的广泛性和持久性使得他的语文教育思想富有民族特色，个性色彩浓郁，并体现出较强的实践性。他的语文教育思想影响了近一个世纪的中国语文教育，为我国语文教育的发展提供了启示和借鉴。

（二）叶圣陶的教育思想言论

叶圣陶的语文教育思想言论归纳起来，有以下几个方面。

1. 语文课程定名

"语文"作为一门课程，最初并不叫"语文"。1949年，时任华北人民政府教科书编审委员会主任的叶圣陶提出来了"语文"这个新概念，把"国语"与"国文"合二为一称作"语文"。

> ◆ 什么是语文？平常说的话叫口头语言，写到纸面上叫书面语言。语就是口头语言，文就是书面语言，把口头语言和书面语言连在一起说，就叫语文。这个名称是从一九四九年下半年用起来的。解放以前，这个学科的名称，小学叫"国语"，中学叫"国文"，解放以后才统称为"语文"。[1]
>
> ◆ "语文"一名，始用于一九四九年华北人民政府教科书编审委员会选用中小学课本之时。前此中学称"国文"，小学称"国语"，至是乃统而一之。彼时同人之意，以为口头为"语"，书面为"文"，文本于语，不可偏指，故合言之。亦见此学科"听""说""读""写"宜并重，诵习课本，练习作文，固为读写之事，而苟忽于听说，不注意训练，则读写之成效亦将减损。[2]

由此可见，叶圣陶对于"语文"基本内涵的解释，阐明了"语文"就是口头语言和书面语言的合称，语文教育就是语言教育。同时还强调语文教育内容必须涵盖"听""说""读""写"，从而保证学生语文素养的全面发展。

2. 语文课程性质

语文学科的性质是什么？对这个困扰中国语文界的大问题，叶圣陶通过长期的语文实践和语文研究，确定了语文学科的性质就是"语文是工具"。他认为在语文教育中必须以"语言是工具"这一基本观念作前提，才能更好地进行语文教学，改进语文教学。

> ◆ 语文是人与人交流和交际必不可缺的工具，不善于使用这个工具，就无法工作和生活，甚至可以说就不能做人。[3]
>
> ◆ 语言是一种工具。工具是用来达到某个目的的。……我们说语言是一种工具，就个人说，是想心思的工具，是表达思想的工具；就人与人之间说，是交际和交流思想的工具。[4]
>
> ◆ 语文是工具，自然科学方面的天文、地理、生物、数、理、化，社会科学方面的文、史、哲、经，学习、表达和交流都要使用这个工具。[5]

---

[1] 叶圣陶. 叶圣陶语文教育论集 [M]. 北京：教育科学出版社，1980：138.
[2] 同上书，第730页.
[3] 庄文中. 叶圣陶的语文工具观 [J]. 中学语文教学，1997 (4).
[4] 叶圣陶. 叶圣陶语文教育论集 [M]. 北京：教育科学出版社，1980：138.
[5] 同上书，第150-152页.

由此可见，语文这个"工具"既是思维与交际的工具，又是生活的工具，更是学习其他学科的工具。

3. 语文教育目标

叶圣陶认为语文教育的目标应该着眼于全体国民特别是广大劳动人民，使他们善于运用语文这一工具来应付生活需要。这也意味着语文教育不能脱离现实生活，而应该切合生活实际，如个人需要、生活需要、工作需要，甚至是国家需要。

◆ 语文教育应"养成善于运用国文这一重要工具来应付生活的普通公民"[1]。

◆ 尽量运用语言文字并不是生活上一种奢侈的要求，实在是现代公民所必须具有的一种生活的能力。如果没有这种能力，就是现代公民生活上的缺陷；吃亏的不只是个人，同时也影响到社会。[2]

◆ 还要学习语文，目的何在呢？就在于把"听""说""读""写"四项基本功学得更好。在社会主义社会里，在相互协作相互支援的时代里，人人都得学好这四项本领。谁不学好这四项本领，他个人吃亏还是小事，严重的是会使社会受到或大或小的损失，那就是关系到公众的大事了。[3]

此外，叶圣陶提出教育与习惯之间有密切的关系——教育就是养成良好习惯。所以，他认为语文教育的目标还在于使学生养成各种良好的习惯，提高运用语言文字的能力，从而为学生一生事业打下良好的基础。

◆ 语言文字的学习，就理解方面说，是得到一种知识；就运用方面说，是养成一种习惯。这两方面必须联成一贯；就是说，理解是必要的，但是理解之后必须能够运用；知识是必要的，但是这种知识必须成为习惯。语言文字的学习，出发点在"知"，而终极点在"行"；到了能够"行"的地步，才算具有这种生活的能力。这是每一个学习国文的人应该记住的。[4]

◆ 学语文为的是用，就是所谓学以致用。经过学习，读书比以前读得透彻，写文章比以前写得通顺，从而有利于自己所从事的工作，这才算达到学习语文的目的。进一步说，学习语文还可以养成想得精密的习惯，理解人家的意思务求理解得透彻；表达自己的意思务求表达得准确；还有培养品德的好处，如培养严肃认真、一丝不苟的态度等。这样看来，学习语文的意义更大了，对于从事工作和培养品德都有好处。[5]

4. 语文教学目的

叶圣陶在长期的语文教育实践中，通过不断深化和反复感悟从而提炼出语文教学的目的——"教是为了达到不需要教"，这是叶圣陶语文教学思想的精髓，也是最基本的原理。他认为语文教学旨在达到"不需要教"的境界：学生真正掌握学习方法，能够自学自励，达到自决疑难，并终身用之，从而能够做一个主动有为的人。

---

[1] 叶圣陶. 叶圣陶语文教育论集 [M]. 北京：教育科学出版社, 1980：86-88.
[2] 同上书，第2页.
[3] 刘国正. 叶圣陶教育文集 [M]. 北京：人民教育出版社, 1994：160.
[4] 叶圣陶. 叶圣陶语文教育论集 [M]. 北京：教育科学出版社, 1980：3.
[5] 同上书，第139页.

◆ 在课堂里教语文，最终目的在达到"不需要教"，使学生养成这样一种能力，不待老师教，自己能阅读。学生将来经常要阅读，老师能经常跟在他们背后吗？因此，一边教，一边要逐渐为"不需要教"打基础。[1]

◆ 我近来常以一语语人，凡为教，目的在达到不需要教。[2]

◆ 尝谓教师教各种学科，其最终目的在达到不复需教，而学生能自为研索，自求解决。[3]

◆ 我想，教任何功课，最终目的都在于达到不需要教。假如学生进入这样一种境界：能够自己去探索，自己去辨析，自己去历练，从而获得正确的知识和熟练的能力，岂不是就不需要教了吗？而学生所以要学要练，就为要进入这样的境界。给指点，给讲说，却随时准备少指点，少讲说，最后做到不指点，不讲说。[4]

叶圣陶阐述了"不需要教"这一教学目的的同时，还明确地指出了"不需要教"的标准及方法途径，即引导与启发。

◆ 教师所务惟在启发导引，俾学生逐步增益其知能，展卷而自能通解，执笔而自能合度。[5]

◆ 要言不繁，启发几句，让学生自己去体会领略，自必使学生大有受益。……教学的时候，似可多提问题，让学生自己找答案，待他们真答不出，然后明白告知之。[6]

◆ 引导学生用心阅读，宜揣摩何处为学生所不易领会，即于提出问题，令学生思之，思之而不得，则为讲明之。[7]

◆ 教师指示必须注意之点，令自为理解，彼求之弗得或得而谬误，然后为之讲说。[8]

5. 语文课程教材

叶圣陶批判把教材看作知识的载体这一传统教材观的片面性，在他看来语文教材应该成为学生学习语文知识和养成语文习惯的"锁钥"。

◆ 语文教本好比一个锁钥，用这个锁钥可以开发无限的宝藏——种种的书……要插入库藏的锁话眼儿，把库藏开开，才能满足。于是你渐渐养成广泛读书的习惯。[9]

他还认为语文教材是一种例子，是一种凭借，是教师教学的依据和学生学习的材料。说语文教材是例子，是从它的示范功能说的，语文教学就是通过例子来掌握工具的；说语文教材是凭借，是从它的传递和训练功能说的，智能经教材而传递，能力凭教材而养成。

---

[1] 叶圣陶. 叶圣陶语文教育论集 [M]. 北京：教育科学出版社，1980：492.
[2] 同上书，第720页.
[3] 同上书，第721页.
[4] 中央教育科学研究. 叶圣陶论语文教育 [M]. 郑州：河南教育出版社，1986：170.
[5] 叶圣陶. 叶圣陶语文教育论集 [M]. 北京：教育科学出版社，1980：741.
[6] 同上书，第740页.
[7] 同上书，第731页.
[8] 同上书，第733页.
[9] 同上书，第182–183页.

◆ 我也曾经朦胧地想过，知识是教不尽的，工具拿在手里，必须不断地用心地使用才能练成熟练的技能的。语文教材无非是个例子，凭这个例子要使学生能够举一反三，练成阅读和作文的熟练技能。因此，教师就要朝着促使学生"反三"这个标的精要地"讲"，务必启发学生的能动性，引导他们尽可能自己去探索。[1]

◆ 阅读书籍的习惯不能凭空养成，欣赏文学的能力不能凭空培植，写作文章的技能不能凭空训练。国文教学所以要用课本或选文，就在将课本或选文作为凭借，然后种种工作得以着手。[2]

他认为学生学习不应该局限于语文课本，语文教材是学生学习的基础，要从教材出发，把学习延伸到课外广大的阅读天地之中。

◆ 要养成阅读能力，非课外多看书籍不可。课本只是举出些例子，以便指示、说明而已。这里重要在方法。本月比上月要善阅读，今年比去年更能了解，就是进步。修养云云那是身体力行的事，民族精神也得在行为上表现。违反修养，毁骸民族精神的书籍文字固然不必看，但是想靠国文课提倡修养，振起民族精神，却不免招致"文字国"的讥诮。[3]

6. 语文教师素养

叶圣陶一向重视教师素质和修养问题。在他看来，教师素养是教育系统中的关键性因素。只有加强教师队伍建设，提高教师各方面的素养，才能推进教育事业向前发展。

首先，他强调教师要致力于引导学生的学习和发展，在学生的学习中积极发挥主导作用，成为一名"善教者"。

◆ 故教师之为教，不在全盘授与，而在相机诱导，必令学生运其才智，勤其练习，领悟之源广开，纯熟之功弥深，乃为善教者也。[4]

◆ 所谓教师之主导作用，盖在善于引导启迪，俾学生自奋其力，自致其知，非谓教师滔滔讲说，学生默默聆受。[5]

其次，他强调语文教师应该精通自己的专业，具有广博的知识，还要具备良好的专业品质和素养。因为教学质量的效果与教师的专业修养有密切关系。

◆ 语文教学之提高，与教师之水平关系至巨。教师辅导学生者为阅读和作文二事。教师善读善作，深知甘苦，左右逢源，则为学生引路，可以事半功倍。故教师不断提高其水平，实为要图。[6]

◆ 惟有教师善读善写，乃能引导学生渐进于善读善写。[7]

最后，叶圣陶认为教师应做到以身作则，为人师表，重视教学与做人、生活的密切关联，教师必须以自己的实践和行动取信于学生。

---

[1] 叶圣陶. 叶圣陶语文教育论集 [M]. 北京：教育科学出版社，1980：152.
[2] 中央教育科学研究. 叶圣陶论语文教育 [M]. 郑州：河南教育出版社，1986：12－72.
[3] 刘国正. 叶圣陶教育文集 [M]. 北京：人民教育出版社，1994：33.
[4] 叶圣陶. 叶圣陶语文教育论集 [M]. 北京：教育科学出版社，1980：721.
[5] 同上书，第725页。
[6] 同上书，第737页。
[7] 同上书，第719页。

◆ 教师得先肯负责,才能谈到循循善诱,师生合作。[1]

叶圣陶对于语文教育的性质目的、教法教材、教师修养等的认识,构成了完整的叶圣陶语文教育思想理论体系。他在语文教育领域探索的广泛性和持久性使得他的语文教育思想富有民族特色,个性色彩浓郁,具有较强的实践性。因此,叶圣陶语文教育思想是我们现代语文教育中的宝贵财富。我们应继续珍视、学习和传播它,为构建既有中国特色又具现代精神的新语文教育理论体系和实践体系做出不懈的努力。

二、蔡元培

蔡元培(1868—1940),字鹤卿,浙江绍兴山阴县人。他是中国近代教育的先驱,一生除旧布新,锐意改革,其"五育并举""教授治校""教育独立"等思想均传播广泛,影响深远。他是中华民国首任教育总长,主持制定了中国近代高等教育的第一个法令——《大学令》。1916—1927年任北京大学校长,革新北大,开"学术"与"自由"之风;1920—1930年,蔡元培兼任中法大学校长。

北伐时期,在国民政府定都南京后,蔡元培主持教育行政委员会,筹设中华民国大学院及中央研究院,主导教育及学术体制改革。1928—1940年,他专任中央研究院院长,贯彻自己对学术研究的主张。蔡元培曾多次赴德国和法国留学、考察,研究西方哲学、文学、美学、心理学和文化史,为他致力于中国教育改革奠定思想理论基础。

在中国近代教育思想发展史上,蔡元培是第一位提出国民教育、实利主义教育、公民道德教育、世界观教育和美感教育"皆今日之教育所不可偏废"的教育思想家。周恩来总理说:从排满到抗日战争,先生之志在民主革命;从五四运动到人权同盟,先生之行在民主自由。这是对蔡先生的光辉一生的高度概括。

(一)蔡元培的教育思想概说

从清末的翰林到出国留学者,蔡元培不仅具备了坚实的中国文化根底,同时对西方思想文化也进行了深入的研究。他认识到中国旧的封建教育制度扼杀人才,对科举制的余毒深恶痛绝,因此,他提出教育的目标应为"育国家之良民",认为新教育"当解放个人之束缚,而一任其自由发展"[2]。

蔡元培为实现对国民进行完全人格教育的目标,提出了"五育"并重、和谐发展的教育方针,一方面是通过确定一个反映资产阶级要求的教育宗旨,来明确资产阶级对于人才培养的目标和要求,以适应民主共和政体对教育目标提出的客观要求,促进资产阶级对封建教育的改革的深入开展;另一方面也受到西方资产阶级教育思想、现代文明的影响。他主张广泛吸收西方先进文化的同时,也要将吸收的养分内化为本国文化,而不能简单地模仿、被同化。在主持教育工作期间,他将清末"忠君、尊孔、尚公、尚武、尚实"的五项教育宗旨,改为"军国主义、实利主义、德育主义、世界观、美育主义"的新五项教育宗旨,并主持制定了中国第一个资产阶级性质的新学制"壬子-癸丑学制",这一举措是对教育进行根本改革的开端。在他看来,教育的根本目的是造就具有完全人格的个人。完全人格教育是蔡元培教育思想的重要组成部分,也是现代民主国家教育的目标所在,被贯穿

---

[1] 叶圣陶. 叶圣陶语文教育论集 [M]. 北京:教育科学出版社,1980:54.
[2] 高平叔. 蔡元培教育论著选 [M]. 北京:人民教育出版社,1991:203.

到他的一系列教育改革和实践中去。

蔡元培任北京大学校长时实行了系列改革措施：坚持教育独立，教授治校，民主管理；在学科建设上沟通文理，废科设系，改变"轻学而重术"的思想；树立"思想自由、兼容并包"的高等教育改革思想；明确大学的纯粹宗旨——非为仕途升官，而为研究学问。蔡元培主持北大的时期，胡适称之为"北京大学的蔡元培时代"。蔡元培在北大进行的一系列改革，不仅标志着他是现代北大的缔造者，也表明他同时是中国现代大学理念和精神的缔造者。毛泽东称蔡元培为"学界泰斗，人世楷模"。

（二）蔡元培的教育思想言论

1. "五育并举"的教育方针

五育并举，首倡于蔡元培在1912年2月11日任民国首任教育总长后发表的著名论文《对于新教育之意见》中。其中提到国文教学要注重美育。

蔡元培倡导以军国民教育、实利教育为急务，以道德教育为中心，以世界观教育为终极目的，以美育为桥梁的五项教育。前三者为隶属政治之教育，后两者为超越政治之教育。而蔡元培尤其注重后两者，他曾说唯世界观、美育"鄙人尤所注重"[1]，军国民教育即体育，既是强兵富国的需要，也是养成健全人格所必需的。

◆ 实利主义教育即智育，包括各种普通文化科学知识，有历史、地理、算学、物理、化学、博物（包括树艺、烹饪、裁缝、金工、木工、土工等实用技术）、手工等。他认为不仅要传授知识技能，而且要训练学生思维细密、对事认真的科学态度[2]。

◆ 公民道德教育即德育，他认为德育是完足人格之本。德育的内容就是法兰西革命所倡导的自由、平等、亲爱，反映了他要以资产阶级道德观念培养学生的愿望[3]。

◆ 美育可以陶养吾人之感情，使有高尚纯洁之习惯，而使人我之见、利己损人之思念，以渐消沮者也[4]。

在国文国语教学方面，就形式的研究来说，要注意语法文法的教学，这属于智育，是实利主义所要求的，而关于修辞技巧的分析领受，又属于美育，关涉美感教育；就内容而言，要让各项教育方针在全部课文中按照一定比例分别体现出来。蔡元培的设想是：军国民主义的内容应占百分之十，实利主义方面的内容即有关各科知识的内容应占百分之四十；其余，德育占百分之二十，美育占百分之二十五，而世界观即哲学思想方面的内容占百分之五[5]。这样，蔡元培就在现代语文教育发展史上，第一次把本学科的教学内容同整个国家和民族的教育方针紧密联系了起来，使语文学科成为贯彻教育方针、实现教育宗旨的一门重要的、独立的基础课程。

针对旧式教育"呆读经文"、扼杀学生思维的弊病，蔡元培认为：美育者，应用美学之理论于教育，以陶养感情为目的者也。美育通过借助自然界美的景物、社会上美的人事，以此引起人们的美感，进而性情得到感染和陶冶。国文科本身就属于美育范畴，同音乐、美术并列，是美育的最基本的课程。他指出，在国文科中接触到的一些嘉言懿行

---

[1] 蔡元培. 蔡元培美学文选 [M]. 北京：北京大学出版社. 1983：7.
[2] 王阳安. 论蔡元培的德育思想体系及其现实意义 [J]. 烟台教育学院学报：2004, 10 (2)：58-60.
[3] 同上.
[4] 蔡元培. 蔡元培美学文选 [M]. 北京：北京大学出版社, 1983：70.
[5] 同上书，第6页.

固然是美育的好材料，即使是那些旧式五七言律诗与骈文，音调铿锵，合乎调适的原则；对仗工整，合乎均齐的原则，在美学上看也有欣赏的价值，因为"这种句读、音调，是与人类审美的性情相投的"[1]。蔡元培要求在国文教学中把教材内容里足以引起美感、激发高尚情操的部分，教材形式上足以引起美感、激发愉悦情趣的部分，统统视为美育的因素，必须充分加以利用，使国文教学在实现其新的教育宗旨方面发挥出更大的作用。

> ◆ 教育者，养成人格之事业也。
> ◆ 军国民主义为体育，实利主义为智育，公民道德及美育皆毗于德育，而世界观则统三者而一之。
> ◆ 美育者，应用美学之理论于教育，以陶养感情为目的者也。[2]
> ◆ 以美育代宗教，美育是进步的，宗教是保守的，美育是普及的，而宗教是有界的。宗教上的美育材料有限制，而美育无限制，美育应该绝对地自由，以调养人的感情。美育者，与智育相辅而行，以图德育之完成者也。[3]

2. 主张"读书为应用"

在科举时代"读书为应试""学文为中举"。为了彻底改变这种腐朽的读书模式，蔡元培在1918年北京大学开学演说词中提出：

> ◆ 大学为纯粹研究学问之机关，不可视为养成资格之所，亦不可视为贩卖知识之所，学者当有研究学问之人趣，养成学问家之人格。

结合到语文教学，在于实用，是为了"要全国的人都能写能读"，以适应生活、工作、学习的需要。所以应该读"应用文"，掌握适合于应用文的语言工具。他把文章分成两大类：第二类是应用文，一类是美术文。应用文是指记载或说明的文章，是要把所见的自然现象或社会经历给别人看，说明文是要把所见的真伪善恶美丑的道理与别人讨论。他所说的应用文实际上是广义的应用文，包括我们现在所说的记叙文、说明文、议论文三类文体。而美术文主要是指诗歌、小说、戏剧三类文学体裁。他认为中学国文教学的内容应该是应用文加少量的美术文。至于练习作文，则应该全是记载和说明的应用文字。[4]

3. 废止读经，实现言文一致，统一国语

"废科举、兴学校"的口号清末就已经被提出来了，但直到民国初年，旧的教育体制仍然占据统治地位。针对旧式国文教学学的都是与普通现代语很不相同的文言文，脱离不了"四书""五经"的流弊，蔡元培提出了中小学语文教学应该主要学习白话文、学习国语。蔡元培当上教育总长后，下令小学废止读经，大学取消经科，建立起现代语文教育新体制。

他提出了"国文""国语"这两个概念，小学称国语科，中学称国文科，倡导语、文并重。在五四运动时期更明确提出学校语文科要以教授白话文为要务。

---

[1] 顾黄初，李杏保. 二十世纪前期中国语文教育论集 [M]. 成都：四川教育出版社，1991：113.
[2] 蔡元培. 蔡元培教育文选 [M]. 北京：人民教育出版社，1980：195.
[3] 蔡元培. 蔡元培美学文选 [M]. 北京：北京大学出版社. 1983：160-164.
[4] 叶隽. 大学的意义 [M]. 济南：山东文艺出版社，2006：157-158.

◆ 师范、中学的国文,以应用文为主,至于小学,当然用白话文。

4. 提倡教学方法的改革

蔡元培提出要"深知儿童心身发达之程序,而择种种适当之方法",实行新的教授法,使语文教学从旧的死记硬背和学生被动应付的状态中解放出来。一是要引起学生读书的兴味,采用符合学生认识事物规律的教法,教师进行辅佐教学;二是要引导学生自己自学;三是要启发学生掌握"公例",学会举一反三;四是要活用各种教法,以适应学生各种不同的个性特点和智力水平。

◆ 教师教书,并不是像注水入瓶一样,注满了就算完事。如果是这样,那对于养成学生健全的人格是十分有害的,因为它窒息了学生的脑力的发展。[1]

◆ 处处要使学生自动。[2]

◆ 教者不宜硬以自己的意思,压到学生身上,应该等到学生实在不能用自己的力量了解功课时,才去帮助他。[3]

◆ 书本不过是给我一个例子,我要从具体的东西内抽出公例来,好应用到别处去。[4]

◆ 教授术学,两不可呆板,与其守成法,毋宁尚自然;与其求划一,毋宁展个性。[5]

三、陶行知

陶行知(1891—1946),安徽歙县人,1914年毕业于金陵大学文学系,因欣赏王阳明"知行合一"学说改名为知行,后认为"行是知之始;知是行之成",又改名为行知。中国著名教育家、思想家,中国人民救国会和中国民主同盟的主要领导人之一。曾任南京高等师范学校教务主任、中华教育改进社总干事,先后创办晓庄学校、生活教育社、山海工学团、育才学校和社会大学,创建"小先生制",提倡"教育救国""科学下嫁"等,并确立了"生活即教育""社会即学校""教学做合一"的生活教育理论。陶行知一生著作颇丰厚,经后人整理,出版近600万字的《陶行知全集》,代表作有:《中国教育改造》《中国大众教育问题》《古庙敲钟录》《斋夫自由谈》《行知书信》《行知诗歌集》。

(一)陶行知的教育思想概说

在教育理论上,陶行知继承、发展了杜威的现代教育思想,并从中国国情出发,提出"生活即教育""社会即学校""教学做合一"等三大理论主张,主张教育要与社会生活相联系、与生产实践相结合,按社会生活的前进需要实施教育,打破学校与社会之间的藩篱,使教育回归生活,实现从书本的到人生的、从狭隘的到广阔的、从字面的到手脑相长的、从耳目的到身心全顾的彻底转变。陶行知一生对教育倾注了极大的理想和热情,以"爱满天下""捧着一颗心来,不带半根草去"的精神,为贫苦人民和儿童的教育、为中

---

[1] 桂勤. 蔡元培学术文化随笔[M]. 北京:中国青年出版社,1996:249.
[2] 同上书,第251页.
[3] 同上书,第252页.
[4] 同上书,第249页.
[5] 同上书,第200页.

国的教育改革事业献出了毕生的精力。

(二) 陶行知的教育思想言论

陶行知的教育思想给我们留下了宝贵的精神财富，其"生活教育"理论是其教育思想的理论核心。陶行知的"生活教育"理论主要包括以下三个基本命题。

1. 生活即教育

"生活即教育"是生活教育的目的论。其包含两层含义：一是生活含有教育的意义。陶行知认为，人们在社会上的生活不同，因而所受的教育也不同。二是就其本质而言，生活决定教育，教育改造生活。具体来讲，教育的目的、内容、原则和方法均由生活需要所决定，与生活一致；实际生活是教育的中心，教育要通过生活来进行。

> ◆ 过什么生活便是受什么教育：过健康的生活便是受健康的教育；过科学的生活便是受科学的教育……以此类推，我们可以说：好生活是好教育；坏生活是坏教育；高尚的生活是高尚的教育；下流的生活是下流的教育；合理的生活是合理的教育；不合理的生活是不合理的教育；有目的的生活是有目的的教育；无目的的生活是无目的的教育。[1]
>
> ◆ 教育可说是书本的，与生活隔绝的，其力量极小。拿全部生活去做教育的对象，然后教育的力量才能伟大，方不致于褊狭。我们要拿好的生活去改造不好的生活，拿整个生活去解放褊狭的生活。[2]
>
> ◆ 生活即教育是叫教育从书本的到人生的，从狭隘的到广阔的，从字面的到手脑相长的，从耳目的到身心全顾的。[3]

2. 社会即学校

"社会即学校"是生活教育的领域论。陶行知认为，自有人类以来，社会就是学校，如果从大众的立场上看，社会是大众唯一的学校，生活是大众唯一的教育。他提出"社会即学校"，旨在扩大教育的范围、对象和学习的内容，强调既要对现有的学校进行彻底改造，使其与社会实际相联系，了解、满足社会的需求，又要把整个社会作为一所大学校，让人民大众都有受教育的机会。

> ◆ 我们主张"社会即学校"，是因为在"学校即社会"的主张下，学校里的东西太少，不如反过来主张"社会即学校"，教育的材料，教育的方法，教育的工具，教育的环境，都可以大大的增加，学生、先生可以多起来。[4]
>
> ◆ 学校即社会，就好像把一只活泼的小鸟从天空里捉来关在笼里一样。它要以一个小的学校去把社会所有的一切东西都吸收进来，所以容易弄假。社会即学校则不然，它是要把笼中的小鸟放到天空中去，使它能任意翱翔，是要把学校的一切伸张到大自然界里去。[5]

3. 教学做合一

"教学做合一"是生活教育的方法论。"做"是联系"教"与"学"的中介，在以

---

[1] 方明. 陶行知教育名篇[M]. 北京：教育科学出版社，2005：175-176.
[2] 陶行知. 陶行知教育箴言[M]. 哈尔滨：哈尔滨教育出版社，2011：19.
[3] 同上。
[4] 陶行知. 陶行知文集[M]. 南京：江苏教育出版社，2008：19.
[5] 方明. 陶行知教育名篇[M]. 北京：教育科学出版社，2005：154.

"事"为中心的基础上,在"做"中教,在"做"中学,使得理论与实践紧密联系,旨在改变传统灌输式教授法脱离生活的弊端,在"做"的实践中建立师生民主交流的平台,突出学生的主体地位。

> ◆ 事怎样做就怎样学,怎样学就怎样教。教的法子要根据学的法子,学的法子要根据做的法子[1]。
>
> ◆ 教学做是一件事,不是三件事。我们要在做上教,在做上学。在做上教的是先生;在做上学的是学生。从先生对学生的关系说:做便是教;从学生对先生的关系说:做便是学。先生拿做来教,乃是真教;学生拿做来学,方是实学。不在做上用功夫,教固不成为教,学也不成为学[2]。
>
> ◆ 教学做合一是生活现象之说明,即是教育现象之说明。在生活里,对事说是做,对己之长进说是学,对人之影响说是教。教学做只是一种生活之三方面,而不是三个各不相谋的过程。同时,教学做合一是生活法,也就是教育法[3]。
>
> ◆ 单纯的劳力,只是蛮干,不能算做;单纯的劳心,只是空想,也不能算做;真正的做只是在劳力上劳心[4]。

陶行知十分重视生活教育的作用,他把生活教育当作改造中国教育,乃至改造中国社会的唯一出路。在他看来,有了生活教育就能打破"死读书、读死书、读书死"的传统教育,就能随手抓来都是活书、都是学问、都是本领,接受了生活教育就能"增加自己的知识,增加自己的力量,增加自己的信仰"。陶行知还把生活教育当作衡量教育、学校、书本,甚至一切的标准。他说:没有生活做中心的教育是死教育,没有生活做中心的学校是死学校,没有生活做中心的书本是死书本[5]。

四、黎锦熙

黎锦熙(1890—1978),字邵西,湖南湘潭县人,1911年毕业于湖南优级师范史地部,是我国现代史上的文化巨子之一,蜚声中外的语文文字学家,著名的教育家和社会活动家。他一生的学术研究活动,涉及了诸多领域,且多有建树,在语文教育改革和理论研究方面,他同样成就卓著。他是20世纪初"白话文运动"和"国语运动"的主要倡导者,在推行"国语统一"和"言文一致"方面,做出了突出贡献。他在语文教学论方面的代表作有《新著国语文法》《语文教育论著选》《国语运动史纲》《汉语规划论丛书》等。作为现代语文教育最重要的改革家和开创者,其成就在中国教育界留下了不可磨灭的一页。

(一)黎锦熙的教育思想概述

黎锦熙的语文教育思想包括了他在语文教育理念、语文课程观、语文教材观、语文教学法等方面的思考。黎锦熙从事语言文字学研究和语文教学活动近70年,研究的领域涉及语言文字的各个方面,著述等身。他在语言学、语文教育学方面有许多开创性的贡献,他

---

[1] 陶行知. 陶行知教育箴言[M]. 哈尔滨:哈尔滨教育出版社,2011:5.
[2] 同上。
[3] 同上书,第7页。
[4] 方明. 陶行知教育名篇[M]. 北京:教育科学出版社,2005:140.
[5] 同上书,第176页。

既是卓越的语言学家,又是世所公认的语文教育专家,为语文革新和建设奠定了坚实的基础。在他一生所致力的学术研究和语文教学工作中,影响较大的有三个方面:推广普通话、改革汉字和语法研究、语文教学与辞典编纂。

在国语运动中,黎锦熙积极贯彻"国语教学的真精神",致力于改变"语""文"脱节的现象,促进言文统一和国语一致。有鉴于此,他编写了《新著国语教学法》。这部专集除"序"之外共分七章,即:(1)国语教学之目的,(2)注音字母之初步的教学,(3)国语教材和教学法的新潮,(4)读本与"读法"——读书,(5)标准语与"话法"——语言,(6)国语文法与"缀法"——作文,(7)文体与书法——写字。另外,还有"全书的结论"和三篇"附录"[1]。该专集是我国最早的一部具有较为严整的理论体系的现代语文教学法的专著,充分地体现了他对语文教育的思考和研究。

(二)黎锦熙的教育思想言论

1. 语文教育理念

黎先生提出了关于语文教育的性质、目的、任务等一系列新的观点。

他在《新著国语教学法》中说:语言的用处,一是表情达意,二是人类共同生活的唯一媒介物。文字和语言,都是代表事物和思想的符号:文字这种符号,是用手写、用眼看的;语言这种符号,是用口说、用耳听的;不过我们运用的官能有不同罢了。

他认为语文教学的四大目的分别是自动的研究与欣赏、社交上的应用、艺术上的建造和个性与趣味的养成。这四大目的以前三项为主,这就明确了语文教学的最大价值在于其工具性;但由于语文是一种"表情达意"的工具,又应注意通过它养成个性与趣味,以求在锻炼人格上起到辅助作用。黎先生认为,二者的地位不宜颠倒,也不能有所偏废,即要重在培养语文能力,也不忽视陶冶情操和提高智力。他认为语文教学的具体要求有五项,即"能读""能听""能说""能作""能写",第一次把"听""说"两项摆在了重要的位置上。为了达到这些目标,黎先生主张通过"读法、话法、作法、书法",加强基本训练。

其"国语要旨"中要求心意方面达到的智、德的发展目标正是希望激发和培育学生热爱祖国语言的感情,通过优秀文化的熏陶感染,促进学生情感态度的整体发展。这一点是超越时代的。

2. 语文课程观

在语文课程观方面,黎锦熙认为要深入实践,并为各级各类语文教育设计了教学方案或课程纲要。他主张大学"一年级不分系,设置共同必修的科目",打好文、史、哲的共同基础,拓宽知识面,而且要求中文系科学生必须修习目录学,以掌握检索、利用资源的能力,为日后自学进修准备条件。他在《师大改进的工作重点——课程》一文里,对几十年来争论不休的关于师范院校是否单独建制、"师范性"和"学术性"的关系等问题作了高度概括,指出,为了满足国家对师资的需求,师大必须重点改进课程,从编制、师资、教材、教法上入手。《中国近代语研究法》是"近代语"课的教学计划,指出研究的目的是把从古代汉语到现代汉语的过渡时期的真相考究明白,从而了解现今标准国语的基础,知道现今方言分布的原因;其方法则是:先汇集,次整理,又次比较归纳,于是达到穷源竟流。从提出问题到解决问题,黎锦熙为研究性课程的指导提供了一

---

[1] 黎泽渝,马啸风,李乐毅. 黎锦熙语文教育论著选[M]. 北京:人民教育出版社,1996:61.

个范例。

3. 语文教材观

黎锦熙在语文教学领域里的改革、研究主要体现在教材和教法两个方面。

在教材观上，黎先生认为教材优劣关乎教育成败，所谓根本问题者奈何？曰：我国教育久无效果，原因虽多，而总原因实为教材之不适宜。改革教材在黎先生心目中占有重要位置。因为在他看来，教材是教学内容的载体，教学活动的主要依据。

早在五四运动以前，他就以封建文化的叛逆者的姿态在语文教科书的编纂上进行了大胆的改革。他在湖南省立编译局从事小学教科书编辑工作时，就把著名古典小说《西游记》的某些回目选作教材，在当时的教育界引起过巨大的震动。此外，他还尝试用白话文编写教科书，并在书中特意编进了自然科学方面的知识短文作为语文教材。这在民国初年新旧思潮激烈冲突的时代条件下，无疑是具有开拓创新意义的探索。

对于教材的选择，黎锦熙主张，国语教材在小学以"儿童文学"为主，进至初中，则教材以选读古今名著为主，而辅以实用文，高中教材亦以名著为主，唯程度较进，分量较增，更宜支配以文学史的系统，使知古今各体文学之相当位置。此外则本国文字、音韵、文法及国故之类，亦当使知其大凡焉；专科及大学……亦于一二年级设立共同必修之普通国文……而各大学或别选语体文艺为补充教材焉。

此外，黎锦熙认为教材的编写要结合相应的美学原理，提出插图的考案，并且讲究鲜明、新颖，以此加深对课文内容的理解，激活学生的兴趣、想象力和创造力，涵养学生的情操和情趣，提升学生的审美意识。

4. 语文教学方法

有了新教材才可能有教法的改革，教材、教法的新生才能促使整个语文教学的改造。所以，黎锦熙的注意力开始从教材的改革转向教法的改革。1920年以后，他先后发表了一系列论著，就语文教学的方法提出了自己的革新主张。在《新著国语教学法》和《新国文教学法》中，黎锦熙先生把语文教学的基本训练归并为话法、读法、作法、书法四种，每种又有各自的合理程序。

（1）关于"话法"（说话）。

1922年黎锦熙发表了《国语科"话法"教学的新案》，首创"话法教学新案"，强调听与说的合二为一，目的在于训练儿童"学习普通语言"，达到"能听"，并且"用语言发表己意"即"能说"。黎锦熙指出：在学习之正当过程上，不复能徒持眼看、手写，必须兼作口说、耳听之训练，故说话一项，实已为本国语文教学之中心。黎锦熙认为话法教学是教学的基础，而教学又处处都有施行话法教学的机会，最终目的是要使学生能练习语言，提高其听力和表达力水平，培养他们运用语言的良好习惯，提高文字发表的能力。

（2）关于"读法"。

语文教学目的在于使儿童"学习普通文字"，做到"能读"，并与说话结合起来，达到"理解"，从而实现"自动的研究与欣赏"。黎锦熙认为要根据教材性质和学生程度灵活处理、具体对待。对于低年级的读法，总宜从观察实物和了解课文内容的实际入手，不必先提文字。年级渐高，儿童运用符号、理解文字的能力逐渐增强，且锻炼日久，就可让他从文字方面去探究内容，构成想象。

黎锦熙还认为教学国语读法应该采用三段六步教式，即在教师指导下，分理解、练习、发展三段。在各段中，又可分为：预习、整理、比较（并概括）、应用（表演等）、创作和活动共六步。这种教学方法改变了教师一味讲解的方式，不仅重视教法，更重视学生的学法，强调教师的"导"，调动学生自主学习，形成了教师与学生的互动，充分发挥了人的主观能动性。

（3）关于"作法"。

写作教学的目的在于"用文字表达己意"，既是"社交上的应用"，又是"艺术上的建造"。

黎锦熙的作文教学改革方案是以他提出的语文教学"三原则"为根本指导思想的。这"三原则"是：第一，写作重于讲读；第二，改错先于求美；第三，日札优于作文。[1]他的作文教学理论主要体现在他的改革方案《各级学校作文教学改革案》中。

黎锦熙主张作文要循序渐进。先求"通"，再求"美"。他十分重视"改错"的环节，提倡在教师指导下，由学生自行订正，填写字体、文法、事实、思想四种"错误表"。早在20世纪20年代初，黎锦熙就说过：作文簿的批评、订正，是最耗教师的精神和光阴的苦事，而于儿童又实在无甚益处，因为他们只注意等第、分数，或圈点、评语；而且每级学生数十人，每周卷子数十本，事实上哪能批改得精细，恐怕有时还要"师不必贤于弟子"呢！因此，他倡导采取由学生自己改错并记录的方法，这样做完全符合启发式的教学原则，解决了困扰作文教学的一大痼疾。

（4）关于"书法"（写字，习字）。

黎锦熙建议幼儿及初小低年级，可利用玩具，熟悉汉字的各种基本笔式和简单的结构；到学生年级渐高，则临摹汉字的"中楷与小楷"，参习行书及简体字，以迅速使用为第一目标；至高小及中学以上，可以临帖，篆隶行草，随性所宜。黎锦熙的教育思想吸收了传统语文教育的宝贵经验，又能有所创新，对现代语文教育极具借鉴意义。

5. 其他语文教育主张

1947年，黎锦熙在《从"基本教育"看国语运动史》里面提出了国语运动在基本教育方面的沿革。并发表了题为"中国基本教育语言文字教学问题"的报告，提出了一些基本观念。

（1）关于语言部分。

- ◆ 教学国语必须标准化。
- ◆ 推行语文教育必须利用国音字母。
- ◆ 各级教育均应从文字的读音统一引到全国的语言统一。
- ◆ 朗读国语文应依照文字的标准读音及语言的自然腔调。
- ◆ 小学应一致厉行标准国语教学。
- ◆ 小学国语教科书第一册应完全用注音符号拼写教材。
- ◆ 推行标准国语应依照大方言区域及边疆语文区域分别设计。
- ◆ 边疆民族之语文教学应因地制宜，分别施教。

---

[1] 潘新和. 语文：回望与沉思——走近大师 [M]. 福州：福建人民出版社，2008：138.

（2）关于文字部分。

◆ 汉字的形体必须加以整理，使之标准化，并简单化。
◆ 儿童与民众的读物及报纸应一律用注音汉字印刷。
◆ 基本词汇应分别从儿童及民众口语中记录统计制成，再集合词中不同的单字为基本字。

此外，在1951年举行了关于"速成识字法"教学上的问题商讨会，黎锦熙的观点发表在了《语文教学》月刊第九期，文中提出了两点：第一，在第二步突击生字2000多个之后，"拐棍"不要脱离太早；继续迈进第三步教学"阅读"时，课本、读物和报刊，都可以用"注音汉字"排印的，"注音汉字"就是永远带着"拐棍"的字；第二，在第三步进行"写话作文教学"时，"拐棍"又可以权宜当字，就是说，假如遇有忘记了，写不出来的汉字，就可以拿忘不了、拼得出来的"拐棍"来代替，这可叫"拐棍字"，就是把不带字的"拐棍"独立使用。

这样，速成识字法完成了教学任务，使参加学习的文盲和半文盲学完了两千多汉字。这种方法一方面可以继续练习这种提高文化的现实工具（汉字），另一方面可以在获得了字母拼音的知识技能的基础上，很自然地体会到"中国文字必须在一定条件下加以改革"而一同走上逐步"改革"的战线。

黎锦熙还在中小学国文国语诵读方面做出了贡献，他提倡的几大原则是：第一，诵读白话文，等于训练国语，首先要把全篇内容从学生的耳朵里打进去，不让听者起首就看本文，所谓先用"耳治"，然后再用"目治"；第二，"耳治"之后，还不能就用"目治"，中间还要用"口治"；第三，经过"耳治""口治"之后，对白话文的内容了解和文艺欣赏，也就差不多了，然后再用"目治"，深究文本。

综观黎氏的讲读教学改革方案，其核心就在于如何有效地指导学生掌握汉语汉文的运用规律。

黎锦熙的语文教育思想是比较科学合理的，能结合现实但又不受现实的束缚，而且具有一定的前瞻性，对当时乃至今天的语文课程改革都有很强的指导意义。

五、夏丏尊

夏丏尊（1886—1946），名铸，字勉旃，后改字丏尊，号闷庵。浙江绍兴上虞人。文学家，语文学家，教育家。夏丏尊是我国语文教学的耕耘者，他同叶圣陶先生、刘薰宇先生一样把毕生精力投入到教育实践和研究之中。曾任国立上海暨南大学第一任中国文学系主任，先后在浙江两级师范学堂（后改为浙江省立第一师范学校）、湖南第一师范学校、宁波浙江省立四中等校任教；1921年受聘于原浙江省立第一师范学校校长经亨颐，在家乡上虞春晖中学任教，主持春晖中学语文教学改革，成果卓著。同年加入文学研究会，是文学研究会的第一批会员。

1926年8月，开明书店成立，夏丏尊任总编辑，主持出版了大量新式语文教科书，尽量采用新材料和新方法，注意培养学生的学习兴趣和实际能力，在插图、编排和装帧方面力求活泼醒目；出版的《初中国文教本》《开明国文讲义》《国文百八课》等均是当时很有代表性的教材。

1930年元旦，夏丏尊创办了《中学生》杂志，由叶圣陶任杂志主编。这本杂志以先进的文化思想、丰富的科学知识教育中学生，在中国语文教学方面，下力尤深，成果卓著，被几代中学生视作"良师益友"，在文化界、教育界和出版界有口皆碑。

夏丏尊还曾将日译本《爱的教育》（原作者为意大利作家亚米契斯）译为中文，这本《爱的教育》于1923年在《东方杂志》上连载，1926年正式出版，列为世界少年文学丛刊之一，迄1949年3月止，发行超过40版以上，是新文学运动以来儿童文学运动译作中畅销书之最。

（一）夏丏尊的教育思想概说

夏丏尊是著名的语文教育家，在当时的语文教育界与叶圣陶齐名。他一生从事语文教育的实践与研究，独著《文章作法》，与叶圣陶合著《文心》《阅读与写作》《文章讲话》等语文教育专著，这些作品都是现代语文教育史上具有奠基意义的著作。他在语文教育改革方面的思想和主张为其后的语文教育做出了比较大的贡献，主要体现在语文课程、教材、阅读教学论、作文教学论、语感论以及教书论等方面。

他的语文教育思想观是"人格教育思想"，他认为：真正的教育需完成被教育者的人格，知识不过是人格的一部分，不是人格的全部，教育最要紧是促醒学生自觉[1]。他对语文教育的核心主张是学习国文的目的是"具有国文能力"，通过语文学习，能从文字上理解他人的思想感情，用文字发表自己的思想感情，而且能不至于十分理解错，发表错。（《关于国文的学习》）而传染语感于学生，是国文科教师的任务。

（二）夏丏尊的教育思想言论

1. 语文课程改革

夏丏尊主张课程要"以人为本"，他认为：现在的学校教育是学店的教育，教育者与被教育者的中间但有知识的授受，毫无人格上的接触；简单一句话，教育者是卖知识的人，被教育者是买知识的人罢了。机械的大家卖来卖去，试问这种知识有什么用处？真正的教育需完成被教育者的人格，知识不过人格的一部分，不是人格的全体。即有知识无人格，不是真正的教育，教育须培养有人格的知识者。夏丏尊对国文课程目标的表述非常简约。

◆ 能阅读，能写作，学习文字的目的就已算达到了。（《关于国文的学习》）

此外，夏先生在国文课程上也作了很大的创新，他认为"读与写要分得开、合得拢"，依文字的本质来说，国文的学习途径，普通是阅读与写作两种，阅读就是从文字理解他人的思想感情，写作就是用文字发表自己的思想感情。

在国文课程方面，夏丏尊还提出了富有远见的"兼教不作"，意思就是在国文课程与教材、教学中，学白话文的同时教文言文，但不写文言文，只写白话文。他认为白话文的事业未竟，中学作文教学任重道远。其思想到现在也使我们获得多方面的启示：首先是已为时间、历史证明了的远见卓识；其次是文白教材分编没有理据；最后是现行课程标准只把写话作为习作的初阶，而未视其为作文的最高境界，有修订的必要。

2. 教材理论与编制

夏丏尊认为：完整的教材系列不应只是按照教科书、参考书、趣味修养书的序列来排列，最要紧的教者学者都要认清楚：教科书不过是个纲领，是宾；真实的事事物物才是教

---

[1] 杜草甬，商金林. 夏丏尊论语文教育 [M]. 郑州：河南教育出版社，1987：12-14.

学的材料,是主。这不是平行反向的两条线,而是趋向相同的一股绳。"方便看"是夏丏尊大语文教材观的总取向。所以教材的价值不是先验的,而是经验的;不是孤立静止的,而是相对变动的。

在教材的编写方面,夏丏尊主张教材体例由分科向综合转型,单元目标由内容向形式侧重,结构方式由归纳向演绎置换。他认为:文章所谓要有秩序,要明畅,要有力等等,无非都是想适应读者的心情。因为离了读者,就可不必有文章的。一切为了读者、为了学生,这就是夏先生感性和理性的考量。可现在,一些语文教科书编得薄薄的,可练习册、辅导读物却是一本又一本。前辈们的教材不只是话语美妙动听,更重要的是发于胸臆,所以,乘开明之风前行,梳理、研究,编出有理据又多姿多态的语文课本来,为当下之要务。

3. 阅读教学论

(1) 为什么读书。

夏丏尊认为读书是获取知识最直接的方法。"要求知识,最普通、最经济的方法还是读书"。

◆ 因为书是文字写成的,文字是最便利的东西,可把世间一切的事情、一切的道理都记载出来,印成了书,随时随地可以翻看,所以书就成了求知识的重要的工具,值得大众来阅读了。[1]

书在这里是工具,是求知识的工具之一。古人认为"行万里路,读万卷书",这说的是获取知识的两种方法,同时也说明了读书并不是获取知识的唯一途径。夏丏尊认为除了读书之外,学习还有多种方法,如实验的方法、观察的方法、演习的方法。他一方面强调了读书是改进生活、丰富生活的手段,是培养知识技能的手段;另一方面,也强调了"书只是求知识的工具之一""书的需要可以说是一种过渡时代的现象",并没有盲目推崇读书在获取知识中的地位。

(2) 读什么书。

读书本身并不是最终的目的,也没有一成不变的所谓"书目"。读什么书,只是手段,目的是要解决人生的种种问题。夏丏尊认为,读什么书要依自己的生活来决定、来选择。

◆ 我主张把阅读的范围分成三个:(一)是关于自己职务的,(二)是参考用的,(三)是关于趣味或修养的。[2]

在这里夏丏尊主张第一要读与自己专业、职业有关的书籍,第二要读使自己的专业知识更丰富、带有研究性质的书籍,第三类要读关于个人趣味或修养的书籍。

(3) 阅读的基本功夫。

夏丏尊提出:理解、鉴赏、触发,是阅读的基本功夫。

"理解",是对于辞义的解释、对文句的通解和对于全文要旨的概括。

"鉴赏"则是知道文章每句每段或全文的好处所在。

---

[1] 夏丏尊. 夏丏尊文集·文心之辑 [M]. 杭州:浙江文艺出版社,1983:524.
[2] 杜草甬,商金林. 夏丏尊论语文教育 [M]. 郑州:河南教育出版社,1987:70.

◆ 所谓触发，就是由一件事感悟到其他的事。你读书时对于书中某一句话，觉到与平时所读过的书某处有关系，是触发；觉到与自己的生活有交涉，得到一种印证，是触发；觉到可以作为将来某种理论说明的例子，是触发。[1]

（4）语感与阅读。

1921 年，夏丏尊发表了一篇《我在国文课教授上最近的一个信念——传语感于学生》的文章，首先提出了语感培养以及语感对阅读的影响。他认为：对于语言的了解和感受称作"语感"；传染语感于学生，是国文科教师的任务。

◆ 在语感锐敏的人的心里，"赤"不但只解作红色，"夜"不但只解作昼的反对罢，"田园"不但只解作种菜的地方，"春雨"不但只解作春天的雨罢。见了"新绿"二字，就会感到希望、自然的化工、少年的气概等等说不尽的情趣。见了"落叶"二字，就会感到无常、寂寥等等说不尽的诗味吧。

他认为，语感敏锐的人，阅读理解的能力也强，因此阅读教学应重视语感培养。

（5）精读与略读。

我们所说的阅读，在夏丏尊看来应分为"阅"和"读"两部分。一般科学的书籍应该偏重于阅，从文字求得内容。而语言文字类的书籍应该偏重在读，除了了解内容外，还要研究文章的结构、描写表现的方法。

夏丏尊认为读书应有略读和精度之分：略读的目的在理解；精读的目的在揣摩，在鉴赏。他还规劝大家在精读上分量不必多，但要多用力，要少而精。在阅读时间上，在同一时期中，种数不必多，选择却要精。选定一二种，定了时期来好好地读。并且有闲暇就读，一本书读不厌倦的话，可以一直读下去，读到厌倦为止，但求有益于自己就是，用不着计较时间的长短。

夏丏尊提倡过一种读书方法：把精读的文章或书籍作为出发点，然后向四面八方发展开来，由精读一篇文章带动读许多书，有效地扩大自己的知识面。他举阅读陶渊明的《桃花源记》为例：这篇文章作者所处的时代是晋朝，如果想了解这篇文章的地位和晋朝文学的情况，就可以去查看中国文学史；这篇文章体现了一种乌托邦思想，而英国的莫尔写过一本叫《乌托邦》的书，又可以对照起来读；这篇文章属于记叙文一类，如果想明白记叙文的格式，就可以去翻看有关记叙文写法的书；另外，如果想知道作者陶渊明的为人，还可以去翻《晋书·陶潜传》。如此这般，可以由读一本书引出一大串来。夏丏尊自己就是经常这样读的，这也就是"将书读厚"。

夏丏尊强调了朗读的独特之处，表现在第一，不是简单的"恢复从前"而是扬弃传统，并将语文学的新知识融入训练之中。第二，不是贬一褒一、以一换一而是既阅又读、兼而有别，寻求适切中学生国文学习、效率提高的方法和途径。第三，不拘以课本古文而是白话、文言课内外全面训练，以读带动学生国文素养的整体提高。第四，不只是方法并用还分开来说、分开来用，从国文与他科的比较中领悟朗读的必要性，从文体类别中把握训练的适用性。

---

[1] 夏丏尊. 夏丏尊文集·文心之辑 [M]. 杭州：浙江文艺出版社，1983：255.

4. 作文教学论

（1）写作教学与培养学生。

夏丏尊认为，在作文教学中，法则、练习、人格，是学习写作不可缺一的条件。他提出：真的文字学习，须从为人着手。

◆ 文如其人。文字毕竟是一种人格的表现，冷刻的文字，不是浮热的性质的人所能模效的，要作细密的文字，先须具备细密的性格。[1]

作文教学需要传授技巧，但技巧不是最重要的。

◆ 法则对于技术是必要而不充足的条件，真正凭着练习成功的，必是暗合于法则而不自知的。[2]

（2）作文教学改革。

在作文教学方面，夏丏尊和春晖中学早期的国文教师们花了很多心血和很大气力。他们经常研究学生的写作实，发现问题，想出办法，加以指导。

第一，十分重视作文的态度。他认为，文章技巧的研究，原是必要，态度的注意，却比技巧更加要紧。坚持正确的作文理念不动摇，作文不仅是课程的安排，而是生活的设计。作文是生活的因结课程的果，它来源于具体的生活。作文应书写真实的生活，充实自己的生活，而不是生活的点缀。

第二，重文风，提倡"实、新、小"。他要学生注意周围的"实生活"，用"实生活"来做作文的材料。为培养学生对现实生活的观察能力，他们先积极引导学生关注周围新鲜的人和事，经常以一二百字写生活的一个片断，然后逐渐扩大。这样的文章篇幅小了，内容却充实了，感情也更真切了。

第三，高度重视文章的批改，讲究当面指点。春晖中学校友王文川在一篇《怀念母校》的文章里提到：夏先生往往叫我们去他那里，当面批改作文，启发我们明白错误的地方，加以详细说明；遇到好文章就张贴出来叫我们大家去看。夏丏尊、朱自清等先生几乎都用过相同的方法，给每个学生一张成绩升降表，"我们的每篇作文，都标出升降记号，让我们自己看到进步或退步"。

（3）读书与写作。

夏丏尊充分认识到读书的重要，尤其是博学的好处。因此在春晖中学任教期间，夏丏尊倡导"多读书，读好书"。他为学生们开出了一份书单，书单设有两条标准：一条是做普通中国人不可不读的书，另一条是做现代世界人不可不读的书。一份书单共85部书，有古代的也有现代的，有中国的也有外国的，有用中文写的也有用英文写的，有社会科学方面的也有自然科学方面的。这份书单几乎包涵了中国和世界最优秀的文化遗产和当代最先进的文化成果。陈望道于1920年翻译的《共产党宣言》，也是当时必读书目之一，书目中还列入"新旧约"等，夏先生认为这类书对思想、文学的影响不小，应该了解。

5. 教师论

夏丏尊认为：教育者必须有相当的人格，被教育者方能心悦诚服。他解说，这句话的

---

[1] 夏丏尊. 夏丏尊文集 [M]. 杭州：浙江文艺出版社，1983：542-543.
[2] 同上书，第6页。

意思,并不是凡教育者必须贤人圣人。理想的人物本是不可多得的,我并不要求教育者皆有完美之人格。教师应该具备的是:第一,真才实学和真情投入;第二,有教无类,同情幼者、弱者;第三,以言教者讼,以身教者从。

夏丏尊本身是一位自学成才的典范,在《我的中学生时代》一文里他现身说法:总计我的中学时代,经过许多的周折,东补西凑,断续不成片断。我为了修得区区的中学课程,曾经过不少磨难,空费过长期的光阴。这种困苦的经验,当时不但我个人有过,实可谓是一般的情形。现在的中学生在这点上真足羡艳,真是幸福。这对在校就读的学生是一种鞭策,对失学的青少年,也是一种慰勉。

此外,他还主张要关心学生的全面发展,并且要建立全面合作的师生关系。在他看来,志同道合的教师之间的合作,是师与生、生与生合作的前提,是教育者人格的显现,必将给予学生潜移默化的积极影响。合作教学思想既是对"文人相轻""师道尊严"旧有观念的批判和突破,又是对"择善而从""转益多师"优良传统的继承和发展。

六、胡适

胡适(1891—1962),字适之,安徽徽州绩溪人。曾任北京大学校长、中华民国驻美大使等职。胡适因提倡文学改良而成为新文化运动的领袖之一,是第一位提倡白话文、新诗的学者。他虽与陈独秀政见不合,但与其同为五四运动的轴心人物,对中国近代史产生了较为深远的影响。其在文学、哲学、史学、考据学、教育学、伦理学、红学等诸多领域都有深入的研究,著有《白话文学史》《胡适文存》《尝试集》《中国哲学史大纲》等书。

胡适"在中国思想史和文学史方面都起到了划时代的作用"[1],因提倡文学革命而"暴得大名"。高举白话文学旗帜的同时,胡适也是最早引入西方教育理论,推动与促进中国语文教育发展的先行者之一。他凭借着自己开阔的眼界、先进的理论,促进中国语文教育由传统走向现代。

(一)胡适的教育思想概说

胡适以思想家著称于世,又执教主管北大多年,其教育思想是胡适思想体系的重要组成部分。胡适的思想形成于留美时期,受到杜威实用主义教育学的影响,也受到梁启超教育救国论的熏陶。在民国时期语文教育发展迅猛的时代,胡适积极参与语文教育改革。1920年,发表了《中学国文教授》,表达了自己对新语文教育改革的思考与主张。1923年新学制拟定课程标准时,胡适负责起草《高级中学公共必修的国语课程纲要》,还参与起草了《初级中学国语课程纲要》的附表。这些教育实践,也展示了他教育文化改革的理想。另外,他关于学生与政治、学校与社会、普及与提高等方面的精辟见解,在中国现代语文教育发展史上也占有重要的地位。

(二)胡适的教育思想言论

1. 树人与兴国

胡适教育思想的核心是"教育独立,树人为本"。

---

[1] 余英时. 重寻胡适历程:胡适生平与思想再认识 [M]. 上海:上海三联书店,2012:179-180.

(1) 教育独立。

他的"教育独立"包含中小学教育的独立,但更强调大学教育的独立。他认为,教育是培养人才的百年大计,必须要有独立的经济来源、行政组织和学术研究权利,外界的干扰和影响只会妨碍教育的正常发展。

他的"教育独立"首先是谋求相对于别国的独立,即自己国家的教育不可依赖于他人。1914年,胡适以一个不满23岁的青年,写了一篇洋洋万言的大文章,叫作《非留学篇》,登在《留美学生季报》上面。中心意思是强调,留学只是一种过渡,一种治国兴学的预备。

◆ 以国内教育为主,而以国外留学为振兴国内教育之预备。然后吾国文明乃可急起直追,有与世界各国并驾齐驱之一日。[1]

其次,他的教育独立思想更是针对国内的现状而言。胡适认为,政府对于教育应负之责任,为教育经费之维持,教育人才之选任与撤换,对教育进行之方针,则应委之教育人员,政府不应过问。在抗战爆发后举行的庐山谈话会上,胡适还明确强调,应做到教育独立,不许政治势力和官吏干涉教育、干涉学校。

(2) 树人为本。

胡适认为,要谋个性的发展,第一,必须有自由意志;第二,必须对自己的言行的后果承担责任。只有能够发展自己的个性的人,才是真正可以有益于社会的人,自由平等的国家不是一群奴才能够建造起来的。教育的最大功用,就在于为社会不断造就出这种有个性,又有独立人格的人。因此,教育不但要传授知识、经验与技能,更要给受教育者以做人的训练。学校里的各种团体生活、开会、讨论问题、体育锻炼、做游戏等,都是训练的机会。有了知识上的准备,又有了做人的训练,才可以在社会上成为一个有用的人。必须使学校能够不断造就出对社会真正有用的人,那才是成功的教育。

◆ 今日造因(不亡国之因)之道,首在树人;树人之也,端在教育。[2]

胡适认为,今天国家不至灭亡的原因,首先在培养人才;培养人才最首要的,是教育。

◆ 明知树人乃最迂远之图。然近来洞见国事与天下事均非捷径所能为功。七年之病,当求三年之艾。[3](注:七年之病,当求三年之艾:出自《孟子·离娄上》:"今之欲王者,犹七年之病,求三年之艾也。"解释为病久了才去寻找治这种病的干艾叶。比喻凡事要平时准备,事到临头再想办法就来不及。)

他指出,教育要从日常做起,要积累。明知道培养人是最需要时间的,但是近来发现国事和天下之事都不是能用捷径到达的。凡事要平时准备,事到临头再想办法就来不及。

---

[1] 胡适. 胡适全集(第二十卷)[M]. 合肥:安徽教育出版社,2003:29.
[2] 胡适. 胡适留学日记[M]. 长沙:岳麓出版社,2000:423.
[3] 同上。

2. 高等教育观

◆ 盖国内大学，乃一国教育学问之中心；无大学，则一国之学问无所折衷，无所附丽，无所继长增高；盖国内之大学，乃一国学术文明之中心；无大学，则输入之文明，皆如舶来之入口货，一入口立即消售无余，终无继长增高之望。[1]

◆ 如中国欲保全固有之文明而创造新文明，非有国家的大学不可，一国之大学，乃一国文学思想之中心，无之，则所谓新文学新知识皆无所附丽。[2]

胡适主张建设大学，一是要区分大学的类别层次，二是要把握重点，三是要注意教育的层次。他提出，大学设立和发展分别有四种类型：国家大学、省立大学、私立大学、专科学校（或官立或私立）。在这四类高等学校里，胡适极其重视一流大学的创建，他说：

◆ 吾他日能见中国有一国家的大学可比此邦之哈佛，英国之康桥、牛津，德之柏林、法之巴黎，吾死瞑目矣。[3]

1947年9月，他又提出"争取学术独立的十年计划"。胡适所讲的"学术独立"的含义是：中国应该建立一流的大学或机构，以便能独立自主地进行科学研究和培养人才，而不必老是依赖于国外。在这个计划里，他主张彻底革新整个大学教育制度，"多多减除行政衙门的干涉，多多增加学术机关的自由与责任"[4]。

3. 科学治学观

胡适尤其注重治学方法的传授，鼓励学生多读书，培养了大批优秀人才。

（1）"学术救国"。

◆ 救国不是摇旗呐喊能够行的，是要多少多少的人投身于学术事业，苦心孤诣实事求是的。[5]

（2）治学方法。

◆ 治学没有什么秘诀，有的话就是"思想和研究都得要注意证据"[6]。

◆ 寻求事实，寻求真理；撇开成见，搁起感情，只认得事实，只跟证据走。[7]

强调科学方法的自觉即自己能够批评自己，自己检讨自己，自己修正自己，还强调将考证材料扩大到自然实物。

◆ 大胆的假设，小心的求证。[8]

鼓励学生敢于大胆地想象，同时又要脚踏实地、刻苦地钻研。

---

［1］姜义华. 胡适学术文集·教育［M］. 北京：中华书局，1998：9.
［2］胡适. 胡适全集（第二十八卷）［M］. 合肥：安徽教育出版社，2003：56.
［3］同上书，第57页.
［4］胡适. 胡适全集（第二十卷）［M］. 合肥：安徽教育出版社，2003：236.
［5］王玉. 胡适的理想国［M］. 长沙：湖南人民出版社，2012：176.
［6］邓九平. 中国文化名人谈治学（上册）［M］. 2版. 北京：大众文艺出版社，2004：87.
［7］胡适. 胡适论人生［M］. 北京：九州出版社，2012：25.
［8］同上书，第26页.

4. 学生发展观

（1）少年中国精神。

- 第一须有批评的精神，第二须有冒险进取的精神，第三须有社会协进的观念。[1]
- 不容许偏见和个人的利益来影响他的判断，和左右他的观点。[2]

他极力鼓励学生培养自己的志趣，如果学生不是真正按照个人志趣求学，那么，既读不好书，也成不了大材。

（2）劳逸结合。

- 你要用功，可到图书馆阅书，也可以回到宿舍自修，疲倦了，你跑到操场，在绿茵地上，树木丛中，或坐或卧，随心所欲，看你喜欢的书。[3]

5. 教育救国观

胡适在留美时期就产生了"对于中国问题的解决与发展，教育应该是比武力更根本、深刻的措施"的思想。胡适把教育当作拯救中国危难的根本。

- 救国是一件顶大的事业。……救国的事业须要有各色各样的人才；真正的救国的预备在于把自己造成一个有用的人才。[4]（《爱国运动与求学》）

在胡适看来，教育不仅是"接受人类遗产"的必要途径，"增加生产力"的重要源泉，而且能够提高人的素质。

- 教育是立国之本，亦为施行民主政治基础。[5]（《请政府注意教育问题》）

胡适关于"教育救国"的主张，是社会改良主义的具体体现。在国难当头、民不聊生的情况下，这种主张不仅救不了国，即使对于教育本身，也不可能发生实际的功效。但胡适本人在参与学制改革和亲自主持办学方面取得的成绩还是值得肯定的。1922年10月，他参加了第八届全国教育会联合会的会议，被推举为新学制草案的主要起草员。他所拟的学制草案规定：小学初级四年，高级二年；中学定为六年，以三三制为基本形式，以四二和二四为变例；大学定为四年到六年，实行选科制。其宗旨是：适应社会进化的需要，发挥平民教育精神，谋个性之发展，注意国民经济力，注重生活教育，使教育易于普及，多留各地方伸缩余地。这个学制大体奠定了民国时期学制的基础，并一直延续使用到20世纪50年代初。胡适以科学、民主的新教育对封建专制的旧教育进行了全面、深刻、猛烈的批判，成为教育界反封建的主力人物之一。

6. 留学教育观

以派遣留学生为主体的留学教育是我国近代教育发展过程中的重要内容。胡适从留学教育与国内教育、文化建设相结合的角度，阐述了留学教育一定要以"为己国造新文明"为目的，"留学当以不留学为目的"，并由此提出了"慎选留学""增设大学"的观点。这些观点具有一定的积极意义。

---

[1] 胡适. 少年中国之精神 [M] //姜义华. 胡适学术文集. 北京：中华书局，1998：46.
[2] 季蒙，谢泳. 胡适论教育 [M]. 合肥：安徽教育出版社，2006：35.
[3] 黄书光. 胡适教育思想研究 [M]. 沈阳：辽宁教育出版社，1994：84.
[4] 朱正. 胡适文集（第二卷）[M]. 广州：花城出版社，2013：38.
[5] 刘复兴，刘长城. 中国教育的传统与变革：传统教育哲学问题新释 [M]. 武汉：湖北教育出版社，2000：81.

> ◆ 以国内大学为根，而以留学为造大学教师之计；以大学为鹄，以留学为矢，矢者所以至鹄之具也。如是则吾国之教育前途，或尚有万一之希冀耳。[1]

胡适认为，留学教育仅只是手段，其目的必须是以此促进本国的教育，特别是高等教育的发展，从而达到"为己国造新文明"。因此，他发出了"留学当以不留学为目的"的呼号。

7. 语文教学

胡适对语文教学的见解集中在《中学国文的教授》一文中，主要的观点是要重阅读，扩大阅读量；重语法；重演讲和辩论。[2]

在国文教授法方面，他提出了导读法：一是质问疑难，二是讨论读书内容，三是教师随时加入参考资料。

胡适提出的读书法包括兴趣读书法、精读和泛读法。其中对精读提出了眼到、心到、手到的要求。他所倡导的读书方法在改革中也保留了传统阅读教学的有效方法。

七、阮真

阮真（1896—1972），又名阮乐真，浙江绍兴人。我国著名语文教育家，现代语文教育理论的开拓者。早年就读于南京东南大学文科，除研究中国文学外，还研修英语及教育学。早年曾在集美高级师范文科及国家专门班教国文，1928年在广西教育厅任《教育丛刊》编辑时研究中学国文，1929年应聘至广州中山大学教育科学研究所研究国文教学，后又在上海暨南大学、无锡国专、无锡示范学校等处教国文及国文教学法，累积了丰富的国文教学经验。阮真在中学语文教学领域研究成果颇丰，著有《中学国文教学之问题》《中学读文教学研究》《中学作文教学研究》《中学国文各学程教学研究》《中学国文课外阅读研究》《国学作文题目研究》《中学国文教学法》等七种学术著作。

（一）阮真的教育思想概述

阮真对语文学科的建设立足于科学研究的整体化建构，包括课程目标的设置、课程理念的建构、课程内容的拟定与实施、教学方法的因实因材、教学评价的具体有效等层面。他以七部著作形成了科学性、系统性、专业性的中学语文教学法理论体系，其国文教学思想涉及当时国文学科的每一个领域，在他的著作里，有些主张是互见的。《中学国文教学法》和《中学国文各学程教学研究》是他最重要的两部著作，《中学国文教学法》更是集所有研究之大成，最能代表其语文教学思想。

对于语文教育，他的核心主张有：阅读应重在养成优良的习惯，作文教学的目的则是要"养成学生正确而有法度的表述能力"。

（二）阮真的教学思想言论

1. 主张实行"教学做合一"的教学方法

阮真曾师从陶行知，并深受陶行知"教学做合一"理念的影响，他曾明确说道：

---

[1] 胡明. 胡适关于大学教育设计达略——从《非留学篇》到《争取学术独立的十年计划》[J]. 江淮论坛, 1993 (3).
[2] 赵志伟. 现代语文教育发展 [M]. 上海：华东师范大学出版社, 2012：93.

◆ 在分组教学制下的读文教学法，我主张实行"教学做合一"的教学方法……陶先生所谓"艺友制"主张教学做合一。我认为这个理想是不错的，是可以应用到各科教学上去的。(《中学读文教学研究》)

阮真在评判国文教学上某些理论、主张或措施时，总是以"教学做合一"的原则作为衡量的尺度。他自己制定初、高中教学进程标准时，指出：初中以不读古文为原则，高中以不读经书子书为原则，尤其不用读辞赋骈俪，目的在使"教学做"发生切实的功效，以提高程度。

2. 初步拟定出高中国文课程教学目标

阮真曾花两个月时间，在参考教育部所拟课程标准的同时借鉴国外课程标准的基础上，广泛搜罗国内学者意见，从而初步拟定出初高中国文课程的教学目标。初中：人人都能用国语或国语文自由发表思想感情；作文演说没有文法上的错误，并有层次有条理；人人有看浅近书报的能力，并养成读书习惯；人人有赏鉴国语文艺的能力及兴趣。高中：人人能看普通文言书报；人人能作通顺的文言文及应用文字；一部分学生能看平易的古书（如："左""国""史""汉""论""孟""通鉴"等，但其他经书子书当除外）；一部分学生能欣赏古代文学（如：诗歌、词曲、小说、传奇等；但"骚""七""辞赋骈俪"当除外），培养极少数的天才生能仿做古文、诗歌及其他文艺。

3. 初高中读文教学目标

阮真提出初高中读文教学目标。

◆ 初中读文教学目的：(1) 养成良好的默读习惯，渐渐增加其速度。(2) 读音正确，解字的当。(3) 能读解普通国语文及国语文学。(4) 渐渐能读解浅近文言文。(5) 能应用语法文法，分析文句。(6) 能分析文中意义，评判是非。(7) 能抉出文中要点，复述大意。(8) 增进常识，开展思想。(9) 引起文学兴趣，养成以读书为嗜好的习惯。(《中学国文教学法》)

◆ 高中读文教学目标：(1) 能读解普通文言书报，确而且速。(2) 能利用目录参考与所读文章有关系的材料。(3) 渐渐能补充所读文章的意义。(4) 能明了各种文章的体裁格式。(5) 能分析所读文章的意义，作成纲要。(6) 能用逻辑为（作）正确的思考及判断。(7) 能朗读文艺作品，表现其神情及风格。(8) 阅读文艺作品，能为（作）字句的推敲及细细的玩味。(9) 一部分学生能阅读平易古书，剖析其意思。(10) 一部分学生能评判文艺作品艺术的高下。(11) 能明了著名作家的生平著作及其思想。(《中学国文教学法》)

4. 课外阅读教学

(1) "归纳课外阅读于课内"。

阮真在其早年出版的书中曾说：

◆ 课外阅读，在现在中学生的自修时间，是不能办到的，即使办得到，完全让学生自由自在去阅读，而教师不加指导督责，也是不行的……现在我主张在上课时，多做指导督责的工夫，在退课后，使学生多做自修工夫……(《中学国文教学之问题》)

他认为，上课期间，教师应指导学生多练习思考，课下及校外应该令学生"多做自修工夫"，同时应将国文科的上课与自修合并。

> ◆ 注重教学讨论，预习指导，成绩考查；自修的工作，注重预习，复习，笔记及应用练习。(《中学国文教学之问题》)

如此，原本无计划的学习变成了有计划的学习，就可令学生"应用课上学到的本领进行预习、复习和各种应用练习"。

(2) "补充校内阅读于校外"。

据阮真自己执教的实际情况和对当时中学教学现状的调查来看，当时的中学生在校内的阅读时间非常紧张，阅读量不够，针对这个情况，阮真提出"补充校内阅读于校外"，希望学生有效地利用校外时间。现在所指的"课外阅读"在很大程度上其实就是阮真所谈论的"校外阅读"。

5. 提出"拟而引趣"作文教学法

> ◆ 最好在编制读文教案的预习指导项下，先将作文题目提出，使学生在读文时，有了作文的目的和动机，那么读文不致毫无目的，漫不经心地忽略过去，作文不致毫无意思地空做，也不致毫无法度地伪做了……替学生拟题，是要斟酌时地环境和学生的程度的，所以决不能抄袭模仿；替学生拟题，是要根据学生的学识经验与生活需要的。(《中学作文教学研究》)

6. 作文的五种利用机会——实需、读本、刊物、校内服务和社会服务

他提出作文命题可利用的机会有：利用学生的实际需要事项，利用读物，利用定期刊物，利用校内服务事项，利用社会服务事项。方法是联系生活实际命题，结合课文命题，创造情境命题。结合学生的实际生活需要拟题，如没有实际生活需要的机会，也要假设环境，造成机会，去做问题设计。作文命题结合学生的生活实际，能使学生感到作文的需要；再结合学生的学习实际，能使读文和作文密切配合。

八、朱自清

朱自清（1898—1948），原名自华，号秋实，后改名自清，字佩弦。原籍浙江绍兴，生于江苏东海。他于1916年考入北京大学预科，并在1919年开始发表诗歌，其著名的散文集《背影》在1928年出版。

朱自清是我国20世纪前期著名的文学家、诗人、学者，同时也是语文教育家。在语文教育实践中，朱自清通过教学、编辑、教研等实践活动为其语文教育思想奠定了思想的基础和源泉。他积极投身语文教学实践，其活动包括：1920—1925年，主要在中学任教，先后曾在七所中学教授语文；1925—1948年，主要是在大学任教，坚持教授"大一国文"课程。

（一）朱自清的教育思想概说

朱自清的语文教育思想植根于民国语文教育迅速发展的时代，继承与发展了传统语文教育思想，同时带有明显的改革创新色彩。他认为：中学生念国文的目的，不外乎获得文学的学识，培养鉴赏的能力和练习表现的技术。他和叶圣陶合作编写的《精读指导举隅》和《略读指导举隅》，就是当时研究阅读指导的创新性探索。

朱自清的语文教育思想大概可划分为三个时期：1920—1927年是产生期，1927—1937年是发展期，1937—1948年是成熟期。而在这个过程中，朱自清的语文教育思想也经历着一些变化。

1920—1927年，是朱自清语文教育思想产生期。在他第一篇语文教育研究论文——1925年发表的论文《中等学校国文教学的几个问题》中，朱自清第一次全面提出自己的语文教育思想。在该阶段朱自清形成了自己的语文教育思想体系，主要是人格教育观和国文教学目的观，国文教学等。

1927—1937年，在"人格教育"的思想下，朱自清进一步认识到国文教学的实质，在以学生为本位的师生关系这一方面，将重点从"这是什么"转移到"怎样去做"。所以，朱自清强调通过训练来提高学生的语文能力。

1937—1948年，标志着朱自清语文教育思想体系的全面成熟是他在该阶段发表的《国文教学》。在该文中，他写出了自己对国文教学各方面的见解，诸如教材编写、阅读教学和写作教学等。也正是在这个阶段，朱自清对国文教学的研究构成了一个体系，其语文教育思想更加全面和深刻。

（二）朱自清的教育思想言论

1. 人格教育观

◆ 教育的价值是在培养健全的人格。[1]（《教育的信仰》）

朱自清的教育哲学思想主要体现在人格教育观，而这种教育观渗透在他的语文教育思想之中。朱自清认为："为学"与"做人"联系在一起，并且二者并重，并要求学生德、智、体、美、群、劳全面发展。朱自清在《团体生活》一文中提出了"群育"的思想，并对"群育"进行了较为系统的阐述。他强调群育是中等学校生活，即"师生通力合作，打成一片的生活"[2]。

2. 教育目的论

◆ 使学生了解本国固有文化并且提高欣赏文学能力。[3]

◆ 有些青年人以为古书古文学里的生活跟现代隔得太远，远得渺渺茫茫的，所以他们不能也不愿意接受这些……我想从头说起，尽管社会组织不一样、尽管意识形态不一样，人情总还有不相远的地方，喜怒哀乐爱恶欲总还是喜怒哀乐爱恶欲，虽然对象不尽同，表现也不尽同。[4]（《古文学的欣赏》）

从这些话中，我们可以看出朱自清所提倡的"了解本国固有文化"，其实是通过对古文学的学习，吸纳我国固有文化的精粹。

◆ 接受文学，我们有我们的立场。得弄清楚自己的立场，再弄清楚古文学的立场。所谓知己知彼，然后才能分别出那些是该扬弃的，那些是该保留的……自己有立场，却并不妨碍了解或认识古文学，因为一面可以设身处地地为古人着想，一面还是可以回到自己立场上批判的。……这"设身处地"是欣赏的重要关键，也就是所谓"感情移入"[5]。（《古文学的欣赏》）

---

[1] 朱自清. 朱自清全集(第四卷)[M]. 南京：江苏教育出版社，1996：140.
[2] 同上书，149页.
[3] 张剑. 别一种眼光看佩弦[N]. 北京：光明日报出版社，2010 (5)：95.
[4] 朱自清. 阅读经典：朱自清作品集[M]. 北京：外文出版社，2012：132.
[5] 张剑. 别一种眼光看佩弦[N]. 北京：光明日报出版社，2010 (5)：96.

从这些内容中，我们可以看出朱自清的观点，是让学生通过接受文学，培养欣赏力，培养批判力。

综上所述，朱自清理解的语文教育目的，即必须以了解本国固有文化为基础，最终使学生能够欣赏文学，该目的论的中心内容是"了解与欣赏"，这对当今的语文教育有着重要的启示。

3. 师生关系

朱自清早在1925年就提出要在教学过程中构建"学生本位"的师生关系，将师生关系中的"讲"与"听"变成"训"与"练"。

鉴于此要求，朱自清设计了"五步教学法"：（1）要求学生进行课前的预习；（2）要求学生在课中报告预习的情况；（3）要求学生对各段大意和全篇主旨进行复述；（4）要求师生一起研读文章的思想与情感；（5）对一篇课文的学习结束后要进行口答或者笔试。"五步教学法"始终强调在整个教学进程中，学生居于主动地位。后来，朱自清把五步模式进一步简化为三步，即预习、讨论，以及复习。

4. 阅读教学

朱自清指出阅读教学有三重具体的任务。

> ◆ 一方面训练学生理解知识的能力；一方面传播现代知识和文化；另一方面为学生提供写作的范本。[1]（《国文教学·序》）

针对阅读教学的任务，朱自清还总结了具体的阅读训练方法：一是"咬文嚼字"，不仅要揣摩意义、字句等，还能做整体的分析；二是"比较的方法"，他认为比较的方法对于了解和欣赏文章是很有帮助的；三是"朗读的方法"，他认为朗读有利于培养学生的阅读和写作能力。

5. 写作教学

朱自清把写作训练视为语文教育的重要内容之一，认为"写作是基本的训练，是生活技术的训练——说是做人的训练也无不可"[2]。他认为：

> ◆ 只注重思想而忽略训练，所获得的思想必是浮光掠影，因为思想也就存在词汇、字句、篇章、声调里。[3]（《文心·序》）

由此可见，他所强调的训练是必须落实在整篇文章的字词句里，而不是偏重于对文章思想的理解，把字词句和思想割裂开来。

针对写作训练，朱自清的方法自成一家。

（1）通过朗读、诵读的帮助提高写作。

> ◆ 该让他们多多用心诵读各家各派的文字，获得那统一的文字或语脉（文脉）。……因为朗诵对于说话和作文也有帮助。[4]（《诵读教学》）

（2）作文的训练应该和学生熟悉的生活联系在一起。

---

[1] 朱自清. 朱自清全集(第二卷) [M]. 南京：江苏教育出版社，1996：3.
[2] 同上书，45页.
[3] 朱自清. 背影·你我 [M]. 武汉：长江文艺出版社，2005：380.
[4] 朱自清. 朱自清全集(第三卷) [M]. 南京：江苏教育出版社，1996：79.

◆ 用现在生活作题材，学生总该觉得熟悉些、亲近些；即使不能完全了解，总不至于摸不着头脑。[1]（《诵读教学》）

（3）多练习说明文和议论文两种文体。

◆ 实际生活中说明文和议论文比叙述文和抒情文用得多……而且一面也可以训练他们的思想。因此应该多练习这两种文字[2]。（《写作杂谈》）

◆ 给学生一些熟悉的小题目……或者给一些时事题目，让他们拟演说词或壁报文字，假想的读者是一般民众……这才可以引他们入胜。[3]（《国文教学·论教本与写作》）

6. 口语交际教学

朱自清注重对学生口语交际能力的培养，他认为语文基本能力包括：听、说、读、写四个方面，并且对"听说"与"读写"的关系进行了全面论述。他对口语的重视可以从他的很多文章中看出来，诸如：《论说话的多少》《论说废话》《说话》等。

九、鲁迅

鲁迅（1881—1936），名樟寿，字豫才，后改名周树人，浙江绍兴人，现代文学家、思想家和教育家。光绪十八年（1892年）入三味书屋，师从寿镜吾先生。1898年考入南京水师学堂，第二年转入江南陆师学堂附设矿务铁路学堂，接触了赫胥黎的《天演论》，对其以后的思想具有一定影响。1906年奔赴日本学医，不久弃医从文，学习德语、俄语，专门从事文艺创作和翻译工作。1910年，担任绍兴中学堂教员兼监学。此后，他担任教育部社会教育司第一科科长，也曾在北京高等师范学校、中山大学等学校任教。鲁迅在文学、革命、教育、美术、翻译等方面都有很高的造诣。他的主要著作有《中国小说史略》《呐喊》《彷徨》《朝花夕拾》《野草》等，这些虽多为文学作品，但书中的爱国精神和思辨意识振聋发聩，对思想教育同样起着重要的作用。

（一）鲁迅的教育思想概说

鲁迅长期参与教育实践，也非常关心语文教育，其教育思想具有以下几个特点。

1. 批判性

鲁迅教育思想中最突出的是对现实社会中的旧观念、旧思想、旧教育的批判。他反对旧的社会秩序，也批判旧教育为少数统治阶级服务。他认识到旧教育从教学内容到教学方法都没有脱离传统封建教育的轨道，不尊重客观规律，不符合现代科学的内容，并在对旧教育的反对与批判中形成自己的教育思想，提出了科学的教育主张。鲁迅参与过五四新文化运动、女师大风潮、"三一八"惨案等革命实践，所以他提出来的教育思想并不是纸上谈兵，而是对现实的教育尖锐批判的产物。

2. 哲理性

鲁迅认为教育应适应中国革命的需要，能启发民众。他把参与教育与改造社会紧密结合，站在革命的全局的高度来思考教育问题。因此，鲁迅的教育思想中闪烁着哲理的光

---

[1] 朱自清. 朱自清全集(第二卷)[M]. 南京：江苏教育出版社，1996：49.
[2] 同上书，第73页.
[3] 同上书，第47页.

辉，如他对儿童的天性的"动"与"静"、教育方法上的"禁"与"导"等问题的思考，都具有明显的辩证色彩。

3. 持续性

一方面，鲁迅从教几十年，思想与主张前后连贯，如对尊孔读经的批判，对儿童教育的重视与关注，反对读死书、死读书等。另一方面，鲁迅前期的指导思想是达尔文的生物进化论，而后期则是马克思主义。从这里，我们可以看到鲁迅教育思想的"变"与"不变"："变"的是与时俱进，融进新的时代思想，"不变"的是对旧教育的批判。

（二）鲁迅的教育思想言论

1. 对旧道德的批判

批判旧道德是鲁迅教育思想的一个基础。鲁迅身处于半封建半殖民地的中国，接受过封建教育，了解封建势力的落后，深知革命的必要性、艰巨性和复杂性。他以笔为武器，进行战斗，而对封建的、半封建半殖民地的旧教育的批判，则成为斗争的重要内容，也是他教育思想的基础。

鲁迅为什么要批判旧道德？一方面，鲁迅生于封建官僚地主家庭，从小接受传统教育，深谙旧道德之弊病。从家庭的角度来说，鲁迅家庭的长辈约束孩子的成长：祖父功利心极强，把考取功名、建功立业当作教育的核心，对他要求苛刻；家长们把孩子当作家庭的私有财产，着眼点在于把他培养成传宗接代的继承人；"长妈妈"等人用道德规矩束缚孩子天性，把孝道作为处理人际关系的基本法规。从所受的教育而言，鲁迅从小接受私塾教育，以"三味书屋"为代表的学塾培养士子的教学目的，尊孔读经的教学内容，以及扼杀学生身心健康的教学方法，都是鲁迅不赞同的。另一方面，鲁迅深受达尔文进化论和马克思主义的影响，深感西方资本主义教育的进步。鲁迅在《我们现在怎样做父亲》中说："我现在心以为然的道理，极其简单，便是依据生物进化论的现象，一、要保存生命；二、要延续这生命；三、要发展这生命（就是进化）。生物都这样做，父亲也就是这样做。"鲁迅也深刻认识到建教育是封建社会、自然经济下的必然产物，不改革教育方式和教育内容，旧教育会反过来阻碍社会的发展。所以，鲁迅主张革新教育方式，清除封建色彩，解放思想，自由发展。

鲁迅对旧道德的批判体现在：首先，鲁迅批判封建教育的职能。其次，鲁迅批判封建教育的内容。封建教育内容偏向尊孔、崇儒、专经、复古，以八股取士，遵从"四书""五经"，而不允许应考者有任何个人见解。发展到明清，封建教育已经完全沦为统治民众思想的枷锁。而且封建教育轻视自然科学，限制了科学文化、生产技术的发展。最后，鲁迅批判封建教育等级服从的畸形师生关系。

2. 道德教育

鲁迅的道德教育具有两个特点：一是斗争性，二是实践性。斗争性是指鲁迅主张与封建旧道德、旧教育中的糟粕作斗争；实践性是指鲁迅并非纸上谈兵，而是投身革命和教育实践，身体力行，把自己的思想落到实处，影响他人。

鲁迅曾说：真正的勇士，敢于直面惨淡的人生，敢于正视淋漓的鲜血。[1] 他主张青年学生应勇敢地与顽固的旧势力作斗争，敢质疑，敢反驳，敢推翻，敢重构。鲁迅坚决反对毫无是非观的糊涂主义，他本人正是爱憎分明的典范，临死了还对敌人们"不原谅，不

---

[1] 鲁迅. 鲁迅全集(第三卷)[M]. 北京：人民教育出版社，1981：274.

宽恕"。

鲁迅教育青年学生要实事求是，敢说实话，敢办实事。鲁迅身体力行，以知行结合为荣，参与五四运动、新文化运动等革命活动，他的文章从实践中来，又为实践提供指导。他同样教育青年学生要知行结合，脚踏实地，言行一致。

3. 学校教育

鲁迅教学思想的核心是把学习还给学生。一方面，他反对夸大师长在教学过程中的作用。另一方面，他反对学生死读书、读死书。

他主张师长在教学中首先自律，以身作则；要信任学生、因材施教。他强调教育应疏导学生，激发他们的兴趣，引导他们自然地表达自己的想法，并通过实践活动培养学生的美好情操，让他们在自然的熏陶中自由、平等地成长。

他认为青年学生除了学习各自从事的专业知识以外，还应该学习自然科学知识、一两门外语和历史，只有这样，才能做到博而又有精专。同时提倡学习要苦下功夫，不能懈怠；要脚踏实地，不急功近利；要广泛读书，再选择感兴趣的学科重点阅读和攻克；最重要的是要形成自己的思考和见解。

4. 家庭教育

鲁迅的家庭教育思想主要表现在两方面。一方面，鲁迅强烈反对封建主义的父权思想，他从进化论的观点出发，否认父子之间有什么施恩与报恩的说法，认为生儿育女是遵循自然规律，进而提出父母对子女应该尽力教育、完全解放。父母应该严于律己，积极完善自己，不应该把自己的理想寄托在子女身上，用封建伦理和孝道对子女进行精神绑架。另外，他也反对溺爱孩子，主张让孩子从小就树立独立意识和责任观念。另一方面，在对孩子的教育实践中，反对把孩子培养成安静的乖孩子的传统观念，而是鼓励孩子大胆地表达自己的想法，敢说、敢笑、敢哭、敢怒。同时，鲁迅承认孩子的天才虽有先天的因素，但不能过分夸大遗传的作用，应该后天充分引导孩子挖掘自己的优势。

十、徐特立

徐特立（1877—1968），原名懋恂，字师陶，湖南善化人，伟大的无产阶级革命家和教育家，是我国新民主主义和社会主义教育的奠基人。1906年在长沙周南女校任教，创办了《周南教育》周刊。1924年创办长沙女子师范学校，兼任湖南省立第一女子师范学校校长。抗战时期，历任陕甘宁边区教育厅厅长、教育部部长兼教育研究室主任等职。中华人民共和国成立后，他仍努力从事文化教育工作，发表许多教育论文，领导《中国通史》的编辑工作。徐特立是毛泽东和田汉等著名人士的老师，一生致力于社会主义的教育事业。其著作大都收录在《徐特立教育文集》和《徐特立文集》中。

（一）徐特立的语文教育思想概说

就语文学科而言，徐特立于1913—1916年间，撰有《国文教授之研究》《小学各科教授法》，编著《初等小学国文教授法》（共16卷）。徐特立的语文教育思想主要是在这一时期形成的。但是现保存下来的仅有《小学各科教授法》《初等小学国文教授法》第三卷以及《国文教授之研究》中的"绪言""教授要旨""教材选择之标准""读法"四部分内容。然而，仅从所存有限的文字中，我们仍可以发现徐特立对语文学科的方方面面所作的独特的阐发，他对语文教育的目标、学科性质、学科教材、学科教学、课程评价发表了许多精辟的见解。

徐特立曾担任陕甘宁边区教育部部长，兼任教材编审委员会主任，他制定了"社会化、政治化、劳动化、实际化"的教育指导原则，组织拟订了《初中国文课程标准草案》，在"教材大纲"部分提出，国文选材除了以语文规律为主要着眼点外，必须同时注意文章的思想内容与知识内容，注意语文能力的训练和知识的系统性。这些主张实际上是徐特立的语文教育思想在实践中的体现。

（二）徐特立的教育思想言论

1. 教育目标观

徐特立 1913 年指出：

> ◆ 国语要旨，在使儿童知普通言语及日常须知之文字、文章，而养其表达思想之能力，兼启发其知德者也。[1]（《小学各科教授法》）

他将小学语文教育目标分为四个方面：知普通之言语（发音、拼音、词汇与词数，思想表达的外壳）；知日常之文字文章（形声、训诂及文法、修辞法）；养成表达思想之能力（话法、缀法）；启发其知德（以社会知识与自然知识等为其内容）[2]。前两者为语文知识目标，后两者为语文能力目标，两者相互联系，相互贯通。徐特立又将这四个目标归结为形式和实质两个方面：国语教授固有形式、实质二方面，然其主要目的则在形式方面。故教授时，当以形式方面为主，实质方面为副。然二者须互相顾助，始能达国语教授之目的。[3] "形式方面"是语文教育的主目的，以言语和文章为基础，培养"听、说、读、写"这四种基本能力。而"实质方面"是语文教育的副目的，是"思想发达之工具，即知识之收得，德行之涵养，趣味之养成。"归结为要启发学生的"知（智）德"。"形式方面"是交流的基础、工具，而"实质"是"形式"的延伸，最终起到启发学生"智德"的作用。徐特立依托言语、文字、文章，将"形式"和"实质"两者统一起来，实质上，就是"文""道"相统一。

2. 学科性质观

徐特立早在 20 世纪 20 年代就从形式和实质两个方面对语文学科的性质提出：

> ◆ 国语于形式方面，为思想交换之工具。此外，尚有实质方面，为思想发达之工具，即知识之收得，德行之涵养，趣味之养成是也。[4]

徐特立认为语文学科是一种"工具"，既是"思想交换之工具"，又是"思想发达之工具"。这是一种广义的"工具"："思想交换之工具"，相当于今人之"工具性"；"思想发达之工具"，相当于今人之"人文性"。徐特立所讲的"形式方面"的目标与今人所讲的语文的"工具性"的内涵相接近，即要能"语及日常须知之文字、文章"，要能"表彰正确之思想"，这是语文教育的直接目标也是显性目标。所讲的"实质方面"与今人所讲的"人文性"的内涵是一致的，即要通过学生对"言语"以及"文字文章"的学习，让学生收得知识、涵养德行、养成趣味，最终达到"启发知德"的目的，这是语文教育的间接目标也是隐性目标。徐特立对于语文学科性质的论述是融今人所谓"工具"与"人文"

---

[1] 徐特立. 徐特立文存（第一卷）[M]. 广州：广东教育出版社，1995：160.
[2] 同上书，第 235 页。
[3] 同上书，第 160 页。
[4] 同上书，第 161 页。

于一体的广义的"工具"论。

3. 学科教材观

徐特立认为"教科书是教员之母"[1]，即教学活动的根本。徐特立对于教材的使用并不盲从，他指出书本只是工具，是为指导行动所用。

在徐特立看来，在教材编写的过程中，要注意思想性和知识性、全面性和计划性、科学性和艺术性、简洁性和灵活性等多方位的统一。他认为材料的来源极广，"遍地是教材"，只要加以适当地运用，就可以成为教材的内容。编制"教授细目"，即教材的纲要，要求聚集教育研究者对各个阶段、各门科目的"教授细目"进行分门别类的讨论，整理出教材的纲要。教材的编写一定要考虑学生的年龄、心理甚至是生理的特点，应该在统一的领导下集体编写，编写和审定必须分开。

◆ 设图书审查会，由专职的学者及师范校长及教员公任审查。付之公评，人得议之。[2]

早在20世纪40年代，徐特立就主张"一纲多本"。徐特立不赞成统一使用国定统一的教材，原因在于"国定的课本把教材都限死了"[3]。对于语文教材而言，徐特立认为不仅要考虑到教材的内容，更要注意教材编写的文字问题，在编写语文教材时要"先确定内容的标准，再把文字标准配上去"[4]。对于已编制成形的教科书，所采取的态度也不应该是一味地遵从，应破除"课本神圣化"。无论是教师还是学生，对待教材要用批判的眼光去审视，既立足教材本身，又超越教材。

◆ 无论教中学、小学，对于课本无论好坏，均需加以讨论；内容要加以增减和修正；材料要加以补充和删削；文章的词句须变换的就变换；段落的前后应移动的就移动……这一切都能增加对课本的了解，同时每一次读书都能与作文结合。[5]

徐特立还提出了一个新的课题：民族化之外，还要地方化——注重乡土教材。徐特立认为：最原始、最基本、最唯物的教材，就是乡土教材。[6]

◆ 乡土和学校周围的事物，不仅可作教科书的补充，同时它本身就是现时的、活生生的教科书。……引导学生去实地观察，不独给他们以自然科学的知识，而且包含有公民课陶冶的重要价值。[7]

语文教材的内容需要注意地方人文特色，贴近社会生活和学生生活实际，使教材更具中国特色和民族风格。

4. 学科教学观

（1）阅读教学。

根据学生领悟能力的差异，可以分"机械的读法""论理的读法"以及"审美的读法"三个层次。

---

[1] 徐特立. 徐特立文存（第五卷）[M]. 广州：广东教育出版社，1995：167.
[2] 同上.
[3] 徐特立. 徐特立文存（第四卷）[M]. 广州：广东教育出版社，1995：186.
[4] 徐特立. 徐特立文存（第三卷）[M]. 广州：广东教育出版社，1995：108.
[5] 徐特立. 徐特立文存（第四卷）[M]. 广州：广东教育出版社，1995：186.
[6] 同上书，第182页.
[7] 同上书，第183页.

◆ 机械的读法者，探究字句而读者。论理的读法者，正确其句读以读者也。审美的读法者，注意于抑扬顿挫，发挥思想感情之读法也。[1]

徐特立提倡"读法"要有"详"和"略"之分，"略读者，迅速读过而摘言其大意；详读者，玩索意义而读者"[2]。对于阅读教学过程中所使用的语言，徐特立认为：意义之复演，要领之谈话，虽不可拘于读本，然亦不可使儿童用任意之言语。[3]在日常教学中，要注意规正学生的用语习惯。

他将语文的教学程序分为内容主义和形式主义两种形式。内容主义是"先教事物，后及文章"，即先让学生了解文字所蕴含的思想内容，后再教学生识字认字。形式主义是"由文字文章理会事实"，即先教会学生文字以及文章的框架结构，再引领学生探究文字背后所蕴含的思想内容。内容主义的教学程序适合于低年级的语文教学，而形式主义的教学程序则适合于高年级的语文教学。徐特立还认为一堂课好的收尾，是以"要项摘记"作为尾声，不仅能帮助学生巩固知识，而且能帮助学生迁移知识。

◆ 能应用新事实之思想而练习之，变更当日所授文章之顺序使读而书之；提出含新授文字之他种文章而使读之；使以新授之语句或语法而作文；使为该文之订正及该文之填充。[4]

(2) 作文教学。

徐特立就写作教学提出了"多读""多作""多思"的三多原则。他将作文用语分为口语体、文语体、书简体、公文体四类，作文文体分为记人、叙事、说明和议论四类。

他认为一次作文教学的教学程序一般可分为出题、准备、记述、订正四个步骤。

第一步，出题。教师应"于其作文的时间之始，或在其前适当之机会而授之"[5]。

徐特立认为教师在选择作文题目时要关注七大问题：明确之观念（事项系生徒明白领会，确实记忆者）；兴味之文题；思想最高潮（某学生向先生请题。先生曰，即以学生请题，此等题最占优势）；生徒境遇；范围之限定；男女差异；学习题须变换，变更顺序或形式，及与现出之事联合。[6]应使作文题目贴近学生的学习和生活，题目选择的范围尽量围绕"学习""经验""处事"三个方面，以增强作文教学的实用性，养成学生适应社会生活所需的作文能力。

第二步，准备。即"思想整顿"，教师提供作文题目后，需要进行必要的作前指导，让学生领会作文的主旨，把握整个作文的基本导向。学生在动笔之前需要构思准备，通过与教师间的互动对话或者自己的独立思考，列出作文的提纲。

第三步，记述。徐特立强调记述的过程要一气呵成，不要中途搁笔思考。一气呵成的写作完全是建立在精心"准备"的基础之上的，只有确定了文章"思想之顺序""发表之方法"以及"文章之结构"后，才能够"下笔如有神"，一气呵成。

---

[1] 徐特立. 徐特立文存（第一卷）[M]. 广州：广东教育出版社，1995：167.
[2] 同上.
[3] 同上书，第168页.
[4] 同上书，第167页.
[5] 同上书，第170页.
[6] 同上书，第246-247页.

第四步，订正。订正分"自订""共订""互订""膝下""簿上"五种形式，其中，既有针对共性问题的集体批正，也有针对个性问题的单独辅导。订正过程既包含对谬误的规正，也包含对佳处的赞赏，两者都是"切要者也"。徐特立要求学生不涂改被修改的原文以便日后与正文作比较，要求学生进行自我修改或者互相修改，这样做都是为了提高学生自我修改的能力。

（3）口语交际教学。

徐特立认为，听和说是思想交流最直接的工具，良好的听说能力对学生的生活和学习有五大"效用"：辨日常之事物而无遗憾，对话、讨论所必需，交际上至切，于思想之发达有效果，为缀法之基础是也。[1]

徐特立认为口语表达的方式有三种：心理的话法，论理的话法，修辞的话法。心理的话法是指学生根据自身心理活动自由地交谈；论理的话法是指学生有逻辑性，有条理性地清晰明确地表达自己的观点；修辞的话法是口语交际的最高形态，要求学生注意语调的抑扬顿挫和轻重缓急，并注意感情的投入。他主张，在教学中，应该将口语交际教学融入日常的教学活动中，甚至可以延伸至课堂外。

◆ 应儿童的心意之发达，随读法、缀法之进步，而使之徐徐发达者也。[2]

5. 课程评价观

20世纪三四十年代，徐特立对传统的课程评价方式提出了批判，并在此基础上对课程评价改革提出自己的构想——"学习检查制度"。

从评价内容上看，"学习检查制度"突破了课本范畴，将评价的视角延伸至学生的学校学习和生活。首先，建议考试以考查学生的基本知识为主，摒弃琐碎繁难和死记硬背而又无用的内容。其次，鼓励学生进行各种活动，从各种活动中检查学生的学习。徐特立还提出：从平常参加学校活动、社会活动中见成绩。[3] 具体到语文学科，运用这种"学习检查制度"可以综合考查到学生的听、说、读、写各种语文能力，突破传统考试静止考查的局限，实现动态考察。

徐特立提出不以考分论人的观点，要求教师针对学生作业和考试中的错误，提出批改的意见，帮助学生弥补错误，对学生不排名次，不分先后，他说：对学生程度之考验，不应只凭试卷以定等差，[4] 废除笼统的分数，具体指出错误，表扬出一些好的，用种种办法（放在适宜的班次，具体帮助等），不要有什么榜尾的丙丁等。[5] 这种评价方法渗透着徐特立民主教育和平等教育的思想。

从评价功能上看，"学习检查制度"淡化了课程评价的甄别和选拔的功能，不以考试作为选拔学生的工具，而采用各种办法解决学生学习程度的参差不齐。"要从普通中发展特长"，形成"这一门你胜我，那一门我胜你"的良好发展态势。徐特立的这种"不让一个学生掉队"的观念很值得今天学习和借鉴。

---

[1] 徐特立. 徐特立文存（第一卷）[M]. 广州：广东教育出版社，1995：164.
[2] 同上书，第165页.
[3] 同上.
[4] 徐特立. 徐特立文存（第三卷）[M]. 广州：广东教育出版社，1995：138.
[5] 徐特立. 徐特立文存（第五卷）[M]. 广州：广东教育出版社，1995：164.

十一、蒋伯潜的教育思想

蒋伯潜（1892—1956），名起龙，又名尹耕，现代学者、教育家，浙江富阳新关乡人。光绪三十三年（1907年）考入府中学堂。1915年夏考入北京高等师范中文系。1919年积极参加五四运动，并在《新青年》《东方杂志》等刊物上发表文章。1920年毕业后，历任中学、师范学校的国文教员、教务主任及上海大厦大学中国文学系教授、上海市立师范专科中文系教授兼主任等职。[1] 对经学、文学，均有很深造诣。其主要著作有《经与经学》《十三经概论》《经学纂要》《诸子通考》《诸子学纂要》《中国国文教学法》《校雠目录学》《字与词》《章与句》《体裁与风格》《诗与词》《散文与骈文》等。

（一）蒋伯潜的教育思想概说

蒋伯潜任教经验丰富，结合自己丰富的教学经验，对中、小学国文教学提出了自己独特的一套教学法。其《中学国文教学法》为师范生提供了学习中学国文教学法的包括教学目标、教学内容、教学方法和教学策略等一系列指导，为指导他们胜任中学国文教师的岗位提出了建设性意见，被誉为代表了20世纪40年代语文教学各领域研究最完备的成果。

（二）蒋伯潜的教育思想言论

1. 教育目的

蒋伯潜在《中学国文教学法》中提出了国文教育的"正目的"和"副目的"，这是对国文教学主旨的讨论从理论上加以归结。[2]

> ◆ 国文教学底目的有二：（一）正目的——国文一科特具的教学目的，是：使学生对于生活所需的工具——国文——能运用，能了解，且能欣赏。（二）副目的——国文科与其他学科同具的教学目的，又可分为两项：（甲）使学生了解我国固有文化之一部分——学术和文学底流变；（乙）使学生明了我国固有道德底观念及修养底方法，并培养或训练其思辨的能力。
>
> ◆ 总之，国文教学底正目的，还在文字后面，副目的却在内容方面——知识底获得，道德底修养，思辨力底培养训练。

关于国文教育正副目的的理解是，能使学生对于其所见所感所思所想给予充分的表达，并且能够供人欣赏，这是文学技巧的充分体现。了解本国史尤其是中国文化史，即学术和文学的流变对于国人来说是必要的，但不能勉强地注入灌输。而道德，重在笃行实践，口头说教不一定能使学生实践，因此，国文教学能使学生获得我国固有道德的观念及修养。国文教育能培养训练思辨能力，使学生能辨是非、能慎思明辨，不致盲从曲解以致误入歧途。

2. 教师素养

国文教师应当拥有一定的教师素养，一是须有相当的学力，要了解教材，要了解经史、文法、修辞和一定的文学常识；二是须有熟练的技能，如流利清晰的口才、明白晓畅

---

[1] 曹洪顺. 语文教育漫论 [M]. 青岛：中国海洋大学出版社. 2003：162.

[2] 陈必祥. 中国现代语文教育发展史 [M]. 昆明：云南教育出版社，1987：184.

的文笔、正确快速地批改习作等；三是须有清灵的头脑，即要了解时代思潮，了解学生基本的学习心理；四是须有弘毅的愿力，要相信青出于蓝而胜于蓝；五是须有中和的态度，即对学生温而厉、威而不猛、公正而不偏颇，对同事和而不同，恭而安。

3. 课内讲读

课内讲读，重点要解决两个问题，一是讲读些什么，即关于教材的问题；二是怎样讲读，即关于教法的问题。

（1）教材的选择。

蒋伯潜认为选择教材要遵循三条原则，一是须顾到国文教学的目的，二是须顾到中学生的年龄程度，三是须顾到此时此地的需要。根据这三条原则，在教材选择上须注意如下两个方面。

第一，教材的形式方面。词句上，不应选择过于新奇生僻的字词，句子不应太长和复杂，句法不应太奇特，用典不应堆砌等。章法上，避免思路不易理顺、段落不易分清的状况。篇幅上，避免过长。词气上，不应过于傲慢夸大、虚伪卑劣、粗鲁。体裁上，灵活使用，不必单一。

第二，教材的内容方面。知识上，增进一般常识，内容不用过于专门、专业。修养上，发扬我国固有道德，指导青年身心修养，振起民族精神，训练思辨能力。生活上，合乎现代生活实际。乡土上，游记类、名人传记类可实地考查学习。

（2）预习的指导。

教学国文前，不仅学生需要预习，教师也需要备课。备课时应注意的事项包括注意作者的异名、注意古书性质及真伪、注意文体、注意题目字面的解释、注意虚字。

在教育中，应注重对学生自学的辅导，是辅导学生自学，而不是放任学生不学。因此，要指导、训练学生运用工具书。而预习的项目包括对每一篇教材的题解、文体、作者的姓名籍贯事略著作、文中的生字、难句、典实、人名、地名、引用的文句来历、段落大意等的预先了解。

（3）课内讲习。

课内讲习大致分为四个步骤，一是预习的检查；二是试讲与范讲，可以把文本分段，指定学生进行试讲，教师再进行讲解和辅导；三是试读与范读，指定学生试读，教师再进行范读；四是讨论，给学生提供讨论、比较、学习的机会。

讲习时应注意的是讲篇题时应注意篇题题目是作者自己标的还是后人所加、题目的解释和本篇的本事或考证、本篇的体裁；讲作者时注意异名、作者籍贯、作者在当时文坛上或文学史上的地位；讲文本时注意单字的音义、副词、虚数、虚字、文法、修辞、引用语句典实及内容以及读法。

（4）课后的督促和考查。

课后的督促和考查有三项工作必不可少：一是抽阅笔记，二是知道温习，三是考查成绩。

4. 习作批改

写作是一种生活所必需的技能。因此，在中学时期就要勤加练习写作，教师需对学生的习作进行批改，主要分为三方面：即命题、指导、批改。

（1）命题。

中学生作文，应当由教师命题，习作次数最好是两星期一次，给习作限定时间。教师命题时应注意顾到学生的能力、学生的生活经验、学生的心理与兴趣、学生的需要。命题应当以学生为中心，命题范围忌过于狭窄或过于宽泛，题目的形式应避免形式化，题目内容勿过于求新或过于陈腐，作法上议论说明记叙描写抒情五种都需学习，题材来源于学生的生活经验。

（2）指导。

习作的指导是有必要的，略略提示即可。

在一般的指导上，审题方面，不但要看明白字面意思还要辨明含义、范围、体裁以及作者的立场；立意方面，要意在题面、意在文内、意在言外；取材用材方面，材料需预先收集，取材与立意有关，材料运用包括正面或反面、表面或里面、题前或题后、以小见大、无中生有、设喻、引证、陪衬；结构方面，应注意层次、联络（包括基本的联络：承接、转接、推展、总束；艺术的联络：呼应、层序、分析、综合、过渡、问答）、变化（包括追叙、插叙、补叙、开场和结尾）。

在特殊的指导上，指的是对某种问题加以特殊的指导。如写信格式、记叙文等。

（3）批改。

对学生作文的批改是教师应负的责任，潦草敷衍的批改等于不批改，对学生毫无用处。批改的内容包括字与词的批改、章句与内容的批改。字与词方面的批改包括字形、字音、意义方面的使用错误、文法方面的使用错误、修辞方面的使用错误等。章句与内容的批改包括组织不全、语气不合、次序杂乱、浮词累赘等。

5. 课外指导

蒋伯潜认为，要达到国文教学的目的，单靠课内的教学是不够的，课外教学与课内教学一样重要。

（1）课外阅读。

中学生国文要有进步，不仅需要课内的讲读，还需要提倡学生进行课外阅读。这样不仅可以培养学生养成自由阅读的兴趣和习惯，还可以发展学生不同的个性和能力。

在读物的选编上，分为小说、剧本、诗歌、笔记、散文、专书、报刊，还有专为初中学生编的读物，包括寓言故事的选编、旧诗词的选编。在阅读的指导上，一是应当教学生们组织一个读书会，二是介绍读物，三是指示读法，四是规定办法。

（2）课外作业。

学习国文有两方面，一方面是吸收，如课内讲读与课外阅读；另一方面是发表，如作文和课外作业。课外阅读可以补课内讲读之不及，课外作业可以补作文之不及。课外作业分两种，一是平时作业日记或周记；二是假期的作业，如温课、通信和收集。

（3）课外习字。

现代中学生习字和科举时代不同，科举时代习字目的在写大卷子，等而上之，再成书法家；现在中学生习字的目的在于满足日常生活的需要。习字的四个要素是正确、清楚、匀称、敏捷。习字要有恒心，做到眼到、心到、手到"三到"。

（4）课外活动。

课外活动内容包括演说、辩论、谈话、表演话剧、制作刊物、讲演记录、团体活动以及文字游戏等。

第三节　小　　结

民国时期的语文课程从传统的汇经、史、哲于一体，熔社会科学、自然科学于一炉的大语文教育中脱胎出来，作为现代教育中的一门学科继续发展。语文学科名称经过几十年的改进，在1949年中华人民共和国成立前夕最终命名为"语文"。语文课程标准的设定形式多样，内容丰富。语文教材中外古今兼容并包。中外结合下的语文教育方法，经过了多次创新，为我国的传统教学法开辟了一条新的道路，对新的教学法的形成很有助益。民国时期教育家辈出，他们对语文教学进行了科学的探索，这也为现代语文教育的科学发展奠定了很好的基础。

民国时期语文教材发展最辉煌的时期，是1929—1939年的10年间，仅各种版本的中学语文教科书就多达75种，这些教科书在内容选择、课文编排、体例结构等方面体现出编者相当成熟的思考和探索，也为语文教材的多样化提供了丰富的样本，对中国语文教材发展做出了杰出的贡献。

民国是大师涌现的时代，众多语文教育家热情投身于教育实践，大胆改革语文教育，深入研究教育教学理论，把现代语文教育发展推向一个高峰。

民国时期，众多教育家除了在语文教育理论的建构及探索上成果丰硕，还在教育教学类刊物的创办与经营上有所尝试，也颇有成就，如《教育世界》《东方杂志》《教育杂志》《国文月刊》《国文杂志》等经常刊登教育类文章，展示语文教育研究的新动向。叶圣陶、夏丏尊等人1930年创办的《中学生》杂志，则开启了创办中学生语文学习刊物的先河。

思　考

1. 民国时期语文课程的特点与功能有哪些？请举例说明。
2. 民国时期中小学语文教材对当下语文教材的编撰及研究有哪些积极意义和价值？
3. 选择一位你感兴趣的教育家，对其语文教育思想进行评述。

本章参考文献

[1] 叶圣陶. 叶圣陶语文教育论集 [M]. 北京：教育科学出版社，1980.
[2] 任苏民. 叶圣陶教育改革思想研究 [M]. 苏州：苏州大学出版社，2003.
[3] 庄文中. 叶圣陶的语文工具观 [J]. 中学语文教学，1997.
[4] 刘国正. 叶圣陶教育文集 [M]. 北京：人民教育出版社，1994.
[5] 中央教育科学研究所. 叶圣陶论语文教育 [M]. 郑州：河南教育出版社，1986.
[6] 高平叔. 蔡元培教育论著选 [M]. 北京：人民教育出版社，2011.
[7] 蔡元培. 蔡元培美学文选 [M]. 北京：北京大学出版社，1983.
[8] 王阳安. 论蔡元培的德育思想体系及其现实意义 [J]. 烟台教育学院学报，2004（2）.
[9] 蔡元培. 对于教育方针之意见 [J]. 东方杂志，1912（10）.
[10] 蔡元培. 蔡元培教育文选 [M]. 北京：人民教育出版社，1980.
[11] 蔡元培. 蔡元培美育论集 [M]. 长沙：湖南教育出版社，1987.

[12] 蔡元培. 新人生观——蔡元培随笔 [M]. 北京：北京大学出版社, 2010.

[13] 蔡元培. 蔡元培讲演集 [M]. 石家庄：河北人民出版社, 2004.

[14] 方明. 陶行知教育名篇 [M]. 北京：教育科学出版社, 2005.

[15] 陶行知. 陶行知教育箴言 [M]. 哈尔滨：哈尔滨教育出版社, 2011.

[16] 陶行知. 陶行知文集 [M]. 南京：江苏教育出版社, 2008.

[17] 黎泽渝, 马啸风, 李乐毅. 黎锦熙语文教育论著选 [M]. 北京：人民教育出版社, 1996.

[18] 潘新和. 语文：回望与沉思——走近大师 [M]. 福州：福建人民出版社, 2008.

[19] 夏丏尊. 夏丏尊文集 [M]. 杭州：浙江文艺出版社, 1983.

[20] 杜草甬, 商金林. 夏丏尊论语文教育 [M]. 郑州：河南教育出版社, 1987.

[21] 余英时. 重寻胡适历程：胡适生平与思想再认识 [M]. 上海：上海三联书店, 2012.

[22] 白吉庵, 刘燕云. 胡适教育论著选 [M]. 北京：人民教育出版社, 1994.

[23] 黄书光. 胡适教育思想研究 [M]. 沈阳：辽宁教育出版社, 1994.

[24] 姜义华. 胡适学术文集（教育）[M]. 北京：中华书局, 1995.

[25] 朱自清. 朱自清全集 [M]. 南京：江苏教育出版社, 1996.

[26] 张剑. 别一种眼光看佩弦 [N]. 北京：光明日报出版社, 2010 (5).

[27] 朱自清. 阅读经典：朱自清作品集 [M]. 北京：外文出版社, 2012.

[28] 朱自清. 背影·你我 [M]. 武汉：长江文艺出版社, 2005.

[29] 鲁迅. 鲁迅全集 [M]. 北京：人民教育出版社, 1981.

[30] 何志汉. 鲁迅教育思想浅探 [M]. 成都：四川教育出版社, 1987.

[31] 孙世哲. 鲁迅教育思想研究 [M]. 沈阳：辽宁教育出版社, 1988.

[32] 刘立德. 徐特立课程教材思想探索 [J]. 课程·教材·教法, 2004 (12).

[33] 孙海林. 论徐特立《小学各科教授法》[J]. 教育研究, 2001 (12).

[34] 徐特立. 徐特立文存 [M]. 广州：广东教育出版社, 1995.

[35] 王松泉, 王柏勋, 王静义. 中国语文教育史简编 [M]. 北京：社会科学文献出版社, 2002.

[36] 张隆华. 中国语文教育史纲 [M]. 长沙：湖南师范大学出版社, 1991.

[37] 李杏保, 顾黄初. 中国现代语文教育史 [M]. 成都：四川教育出版社, 1997.

[38] 王文彦. 中国语文教育发展史 [M]. 呼和浩特：远方出版社, 2006.

[39] 周庆元. 语文教育研究概论 [M]. 长沙：湖南人民出版社, 2005.

[40] 课程教材研究所. 20世纪中国中小学课程标准·教学大纲汇编（语文卷）. 北京：人民教育出版社, 2001.

[41] 王凤喈. 中国教育史 [M]. 福州：福建教育出版社, 2011.

[42] 赵志伟. 现代语文教育发展 [M]. 上海：华东师范大学出版社, 2012.

[43] 施平. 中国语文教材经纬. [M]. 北京：北京理工大学出版社, 2010.

第三编

第九章　当代语文教育

导　读

当代的语文教育发展阶段,是从中华人民共和国成立开始的。根据时间为线索观察当代语文教育发展的过程和变化,可以分为四个阶段:一是定名时期,1949—1958 年;二是波折时期,1958—1978 年;三是改革时期,1978—2001 年;四是创新时期,从 2001 年新一轮课程改革开始至今。[1] 当代语文教育在继承传统和突破变革的碰撞中,随着时代的变化在不断发展,此阶段的语文教育思想发展沿革前一阶段的特点,并在几轮的基础教育课程改革中逐步显示出新的特点。

第一节　当代语文教育概况

一、当代语文的定名与发展

1949—1958 年这一段时间,语文教育经历了由统一到分开再统一的变化,这种变化说明了对于中小学语文教学的性质、方法和目标,认识上仍然存在一些分歧。

(一)"语文"概念的分歧与确定

中华人民共和国成立后,语文学科教育从民国时期的"国语"和"国文"趋向统一,这在命名和教学内容编排方面都有体现。1949 年 4 月,以叶圣陶为主任的教科书编审委员会在北平成立,主要工作是商定中小学的教材建设。也正是在此时,根据叶圣陶的提议,决定取消"国语""国文"的名称,语文教学统一更名为"语文"。这是一个重大的变化,"国语""国文"的统一不仅仅是名称的改变,还表现了其在课程性质和教学内容、教学方法方面的重大改革。

1950 年,中央人民政府出版总署编审局编辑出版了第一套全国统一的语文课本,其"编辑大意"中提到:说出来的是语言,写出来的是文章,文章依据语言,"语"和"文"是分不开的。叶圣陶对"语文"这一名称也有说明:平常说的话叫口头语言,写到纸面上叫书面语文。语就是口头语言,文就是书面语言。很明显,当时大家对于"语文"这一学科名称的含义意见很统一:"语"就是口头语,"文"就是书面语。

然而,对于"语文"的含义,一直是学科争论的焦点,更多人认为"语"和"文"的含义绝不仅仅是字面上的口头语和书面语,二者有着更深层次的关系。就从叶圣陶自己的观点来看,他虽然明确定义了语文就是口头语言和书面语言的合称,简而言之,就是语言。然而,从他历来的论述中,又可以看出,他所说的口头语、书面语实际上不仅包含了言语,即口头语和书面语,还包括了言语的知识系统和语言规则,另外还有在这一系统和

---

[1] 王松泉,王柏勋,王静义. 中国语文教育史简编 [M]. 北京:社会科学文献出版社,2002:6-9.

规则的基础之上所创作和形成的文本,即文学作品。叶圣陶一直强调语文教学中"听、说、读、写"能力的培养,这些能力培养的内容更是包含了语言、言语的运用、文章写作和文学鉴赏能力等。

对"语文"名称的争议或探究,体现了人们对语文学科性质、地位和功能的不断探索和认识的深化。

(二) 中华人民共和国成立后语文教学的分科尝试

1954年,人民教育出版社开始编写分科教学大纲和教材,并在一部分学校尝试分科教学。1956年6月,全国中学语文教学会议在北京召开,开始了汉语、文学分科教学。

这次尝试,一方面与当时的社会大环境不可分割:当时的"一边倒"政策和帝国主义封锁使中国在各领域主要学习借鉴苏联的模式,教育领域亦然。我国学习借鉴翻译了大量苏联教育理论著作,这是促使语文分科教学的一大因素;另一方面,分科教学也反映了前面提到的语文教学内容的广泛性和复杂性,说明了在未分科之前,语文教育实质上是包含了汉语和文学两方面内容的。中央语文教学问题委员会写给党中央的《关于改进中小学语文教学的报告》指出:我国的中小学的语文教学,历来都是把语言和文学混在一起教,这样教学的结果,不论从语言方面看,还是从文学方面看,都遭到了很大的失败……分科教学的另一个理由在于叶圣陶先生指出的"语言学和文学性质不同,语言学是一门科学,文学是一门艺术……"

语文实行分科教学固然有其社会因素和科学性,然而从另外一个角度讲,汉语和文学虽然一个理性、一个感性;一个是科学,一个是艺术;但二者同根同源:文学是文本,文学文本的形成离不开汉语,汉语是文学的温床,文学在汉语运用的基础上产生,同时也是汉语的载体,承载着汉语进化和发展的重任。我们学习汉语离不开文学的语境,而学习文学更离不开汉语的功底和运用,语文教育的听、说、读、写四个方面无一不是汉语和文学的紧密结合。这样看来,汉语、文学分科教学事实上很难实现。到1958年3月,中央宣传部宣布,"汉语""文学"仍合并为"语文",这次汉语文学分科教学的尝试到此结束。语文教学又经历了一次从分开到统一的过程。这次改革虽然没有延续下去,称不上成功,但是仍然给之后语文教学的性质和方法探究以极大的引导和启示,也说明了在中小学语文教育的课程性质、教学方法和教学目标方面,还是存在分歧的。

自此,语文教学这一学科名称基本稳定下来并沿用至今。经过由统一到分开再统一的发展历程,语文学科的教学性质与内容也在不断发展和丰富。

二、当代语文教育的改革与创新

中华人民共和国成立后语文教育改革可大致概括为三个大的阶段。

第一个阶段是"文革"前,1956年国家颁布《中小学语文教学大纲(草案)》,该大纲包括说明、学期教学大纲、课外阅读参考书目三部分。1963年公布施行《全日制中小学语文教学大纲(草案)》,其指导思想与1956年的大纲一脉相承,规定语文是学好各门知识和从事各种工作的基本工具,重视语文的工具性,强调语文的实用功能,严格要求学生树立勤学苦练的风气。在社会主义计划经济的大背景下,教材实行"国定制",由人民教育出版社独家编写。

第二个阶段是"文革"后,始于1978年的改革,以社会主义市场经济和改革开放为背景。1978年颁布《全日制十年制学校中学语文教学大纲(试行草案)》,对1963年的大纲在继承的基础上有所发展。1988年，国家教委根据义务教育法制定了《九年制义务教育全日制小学、初级中学语文教学大纲（初审稿）》。这两份文件均提出，语文不仅具有工具性，而且具有很强的思想性，强调了理解语言文字与进行思想道德教育的结合；开始强调学习语文与认识事物的结合，教学中突出了学生的主体地位。与"文革"前比，这一阶段语文教育有很大发展。此阶段教材管理实行"审定制"，教材开始多样化，也出现了一些文学、汉语分科教材，但基本上是综合型的，以训练体系为序列的。

第三个阶段是20世纪末开始的改革，语文教育进入了中华人民共和国成立以来最好的历史时期。1992年，正式出版了《九年制义务教育全日制小学教学大纲（试用）》《初级中学语文教学大纲（试用）》，总结了几十年来语文教学改革的经验和教训，突显了培养语文能力的主旨；2001年，新一轮基础教育课程改革启动，教育部制定了《基础教育课程改革纲要（试行）》，确定了改革的新目标，研制了各门课程的新标准，2001年《义务教育语文课程标准（实验）》面世，2004年《普通高中语文课程标准（实验）》出版，2011年《义务教育语文课程标准修订》出台，提出了"全面提高学生的语文素养"。教材实行"审定制"，各地编写出版了多套新课程教材。

三个阶段的语文教育改革成果均具时代特色，而且是在继承的基础上发展的。

中华人民共和国成立初期的改革重视语文学科的工具性，体现了教育界对语文学科性质的持续探求，明确了语文是"一种重要的、有力的工具"，教学上重视知识性特别是汉语知识性的教学。

"文革"后的改革的重要特点是思想教育与语文教学的辩证统一，并且把无产阶级世界观作为教学指导思想。大纲着重解决了语文教育界争议的以下几个问题：第一，明确了中学语文教学如何适应新时期需要的问题；第二，解决了思想政治教育与语文训练的关系问题；第三，总结以往的经验和教训，基本上明确了在中学阶段，语文知识教些什么和如何教的问题；第四，解决了作文教学中存在的一系列问题（包括文风问题、作文训练多样式问题、作文指导和评改问题）。

21世纪的改革更呈现出明显的继承与发展的特点。不仅着眼于课堂教学模式的改革，还从根本上解决对语文学科性质和教学要求的认识问题，语文学科教学内容也进行了较大的调整，与以往不同，这次调整不仅顺应了我国整个基础教育改革的大潮流，也顺应了世界母语改革的总趋势，重视在借鉴传统语文教育经验的基础上，学习国外的新理念、新方法。

总之，中华人民共和国成立以来，当代语文教学内容和教学方法在不断地改革与发展。

（一）语文教材的改革

在语文教材的编写上，自中华人民共和国成立以来，较大规模的改革有五次。

（1）始于1950年的第一次全国性改革，以由中央人民政府出版总署编审局编辑出版了全国统一的语文教材为标志。这套教材的特点是思想性强，内容新鲜，富有教育意义，强调听、说、读、写全面训练，不可偏轻偏重。教材是综合型的，十分强调语文的工具性功能和基本训练，并强调理解文章的思想内容与掌握语言文字是不可分割的。

（2）始于1956年的第二次全国性改革，实行汉语、文学分科教学。主要成果是结束了两科混教、互相干扰的状态，初步创造了比较完整的汉语学科体系和文学学科体系；纠正了重道轻文的偏向，加强了语文知识教育。

（3）始于1963年的第三次全国性改革，是在广泛地讨论了语文的目的任务和怎样教好语文课的基础上进行的。"教学大纲"明确指出，课文要求文质兼美，具有积极的思想内容和优美的艺术形式，足为学生学习的典范。入选的文章，一般应该是素有定评的，脍炙人口的，特别是经过教学实践证明效果好的。根据"教学大纲"的精神，人民教育出版社编写的教材比较切合实际，选文强调文质兼美，编排以培养语文能力为主线，教材仍然是综合型的，仍然强调语文基本知识和基本能力训练。

（4）第四次全国性改革始于1978年，《全日制十年制学校中学语文教学大纲（试用草案）》指出：课文要选取文质兼美的文章，必须思想内容好，语言文字好，适合教学。人民教育出版社编写的一套崭新的教材，在全国通用。这时的教材管理是"审定制"，中小学教材开始多样化，各地也出现了自编教材。这个阶段的语文教材多采用单元编排形式，按文体组成单元，结合汉语知识教学。

（5）第五次改革始于2001年，配合新一轮基础教育课程改革，《全日制义务教育语文课程标准（实验稿）》明确规定：教材选文要具有典范性，文质兼美，富有文化内涵和时代气息，题材、体裁、风格丰富多样，难易适度，适合学生学习。在教材审定政策下，各地编写出版了不同版本的语文教材。新改革的语文教材以专题组织单元，但加强了知识的整合，注重语文与生活的联系，注重激发学生的兴趣、情感，总体淡化汉语知识系统。

五次语文教材的改革，基本依据是语文课程大纲或课程标准的修订，但从总体来说，语文教材均以读写训练相结合的综合型为主，选文也基本以文质兼美为原则。

（二）语文教学方法改革

语文教学方法的全国性改革也有五次。

（1）第一次全国性教学改革发生在中华人民共和国成立之初，普遍推行课堂的民主讨论，改变了"教师讲，学生听"的老式教法。

（2）第二次全国性教学改革始于1953年的"红领巾"教学法。1953年5月，北京市女六中为北京师范大学实习生举行观摩课，课文是《红领巾》，在课后评议会上，苏联专家普希金教授对这节课提出了意见。次日，北京师范大学实习生在师大女附中进行试教，他们按照普希金教授的意见进行实验。实习生把原来的七课时改为四课时，课堂上注意启发学生的积极思维，运用谈话法向学生提出问题，学生反映这个教法好。同年7月在《人民教育》杂志发表了叶苍岑写的实习总结，并发表了短评，在全国掀起了语文教学改革的浪潮。

（3）第三次全国性的教学方法改革始于20世纪60年代初，串讲法盛行一时。这种逐字逐句串讲并在讲解的基础上加以分析的教法，对于文言文教学和落实字、词、句、篇教学，有一定作用，但把串讲法广泛地应用于语文教学，就有失偏颇。

（4）第四次全国性教学方法改革始于20世纪80年代，语文教学改革沿着"加强基础，培养能力，发展智力，实行语文教学科学化"的方向前进。这次语文教学方法的改革，主要有以下几个特点：第一，变"授"为"学"，把重点放在指导学生"学"，从而使学生的学习由被动变为主动。学生在教师指导下通过独立阅读、独立思考、集体讨论，读懂课文，在一定程度上改变了依靠教师讲解课文的局面，学生成为语文学习的主人。第二，重视语文能力的培养，坚持听、说、读、写全面训练。第三，在传授知识、培养能力的过程中，注意发展学生智力。第四，贯彻了"百花齐放，百家争鸣"的方针。

（5）第五次全国性教学方法改革就是新一轮的基础课程改革，始于2001年，语文教学在明确了"工具性与人文性统一"的性质与特点后,以知识与能力、过程与方法、情感态度与价值观感三个维度为体系,充分发挥语文课程的育人功能。在教学理念上,吸收外国新的学习理论,突显学生的主体地位与个性,强调对话,积极倡导自主、合作、探究的学习方式,以达到"全面提高学生的语文素养"的目标。

(三)语文教学改革的回顾

回顾语文教学改革的历史,特别是1978年以来的情况,语文教学改革具有如下几个特点:第一,起步早,而且持续不断地进行改革;第二,规模大,遍及全国,影响很大;第三,教材改革与教法改革同步进行,相互影响,相互促进;第四,思想活跃,百花齐放,百家争鸣;第五,每个时期都有一批教学改革的带头人。

回顾语文教改的历史,我们看到改革的道路是曲折的,继续前进的路途上还有不少障碍。

教学改革最核心的是教学理念的更新;实际上,陈旧观念的破除是很困难的。积极改革者只是极少数,认真学习先进经验,以新的观念进行教学改革的也是少数。一些成功的教学改革经验之所以在大面积上推广困难,主要原因是大部分教师的教学观念没有更新,因循守旧,不思改革。

语义教学改革形式化也是影响教学改革深入进行的重要因素。在"满堂灌""填鸭式"等教学方法受到批评之后,就兴起了"满堂问"的谈话法;在"谈话法"过时之后,又出现了以应试为目的、以练代讲的"满堂练"。教学方法表面上在不断变化,但根本上仍没有正视学生的主体地位,没有把调动学生的学习积极性、主动性和创造性放在首位。有的方法表面上看来有创新,但实际上未摆脱"一言堂""满堂灌"的陋习,仍存在公式化、概念化的教学。

语文课程评价体系在很大程度上影响了课程改革的深入发展。考试的导向与倒流作用明显地影响语文教学。全国高考、省级会考和初中毕业升学考试,已经有了很大的变革,语文考试在考查基础知识、基本训练的同时,着重考查学生的语文能力和素养,对中学语文教学起了一定的正面导向作用,但是,由于种种原因,各级考试对语文教学又有一定的副作用,制约着语文教学改革的深入发展。

回顾语文教学改革的历程,应该清醒地认识到,深化语文教学改革的任务是既繁重又紧迫的。叶圣陶先生曾在全国中学语文教学专业委员会第三届年会开幕式上的讲话中指出:不能今年研究,明年研究,研究它二十年。太慢了!能不能快一点?叶老的讲话过去多年了,但是仍有现实意义。

三、当代语文课程的基本内容

中华人民共和国成立以来,我国针对语文课程制定过多套课程标准或教学大纲,语文课程的性质也从"以社会主义思想教育儿童的强有力的工具"(1955年的《小学语文教学大纲草案(初稿)》),到"思想政治教育和语文知识教学的辩证统一"(1978年的《全日制十年制学校小学语文教学大纲(试行草案)》),再到"不仅具有工具性,而且有很强的思想性"(1986年的《全日制小学语文教学大纲》),一直到现今使用的《义务教育语文课程标准(2011版)》中的"语文课程是一门学习语言文字运用的综合性、实践性课程""工具性与人文性的统一,是语文课程的基本特点",经历着不断修订的历程。

听、说、读、写是语文课程的基本内容,具体在各学段,基本内容也有一些变化。

小学语文课程方面,1950年的《小学语文课程暂行标准》以阅读、写话和写字为基本内容；1956年的《小学语文教学大纲（草案）》以阅读教学、汉语教学、作文教学、识字教学、写字教学为基本教学内容；1963年的《全日制小学语文教学大纲（草案）》中，课程内容则变化为识字写字、课文、练习、作文；1978年、1980年和1986年的《全日制小学语文教学大纲》都认为课程内容应包括识字写字、阅读、作文、基础训练；而2000年的《九年义务教育全日制小学语文教学大纲（试用修订版）》中则按学段安排课程内容，低年级为汉语拼音、识字写字、阅读、写话、口语交际；中年级与高年级为汉语拼音、识字写字、阅读、习作、口语交际，除此之外，对语文实践活动也提出了一定的要求。《义务教育语文课程标准（2011版）》的课程内容与2000年大纲相近。

中学语文课程方面，1956年的《初级中学文学教学大纲（草案）》认为初级中学语文课程内容以文学作品、文学理论常识和文学史常识为主，《高级中学文学教学大纲（草案）》认为高级中学语文课程以中国文学、外国文学的个别作品和文学理论基本知识为主要内容。1963年的《全日制中学语文教学大纲（草案）》则以课文、语法修辞逻辑等知识、作文为主要内容。1978年、1980年和1986年的《全日制中学语文教学大纲》中的教学内容都是课文（阅读）与作文。1988年的《九年制义务教育全日制初级中学语文教学大纲（初审稿）》的语文课程内容有较大的变化，包括识字写字、听话说话、阅读、作文、课外活动；1992年的《九年义务教育全日制初级中学语文教学大纲》也有一些变化，课程内容包括阅读、写作、口语交际、语文常识、课外活动。1996年的《全日制普通高级中学语文教学大纲》中已经对高中语文课程结构做出调整，分为学科类课程和活动类课程，其中学科类课程包括必修课、限定选修课、任意选修课，活动类课程包括阅读活动、写作活动、听说活动，教学内容包括听说读写的能力训练、基础知识和课文。现今使用的课程标准中，《义务教育语文课程标准（2011版）》规定初中语文课程内容包含识字写字、阅读、习作、口语交际、综合性学习；《普通高中语文课程标准（实验）》规定初中语文课程结构包括必修课和选修课，必修课包括五个模块，必须包括阅读与鉴赏、表达与交流两方面，选修课程设计五个系列（系列1：诗歌与散文，系列2：小说与戏剧，系列3：新闻与传记，系列4：语言文字应用，系列5：文化论著研读）。

从各个板块的教学内容来看，当代语文教学也是有基础的内容和各阶段的变化的。

（一）识字教学

识字与写字教学是语文教育的基础。自1904年语文单独设科以来，汉字的认读和书写就备受关注。

1. 识字教学目标

（1）在总结历史的基础上，语文教育进一步重视汉字、汉语的特点。1963年制定的《小学语文教学大纲》重申了小学语文教学的目标，即低年级以识字教学为重点，总识字量应该在3500个左右的常用汉字，一、二年级要教学生半数左右。

（2）1978年颁布的《全日制十年制学校小学语文教学大纲》规定：识字是阅读教学和写作教学的基础。在小学阶段要使学生学会3000个左右的常用汉字。前三年学会2500个左右，为四、五年级较快地提高读写能力打下基础。

（3）1986年颁布的《全日制小学语文教学大纲》规定：认识常用汉字3000个左右，要求掌握2500个左右。要养成良好的写字习惯。

（4）1992年颁布的《九年义务教育全日制小学语文教学大纲》关于识字写字的目标规定：学会汉语拼音，学会常用汉字3500个左右。

（5）2001年颁布的《全日制义务教育语文课程标准（实验稿）》要求，累计认识常用汉字3000个，其中2500个左右会写。

2. 识字教学的内容

识字教材为识字教学提供环境，把汉字的音、形、义结合起来，达到识字的目的。

（1）分散识字教材。

1978年，人民教育出版社出版了全国五年制小学通用的小学《语文》课本。其识字的教学特点是：第一，一、二年级以识字教学为重点；第二，根据大纲规定，教材中的生字分为两部分，一部分要求掌握，另一部分只需要了解意思就可以了；第三，汉语拼音用于教学后，编入拼音识字教材；第四，集中识字和分散识字交替进行，兼容并蓄。

1982年，五年制小学课本根据《全日制五年制小学教学计划（修订草案）》进行改编。主要表现在：第一，识字方案要符合儿童的认识发展过程；第二，加强识字和识词的结合；第三，加强识字与写字的联系。

1990年，人民教育出版社出版了义务教育五年制小学教科书《语文》（实验本），这套课本把识字量从3000个左右降到2500个左右，并在低年级强调注音识字，注音学课文。

（2）实验教科书中的集中识字教材。

这类教材在全国通用的是《小学语文新实验课本》，以"集中识字·大量阅读·分部习作"实验教学大纲为依据。

（3）注音识字、提前读写的教材。

1991年，语文教育出版社出版了王均主编的"注音识字，提前读写"实验本《语文》（修订本）10册。

3. 识字教学的方法[1]

（1）速成识字法。

这种识字的教学方法主要分为三个步骤：第一步是学会注音符号和拼音，掌握识字的辅助工具；第二步是突击学单字，先求会读与初步会讲；第三步是学习语文课本，同时展开大量的阅读、写字，巩固所学的字。并扩大了解字义的范围，做到会写、会用。

（2）黑山县的集中识字。

这种方法是识字阅读分步走，先教会一定数量的汉字，再阅读课文。实行这种方法，大大提高了识字的数量。

（3）斯霞分散识字。

这种方法就是随课文识字，即"字不离词，词不离句"，把字音、字形和字义的教学与课文的词句、篇章教学有机结合，把生字词放在特定的语言环境中让学生感知、理解和掌握；同时，在识字时，使字音、字义、字形紧密结合，读说写用紧密结合，从而提高识字的数量和质量。

（二）阅读教学

阅读教学作为当代语文教育的一个重要组成部分，其发展过程与整个语文教育的发展过程基本同步。具体可从阅读教学的目标、阅读教学的内容、阅读教学的方法三个方面来审视。

---

[1] 宋增林. 识字教学的历史回顾与粗浅分析[J]. 甘肃教育，2005（4）.

1. 阅读教学的目标

中华人民共和国成立以来的几部教学大纲，在阅读教学方面的要求是逐步明确、逐步提高的。

1992年的《九年义务教育全日制小学语文教学大纲（试用）》中指明：阅读教学的主要任务是培养学生的阅读能力和良好的阅读习惯。小学阅读教学，要通过词、句、段、篇的教学和朗读、默读、复述、背诵的训练，使学生掌握学过的常用词语，理解句子的意思；能给课文分段，归纳段落大意，概括课文的主要内容和中心思想；学习作者是怎样观察事物、思考问题和表达思想的；能正确、流利、有感情地朗读课文，比较熟练地默读课文，能背诵或复述指定的课文；能读懂适合少年儿童阅读的书报。大纲对阅读教学的理解程度、阅读方式、阅读能力、阅读习惯、阅读速度、智力开发等目标都做了明确的规定。在中小学阅读教学目标的制定上也更加注重衔接。

在《全日制义务教育语文课程标准（2011版）》中，课程目标的总目标里对阅读目标是这样表述的：具有独立阅读的能力，注重情感体验，有较丰富的积累，形成良好的语感。学会运用多种阅读方法。能初步理解、鉴赏文学作品，受到高尚情操与趣味的熏陶，发展个性，丰富自己的精神世界。能借助工具书阅读浅易文言文。

《普通高中语文课程标准（实验）》对高中学生阅读目标的规定是：积累和整合、感受和鉴赏、思考和领悟、应用和拓展、发现与创新。

2. 阅读教学的内容[1]

教材是教学内容的主要呈现形式，这里以教材为重点讲述阅读教学内容的发展。

语文科定名以后，1951年，宋云彬、朱文叔、蒋仲仁等编写了《初级中学语文课本》，周祖谟、游国恩等编写了《高级中学语文课本》。这两套课本修订改编后作为全国通用的教材重新出版。其特点在于思想性强、选文种类多，不足之处是内容比较单薄，系统性不强。

汉语、文学分科后，阅读教学主要通过文学课进行，在汉语课中进行阅读基本知识的教学。初中的课程内容主要有民间口头文学、古典文学、现代文学和以苏联文学为主的外国文学作品。高中主要包括中国文学和中国文学史基本知识、外国文学、文学理论的基本知识。文科教学使用时间较短。

1958—1977年，在"多快好省"建设社会主义这个政策的影响下，语文教材，例如《语文》课本、《十年制学校中学语文课本》（试用版），对阅读基础知识的教学和阅读能力的培养提出了不切实际的高要求。"文革"期间没有统一的阅读教材，各地自编教材，情况极为混乱。

1980年、1983年作了调整，增编了高中课本第五册和第六册，成为全国通用教材。这套教材把注释、练习和语文知识短文作为课本的重要组成部分。

1988年，国家教委主持编订了《九年义务教育全日制初级中学语文教学大纲（初审稿）》，为编写义务教育初中语文教材和实施教育提供了依据。与此同时，全国各地纷纷开展教材改革，编写实验教材。一是分编单册，比如，1980年，辽宁欧阳黛娜主编了初中三年《阅读》和《写作》；二是分编合册，在一册书中分别编有"阅读"和"表达"两个部分。

---

[1] 耿红卫. 中国语文教育史教程[M]. 济南：山东教育出版社，2013：188.

2001年后，教学资源从单一走向丰富，主要有童话、寓言、文化经典著作、小说、儿歌、诗歌散文、剧本、语言文化理论著作、当代文学作品、科普科幻作品以及其他各类读物，扩大了学生的阅读视野。并且文本类型在不同的学段呈现不断扩展的状态。人教版高中语文还设计了五个系列的选修课程：诗歌与散文、小说与戏剧、新闻与传记、语言文字应用，文化论著研读，充分考虑了学生的不同需求和实际水平差异。

3. 阅读教学的方法

当代语文阅读教学方法的改革是语文教育改革取得的最大成果之一，是语文教学方法改革的重要组成部分。不同时期的阅读教学，其教学目标、教学内容、教学方法也相应不同。

在中华人民共和国成立之初，主要的教学方法是"课堂民主讨论法"[1]，这种方法改变了教师一言堂的教学方式，有利于发挥学生的主体性和教师的主导性。但是这种教学方法过于注重思想内容而忽视语文知识的学习，教师的作用不能很好地显现出来。

中华人民共和国成立初到20世纪50年代中期，我们十分注重学习苏联的教育理论和方法。在此阶段，主要的阅读教学方法是谈话法。谈话法有利于师生之间的互动，但是全国很多学校不顾课文的内容盲目照搬该方法，产生很多问题。

改革开放以后，阅读教学方法的实践改革取得了显著的成效。随着"学生是学习的主体，教师是教学的主导"这一教学思想的深入人心，阅读教学方法的改革试验尤为活跃。比如钱梦龙老师的"三主四导"语文导读法，曾祥芹教师的"新概念阅读教学"散发训练体系，顾德希老师的"高中语文阅读教学研究"，程汉杰老师的"快速阅读实验"，钟德赣教师的"反刍式教学"等，阅读教学方法既注重语言教学，又注重智力发展。而且随着"第二课堂"的开辟，阅读教学不再局限于课堂教学，这对拓宽学生的阅读视野有极为重要的影响。

（三）写作教学

写作教学是语文教育中的重要内容。在中华人民共和国成立初期，对写作教学并没有提出明确的要求。"大跃进"期间，写作教学几乎被忽视。1960年开始对写作教学提出比较具体的要求。1978年后，语文教育有了明确的指导思想，对写作教学的要求也更明确。新一轮的课程改革后，对写作教学无论在目标、内容上都有了新的要求。

1. 写作教学的目标

在不同的时期，写作教学的目标呈现出不同的特点。

（1）第一阶段的写作教学目标。

1954年，国家教委在《改进小学语文教学的初步意见》中指出：叙述和作文的目的在培养儿童能够在说话上、写作上正确地自由地表达自己的思想感情。……写作教学应该在说话教学的基础上进行。[2] 1957年，人民教育出版社草拟了《中文作文教学初步方案（草案）》，虽然没有公开发表，但是对初中、高中的写作教学提出了不同的要求和内容。对初中生的要求是：观察和分析一些比较简单的事物，写作文要求有内容、有条理，内容通顺；到了高中阶段，应该观察和分析一些比较复杂的事物，写作要求内容充实，重点突出，结构严谨，并有一定的说服力和感染力。

---

[1] 叶苍岑. 中学语文教学通讯[J]. 北京教育出版社，1984：79.
[2] 课程教材研究所. 20世纪中小学课程标准·教学大纲汇编[M]. 北京：人民教育出版社，2001：78.

1963年颁布了《全日制中学语文教学大纲（草案）》对初高中写作教学分别提出了不同的要求。要求应该在语言文化上和思想情感上进行综合训练。在初中阶段"作文能够分清段落，语句清晰，用词适当，正确使用标点符号，字写得端正，不写错别字"，高中阶段"作文能够思路畅达，文理通顺，用词确切"[1]。

（2）第二阶段的写作教学目标。

1978年制定，并于1980年修订的《全日制中学语文教学大纲（草案）》对作文教学提出了明确的要求：初中阶段能写一般的记叙文、说明、议论文章，做到观点正确，内容具体，条理清楚，语句通顺，会使用表达符号，字写得正确整齐；高中阶段能写复杂的记叙、议论、说明文章，做到观点鲜明，内容充实，结构完整，中心明确，语句流畅。1988年、1992年《九年义务教育全日制小学语文教学大纲》的"初审稿"和"试用本"问世后，作文教学的具体要求调整为"有中心，有条理，内容具体，语句通顺，感情真实，思想健康"。

（3）第三阶段的写作教学目标。

2001年的《义务教育语文课程标准》的写作教学的目标要求是，激发学生写作的兴趣，注重学生的实际操作能力，注重引发创新思维的精神；而且主张多写多练。此外对学生在交流与合作中提高写作水平也给予强调，写作要有利于学生进行反思和修正，取长补短，形成多元交互的思维网络，培养合作精神。

2. 写作教学的内容

写作教材是教学内容的主要体现形式。当代的写作教材从最初的没有系统的写作教学内容，到编订专门的写作教案，写作内容在这个过程中逐渐明确、具体。

"语文"科定名后，当时的小学教材把读得上口、听得入耳的文章作为选入教材的条件。这推动了作文教学的发展。

1957年，人民教育出版社草拟了《中文作文教学初步方案（草案）》对初高中的写作教学的内容作了明确的说明。指出，中学写作教学，必须要有固定的教学时间，有与文学课和汉语课相适应的教学内容，与学生的实际生活相结合的教学时间，符合学生年龄特征的作文教材。还提出作文教材编排的原则。但是由于种种原因，还未编出写作教材，分科教学实验就停止了。

"大跃进"时期写作教学与政治运动紧密结合，写作教学也被政治影响，写作教学是围绕阶级斗争来选材的。

国民经济调整时期，1963年颁布的《全日制（十二年制）中学语文教学大纲（草案）》，进一步以国家法定文件的形式，对作文教学作了相关规定。

"文化大革命"时期，作文教学与政治运动紧密结合。

1978年，教育部颁布了《全日制十年制语文教学大纲（试行草案）》和《全日制四年制学校中学语文教学教学大纲（试行草案）》，首次提出了语文学科要对学生进行严格的"读写训练"，并分别规定初中、高中两个不同阶段的读写目标。

1993年开始，全国各地出现很多不同版本、不同体系的教材，也出现一些专门的写作教材。例如，人教分编版《作文·汉语》，辽宁本《写作》，初中作文"三级训练"等。这种状况延续到新一轮课程改革后。

---

[1] 课程教材研究所. 20世纪中小学课程标准·教学大纲汇编[M]. 北京：人民教育出版社，2001：132.

3. 写作训练体系

叶圣陶曾说：世界如果有所谓作文方法，不过是顺着说话想心思的自然规律加以说明而已。[1] 所谓写作教学方法，也就是怎样知道学生"顺着说话想心思的自然规律加以说明"。当代的语文教育者对写作训练体系进行了深入的研究和探索，取得了不错的成绩。在此仅举几例说明。

（1）作文"三级训练"体系。

所谓"三级训练"是指观察训练、分析训练、表达训练依次分为三个台阶进行训练。该体系把整个训练过程设计为三级六段四十四步，一步一步进行训练，同时相应地采用写观察日记、观察笔记、分析笔记、预感随想和章法随笔的方式指导学生多角度练笔。这种训练体系在国内影响较大，颇有成效。

（2）分格作文教学体系。

把写作教学的写作内容、写作知识和写作技能分解成各个"点"，再将"点"由浅入深组成"线"，这是写作教学中最小的单位，先对这些最小的单位进行单项训练，然后再进行综合训练。整个训练被分为审题、立意、选材、布局、表达和修改这六个部分，同时又分为观察线、分析线、想象线、表达线、语言线五条"线"，以"格"为基础，连"格"成线，连"线"成"面"，组成系统的作文教学。[2]

（3）语言思维训练作文教学体系。

强调思维训练的重要性，按照学生的认知规律组织了一系列的语言与思维训练。它们包括语言清晰性训练、语言连贯性训练、语言变化训练和语感的培养、逻辑思维的基本练习、联想和想象的练习、综合和概括的练习、局部写作联系和阅读分析联系。这种训练体系有利于学生掌握科学的思维方法，锻炼思维的准确性、周密性、条理性、广阔性和深刻性。

（4）快速作文教学体系。

湖北省特级教师杨初春构建了"五步四法二型课"快速作文训练体系。所谓的"五步"是指，基础训练、思维训练、速度训练、技巧训练、综合训练；"四法"是写作周期限时法、指导限时后虚法、评阅浏览自改法、训练分布强化法；两种课型：写作实践课和理论指导课。快速作文训练体系注重作文教学的时效性和运用性，但是压制了学生的创造性。由于缺乏理论知识的指导，带有明显的应试倾向，不利于学生综合素质的提高。

此外，还有其他各种从不同角度探索写作教学的模式和训练体系。如强调兴趣激发的上海李白坚的"快乐作文模式"，强调学生情感体验的江苏李吉林的"情感作文教学模式"，突出训练层次的广东丁有宽的"读写结合模式"等。

（四）口语交际教学

2000 年，我国中小学三个新的教学大纲，将原来小学大纲中的"听话、说话"，初中大纲中的"听话训练、说话训练"，高中大纲中的"说话能力"，统一改为"口语交际"，这不仅仅是提法的改变，而且标志口语交际教学在价值取向上的重大转变，即注重交际的互动性、情境性、综合性。从某种程度上说，口语交际是实施素质教育的突破口。

2001 年的《全日制义务教育语文课程标准（实验稿）》强调，口语交际的教学目标

---

[1] 叶圣陶. 叶圣陶语文教育论集（下册）[M]. 北京：教育科学出版社，1980：453.
[2] 顾黄初. 中国现代语文教育百年事典 [M]. 上海：上海教育出版社，2001：525 - 526.

是：学会倾听、表达与交流，初步学会文明地进行人际沟通和社会交往，发展合作精神，发展日常口语交际基本能力。而在实践操作中主要是通过"和谐高效思维对话"、多元智能综合教学方法、主题生活化教学法等方法学习课本上相关的内容来提高学生的口语交际能力。

2011年版的《义务教育语文课程标准》也在每个学段提出了"口语交际"方面的学段目标与内容。

第一学段（1—2年级）：具有日常口语交际的基本能力，学会倾听、表达与交流，初步学会运用口头语言文明地进行人际沟通和社会交往。

第二学段（3—4年级）：①能用普通话交谈。学会认真倾听，能就不理解的地方向人请教，就不同的意见与人商讨。②听人说话能把握主要内容，并能简要转述。③能清楚明白地讲述见闻，说出自己的感受和想法。讲述故事力求具体生动。

第三学段（5—6年级）：①与人交流能尊重和理解对方。②乐于参与讨论，敢于发表自己的意见。③听人说话认真、耐心，能抓住要点，并能简要转述。④表达有条理，语气、语调适当。⑤能根据对象和场合，稍作准备，作简单的发言。⑥注意语言美，抵制不文明的语言。

第四学段（7—9年级）：①注意对象和场合，学习文明得体地交流。②耐心专注地倾听，能根据对方的话语、表情、手势等，理解对方的观点和意图。③自信、负责地表达自己的观点，做到清楚、连贯、不偏离话题。④注意表情和语气，根据需要调整自己的表达内容和方式，不断提高应对能力，增强感染力和说服力。⑤讲述见闻，内容具体、语言生动。复述转述，完整准确、突出要点。能就适当的话题作即席讲话和有准备的主题演讲，有自己的观点，有一定说服力。⑥讨论问题，能积极发表自己的看法，有中心、有根据、有条理。能听出讨论的焦点，并能有针对性地发表意见。

《普通高中语文课程标准（实验稿）》也明确提出：良好的口语交际能力是现代公民的重要素养。口语交际是在一定的语言情境中相互传递信息、分享信息的过程，是人与人之间交流和沟通的基本手段。口语交际教学应注重培养人际交往的文明态度和语言修养，如有自信心、有独立见解、相互尊重和理解、谈吐文雅等。应重视指导学生在各种交际实践中提高口语交际能力，选择他们感兴趣的、贴近生活的交际话题，采用灵活的形式组织口语交际教学，而不必过多传授口语交际知识。还应鼓励学生在各科教学活动以及日常生活中锻炼口语交际能力。

中国传统的教育一向忽略口头语言教学，民国期间，受西方教育的影响，虽然开始关注"说"的能力，但仍未把说话能力的培养作为语文教学的主要内容。当代对口语交际教学的重视，是对我国传统语文教育的一个重要发展。

（五）综合性学习

在2011年版的《义务教育语文课程标准》中首次提出综合性学习的课程内容，不同学段有不同的综合性学习目标要求。

第一学段（1—2年级）：①对周围事物有好奇心，能就感兴趣的内容提出问题，结合课内外阅读共同讨论。②结合语文学习，观察大自然，用口头或图文等方式表达自己的观察所得。③热心参加校园、社区活动。结合活动，用口头或图文等方式表达自己的见闻和想法。

第二学段（3—4年级）：①能提出学习和生活中的问题，有目的地搜集资料，共同讨论。②结合语文学习，观察大自然，观察社会，用书面或口头方式表达自己的观察所得。③能在教师的指导下组织有趣味的语文活动，在活动中学习语文，学会合作。④在家庭生活、学校生活中，尝试运用语文知识和能力解决简单问题。

第三学段（5—6年级）：①为解决与学习和生活相关的问题，利用图书馆、网络等信息渠道获取资料，尝试写简单的研究报告。②策划简单的校园活动和社会活动，对所策划的主题进行讨论和分析，学写活动计划和活动总结。③对自己身边的、大家共同关注的问题，或电视、电影中的故事和形象，组织讨论、专题演讲，学习辨别是非、善恶、美丑。④初步了解查找资料、运用资料的基本方法。

第四学段（7—9年级）：①自主组织文学活动，在办刊、演出、讨论等活动过程中，体验合作与成功的喜悦。②能提出学习和生活中感兴趣的问题，共同讨论，选出研究主题，制订简单的研究计划。能从书刊或其他媒体中获取有关资料，讨论分析问题，独立或合作写出简单的研究报告。③关心学校、本地区和国内外大事，就共同关注的热点问题，搜集资料，调查访问，相互讨论，能用文字、图表、图画、照片等展示学习成果。④掌握查找资料、引用资料的基本方法，分清原始资料与间接资料的主要差别，学会注明所援引资料的出处。

到了高中阶段，《普通高中语文课程标准（实验稿)》提出：要注意设计体验性活动和研究性学习专题，有助于学生创造性地学习。

综合性学习是：新型的学习方式——倡导学生主动参与、乐于探究、勤于动手，培养学生搜集和处理信息的能力、获取新知识的能力、分析和解决问题的能力以及交流与合作的能力。(《基础教育课程改革纲要》) 在语文教学中开展综合性学习，是：以语言课程的整合为基点，加强语文课程与其他课程的联系，强调语文学习与生活的结合，以促进学生语文素养的整体推进和协调发展。[1] 这是对语文课程内容的重大突破，也对语文教学方法的改革提出了新的要求。

四、当代语文教育理论的探索与发展

当代语文教育发展时期，我国经历了诸多政治运动，这些运动对语文教育造成了较大影响。根据当代语文教育的具体分期，语文教育理论的探讨和发展也具有阶段性。

（一）1949—1957年

中华人民共和国成立初期，客观的形势要求语文教育摆脱和清除旧社会、旧势力的影响，加强政治思想教育，紧密配合当时的各项政治运动，因此不可能在很大的范围内有很多的人去研究语文教育的理论问题，但是对语文教育理论仍然有积极的探索。1951年12月，中央成立"中央语文教学问题委员会"，接着各省、市、自治区，也先后成立了语文教学研究会。1952年，全国各地中小学都成立了语文教研组，广泛开展语文教学研究活动，对语文教材教法、听说读写语言能力的培养方法等进行探讨。

这一时期苏联教育理论尤其是语文教育理论的译介对促进我国的语文教育理论的发展产生了重要影响。1950年上海大路出版社翻译出版了恩·柏·卡诺内庚的《语文教学法》中的"讲读"与"说话和写话"两部分。该书的每一部分都有较强的思想性和理论依据，对中国的语文教学具有启发意义。1956年人民教育出版社翻译出版了《苏联文学教学论

---

[1] 郑国民，冯伟光，沈国帼. 语文综合性学习的理论基础与基本特征 [J]. 语文建设，2002 (4).

文选》,该书在"编者的话"中指出:我国初级中学和高级中学的文学课在教学上应有何种区别,在文学课中如何分析作品,如何进行语言教学,如何指导书面作业和课外阅读……研究诸如此类的问题时,这些论文可供参考。1957 年,人民教育出版社翻译出版了《文学教学法》中的上册。上册的主要内容包括"总论"和"文学阅读"两部分。总论包括文学教学法的任务、材料和研究方法以及文学教学的理论基础等。文学阅读部分论及文学教学的整个过程:怎样进行起始课,怎样讲授作品产生的历史背景和作家传记,怎样研究课文,怎样总结、巩固知识和进行考查等。

(二) 1958—1976 年

这是语文教育的波折期,语文教育的理论探索时断时续。"大跃进"时期,深入的理论研究不是很多;"文革"时期的理论园地更是一片荒芜。从 1959 年开展对语文科目任务的讨论开始,到 1966 年"文革"开始前这一段时间,语文教育理论研究比较活跃。特别是一些著名的语文教育理论家,如叶圣陶、吕叔湘、张志公等人,在这一时期专心致力于语文教育的理论探索,发表了许多精辟的论述,对推动语文教学改革,起到了重要的指导作用。

在这一时期,叶圣陶对语文学科的性质、内涵及其功能作了全面的分析,他强调语文课应该是口头语和书面语并举、听说读写并重。他批判了当时语文教育界存在的两种偏向,即把语文课上成政治课或文学课。为了切实提高语文教学质量,叶圣陶比以往更强调语文教师本身水平的提高。吕叔湘对语文教学作了比较全面的论述,这些论述都具有很强的针对性,他认为从事语文教学的人要做到两个"必须认清":教的是什么,怎么教。另外他还特别重视语文教师自身的素质,他呼吁各科教师都来关心语文,整个社会使用语文要严肃认真,要给语文教学营造一个良好的大环境。张志公长期执着于汉语文的理论研究,在探索语文教学科学化、现代化、民族化等方面做出了重大贡献。关于语文学科的性质,他一贯主张文道统一;在语文教学方法上,他强调读写教学相结合,同时重视口语训练;他还主张良好的学习态度和学习习惯的培养以及教师的师范作用。

(三) 1977—2000 年

这一时期,改革开放思想出现,并迅速影响到学校教育,其中反应最快的自然是语文教育。我国的语文教育理论远远落后于同一时期的语文教改实践,与此同时随着教改的深化,更需要加强理论的研究。

1978 年,在吕叔湘于《人民日报》发表《语文教学中两个迫切问题》的前后,叶圣陶在《中国语文》第 2 期发表了《大力研究语文教学,尽快改进语文教学》的文章,发出:愿语文教师和语言学科的工作者通力协作研究语文教学,做到尽快地改进语文教学的恳切呼吁;张志公等在《中国语文》第 1 期发表《语文教学需要大大提高效率》的文章,明确提出:语文教学的科学研究问题,不仅是中小学语文教师的事,而且应该是从事高等师范教育的教授、教师们义不容辞的责任。在教育界"三老"的号召下,这一时期的语文教学理论探讨,逐渐形成如下特点:①语文教学阵地不断扩大,研究人员不断成长;②语文教育界思想活跃,论者辈出,各有见解;③研究内容广泛,探索多向,呈现出多视角、多侧面、多层次的特点;④研究成果大批涌现,语文教育学、语文教育史、语文教学论、语文教学心理学等各个领域,都不乏创见。

此时期人们对语文学科性质和任务作了新的探索,有了新的认识。这些认识概括起来大致有：工具性、人文性、素质论、语感论。2000年《全日制普通高级中学语文教学大纲》规定：语文是最重要的交际工具，是人类文化的重要组成部分之一。这一论断，概括总结了语文学科的性质和任务。这几十年来，对语文教育理论研究的成果，在不同时期所制定的语文教学大纲中，得到了集中的反映；或者说，几十年来语文教学大纲的多次修订，具体说明了语文教学理论研究的不断进步。

（四）2001年后

新一轮的基础教育课程改革时期，在语文教育理论的探索与研究上，一是广泛引进吸收其他国家的母语教育理论，重点引介西方新的教育理论成果，用以指导我国的语文教学改革实践；二是在"语文"独立设科的百年后，开始梳理、反思中国传统的语文教育，希望通过对中国传统语文教育经验的理性研究，结合国外母语教育的经验，建设具有中国特色的语文教育理论体系，更好地寻求语文教育民族化、科学化的道路。

当代的语文教育理论探索，与素质教育、创新教育相结合，更加注重语文与生活的联系，倡导"大语文"教育观念。伴随着进入信息化时代的步伐，信息技术与语文教育的整合也成为探索与研究的重点。

第二节　当代语文教育思想

一、张志公

张志公（1918—1997），河北省南皮县人。作为语文教育家的张志公，既是语文教育改革家，又是语文教育思想家。他曾任中国文字改革委员会委员、国家教委全国中小学教材审定委员会顾问等与语文教育密切相关的职务。张志公认为语文教育必须全面改革，他强调立足中国国情，其教育理论一方面注重继承传统语文教育的经验，另一方面提倡语文教育的现代化，联结了传统语文教育和现代语文教育，为建立语文教育新的理论体系和实践模式做了积极的探索。他主编了《现代汉语》，著有《传统语文教育初探》《传统语文教育教材论》《漫谈语文》《张志公论语文教学改革》等著作。

（一）张志公教育思想概说

张志公重视总结传统语文教育的经验和教训，又强调语文教育的民族化、科学化、现代化和致用化。他认为审视传统语文教育，可以为探求语文教育的现代化和民族化相结合提供宝贵经验。他整理了大量语文教育教学资料，梳理了传统语文教育的内容序列，总结了传统语文教育的经验，这对当时乃至今天的语文教育改革与研究都具有极其重要的参考价值。《传统语文教育初探》更具有开创性，被誉为研究传统语文教育的第一书。

作为语言学家的张志公，一直十分重视文学教育。多少年来，他大声疾呼，要重视文学教育，并且提出了一系列的方法与原则。他认为：文学教育是一种精神教育、思想教育、美学教育。在知识教育方面，他强调坚持理论和实践相结合的原则，坚持"精要、好懂、管用"的原则，他的语文教育思想不仅属于过去，更属于现在和将来。

（二）张志公教育思想言论

1. 张志公语文教育理念

（1）重视总结传统语文教育的经验和教训。

张志公认为有必要重新回顾传统的语文教学，重新认识它的得失利弊，看看现代的语文教学从传统那里继承了些什么，对它改革了些什么，在原有的基础上开创了些什么，还遗留下一些什么重要问题没有解决，不断发展的形势又提出了一些什么新的有待解决的问题，我们应当根据今天的需要来考虑怎样正确对待前人的经验。

张志公先生说：语文是个民族性很强的学科。它不仅受一个民族语言文字特点的制约，而且还受这个民族文化传统以及心理特点的影响。为了探索出适合我国国情的语文教学的路子，我觉得很迫切需要对我们长期的传统语文教育进行认真的研究。[1]

他深感语文教育强烈的民族性和独特性，其他学科或许可以直接参考，甚至搬用国外现成的东西，但"只有一科没有照搬，连部分搬用都不可能，这就是语文"。

张志公在《传统语文教育初探》中梳理勾勒的传统语文教育如下。

①四个步骤。

遵循由浅到深、由易到难的原则，可把传统语文教育体系归纳为循序渐进的四大步骤：集中识字—进一步的识字—读写基础训练—进一步的阅读训练和作文训练。在传统语文教育中，积累经验最多的是识字教学，并充分利用了汉字汉语的特点来提高教学效率。

②三大体系。

相对完整的传统语文教学体系是这样的：一是建立了成套的、行之有效的汉字教学体系；二是建立了成套的文章之学的教学体系；三是建立了以大量的读、写、实践为主的语文教学法体系。

③三个问题。

传统语文教育中某些好的经验和不少落后的因素浑然一体、泥沙俱下、难解难分，张志公发现传统语文教育有三个主要的问题：一是传统语文教学的目的是培养适应科举考试的写作能力，这也就决定了语文教育的性质——语文教学是科举考试的附庸；二是由此性质、目的决定的"识字加读古文加作文"的教学内容；三是由此性质、目的决定的"记诵加模仿"的教学手段。[2]

④四个弊端。

由上述问题导致的弊端概括起来主要是下述四点：第一，脱离语言实际；第二，脱离应用实际；第三，忽视文学教育；第四，忽视知识教育。这些流弊影响至今，应该深受重视。对传统语文教育应该，批判地继承给予全面、公正的评价。

志公先生通过研究总结出传统语文教育的"四个步骤""三大体系""三个问题""四个弊端"，学界评价系统地考查传统语文教学，全面评价语文教育的得失长短，自张先生始。

（2）倡导语文教育改革理论。

张志公认为，汉语文教育的理论，靠引进是不行的，任何外国都没有适合汉语文教育的理论，供我们抄袭；靠继承也是不行的，因为我们的古人似乎并不善于总结经验，没有成套的经验传下来。我们只能吸收古今中外的有用的东西，建立有中国特色的汉语文教学理论。据此，张志公在以下四个方面卓有建树。

---

[1] 董菊初. 张志公语文教育思想概说[M]. 北京：人民教育出版社，2001：162.

[2] 张志公. 关于改革语文课、语文教材、语文教学的一些初步设想（中）[J]. 课程. 教材. 教法，1985（1）.

①语文教育的民族化。

"语文教育是民族性很强的学科",语文教育民族化是语文教育改革的基础。任何外国的东西,"要和民族的特点相结合,经过一定的民族形式,才有用处,决不能主观地公式地应用它";而对古代的文化,也要"去其糟粕,取其精华",使语文教育的理论与实践植根于民族的优良文化传统之中。

②语文教育的科学化。

他认为:所谓科学化,就是搞清楚语文教学的规律,按规律办事。教学方法的科学化涉及语言学、文学、教育学、心理学等方面,要有一定的模式,但又不要程序化。"我们的任务是把前人这些做法进行分析,找出它的规律性的因素,而不是用那些当时说不出规律的办法来否定规律的存在"。

③语文教育的现代化。

随着时代发展的需要和提高语文教学效率的需要,语文教育必须现代化;并且语文教育现代化必须是"方方面面都要现代化",包括教学思想的现代化、教学要求的现代化、教学内容的现代化、教学方法的现代化和师资队伍的现代化。在语文学科内容的现代化方面,他要求推广普通话及规范语言文字、加强应用文体的写作、重视文学教育和语文教育知识教育,强调语文教学内容的现代化并不必然地要排除文言文等;而在语文教学方法的现代化上,提倡教学方法多元化、明确教学方法的中心目标等。

④语文教育致用化。

张志公强调,语文教学要学以致用,提高效率。语文教学之所以有"老大难"的问题,其根本点就在于"效率不高"。他认为,应该从端正教育思想入手,从遵循教育规律入手,从实践入手,这是实现学以致用的基本途径。[1]

综上,语文教育的民族化、科学化、现代化、致用化,是我国语文教育改革的基本方向。其中,民族化是基础,科学化是核心,现代化是手段,致用化是目标。"四化"是张志公关于语文教育改革理论的基本体系。

2. 文学教育观

张志公指出:文学作品反映的应该是生活的本质,是用形象来感染、教育人的。文学教育是一种精神教育、思想教育、美学教育,同时,它又是一种非常有利于智力开发的教育。

(1) 对文学教育的基本性质的界定。

①精神性。

文学教育给予人的不是物质上的享受而是精神的享受和精神的生产。文学教育要引导学生深入到作品里,领会内容,参与创造,和作者一起塑造作品形象。所以张志公强调文学教育要引导学生"自悟",由此受到文学艺术的感染与陶冶,获得精神上的满足。

②思想性。

古今中外文艺创造的原则就是"文以载道",任何作品都是作者通过塑造形象来表达自己思想的载体。而引导学生进行作品赏析的过程就是进行思想教育的过程,张志公认为语文教育是向学生进行思想教育的非常方便而有效的阵地。

---

[1] 董菊初. 张志公语文教育思想概说[M]. 北京:人民教育出版社,2001:11-13.

③美学性。

"文学教育是美学教育",在具体作品中总要体现语言美、形象美、内容美。阅读优秀的文学作品可以帮助学生理解作者如何通过艺术反映现实生活,反映社会关系、人物行为、自然界,感知美丑、善恶、真假、崇高卑劣,获得美好心灵的陶冶。

(2) 上文学课的具体原则和方法。

①两个原则。

第一,尊重学生的主体地位,坚持"三少""三多"的讲课原则。

"三少"即少析、少讲、少灌;"三多"即多"点"、多"导"、多"悟"。张志公非常重视"点拨"与"导读",强调老师导一导,让学生自己去读,不要总是老师去分析,而要多着眼于学生的思维训练,少发挥"微言大义",让学生在读中去悟出来,那样微言大义才能发挥更大的作用,老师分析多了,发挥多了,反而会影响教学效果。

第二,抓住关键,带动其他的原则。

语文教育与语言教育不是各自孤立的,在文学教育中渗透语言教育,培养学生的语感,使二者相辅相成,是可能的,也是必要的。文学课,关键是培养文学素养,也要带动语言训练、思想教育等;语文课,关键是语言训练,也要带动文学教育、思想教育。"抓住了一个关键方面,带动其他各个方面,而不是抛弃其他方面,于是相得益彰,各方面的目的都达到了;抓不住关键方面,一切便都落空了。"

②两个方法。

第一,"读懂课文""整体感受"的方法。

老师"必须是带领着学生好好地读文章,一字、一词、一句、一段都读懂,把文章组织安排都搞清楚",即"让文章的本身去教育学生"。让学生自己在透彻理解全文的基础上,"得到思想上的教益、知识上的启迪、感情上的陶冶"。

第二,"涵咏体味",领悟"深层含义"的方法。

"文学作品大都诉诸形象思维,诉诸联想力、想象力,所使用的语言比较含蓄,不直截了当。要求读者自己去涵咏体味,深层含义往往多于表层含义。""深层含义",是指超越了作品所反映的特定的历史内容和作家具体生活感受的含义,它深入到了事物的内在特征之中,因而具有超越历史和时代的魅力,如鲁迅先生作品里的阿Q精神。

3. 知识教育

"如果说,我们对这些知识研究得还不透彻,教学知识还不得法,那是对的;但是否定知识,认为提高语文能力根本不需要科学知识,甚至根本就没有科学知识而言,这种认识是错误的,对于下一代所需要的语文能力是不利的,应当彻底改变。"[1] 知道了知识教育的必要性,还要明确知识教育的基本原则:

(1) 理论和实践结合的原则。

知识教学是必要的,但是,学习语言知识最终的目的还是指导实践。他始终强调:语文知识教育,要着眼于应用,着眼于训练实践;不能为知识而知识,不能把学习停留在名词术语上,仅仅以掌握一般知识为满足,而要力求运用学得的知识来提高听说读写的语言能力。

(2) "精要、好懂、管用"的原则。

"精要",指内容的选择,知识的数量、广度、深度要适合学生的年龄特点;"好懂",

---

[1] 张志公. 关于改革语文课、语文教材、语文教学的一些初步设想(下)[J]. 课程·教材·教法,1985 (3).

指内容的表述，语文知识讲解要通俗化，"不要引导学生去抠术语概念"；"管用"，指内容的价值，讲述知识重点在应用上着眼。这三者相辅相成，"精要"是前提，"好懂"是手段，"管用"是目的。

二、吕叔湘

吕叔湘（1904—1998），我国杰出的语言大师，主要著作有《语法修辞讲话》《中国文法要略》和《汉语语法论文集》等，主编我国第一部语法词典《现代汉语八百词》。吕叔湘对20世纪的语文教育改革做出了巨大的贡献，与叶圣陶、张志公一起被称为语文教育学界的"三老"。作为一代语言大师，吕叔湘不仅着力于语言语法的研究，也致力于语文教育研究，主要著作有《吕叔湘论语文教育》《吕叔湘语文论集》和《语文常谈》等。

（一）吕叔湘的教育思想概说

中华人民共和国成立初期，语文教育改革处于百废待兴的阶段，吕叔湘为语文教育改革作了很多先导性工作。面对中华人民共和国成立之初语文文字使用混乱的局面，他竭力推动推普工作，提出普通话和书面语的教学要"注音识字，提前读写"，对语文的性质在强调语文的实用性的同时也重视语文的人文性。在语文教学内容方面提倡"语言文字并举"；在语文技能教学方面强调"正确模仿，反复训练"；提倡教学法要"活"，做到"教学教学，教学生学"。吕叔湘不仅关注语文的教育教学改革，也致力于语文教育研究组织的建设，在吕叔湘等教育家的推动下，我国第一个全国性的语文教育研究组织——中国语文教育研究会在上海正式成立，1979年《中学语文教学》创刊，中国语文教育研究组织和平台自此开始建立并逐步完善。

（二）吕叔湘的教育思想言论

1. 对语文性质的解读——什么是语文

吕叔湘在研究语文教学的时候非常重视对"语文"这一概念的解读，在《关于语文教学问题》中，吕叔湘明确指出"语文的性质，主要是语言和文字的关系"[1]。

吕叔湘认为：语文这两个字连在一起来讲，可以有两个讲法，一种可以理解为语言和文字，也就是说口头的语言和书面的语言；另一种可以理解为语言和文学，那就不一样了。[2]

当时社会上很多老师把语文单纯理解为语言文学，因此中学里头很多老师把这门课当作文学来教，以致出现把语文当成政治课或者文学课上的状况。对于语文教师过度分析文学作品的行为，吕叔湘引用了拆七宝楼台的例子进行批判，他说，一个雕刻或者什么别的美术品，很美，很感人，你把它拆散以后，就不美了。[3] 对此他提出了教师上语文课应当达到少而精的标准，做到少讲，精讲。

吕叔湘虽然从语言文字方面强调语文的实用性质，但是也关注语文的人文性，他认为语文是工具，但不能过于强调其工具性，不能理解得太狭隘，太实用主义。这与后来新一轮课程改革强调语文课工具性与人文性相统一的宗旨是一致的。

2. "防止半身不遂"教学内容——"语言文字并举"

在中华人民共和国成立之初，普通话推广工作刚刚起步，虽然有一定效果，但是尚未

---

[1] 吕叔湘. 吕叔湘论语文教学 [M]. 济南：山东教育出版社，1987：58.
[2] 王晨. 重读吕叔湘·走进新课标：什么是语文 [M]. 武汉：湖北教育出版社，2004：74.
[3] 吕叔湘. 吕叔湘论语文教学 [M] 济南：山东教育出版社，1987：75.

达到充分利用拼音方案的程度，很多小学生只是在一年级使用拼音方案，两三年后就遗忘了。针对这种情况，吕叔湘在《从汉语拼音方案想到语言教学》中提出：尽管我们天天讲"语文"教学，实际上我们教的和学的都仅仅是"文"，并不包括"语"，我们的语文是半身不遂的。[1] 这种局面与中国古代语文教育中识字是为了读古文，读古文是为了念圣经贤传的历史传统有很大关系。

他还提出：现在的语文课任务应当以口语和书面语的统一体，及普通话和白话文的统一体为教学对象，以听、说、读、写的全面发展为教学的目标。[2] 这在当时的背景下有很大的进步意义。

关于语文知识在语文教学中该占多大比重的问题，吕叔湘认为首先应该弄清知识和能力的关系，语文课的主要任务是培养学生的语文能力，但是"不能因此就认为不需要讲语文知识，能力和知识是分不开的"。[3]

3. 科学训练的教学观——正确模仿，反复训练

吕叔湘认为，使用语文是一种技能，跟游泳、打乒乓球等技能没什么不同的性质，不过语文活动的生理机制比游泳、打乒乓球更加复杂罢了，任何技能都必须具备两个特点，一是正确，二是熟练。[4]

他认为语文课不仅是为了传授语文知识，而且是为了培养技能。语文的使用是一种技能、一种习惯，只有通过正确的模仿和反复的实践才能习得这种技能，养成这种习惯。为了能熟练运用语文这种技能，必须通过一定程度的训练，在不断的实践中形成语文能力。但是"练"不是简单的练习，教师还必须掌握好讲和练的关系，"讲解和练习都是为了教好学好语文，很难分主次，但是如果非要追问两者之间的关系，恐怕只能说是讲为练服务，不能说是练为讲服务"[5]，因此语文能力的养成需要辩证统一的"训练"。

4. "活"的教学法——"教学生学"

在20世纪五六十年代的语文教育改革大讨论中，吕叔湘对教学法的改革有着科学的认识。吕叔湘反对"满堂灌"的教学模式，强调要调动学生的积极性，培养学生的主动性，提出了"教学教学，教学生学"的观点，与叶圣陶提出的"教是为了达到不需要教"这一理论相呼应。吕叔湘在《关于中学语文教学法的种种问题》中提出：教师培养学生，主要是教会他动脑筋，这是根本，这是教师给学生的最宝贵的礼物。[6]

当时新的教学法很强调启发式教学，但流于形式，吕叔湘在全国中学语文教学研究会第四届和第五届年会上分别发表了《教无定法不是法》和《关键在于一个"活"字》的发言，指出真正掌握一种教学法的教师是会随机应变的，他的课堂是生机勃勃的，"成功的教师之所以成功，是因为他把课教活了"[7]。吕叔湘认为语文教学是一门科学，也是一门艺术，想要把教学法运用好，取得理想的效果，必须掌握"教学的艺术"。

5. 普通话和书面语的教学——"注音识字，提前读写"

为了纠正中华人民共和国成立初期社会上语文文字使用混乱的现象，提高干部和群众

---

[1] 王晨. 重读吕叔湘·走进新课标：什么是语文 [M]. 武汉：湖北教育出版社，2004：227.
[2] 吕叔湘. 吕叔湘论语文教学 [M]. 济南：山东教育出版社，1987：92.
[3] 同上书，第87页。
[4] 同上书，第52页。
[5] 同上书，第54页。
[6] 同上书，第88页。
[7] 王晨. 重读吕叔湘·走进新课标：什么是语文 [M]. 武汉：湖北教育出版社，2004：125.

的语言素养,吕叔湘和朱德熙合著了《语法修辞讲话》,对当时规范语法起了很大作用。此外,吕叔湘还指导了《暂拟汉语教学语法系统》的拟定,成为当时编写《汉语》课本语法部分的依据。

20世纪之初的语文改革运动主要有白话文运动、国语运动和汉语拼音运动(切音字运动),国语运动在中华人民共和国成立后称为推广普通话运动。吕叔湘在《语文特点和当前的语文问题》中提出国语运动和汉语拼音运动(切音字运动)的关系始终是很密切的。

针对当时方言教学盛行,甚至有些教师自己也不会普通话的情况,吕叔湘提出"三个面向"的新教学法。他在《新的和旧的语文教学》中说:为了面向现代化,面向世界,面向未来,我们需要培养一代新人,也就要特别重视儿童的早期教育,其中最重要的一个环节是早期语文教育。[1]

吕叔湘管"注音识字,提前读写"的教学法叫新的教学法。他认为以往的旧教学法只管识汉字、读汉字读物、写汉字作文这三件事,已经不能适应新的时代要求,因此需要有新的语文教育。这种新的语文教育"要求不失时机地、全面地发展儿童的听、说、读、写的能力,同时也是不失时机地发展儿童的智力,提高他的智商"[2]。这个时期他提出的"注音识字,提前读写"不仅在儿童的语文教育中发挥出重大作用,对于全国的推普工作也起了推动之功。

6. 对语文课程改革的推动

吕叔湘并没有中小学的语文教学经验,他有的只是中学英语的教学经验,可以说吕叔湘是在汉语研究的过程中间接地研究了语文的教育。20世纪50年代是吕叔湘语文教育研究思想进入成熟的阶段,针对当时的全国语文教学常谈的"文道之争"和"怎样教好语文",吕叔湘在《关于语文教学的两点基本认识》中提出两点:第一,我认为每个做教学工作的人必须首先认清他教的是什么,从事语文教学就必须认清语言和文字的性质;从事汉语文教学就必须认清汉语各种形式——普通话和方言,现代汉语和古代汉语的分别和它们的相互关系;其次,我认为从事语文教学必须认清人们学会一种语文的过程。[3] 这个提法刚好回答了什么是语文和如何教语文的问题,成为20世纪我国中小学语文课程建设的理论总结及语文教育理论的基石。

"文革"之后,语文教育事业开始复苏。这段时间吕叔湘的语文教育思想进一步丰富和发展。这一时期他在《当前语文教育中两个迫切问题》中提出一个令人深思的现状——"十年的时间,两千七百多课时,用来学本国语文,却是大多是不过关,岂非咄咄怪事!"[4] 这让教育界反思当时语文教育高投入低收效的现状。此后吕叔湘又发表了《一封令人忧虑的来信》《〈叶圣陶语文教育论集〉序》《关于中学语文教学问题》等文章,围绕"提高语文的学习效率"进行了一系列的探索和思考。

7. 致力于语文教育研究组织的建设

在《当前语文教育中两个迫切问题》一文中,吕叔湘提出:要解决这些问题,我以为要成立一个研究机构进行研究,最好建立一个教育科学院,至少建立一个教育研究所。[5]

---

[1] 王晨. 重读吕叔湘·走进新课标:什么是语文[M]. 武汉:湖北教育出版社,2004:41.
[2] 同上.
[3] 吕叔湘. 吕叔湘论语文教学[M]. 济南:山东教育出版社,1987:44.
[4] 同上书,第67页.
[5] 同上书,第69页.

在吕叔湘等人的推动下，1979 年 12 月 25 日至 30 日，中国语文教育研究会在上海正式成立，这是我国第一个全国性的语文教育研究组织。随后，会议通过《中学语文教学研究会程》，吕叔湘出任会长。在吕叔湘等老一辈语文教育学家的推动下，全国关于语文教育的学术性研究团体逐渐增多，中国语文教育研究开始出现活跃的局面。

在吕叔湘的推动下，1979 年《中学语文教学》杂志创刊，为语文教育和语文教学问题探讨提供了一个平台。之后关于语文教育研究的报刊相继问世，全国语文教育研究呈欣欣向荣之态。

在中华人民共和国成立后语文教育改革起步探索阶段，吕叔湘对汉字简化、普通话改革、语文教材改革、语文教育研究组织的建设都做出了巨大贡献，他在对语文教育教学的研究中探索出了自己的一套科学合理的理论，例如"语言和文字并举"的教学内容、"教学教学，教学生学"的教学方法等，为当时语文教育改革提供了很多有意义的指导。吕叔湘作为一代语言大师，在 20 世纪中国语文教育教学改革工作中投入大量心血，是中国 20 世纪语文教育改革的重要领路人之一，对后来的语文教育改革有重要引导作用。张志公曾评价说：以他在语言科学界的崇高地位和卓越成就，竟肯"俯首甘为孺子牛"，为中学生做了这么多的工作，很多都是惠及后世的。[1]

三、于漪

于漪，1929 年生，我国首批中学语文特级教师，也是最著名的语文特级教师之一。于漪老师的情感教育方法对当代语文教育具有深远影响。她从教四十余年，多次参加中学语文教学大纲和教材的审定工作，关于语文教育的著述，多达一百多万字。她的语文教育思想对我国 20 世纪 80 年代以来的中学语文教学有着较大的影响。

（一）于漪教育思想概说

于漪语文教育思想的内容，涉及语文教育的方方面面。最主要体现在教文育人、全面有序、科学地培养语文能力等方面。在学习兴趣的培养方面，她坚持语文课要有新鲜感；语文课要有趣味性，使学生迷恋；语文课要有一定的难度和深度，使学生体验到克服困难的喜悦；语文课要有时代性，使学生有所感奋等四个方面，从而激发学生的学习兴趣。于漪老师的语文教育思想是先进的、科学的、全面的、系统的，是博大精深的。

（二）于漪教育思想言论

1. 教文育人

于漪认为，教文，即教会学生文化知识；育人，即培养人高尚的道德品质。[2]

在教文育人的方式上，于漪坚决反对把教文和育人对立起来或割裂开来的做法，主张必须在语文训练的过程中进行思想品德的教育。思想品德教育的方法是熏陶感染，渗透滋润，而不是架空的说教或生硬的灌输。要善于缘文释道、因道解文，力求把思想教育与语文训练有机地结合起来，使学生思想上受教育，感情上受熏陶，语文能力获得提高。她曾在语文教学的实践中，充分发挥教材本身的作用，培养学生的思想品德，陶冶他们的情操。

---

[1] 王晨. 重读吕叔湘·走进新课标：什么是语文 [M]. 武汉：湖北教育出版社，2004：216.
[2] 史立娟. 谈于漪教育思想对语文教学的影响 [J]. 和田师范专科学校学报，2007（5）：50.

（1）娱目。

教师要有计划有目的地以文学艺术的精品娱学生耳目，带领他们进入作品的优美意境，领略无限美妙的风光。

娱目的目的不仅是让学生饱眼福，得到美的享受，而且应当让他们沉浸于美妙意境的同时，培养爱国主义的思想感情。《三峡》所描绘的奇崛峭拔，《小石潭记》画面的清幽秀丽，《沁园春·雪》中千里冰封、万里雪飘的壮观，无不是熏陶感染学生的好教材。

（2）动情。

教师要运用课文包含的真挚感情，叩击学生的心弦，激起其感情上的共鸣。教师钻研教材时要把握作者的思想脉络，体会作者感情的波澜；教学时亦要紧扣文字，用生动的语言打动学生的心，使其泛起波涛。

（3）激思。

教师应从学生思想感情、知识能力的实际出发，运用文章精要之处，开启学生思维的窍门，激发他们生疑、质疑，探索生活的道路和人生的真谛。教师每教一篇有意义有价值的作品，都要善于发掘作品中揭示主题、塑造人物的关键句和精彩段落，开辟思维的蹊径，引领学生与文中高尚的人、高尚的思想反复接触，接受教育与感染。

（4）励志。

教师要充分运用教材中卓有建树的人物的思想言行，施以良好影响于学生，激励他们树立远大的志向，启迪他们培养坚忍不拔的意志和奋斗不息的精神。励志，可以从抓文中关键词语入手。

娱目、动情、激思、励志，均着眼于把思想教育渗透到语言因素的教学之中，与语文训练有机地结合起来，力求做到水乳交融，使学生思想上受教育，感情上受熏陶，理解与运用语言文字的能力获得提高。

2. 全面、有序、科学地培养语文能力

在强调培养学生的综合素质、能力、智力的同时，于漪还特别强调首先要抓语文能力的培养。她指出：语文教师教学生学语文，引导学生进行语文能力的训练，这是语文教学的主旋律，须牢牢抓住不放。如何培养学生的语文能力，培养哪些方面的语文能力，她在这方面的主张可以归纳为四个方面：全面训练、循序渐进、突出"内核"、语思结合。

（1）全面训练。

于漪认为，训练能力要树立全面培养的观念，不能以偏概全，以局部代整体。就语言训练而言，听、说、读、写都很重要，不能重读写，轻听说。就整个语文能力而言，其训练不能只局限于语言能力本身，还应该向外拓展。

于漪对语文能力的全面发展曾提出了这样的要求：使学生具有获得新知识的能力和运用新知识于实践的能力。不能只注重学习的近期效果，轻视适应社会的长远需要。须重视学生实际语言能力的培养，指导学生会读、会写、会听、会说、会交际，通过语言文字的学习与训练，扩充对生活的认识能力，发展思考力，丰富感受力。[1]

这种全面训练的思想是非常重要的，因为社会需要人们具备的语文能力是多方面的，而绝不只是读和写的能力。全面训练既有利于提高语文教学的综合效益，又有利于适应社会的"长远需要"。

---

[1] 于漪. 于漪语文教育论集[M]. 北京：人民教育出版社，2003：165.

（2）循序渐进。

于漪指出：从出发点到目的地有一段路程，在这段路程中要步履清楚，拾级而上。语文教学大纲中的教学要求是训练的全局，这个全局是由初中与高中两个大阶段，六个年级分年要求的小阶段组成，每个小阶段有听说读写能力各自具体的要求，四种能力之间又互相渗透和穿插。故而训练时力戒笼统混沌，要有合理的布局，要安排好恰当的顺序，引导学生步步攀登。

她还多次谈到不重视训练序列的危害。例如，她说：不探讨科学的序列，教学中有些十分突出的问题很难解决。比如重复劳动的问题，对某一语文知识小学教，初中教，高中还教……总之，于漪很重视能力训练的序列，主张由浅入深、由易到难、由简到繁，根据学生的年龄特征和他们的知识、能力、智力水平，来安排科学的序列。这种主张，体现了她对语文教学科学化的追求。

（3）突出"内核"。

学生语文能力的发展虽然以全面为好，但是语文训练又不能过于繁杂琐碎，得重点。于漪认为：语文教学要革除琐碎，得弄清楚语文双基中"核"与"壳"的问题，"核"是要求学生掌握的最基本的东西，讲外壳正是为了弄懂"核"，切实掌握了"核"，能力就强，"核"往往四十年、五十年不变，"壳"变化快，易老化。因此，语文教学要教最基本的。哪些应该是语文能力的"内核"呢？大而言之，语言能力和思维能力应该是内核，所以，于漪指出，语文教学应以语言和思维训练为核心。小而言之，语言能力、思维能力以及其他各种具体能力本身又有一个"核"与"壳"的问题，于漪认为这个问题在中学语文教学中还没有得到切实解决，应作深入的科学研究。在这里有必要指出的是，于漪关于语文教学要突出内核和她的全面培养语文能力的观点并不矛盾。全面培养是为了防止"以偏概全"，突出内核是为了防止"喧宾夺主"。二者是辩证统一的。

（4）语、思结合。

于漪最反对进行单纯的语言技术训练，她既主张语文形式和思想内容不可分割，又主张语言训练与思维训练相结合，主张把思维训练贯穿于整个语言训练的全过程。她说：语文教学要培养学生听、读、说、写的能力，而这些都离不开思维。无论是遣词、造句、布局、谋篇，无论是记事、写人、状物、说理，都丝毫离不开积极的思维，因此，在培养学生语文能力的同时，必须增进和发展他们的思考力。

重视教学过程中的思维训练，这是于漪语文教育思想的一个重要特点。"学生要学好语文，提高语文能力，取得综合效应，思维方面应进行扎扎实实的训练。如果忽略这一点，学生不认真进行思维训练，读，就有口无心；看，浮光掠影；说，不得要领；写，内容干瘪，词不达意。"她反对用"嚼烂了知识喂给学生的陈腐办法""把思维方面应有的锻炼'转嫁'到记忆上"。提倡"教师要想方设法让爱思考的学生多思、深思，让不会思考的学生爱思、会思。在教学过程中，教师要善于根据教学目的要求运用恰当的钥匙，不断拧紧学生思维的'发条'，使它们转动起来，不断开启学生思维的门扉，引导他们发挥聪明才智"[1]。

2. 激发学习兴趣

"知之者不如好之者，好之者不如乐之者。"兴趣是学习的动力，也是创新的源泉。于

---

[1] 武玉鹏. 于漪语文教育思想述要[J]. 烟台师范学院学报：哲学社会科学版，1999（2）.

漪曾经提出培养学生兴趣有四点经验：

（1）课要有新鲜感，使学生好奇。

中学生有好奇好胜的特点，新异的刺激物能引起他们的定向探究活动。不断更新与变化教学内容和方法，可以有效地激发学生进行新的探究活动，保持与发展旺盛的求知欲。

（2）课要有趣味性，使学生迷恋。

运用"直观演示，开拓想象，抓点拎线，形成悬念，展现意境，激发感情，讨论答辩，运用学生'逆反心理'，激发学习兴趣"等教学方法，把课上得让学生喜欢听。

（3）课要有一定的深度和难度，使学生体验到克服困难的喜悦。

智力活动本身就能激发学生浓烈的兴趣，过分简单的知识、机械的训练会削弱学生的学习兴趣，削弱学习动机。如果教师能引导学生深究底里，见自学时之未见，闻自学时之未闻，学生的学习积极性就大不相同。

（4）课要有时代的活水，使学生有所感奋。

教材中相当数量的选文是过去的作品，教学中不能满足于模拟昔日的世界，再现过去生活的真实。而要注意和善于引发，把学生的学习和沸腾的实际生活联系起来，有机地插入一些新信息，启发他们深思。[1]

每个学生都是一个个体，培养学生的兴趣一定要了解学生的个性特征，取长补短，寻找恰当的方法激发学生的学习兴趣，以更好地实现教学计划，完成教学任务。

四、钱梦龙

钱梦龙，1931年生，上海人。自1952年踏上语文讲台起，先后担任过嘉定第二中学语文教师、嘉定县实验中学校长、上海市民办桃李园实验学校校长等职务，兼任语文教育艺术研究会会长，还担任教育部中小学教材审定委员会学科审查委员、人民教育出版社中学语文教材特约编审等职务。

钱梦龙是当代著名的语文特级教师，在对语文教学孜孜不倦的探索中，他提出了行之有效的教育思想，其中最主要的是"语文导读法"。"语文导读法"即"学生为主体，教师为主导，训练为主线"的"三主"教学理论和"自读式、教读式、复读式"的"三式"教学实践的完美结合。"语文导读法"是在1982年提出的，相对于传统教育理念来说，可谓是独辟蹊径。"语文导读法"的提出，不仅对20世纪80年代的语文教学改革产生重大影响，对今天的语文教学仍有重要的借鉴意义。

（一）钱梦龙的教育思想概说

钱梦龙在教学实践中，结合自身学习国文的经验，鼓励学生自学。正是这种在当时来说是"创新"的教学方式，使得他在教学中取得了很大的成效。教学上取得成效又鼓励他走上语文教学基本规律的探索之路。在探索中，他把自己"教学生学会自学"的教育思想和哲学的认识论联系在一起，最终提出了"基本式教学法"。"基本式"即"自读式、教读式、作业式"。

钱梦龙还对"基本式教学法"操作的深层理论进行了探索研究。通过对比实验，钱梦龙总结出用"教会学生学会自读"的教学方法上课，能充分尊重学生的主体地位，发挥教

---

[1] 于漪. 兴趣是学习的推动[J]. 语文学习, 1985（3）: 32-35.

师的主导作用,学生在教师的指导下进行操作、实践,学习效果更佳。于是,他提出了"学生为主体、教学为主导、训练为主线"的"三主"教学理论,为"基本式教学法"提供了理论依据。

"学生为主体、教师为主导、训练为主线"的"三主"教学理论和"基本式教学法"是统一于一个完整的教学过程中的,这种既有学生的阅读实践又有教师主导的教学方法,钱梦龙将之称为"语文导读法"。"导读"中的"导",指语文教学过程中教师的指导、引导、辅导、因势利导;"读",指学生在教师指导下的阅读实践。[1]

(二)钱梦龙的教育思想言论

钱梦龙最突出的教育思想是"语文导读法",由"三主"教育理论和"三式"的基本课式组成。

1. "语文导读法"的理论框架

"学生为主体,教师为主导,训练为主线"是"语文导读法"的理论框架。

"学生为主体"即在教学的过程中学生既是认识的主体又是发展的主体,是具有独立意识和认识潜能的实践者。只有认清了教学过程中学生是学习的主体,教师在教学中才能正确定位自己的角色,也才不会使语文课堂变成"满堂灌""注入式"的课堂。在传统的语文教学中,如果教师没认识到学生是学习的主体,在教学中就会以自己对课文的讲解代替学生的理解,以自己的分析代替学生的分析,学生的学习积极性会受到压制。若认识到学生是学习的主体,在教学中教师就会引导学生主动学习以获得知识。学生在主动探究的过程中,他的认识能力就会得到发展。通过这样的学习,不仅学生的认识能力得到发展,他的情感、意志、性格等特征也会得到发展。因此,只有确立了"学生为主体"的地位,才能改变"满堂灌"的教育局面,才能使语文教育在促进学生发展上起到"润物细无声"的效果。

"教师为主导"则是对教师在教学过程中的活动的限制:是"指导"而不是"灌输"[2]。导者,因势利导也,"因势"即根据学生的认识规律、思维流程、学习心理等特点来指导学生、引导学生、辅导学生、启发学生,使之得到发展。同时,教师的"导"需要以承认"学生为主体"作为前提,只有这样,"教师为主导"才会发挥真正的作用。

教师的主导作用主要体现在四个方面:(1)教师通过组织教学过程,使学生的求知活动始终围绕主要目标进行并收到最理想的效果;(2)教师通过引导和启发学生,促使学生不断探索,拓展知识的广度和深度;(3)教师通过激励、督促学生,激发学生的求知欲;(4)教师根据学生认识的需要,通过教授有关知识为学生答疑解惑,增长学生的知识。[3]

"训练为主线"则是教学过程中师生互动的必要形式。"训",指教师的指导、引导;"练",指学生在教师指导下的实践、操作。[4] 这里的训练与传统教育中对字、词、句的刻板训练不同,它是教学过程中师生互动的一种主要的形式。例如,在阅读教学过程中,学生在教师的指导下进行"读"的实践,那么师生之间就形成了一种"阅读训练"。在训

---

[1] 教育部师范教育司. 钱梦龙与导读艺术 [M]. 北京:北京师范大学出版社,2006:60.
[2] 同上书,第61页.
[3] 同上.
[4] 同上.

练的过程中，若教师的指导是正确的，那么学生的认识就会得到发展，能力就会得到提高，情感就会得到陶冶。因此，这样的训练是必要的，它是实现语文教育任务的重要途径之一，而且这样的训练必然会成为教学过程的"主线"。

综上所述，"学生为主体，教师为主导，训练为主线"，是钱梦龙语文教育思想的理论框架，其中，"学生为主体"是教学的基本立脚点，着眼于学生的"会学"；"教师为主导"是保证学生真正具有其主体地位的必要条件，着眼于教师的"善导"；而学生的"会学"和教师的"善导"又统一于"善练"的科学序列中，三者不是静态的排列。

2. "语文导读法"的基本课式

"自读式、教读式、复读式"是"语文导读法"的基本课式。

自读式是"三式"教学法的核心环节。自读，是在教师的指导下，学生自己进行阅读实践。为了让学生的自读达到"不需要教"的程度，钱梦龙根据自己指导学生自读的经验制定了"阅读训练目标体系"。"阅读训练目标体系"主要由"阅读方式、阅读流程、阅读习惯、阅读心理"四个子目标组成。确定了"阅读训练目标体系"后，为了让它在教学中发挥作用，就要把它变成可操作的"训练序列"，据此进行训练。由于语文训练具有综合性的特点，"阅读训练目标体系"中的子目标不是毫无联系的，而是在语文阅读训练序列中呈现多线并进、螺旋式上升的态势，这无疑会给教师制定阅读训练的序列增加难度。[1] 为了降低难度，钱梦龙把阅读流程作为阅读训练的主轴，来带动其他子目标的运转。即通过对学生阅读流程的训练，使其掌握阅读文章的技能，从而达到学生"不需要教"的目的。

教读式，即在教师的指导下进行的阅读训练形式。教读重在方法的指导，以教导读。与自读式相比，教读式中的教师主导作用会发挥得更加充分，这就要求教师成为"善教者"，讲求"教的艺术"，顺乎学生的认识发展规律，充分重视他们在学习中的思维过程，从而帮助他们通过自己的努力实现认知目的。运用教读的方法，教师要从三个方面发挥主导作用：(1) 激发学生学习的动机，鼓励学生依靠自己的力量获得成功；(2) 精心设计教学方案，组织好教学过程；(3) 在教学的过程中，注意对学生进行阅读方法的指导。

复读式，是一种温故知新型的阅读训练形式。复读可分为"单篇课文的复读"和"单元复读"。单篇课文的复读，主要是以书面作业或口头作业形式进行的复读。[2] 单元复读指把已经学过的文章，按照某种联系组成一个"复读单元，指导学生进行思考、讨论、温故知新"[3]。复读式作业的作用是可以让学生加深对所学知识的理解，强化记忆，提高知识迁移能力。单篇课文的复读作业主要有四种类型：(1) 以记诵为主的作业，(2) 以消化知识为主的作业，(3) 以应用知识为主的作业，(4) 评价性作业。按训练的目的划分，单元复读也有三种类型：(1) 以知识归纳为目的的复读，(2) 以比较异同为目的的复读，(3) 以发现规律为目的的复读。

钱梦龙的语文教育思想，特别是"语文导读法"这一教育思想的提出，不仅对当代传统的语文教育提出了改革的方向，而且对当今的语文教学也具有很强的现实意义。"学生为主体，教师为主导，训练为主线"是"语文导读法"的教育理论，这一理论打破了传

---

[1] 教育部师范教育司. 钱梦龙与导读艺术 [M]. 北京：北京师范大学出版社，2006：63.
[2] 同上书，第70页.
[3] 同上书，第71页.

统教育以讲读法一统教育的局面，关注到了学生的主体地位，使学生学习的主动性得以激发，营造了充满生气的语文课堂；关注到了教师的主导地位，打破了传统教育以"讲"代"导"的局面，使教师在教学中能更好地引导学生、启发学生；关注到了训练为主线，会让学生在教师的指导下，主动地进行阅读实践，从而使学生的认识得到发展，能力得到提高，情感得到陶冶，更重要的是还使学生掌握了学习的技能。而"自读式、教读式、复读式"是"语文导读法"的基本课式，对现在的语文教学还具有很大的指导意义。因此，钱梦龙的"语文导读法"对当今社会的语文教育具有很大的借鉴意义。

五、魏书生

魏书生，男，1950年生，当代著名教育改革家。于1978年开始任中学教师。因他在教育改革中的突出成绩，先后荣获省功勋教师、语文特级教师、全国劳动模范、全国优秀班主任、全国中青年有突出贡献的专家、首届中国十大杰出青年等殊荣，主要的语文教育著作有《语文自学导引》《语文教学探索》《初中生科学学习方法》等，他对我国语文教育改革有重要贡献。

（一）魏书生的教育思想概说

民主观和科学观是魏书生语文教育思想的核心，当代系统论中的整体理论是魏书生进行全方位教育教学改革的指导思想。魏书生在教育实践中，主张培养学生的自学能力和自我教育的能力，注重民主化、科学化教育。魏书生创办了书生中学，作为他教育思想的实践舞台。在办学上，他高度重视学生全面素质的提高，注重培养学生以实验操作能力为重点的实践能力、以发散性思维为核心的创新能力以及以学法指导为重点的自学能力，取得了令人瞩目的教学成绩。经过广泛深入的教育改革，魏书生的教学实验基地现已成为很多中学的教学学习基地。

语文教育家吕叔湘曾这样评价：魏书生同志是个教育家，而且不是一般的教育家。李镇西也曾说过：魏书生把我们的精神引向崇高的境界，又让我们的心回到平凡的世界，他用最朴实的大白话娓娓诉说着人生的哲学，让我们在感受他博大胸襟的同时，也禁不住审视自己的灵魂。正如这些教育家所言，魏书生为我国当代语文教育的发展做出了不可磨灭的贡献。

（二）魏书生的语文教育思想言论

魏书生的语文教育思想是他经过长期的实践与研究形成的，他同时担任教师和班主任两种角色，语文教学与班级管理是魏书生教育思想中的两个关键内容。因此，魏书生走的是"大语文"道路。

对魏书生的教育观进行整体梳理，可归纳出其包括全面发展的育人观、科学的管理观、民主的教学观、面向全体的学生观、自主合作探究的学习观等五个教学观点。[1]

1. 全面发展的育人观

首先，魏书生特别重视对学生进行品德教育。"国民素质中，全体有爱国心的人都强烈感觉到，最使人忧虑的还是全民族的品德素质。"

在教学中，魏书生经常教育学生应该树立远大理想；引导学生走向宽广的思想境界；让学生学会与他人相处时，要相互理解，相互尊重，多互助，少互斗，与自己相处时，要

---

[1] 陈会. 魏书生"生本性"语文教育思想研究[D]. 广西师范大学硕士学位论文，2014.

有自信心；鼓励学生自强不息，奋斗不止。

其次，魏书生注重对学生进行智力教育。

此外魏书生注意引导学生整合知识，优化学习方法。如他创立的"语文知识树"，能使学生的记忆由零散无序走向整体联结，从而提高了学生的记忆力和学习效率。此外魏书生还注重通过多种方式对学生进行体育、美育、劳动教育，真正做到全面培养学生。

2. 科学的管理观

魏书生的科学管理观，集中体现在他的《魏书生教育教学艺术（五）学校管理》这本书中。魏书生的科学管理观主要分为班级管理和语文教学管理两个方面。

"人人有事干，事事有人干。时时有事干，事事有时干"是魏书生对班级管理的精练概括。

"课堂语文六步法"和"语文知识树"是魏书生语文教学管理的两大法宝。

魏书生的科学管理观，从纵向上，可分为计划系统、监督系统和总结反馈系统，从横向上，可分为量化管理、流动管理、分级管理，做到计划、监督、总结、反馈一体，量化、流动、分级结合，层层相扣，井然有序，真正做到了科学管理。

3. 民主的教学观

魏书生的教学观是民主的教学观。教育民主思想是魏书生取得成功的根本点，也是他对教育学理论的突出贡献。魏书生注重教学民主，他尊重学生，理解学生；认识到学生是全方位的人，给学生参与教学管理的机会；把自己和学生放在平等的地位上，决策过程与学生"商量"，努力创造一个民主的氛围。学生在主动参加教学管理的过程中，增强了对教学各种活动的理解，也增强了学习的自觉性和民主意识，从而成为学习的主人。魏书生的民主教学观还表现在师生之间平等互助，老师指导学生学会学习知识和提高能力，学生帮助老师提高职业技能水平。

4. 面向全体的学生观

魏书生的学生观是面向全体的学生观。魏书生倡导的教育是在民主的基础上面向全体学生，他不忽视后进生与优秀生的差异，力求做到因材施教与尊重每一位学生。魏书生在《班主任工作漫谈》中的《特殊情况育人方法种种》这一章中，论述了对不同情况下不同学生的教育应采取不同的方式。例如，魏书生意识到后进生的主观能动性差，便十分注重引导他们主动学习。他帮助后进生制订学习计划，适时给予后进生鼓励，让后进生恢复自信心，注重引导后进生逐步改正懒散的毛病，促进后进生形成良好的学习习惯。从魏书生对后进生的教育，可以看出他的教育是面向全体学生的，而不是所谓的优才教育。

5. 自主合作探究的学习观

（1）引导学生形成自主合作探究的学习观，积极引导学生进行自学。

魏书生提出语文"课堂六步教学法"：首先是定向，其次是自学，再次是讨论，最后是答疑、自测、自结三步骤，强调学生的自学。

"课堂六步教学法"将传统的教师传授知识给学生的信息单向传递模式，转变为师生之间、生生之间和自我之间的信息相互传递反馈方式，这充分调动了学生的学习积极性和主动性，提高了语文教学的效率，促进了学生自主学习能力的培养。

魏书生所教学的班级里，已经形成了良好自学习惯的学生能够自主完成学习任务，不需要老师在场进行监督。达到了叶圣陶说过的"教是为了达到不教"的境界。

此外，魏书生注重在语文教学中培养学生自主合作探究的能力，不仅引导学生在课堂上用自主合作探究的方式学习语文，还在课堂外为学生创造一切可以自主合作探究生活、感受语文魅力的机会，开辟了语文教育教学的新天地。

（2）"生本性"的语文教育思想。[1]

民主与科学是魏书生语文教学改革取得成功的重要因素。

语文教学改革主要靠什么？一靠民主，二靠科学。民主是解决学生的学习积极性、主动性的问题，解决教师为学生服务，同学生齐心协力搞教改的问题；科学是解决语文知识结构科学化和语文能力结构科学化的问题，解决学生运用科学的学法学习，教师用科学的教法教学的问题。魏书生提倡的民主与科学相统一的语文教育理念，十分契合当今教育界推崇的"生本教育"。

魏书生具有"生本性"的语文民主教育思想主要包括：师生关系的平等，学生个性的培养，民主教学的策略。

师生关系的平等，体现为魏书生对教育事业的挚爱，对学生的热爱。吕叔湘曾这样评价：魏书生同志还不是一个一般的教育家，他立志献身教育事业，有一种忘我精神，这不是一般人所能做到的，也不是一般教育家都能做到的。师生关系的平等，还体现为尊重学生的人格和个性。魏书生注重建立师生互助的关系，他"坚信每位学生的心灵深处都有你的助手，你也是每位学生的助手"。

在学生个性的培养方面，魏书生尊重学生的差异性；注重培养学生的自主性，发掘学生的创造性；注重培养学生的质疑精神。

民主教学的策略方面，魏书生注重决策过程的民主性和学生教学管理的参与性。

魏书生曾说过：许多教师问我，学生学习积极性这么高，是用什么办法调动的？我仔细想来，根本的办法其实只有两个字"民主"。教师树立了教学民主的思想，教学中多和学生商量，学生学习的积极性就容易高涨起来。[2]

魏书生说：我深深感到，一位教师，要做经师，更要做人师。……育人是语文教师分内的事，只有坚持育人，才可能进入语文教学的自由王国。[3]

他总结道：回忆自己走过的语文教改之路，我感觉最满意的一点就是始终把育人放在第一位。我总想，抓住了育人这一关键，再去教语文，新办法、旧办法、土办法、洋办法，都能改造成好办法。[4]

第三节 小 结

一、语文教育的继承与发展

我国的当代语文教育，是指从1949年中华人民共和国成立到现在的语文教育。本时期的语文教育是对传统教育以及语文学科独立后的语文教育的继承和发展，也是现代语文

---

[1] 陈会. 魏书生"生本性"语文教育思想研究 [D]. 广西师范大学硕士学位论文，2014.
[2] 魏书生. 语文教学 [M]. 沈阳：沈阳出版社，2000：116.
[3] 魏书生，张彬福，张鹏举. 魏书生中学语文教学改革实践研究 [M]. 济南：山东教育出版社，1997：8-9.
[4] 魏书生. 语文教学 [M]. 沈阳：沈阳出版社，2000：81.

蓬勃发展的阶段。

（一）语文课程的正名意义

本时期解决了语文教育这门课程的正名问题，明确了语文课程的性质。

中国古代没有专门的语文课程，到中华人民共和国成立以前，小学语文课叫作"国语"，初中语文课叫作"国文"。1949年4月，以叶圣陶为主任的教科书编审委员会将语文教学统一更名为"语文"，并一直沿用至今。语文课程的定名在语文教育史上具有划时代的意义。首先，明确定义了语文教育就是语言教育，"口头为'语'，书面为'文'"，语文课程是口头语言和书面语言的合称；其次，阐明了工具性是语文课程的基本性质，语文课程是一门学习语言文字应用的综合性、实践性课程；最后，为语文"工具性"与"思想性""人文性"关系的探索奠定基础，带动了语文教育在教学内容、教学方法等方面的重大改革。

（二）语文教育发展道路曲折

中华人民共和国成立后，我国经历了多次政治运动，这些政治运动都对语文教育造成了重大影响。所以，当代语文教育的发展道路不是一帆风顺，而是风雨兼程，曲折前行的。定名时期（1949—1958）出现语文教育建设与改革的热潮；到了波折期（1958—1978），由于"文化大革命"十年的影响，语文教育的理论探索时断时续，当代语文教育受到了严重的破坏；革新期和创新期（1978年至今），当代语文教育进入了繁荣发展的新阶段。

总的来说，中华人民共和国成立后语文教育改革可大致概括为三个阶段："文革"前、"文革"后始于1978年的改革、世纪之交第三阶段的改革。较大规模的语文教学内容改革有五次，全国性的语文教学方法改革也有五次。本时期还出现过三次全国性的语文教育大讨论，第一次是关于语文教学目的任务的讨论（亦称文道之争），第二次是关于提高语文教学效率的讨论，第三次是关于语文教学人文性的讨论。

这些改革、大讨论都是围绕着语文教育的核心问题来展开的，虽然也有波折，但整体上仍很好地推动了当代语文教育的发展。

（三）语文教育革故鼎新

在这个阶段，我国语文教育"去其糟粕，取其精华"，对旧语文教育进行了批判和改造，也有对新语文教育的探索研究，如今，当代语文教育进入了前所未有的繁荣发展阶段。

当代语文教育的每一次改革和创新，都深化了人们对语文教育的课程性质、教学目的、教学任务等根本问题的认识，人们从原先重视语文的工具性，到强调理解语言文字与进行思想道德教育相结合，再到工具性与人文性相统一，明确了语文课是一门应用性而非知识性的课程。在理论探索上，从模仿苏联的语文教育理论，到我国自己涌现大批语文教育理论家，如叶圣陶、吕叔湘、张志公。在历次的改革中，语文课程的基本内容不断调整与丰富，识字教学、阅读教学、作文教学等内容的完善，从"说话"到"口语交际"的调整，"综合性学习"内容的增加，让当代语文课程更具科学性。

在教学实践上，对教学模式的探索以及教学方法改革也精彩纷呈。于漪的"教文育人""语思结合"的教学理念，钱梦龙的"三主四式语文导读法"，魏书生的"课堂教学六步法"，宁鸿彬的"卡片辅助教学法"，陆继椿的"一课一得，得得相联"教学法，刘朏朏的"观察—分析—三级作文训练体系"，钟德赣的"反刍式教学法"……均是当代语文教育改革的硕果。

教改实验也在各地蓬勃开展,章熊的"语言和思维训练"教改实验,上海育才学校的"读读、议议、练练、讲讲"八字教学法实验,北京景山学校"分批集中识字"实验,以"先学后教"和"以学定教"为指导思想的江苏邱学华"尝试教学"、江苏洋思中学的"洋思模式"、山东茌平县的"杜郎口模式"、浙江金华的"学案教学法"等更充分体现了当代语文课程改革的广度和深度。

在新一轮的改革中,语文教育不仅吸收西方的先进教育理念,更注意体现我国语文教育的精华,努力建设具有中国特色的语文教育体系。所以说,当代语文教育在政治因素、经济原因的影响下,虽发展道路曲折,但总体趋势仍是革故鼎新,逐步走向完善。

二、语文教育思想的发展

在语文教育思想方面,可以说,前人留给我们的多是经验性的东西,缺乏理性的整理和研究,同时也留下不少难除的积习——直到今天,不少人在语文教育工作之中还是只重读学训练,而忽视口耳训练。在我们对传统的语文教育作了一些探索研究,总结出来某些经验之后,怎样把这些经验用之于今日,也还需要作很多的研究和实验。

当代对语文教育理论的探索,虽不如民国期间迅猛,成果的丰富也不及那时,但在前人的基础上,语文教育思想发展也得到了很好的发展。

叶圣陶在这个阶段,进一步完善了"教是为了不需要教"的教育思想,并结合语文教学的各领域内容加以丰富;在语文教材的编写上,他继续完善编辑《国文百八课》时"给国文科以科学性""教材无非是个例子"的主张,在指导人教社语文教材编写的过程中实践其理念。

张志公的语文教育思想内容中既有对传统语文教学经验的科学分析,又有适应时代需要的科学论断。他对传统语文教育的"四个步骤""三大体系""三个问题""四个弊端"的总结,全面评价了传统语文教育的得失;其语文教育思想的核心主张"民族化、科学化、现代化、致用化"为语文教育改革指明了基本方向。吕叔湘对汉字简化、普通话改革、语文教材改革、语文教育研究组织的建设等都做出了巨大贡献,他在对语文教育教学的研究中探索出了自己的一套科学的理论,例如"语言和文字并举"的教学内容、"教学教学,教学生学"的教学方法等,为当时语文教育改革提供了很多有意义的指导。

作为语文教育的前线工作者,于漪、钱梦龙、魏书生等教育家也在各自丰富的教育实践中建构、完善了语文教育思想体系。此阶段,对"语文教育学"的理论研究也推动了语文教育思想的发展,1980年张隆华出版了新时期第一本《中学语文教学法》;1982年张鸿苓等人编著了《语文教学方法论》,首创了从能力训练的角度来构建语文教育理论的研究框架[1];1983年朱绍禹以《中学语文教育学概说》探索语文教育理论的概念阐释及辩证研究。其后,"语文教学论""语文教育学""语文课程与教学论"等教材或专著纷纷出版,建构起比较完整的语文教育理论体系,体现出学者们对语文教育发展的深入探索,大大丰富和发展了当代语文教育思想。

---

[1] 王松泉,王柏勋,王静义.中国语文教育史简编[M].北京:社会科学文献出版社,2002:314.

思 考

1. 简述叶圣陶对于"语文"学科的解释及你的理解。
2. 当代语文教育经历的几次改革对语文教育发展有什么作用？
3. 当代语文教育内容的变化体现了什么改革和发展方向？

本章参考文献

[1] 中华人民共和国教育部. 全日制义务教育语文课程标准（实验稿）[S]. 北京：北京师范大学出版社，2001.

[2] 中华人民共和国教育部. 普通高中语文课程标准（实验稿）[S]. 北京：人民教育出版社，2003.

[3] 张隆华. 中国语文教育史纲[M]. 长沙：湖南师范大学出版社，1991.

[4] 钟启泉，崔允漷，吴刚平. 普通高中新课程方案导读[M]. 上海：华东师范大学出版社，2003.

[5] 程汉杰. 高效阅读法[M]. 北京：知识出版社，1991.

[6] 耿红卫. 中国语文教育史教程[M]. 济南：山东教育出版社，2013.

[7] 《心理学百科全书》编辑委员会. 心理百科全书（第一卷）[M]. 杭州：浙江教育出版社，1995.

[8] 课程教材研究所. 20世纪中小学课程标准教学大纲汇编[M]. 北京：人民教育出版社，2001.

[9] 王松泉，王柏勋，王静义. 中国语文教育史简编[M]. 北京：社会科学文献出版社，2002.

[10] 蔡建华. 应用语言学概论[M]. 广州：广东高等教育出版社，2008.

[11] 戴前伦. 中美语文教育比较研究[M]. 成都：巴蜀书社，2010.

[12] 阮煜. 传统与现代的融合——论张志公的语文教育改革理念[J]. 当代教育论坛，2008（8）.

[13] 董菊初. 张志公语文教育思想概说[M]. 北京：人民教育出版社，2001.

[14] 吕叔湘. 吕叔湘论语文教学[M]. 济南：山东教育出版社，1987.

[15] 王晨. 重读吕叔湘·走进新课标：什么是语文[M]. 武汉：湖北教育出版社，2004.

[16] 于漪. 于漪语文教育论集[M]. 北京：人民教育出版社，2003.

[17] 武玉鹏. 于漪语文教育思想述要[J]. 烟台师范学院学报：哲学社会科学版，1999（6）.

[18] 教育部师范教育司. 钱梦龙与导读艺术[M]. 北京：北京师范大学出版社，2006.

[19] 陈静. 论钱梦龙语文教育思想及其教学实践[D]. 扬州大学，2003.

[20] 刘佩佩. 钱梦龙语文教育思想探究[D]. 陕西师范大学，2012.

后 记

语文学科自独立设科以来已有百余年历史，但相对于其他学科的教育史，语文教育史的研究却相对落后。张志公先生于 20 世纪 50 年代末至 60 年代初完成了《传统语文教育初探——附蒙学书目稿》，这是我国第一本语文教育史专著。此后直到 1983 年由李伯棠编著的新时期第一本语文教育史专著《小学语文教材简史》才出版。长期以来，中国语文教育史方面的论著和教材处于匮乏状态。一方面书籍数量、质量有限；另一方面，大多可用于教材的书论述多、史料少；再则，教材研究历史的多，阐述语文教育思想的少。对于"中国语文教育思想发展史"课程的授课教师和修读该课的学生而言，找不到合适的教材成了一大问题。

为了解决适用教材的不足问题，我们在多年"中国语文教育思想发展史"教学讲义和材料的基础上，编写了本教材。本教材编撰之初即明确目的——基于开放、求实的指导思想，希望能为大学"中国语文教育思想发展史"课程的授课教师和学习者提供一本比较适用的教材，同时能为语文教育思想发展史研究者、语文教育工作者提供一定研究和学习的参考。

本书每章由导读、语文教育概况、主要教育家及其语文教育思想、小结、思考与本章参考文献等部分组成，以中国语文教育发展历程为时间轴，理清语文教育发展脉络，包括各时期语文教育制度、课程、教学内容的演变，以及教学方式方法的改革变更，同时重点关注各时期语文教育思想潮流的发展特点，介绍各阶段重要的语文教育家及其教育思想、成就，以史料呈现，而不多加评论，在保持史料原汁原味的同时能让读者从中自我感悟，获得启示。

在本书的编撰过程中，华南师范大学 4+2 语文课程与教学论研究生林柔莹、张迎嘉、李欢、陈婕荧四位同学帮忙收集整理了大量材料，从初稿到终稿协助了修改和校对工作，在此特表示由衷感谢！2014 级（语文）学科教学研究生，古代文学、现当代文学、应用语言学、汉语言文字学、美学等专业几十位研究生参与了资料搜集、核查的工作。在此也表达对他们的感谢之情。

本书在编撰中参考了不少文献资料，在此向各作者致以诚挚的谢意！

感谢北京大学出版社对本书出版的支持，特别衷心感谢编辑王莹和于娜在本书的审校、编辑过程中的辛勤付出！

本书得到广州大学教材出版基金资助，在此表示感谢！

鉴于时间和水平有限，书中难免存有疏漏不当之处，恳请广大读者批评指正！

林 晖　周小蓬

2016 年 9 月